イギリス都市史研究

都市と地域

イギリス都市・農村共同体研究会 編
東北大学経済史・経営史研究会 編

日本経済評論社

まえがき

　本書は、長いあいだ東北大学経済学部で教鞭をとってこられた坂巻清教授の退官を記念する意味をこめて、教授のご研究活動と深いかかわりをもってきた「イギリス都市・農村共同体研究会」と「東北大学経済史・経営史研究会」の有志が編んだ論文集である。寄稿者は、長期にわたって坂巻教授と同じ領域で仕事をしてきた年配の研究者から、ごく最近学生として教授の直接の指導を受けた新進気鋭の研究者まで、幅広い世代にわたっているが、程度の違いはあれ、いずれも教授のご研究から影響を受けたり、あるいはそのお人柄に引かれたりしたものたちである。

　四半世紀を超える坂巻教授のご研究の問題関心や業績は当然ながら多方面に及んでいる。その詳細については本書の16章に触れられているので、それに譲ることにしよう。しかし最も重要なお仕事が、1987年に上梓された『イギリス・ギルド崩壊史の研究』に代表される、中世から近世までのイギリス都市史研究であることには誰しも同意するであろう。原資料を用いたイギリス都市史研究をわが国で根付かせるにあたって、坂巻教授は疑いもなく指導的役割を果たしてこられた。都市史への強い関心と原資料を重視する研究スタイルを、研究者として出発されたごく初期の時期から今日に至るまで、教授は変わることなく維持されている。この持続性、一貫性こそは、坂巻教授の学風を伝える最も基本的特徴のひとつといってよい。

　本論文集も、計画の当初から特に共通のテーマを設定せず、それぞれの著者が関心をもつ問題について自由に書いていただくことにしていた。だが結果的には、期せずしてほとんどの論文が都市をテーマとするものになった。そのなかには坂巻教授のご研究や問題提起を直接継承・発展させたものもあれば、教授自身のご研究が直接には及ばなかった新しい領域を開拓するものもある。以

下に各論文の要点を編者なりに整理・紹介しておこう。

坂巻教授の画期的なロンドン研究が世に現れた時期と前後して、イギリスでもロンドン史研究は急速に広がりを見せ、その精度も著しく高まった。それにともない、いくつかの論争が巻き起こった。そのひとつに、16、17世紀ロンドンの危機と安定、あるいは変化と連続をめぐるものがある。「イギリス都市・農村共同体研究会」の編になる前著『巨大都市ロンドンの勃興』の中心的課題は、この論争により提起された問題を再検討してみることであった。

本論文集の第1章、坂巻論文は、この書で検討されたテーマをさらに発展させたものとなっている。「危機と安定」論争の成果を批判的に摂取しながら、筆者はまず、16世紀のロンドンでは、高い社会的流動性に支えられて、王権、都市自治体、および区・教区・ギルドという小共同体のあいだに安定した「三層構造」が保たれていたことを論証する。ついでそれが17世紀に至って変容していく過程が解明される。ギルドの枠を超える商業ブルジョワジーの形成、議会主権の確立、都市自治体の後退と治安判事権限の拡大、小共同体内での社会的流動性の低下といったことがその契機だった。ここで改めて強調されているのは、国家ないし王権とロンドンの関係、という問題の重要性である。比較の枠を同時代のフランスにまで広げ、さらにごく最近の近世イギリス国家論をも視野に納めた本論文には、坂巻教授のこれまでの研究成果のエッセンスが盛り込まれているだけでなく、今後イギリス都市史研究が取り組まねばならない大きな問題が提起されている。

危機・安定論争は、16世紀の安定をめぐる議論がいつの時代まで有効かという問題と同時に、どの小共同体、どの地域に、どの程度当てはまるかという、検証するにはより精密なケース・スタディが必要となる研究課題をも課すことになった。本論文集の第Ⅰ部は、これらの問題をさまざまな角度から論じている。イギリス革命期のロンドン郊外ウェストミンスターの教区政治を、役職の位階体系と教区会、その担い手に焦点を当てながら分析した第2章、菅原論文もそのひとつである。本論文は、この教区が16世紀後半からすでに「寡頭的」

教区であったこと、役職の忌避も頻繁に見られたことを認めつつも、市民革命期にも教区政治には連続性があったこと、下の役職から指導的な役職へ上昇していく回路は存続したこと、革命期には、むしろ一般住民が教区の政治に参加する機会は広がったことを強調する。市民革命を草の根のレヴェルから読み解こうとするこうした試みは、ミクロ・ポリティクスとマクロ・ポリティクスの接点を探る重要なステップといってよいだろう。

第3章、中野論文の課題は、市民登録簿を用いた王政復古期ロンドンの新市民の出身地、家族背景、所属カンパニーの分析、および市民数の変動、市民と区の関係の解明を通じて、16世紀半ば以後のロンドン社会の連続と断絶の一面を明らかすることである。市民登録簿からは必ずしも大きな変化は読み取れないとしても、17世紀を通じて「市民」概念そのものの内実が次第に変化していったことが示唆される。ここでも危機と安定の議論に連動する問題が論じられている。

第1章でも触れられているように、17世紀のロンドンのカンパニーでは、多くの異業種を抱え、営業統制という本来の機能を弱化させ、その財政基盤も認可・登録料や組合費などカンパニー本来の収入よりも、地代収入に依存する「地主化」、慈善団体化が進むことは、早くから坂巻教授によって指摘されていた。第4章、伊藤論文は、理髪外科医カンパニーを事例に、幹事会計簿や補佐役会議事録の分析を通じてこの問題を検証する。著者によれば、小間物商のような商業的大カンパニーと異なって、専門職からなるこのギルドは、17世紀後半になっても組合員認可や営業規制などの伝統的な職能ギルドとしての機能と性格を強く持ち続けていた。そこからさらに著者は、ウィッグ派支持が優勢であった小間物商カンパニーとは対照的に、トーリーが多数派を占めたこのカンパニーの政治的基盤をも読みこんでいる。ロンドン史の連続と変化は、いわば二つの政治党派の対立として現れることになったというわけである。

ウェストミンスターから程遠からぬロンドン市壁外の一教区を例に、地域小共同体と救貧の実態に迫った第5章、丸藤論文は、危機・安定論争の争点を18世紀にまで広げて論じたものである。教区の救貧は、救貧法という国家の制度

にそった救済と、教区会と教区委員によって行われる地域社会の自発的な救済という二つの柱からなっていた。本稿は、貧民監督官の会計簿と教区委員の会計簿を分析しながら、18世紀中葉でも巨額なものだったこの教区の救貧税総額は不況の進行に対応してさらに急増したこと、地代収入などからなる教区会の収入のほぼ4分の1も救貧関連の支出に当てられたこと、教区は救貧以外に教会の管理や治安の維持などにも大きな役割を果たしていたことを論証していく。18世紀においても、教区がコミュニティとして円滑に機能していたことがロンドンの安定を支える要因のひとつだった、というのが著者の結論である。

郊外に広がるとともに、ロンドンは地理的にも機能的にも多様な性格をもつ都市に変容していき、ひとつのロンドンを語ることはますます困難になっていく。だが人口の重心は郊外に移っていったとしても、中世以来の国際的な商業市場の発展を支えてきたスクウェア・マイルのロンドンはこの巨大都市の中心であり続けたし、帝国の拡大とともに、その重要性をいっそう高めていった。第6章、鈴木論文は、シティの国際化、国際金融センターとしての発展を、電信を中心とした19世紀の通信手段の発達＝「通信革命」による商業取引の進化や、英国からの膨大な資本輸出に起因する1870年代以降の、「19世紀末のシティの国際化」に着目しながら論じている。その結果、国際銀行業がロンドンに形成され、ロンドン払いの為替手形を利用した貿易取引の決済機構が確立されることになった。最初に、シティに見られる経済組織や金融機関の発達、そこに見られる取引の特徴を明らかにした後、このようなシティの発達が電信の発達と深く関係していることを指摘して、電信会社の歴史と英系海外銀行の経営文書から電信網が国際的に整備される概要とその経済的な意義が述べられる。

イギリス都市の特殊性、都市の階層序列、都市と農村工業、都市・農村の相互依存関係といった問題に早くから関心を寄せてこられた坂巻教授は、地方都市についてもいくつかの重要な業績を残されてきた。それを受けて、第Ⅱ部では、新しい世代によるイギリス地方都市に関する論考が収められている。

第7章、唐澤論文は、宗教改革に前後する時代のノリッヂ、聖ジョージ・カンパニーを事例に、中世以来ギルドと並び、それと絡み合いながら発展してき

たもうひとつの重要な都市の任意団体、フラタニティについて論じている。名称や儀礼の面では変更や後退はあったが、このフラタニティは宗教改革以後も組織の基本的枠組みを維持し、都市エリート層の仲間組織として活動を続けた。それを説明するために著者が着目するのは、宗教的要因よりもむしろ政治的社会的側面である。宗教改革以後の不安定のなかで、この古い組織は都市支配層によって領有され、組み替えられ、都市の統治機構に秩序と安定をもたらすための社会的装置として機能した。たとえば、フラタニティがギルドと異なる重要な点は、都市外の有力者をもメンバーに含んでいたことである。宗教改革後もこうした外に開かれた性格は保たれ、有力者のパトロニッジを確保するための場としての役割を果たした。イギリスの都市と宗教改革という問題は、近年大きな成果を生みつつある領域のひとつであり、本論文は都市史研究の最近の動向を伝えるものともなっている。

ヨーロッパの他の首都と比べてロンドンを際だたせる大きな特徴は、この巨大な都市がまた同時に巨大な港でもあったことである。17世紀まで、ある規模を超えて成長することができたイギリス都市は、ロンドンや海外の市場へのアクセスをもつ沿海都市だけであった。第8章、川名論文は、これらの都市とは正反対の「内陸都市」を取り上げる。中世には毛織物工業の拠点としてある程度の繁栄を保ったレスターも、16世紀前半には衰退をたどるが、その後の1世紀ほどのあいだに、皮革業と食料加工業の成長、さらには国内羊毛取引の拠点としての市場機能の強化とともに復活した。著者はその過程をフリーメン登録簿に依拠しながら立証する。だが著者にとってフリーメン登録簿のもたらすメッセージは二重である。この登録簿から読み取れるのは、「公式の経済活動」でしかない。別種の史料を参照すると、17世紀にはフリーメン登録簿には登場しない多くの都市住民が紡糸や靴下製造に携わっていたことがわかる。18世紀レスターは農業的後背地の成長と洗練された都市の手工業技術や流通機構とを結びつけ内陸型工業都市として発展するが、著者はその契機をこうした非公式の経済の広範な展開のうちに見いだしている。

第9章、小西論文が取り上げるのは、内陸レスターとは対照をなす港湾都市

キングス・リンの18世紀である。「長期の18世紀」は、それまでロンドンが独占していたような都市生活の様式、新しい公共施設や娯楽、ソシアビリティが、地方の都市にも広がった時代だった。経済や政治だけでではなく、文化や情報、「近代性」の集中・発信基地としての都市の重要性が高まった時代と言い換えてもよい。だがこの「都市ルネサンス」は他方で、都市の統治機構の改編を促した。著者は法定委員会のひとつ舗装委員会に焦点を当て、18世紀の都市が直面した問題と、それに対する行政の対応を具体的に追っていく。特に強調されるのは、新しい法定委員会が伝統的な都市の統治機構と対立するものではなかったこと、都市行政に参加する住人の基盤が広がったことである。レスターのような都市と比べて、この時代のキングス・リンは目だった経済的拡大が見られた都市とはいえない。にもかかわらず、こうした行政の再編プロセスが進行したことは、この時代の「都市化」の性格を考えるうえで示唆的である。

　それぞれの時代はそれぞれの「都市化」をもつ。グローバル化の進む現代の都市化は、16、17世紀とも18世紀とも違った特徴を備えることになろう。川名論文と同じ都市を事例に、この問題に取り組んだのが、第10章、佐藤論文である。2001年の人口センサスでは、イギリスの全人口約5,900万人中、エスニック・マイノリティは7.9％で、10年前に比べると50％以上の増加している。しかもこの間、ムスリム、ヒンドゥー、シク、ユダヤ教、仏教などの「宗教的エスニシティ」とでも呼べる移民たちの世界が、数多くのさまざまな宗教施設の建設とともにこれまで以上に「表」に出てきている。現代のイギリス社会が、最近「マルチ・レイシャル・ブリテン」とともに「マルチ・フェイス・ブリテン」とも呼ばれるようになってきているのはこうした事情による。佐藤論文は、このような現代イギリスの多民族・多宗教事情に鑑み、近年、模範的な多民族・多宗教都市のひとつとして国内外で評判の高いレスターのエスニシティに関する「調査報告」（1983年）を紹介・分析しながら、都市史研究の新しい方向と課題を探っている。

　第Ⅲ部には、イギリス都市史研究には収まりきらないテーマを扱った論文が収録されている。そのなかで、ミドルクラス研究の綿密なサーヴェイを通じて、

「クラス」という古くて新しい問題を論じた第11章、岩間論文は、18世紀以降の都市史研究にとっても重要な視点を提供している。著者はミドルクラス研究の転機となったR. J. モリスの議論に立ち戻り、その手法と論点を丁寧に整理したうえで、さらに「ミドリング・ソート」をめぐる議論との接点と差異を探っている。クラスの問題は、公共圏の展開、ブルジョワ家族の形成、ジェンダー、ソシアビリティ、権力など、近代の都市社会を論ずる場合には避けて通れない最近のテーマと密接にかかわる。鍵となるのはヴォランタリ・アソシエーションである。本論文で触れられている都市の多くが、中世都市としての強固な制度的伝統を欠く都市であることも見逃すべきではあるまい。これらを考えあわせると、モリスのミドルクラス論と、坂巻教授が主張する政治権力と「自発的結合組織の上昇転化の波状的展開」という議論には、どこか通底するものがあるようにも思われてくる。

本論文集で唯一農村史を扱った第12章、武長論文もまた、囲い込みや共同権、プロレタリア化、階級意識といった古いテーマを新しい視角から論じた最近の研究と論争をサーヴェイしている。出発点となるのは、共同権の経済的価値の高さを強調し、大土地所有者が議会を利用して行った囲い込みが村落共同体と小土地所有者の生活を破壊したことを主張するJ. ニースンの研究である。この主張に対して、議会エンクロージャーとそれ以外の囲い込みの割合、囲い込み前後の農民生活における共同権の実質的意義、囲い込みの費用と農業の効率化や生産性などの便益の再評価、囲い込みが農業労働者と階級意識の形成に及ぼした影響など、さまざまな点から反論が寄せられることになった。著者によれば、議会囲い込みや共同権についてはまだ検討すべき問題が多いとされる。都市史の場合と同様、農村史でも、特定地域やケースに特化した精度の高い研究が通説の一般論に再検討を迫る、という過程が進行しているのであろう。

第13章、猿渡論文は、M. ウィルキンスによってイギリス海外直接投資の投資主体であるとされるフリースタンディング・カンパニーとそのグループ（「クラスター」）の性格を、1910年代の東南アジアのゴム・プランテーション事業における中小エージェンシー・ハウス（貿易商社）とプランテーション事

業会社による「クラスター」の事例に照らして検討している。その際、「クラスター」内部の経営委託関係が、市場取引に基づく委託経営（「経営請負」）か、「経営代理」という特別な形態による契約かを、エージェンシー・ハウスと事業会社のあいだの取締役兼任状況を手がかりとして考え、「クラスター」の性格が区別される。その結果、ウィルキンスのいう「クラスター」概念が当てはまる「クラスター」（「Ｗ型クラスター」）も存在したが、エージェンシー・ハウスを明確な支配的中核とする「クラスター」（「Ｃ型クラスター」）も存在したこと、エージェンシー・ハウスによる「クラスター」とインベストメント・トラスト会社による「クラスター」の関係にもいくつかのタイプがあることなどが判明し、彼女の「クラスター」概念（「Ｗ型クラスター」）が一面的なものであることを明らかにしている。

　仙台市を事例に、明治維新から1890年代までの行政改革の過程を、都市行政の末端組織に焦点を当てながら検討していく第14章、長谷部論文は、本論文集で唯一、日本の都市に関する研究である。本論文の要点は、農村地域と違って、仙台のような城下町では、明治維新以前に存在したコミュニティとしての機能と行政機能をあわせもつ地域の末端組織を、新しい行政機構のなかで復権させることが不可能だったこと、そのため公的な行政上の区と、日常生活のなかで営まれる住民同士の自生的な近隣社会とは、重なりあいながらも別のものとして存続していった、ということにあろう。場所も時代も大きく異なるとはいえ、本論文が明らかにする都市の変化と連続、公式と非公式の地域組織といった論点は、イギリス都市史研究の問題意識と共通する部分も多く、ひとつの比較の視座を提供している。

　本書の最後には、坂巻教授のイギリスにおける最もお親しい友人の一人であるペニー・コーフィールド教授、および坂巻教授とともに創設以来「イギリス都市・農村共同体研究会」をひっぱってこられた三好洋子先生、おふたりのエッセイが掲載されている。内容は本文に譲るとして、そのいきさつについては一言触れておかねばならない。

　コーフィールド教授に一文を寄せてもらうという企画は、この論文集の立案

者のあいだで当初からあった。ただ、自分のために外国の方にまで原稿をお願いするとなると、あの控えめな坂巻教授は遠慮なさるかもしれない。それに、ただ原稿をお願いするだけでは面白くない。そう考えた編者たちは、坂巻教授には内緒でご寄稿をコーフィールド教授にお願いしてみることにした。「密使」がこれを伝えると、ユーモアや茶目っ気もたっぷりお持ちの教授は、ウィンクしながら快くこの秘密の企みに賛成して下さった。ただ原稿締切りの時期を前にして、コーフィールド教授は突然体調を崩してしまわれた。われわれは一時お願いを取り下げようかとも考えたが、執筆に困難をきたすような状態にもかかわらず、教授は律儀にも約束を守って期日どおりに原稿を提出されたばかりか、われわれの注文に答えて一部加筆までして下さった。この厚い友情の証を誰よりも喜んでくださるのは坂巻教授ご自身であると信じたい。このエッセイに関しては、翻訳ばかりでなく、愛弟子の特権を生かして教授に加筆をお願いする伝令役の労まで引き受けてくださった小西恵美さんにも感謝せねばならない。坂巻教授を驚かすという企てが成功したかどうかはともかく、このようなかたちでコーフィールド教授のエッセイを掲載できたことは、われわれ編者にとってもまた大きな喜びである。

　「イギリス都市・農村共同体研究会」のリーダーである三好洋子先生には、当然のことながらオリジナル論文を寄稿していただく予定であった。だが残念なことに、先生もまた万全のご体調ではなく、やむをえずエッセイをお寄せいただくことになった。われわれは「研究会」のことやわが国の都市史研究についてのご感想でも気楽に書いてくださいとお願いしたつもりだったが、いただいたのは、御覧の通り、ほとんどが坂巻教授のお仕事を丹念に追って紹介した一文である。研究上の大先輩にこのような文章を寄せてもらい、坂巻教授はさぞや恐縮なさるにちがいあるまい。だが、三好先生は先刻そのことを承知のうえで、何のてらいもなくこうおっしゃる。「都市史に関しては、私は坂巻さんの生徒なのよ」。もちろん、これはジョークをまじえた謙遜のお言葉にちがいない。だがこのエッセイからは、坂巻教授のお仕事に先生が深い敬意を抱いておられること、そしてその敬意は何より、原資料を重視する坂巻教授の

歴史家としての姿勢に対する共感から生まれたものであることが伝わってくる。遠回りであっても、可能な限り原資料までさかのぼって探求することが歴史研究の王道なのだ、という思い。世代やテーマの違いはあれ、これこそは本論文集の執筆者全員が共有する思いといってよいであろう。

　なお最後に、執筆者ごとに訳語や用語、表記や略記、引用のしかたなどに多少のずれがあるが、それぞれが独立の論文であることを考慮して、あえて統一せず執筆者各自の判断に委ねたことを付言しておく。

イギリス都市・農村共同体研究会　中野　忠

目　　次

まえがき　i

第Ⅰ部　ロンドン

第1章　近世ロンドンと国家および社会的流動性 …………… 3

　　はじめに　3
　　第1節　王権とロンドン　5
　　第2節　16世紀ロンドンの社会的流動性と都市役人
　　　　　　――都市自治体の再生産――　10
　　第3節　職能共同体の崩壊とブルジョワおよび議会
　　　　　　――17世紀の社会的変化――　15
　　おわりに　20

第2章　イギリス革命期ウェストミンスターにおける教区の
　　　　役員をめぐって
　　　　　　――セント・マーティン・イン・ザ・フィールズ教区
　　　　　　を中心に―― ……………………………………… 27

　　はじめに　27
　　第1節　教区の役職の階層構造　29
　　第2節　役職の忌避　35
　　第3節　教区会の役員　38
　　おわりに　43

第3章　王政復古期のロンドン市民
　　　　　　――市民登録簿1668／69年をてがかりに―― ……… 49

はじめに　49
　　　第1節　新市民の家族背景　50
　　　第2節　新市民のカンパニー　58
　　　第3節　市民数の趨勢　62
　　　第4節　市民特権と区　65
　　　おわりに　69

第4章　17世紀末・18世紀初頭におけるロンドンの
　　　理髪外科医カンパニー
　　　　　　──専門職ギルドの実態と活動について── ……………75

　　　はじめに　75
　　　第1節　17世紀末の理髪外科医カンパニーの
　　　　　　活動実態と構造　76
　　　第2節　党派抗争期の理髪外科医カンパニー　88
　　　おわりに　93

第5章　18世紀ロンドンにおける市壁外教区の活動と機能
　　　　　　──セント・セパルチャー教区の救貧政策を中心に── …99

　　　はじめに　99
　　　第1節　貧民監督官会計簿にみる教区の救貧活動　101
　　　第2節　教区委員会計簿の分析　105
　　　おわりに　114

第6章　19世紀の「通信革命」とシティ………………………………121

　　　はじめに　121
　　　第1節　シティの国際金融市場としての発展　125
　　　第2節　19世紀の「通信革命」　128

第3節　電信と商取引構造の変化　134
　　　おわりに　139

第Ⅱ部　地方都市と地域

第7章　イングランド近世都市におけるフラタニティの変容
　　　　──16世紀後半ノリッヂの
　　　　　聖ジョージ・カンパニー── ……………………………… 147

　　　はじめに　147
　　　第1節　組織と儀礼の変化　148
　　　第2節　社会的機能　152
　　　第3節　カンパニーの統合力　158
　　　おわりに　164

第8章　近世イングランドにおける都市経済基盤とその変容過程
　　　　──内陸都市レスターの事例── ……………………… 171

　　　はじめに　171
　　　第1節　皮革業・食品加工業の成長　173
　　　第2節　靴下製造業の胎動　179
　　　おわりに　184

第9章　長期の18世紀イングランドの地方都市行政とコミュニティ
　　　　──キングス・リン舗装委員会を中心に── ……… 193

　　　はじめに　193
　　　第1節　1800年頃までの行政枠組み　195
　　　第2節　新しい行政枠組みにおけるコーポレーション　198

第3節　舗装委員会とその事業　201
　　　第4節　舗装委員会と都市問題への対応　208
　　　第5節　舗装委員会と都市コミュニティ　211
　　　おわりに　215

第10章　1983年の多民族都市レスター
　　　　──エスニシティ・宗教・言語──……………… 221

　　　はじめに　221
　　　第1節　1983年のエスニシティに関する「調査」　223
　　　第2節　レスターのエスニシティ・宗教・言語　226
　　　第3節　「区」ごとのエスニシティ、宗教、言語　234
　　　おわりに　255

第Ⅲ部　その他

第11章　イギリスのミドルクラスモデル
　　　　──R. J. モリスの業績を中心に──……………… 263

　　　はじめに　263
　　　第1節　R. J. モリスと19世紀のミドルクラス研究　264
　　　第2節　18世紀と19世紀のミドルクラス研究　272
　　　おわりに　275

第12章　イギリス議会囲い込み研究における一視角
　　　　──ニースン説の再検討──……………… 287

　　　はじめに　287
　　　第1節　ニースンの議会囲い込み論　288
　　　第2節　チャップマンの非議会囲い込み　293

第3節　ショーテイラーの共同権研究　297
　　　おわりに　300

第13章　中小エージェンシー・ハウスとM. ウィルキンスの
　　　　クラスター ………………………………………………… 307

　　　はじめに　307
　　　第1節　M. ウィルキンスによる「クラスター」　309
　　　第2節　インベストメント・トラスト会社　314
　　　第3節　中小エージェンシー・ハウスとクラスター　316
　　　おわりに　324

第14章　日本における近代的地方行政制度の形成と
　　　　地域住民組織
　　　　――宮城県仙台市を事例として―― ………………………… 333

　　　はじめに　333
　　　第1節　明治維新以後の地方行政　335
　　　第2節　「三新法体制」と仙台区　342
　　　第3節　仙台市の誕生と区制時代の地域住民組織　345
　　　おわりに　348

特別寄稿

第15章　経済史と都市史研究をめぐって………………………… 357

　　　第1節　「坂巻さん」との出会い　357
　　　第2節　経済史の発展　359
　　　第3節　都市史の成長　363
　　　第4節　時代が求める人　366

第16章　都市史の情景 …………………………………………… 369

あとがき　377

第Ⅰ部　ロンドン

第1章　近世ロンドンと国家および社会的流動性

坂巻　清

はじめに

　絶対王政時代のロンドンは王権とどのような制度的関係のもとにあり、またその関係はどのように変化してゆくのだろうか。またそうした変化は、ロンドン内部の社会的変化とどのように関係していたのであろうか。これまで、イギリス都市史研究は、国家と都市の関係を論じることが少なかったが、本稿は以上のような問題意識のもとに、主として16・17世紀のイギリス国家とロンドンの関係を、ロンドン内部の社会的流動性のあり方とかかわらせて検討しようとするものである(1)。

　国家とロンドンの関係を検討するのに、ロンドンの社会的流動性とのかかわりでこれを論じるのは、絶対王政時代の王権と都市の関係は、都市内部のギルド、区、教区などの小共同体の社会的変化と関係していたと考えるからである。イギリスの絶対王政時代の国家は、官僚制も常備軍もほとんど欠いており、また国王直属の裁判官が地方に常駐することもなく、王権はロンドンをも含めて在地の有力者をシェリフ、治安判事等の国王役人に任じて、裁判や行政を行わせるとともに、のちに統監職を設けるにせよ、彼らに民兵の統制にもあたらせている。つまり行政、裁判、軍事などの諸側面で、王権は在地の有力者（富と社会的権威を持つ者）を、多くは無給の国王役人としたのであり、この有力者がロンドン内部の小共同体からどのように形成されたのかが重要な問題となる

のである。つまり、官僚制も常備軍も欠くイギリス国家は「社会的権力のネットワーク」であったともいえる状況にあり、その担い手が問題となるのである[2]。一方、イギリスでは絶対王政のもとでも議会が存続し、むしろ議会は都市代表議員の政治的主張の場としての重要性を増大させ、ピューリタン革命と名誉革命を経て17世紀末に議会主権が確立されたことは決定的に重要であり、議会を支えたロンドンの社会層が、都市内小共同体のどのよう社会的変化から形成されたのかも重視されなければならないのである[3]。

なお以上のような問題意識は、同時代のフランスの王権とパリの関係との対比を念頭においている。フランスの絶対王政が、イギリスに比べれば官僚制と常備軍をより発達させ、また売官制によってブルジョワを国家権力内部に取り込み、三部会を停止してゆくことは、パリとロンドンのあり方に大きな違いを生み出したと思われる。高澤紀恵氏の研究からすれば、パリは、王権─都市自治体─小共同体（区、ギルド、教区など）という三層構造をロンドンと共有しながらも、社会的に上昇をとげたブルジョワは官職購入に向かう一方、国王官僚を通じて王権の支配がパリの街区にまで浸透していくのである[4]。当該期のパリとロンドンの相違は、国家構造の差異および都市内部の社会的変化・流動性のあり方の差異から論じられる必要がある。そして、社会的変化・流動性のあり方は、都市構造のあり方、国内の社会経済的条件、人口変動の状況等々種々の条件によって左右されるが、本稿では特に、ロンドンが貿易港であったことがパリと異なる点として注目したい。

以上本稿は、16・17世紀における王権とロンドンの制度的関係とその変化、およびロンドン内部の社会的流動性の問題について素描を試みるものであるが、まず最初に王権と都市の制度的問題の中心をなす法人化（incorporation）についての検討から始めたい。

第1節　王権とロンドン

1　王権と都市——法人化（incorporation）をめぐって——

　王権と都市の制度的な関係を検討するにあたって、まず問題とすべきは中世の末期から17世紀末にわたって、200余りの都市に与えられた特許状による都市の法人化である(5)。ロンドンも1608年に法人化されたといわれるが、中世以来その実質はすでにもっていた。しかし、法人化特許状は、まず法人団体としての都市の存立根拠を王権に帰するものであり、王権が都市法人を設定しているのである。この点は1682年の権限開示令状に対してロンドンも抵抗しきれず、王権による法人化特許状の没収が果たされたことに示されている(6)。さらに法人化特許状は、都市に法人格をその具体的内容に即して認め、また都市住民の従来の諸特権を認めつつ、種々の自治的諸特権を授与し grant ている。しかし一方、法人化特許状は、都市内部に国王役人を設定ないし再設定して王権の浸透を進めつつ、都市の国制上の地位を明確にしており、王権と都市の制度的関係を検討する場合には、この点が重要である。

　それでは、王権が都市内部に国王役人を設定し、都市の国制上の地位を明確にするという場合、それはどのような形においてであろうか。イギリスの統治の単位は州、ハンドレッド、村を基本としているが、都市の法人化は、こうした統治の単位に照らしてみると、それまで多様であり、また不明確であった都市の地位を、階層的により明確にしていることがわかる。つまり、まず第一に最上位には、州 county となった都市が存在する。これはロンドン、ヨーク、ノリッジ、ブリストルなどの最も中心的な商工業都市とカンタベリ、リチフィールドなどの宗教的な中心都市で、17世紀末までにイングランドのみで17都市を数えている。これらの都市は、①シェリフを選出し州裁判所 county court をもつこと、②市長がエスチーターとなること、③コロナーの選出権をもつこと、④市長や有力な市参事会員が治安判事となること、などを法人化とともに

認められるか、あるいはすでに法人化以前からそうした権限を原則としてもっていた[7]。つまりシェリフと州裁判所を獲得して州となり、さらに都市の市長その他の有力者がエスチーター、コロナー、治安判事などの国王役人となり、都市役人が同時に国王役人となっているのである。ここでエスチーターは、国王への復帰財産の管理等の役のほか、財務府への国王収入増大のための情報提供をも行い、毎年その職の遂行に伴って生じた収入を財務府に報告するとともに、大蔵卿等に届けていた。つまり国王が有力都市の市長をエスチーターとしたのは、自己の財政基盤の強化のねらいがあったのである。またコロナーは、16世紀には重要性が失われていたとはいえ、本来「国王の訴訟」を準備し、また州裁判所への Appeal（私訴・上訴）の聴聞や検屍をも行うなど、裁判に重要な役割を果たした国王の地方役人であった。さらに治安判事は、刑事関係を中心とする裁判を担当するとともに王国の法令を執行する行政官でもあった[8]。かくして、王権は法人化によって、有力都市を州として国制上の地位を高めながら、都市役人上層を同時に国王役人とし、財政、裁判、行政などの重要分野で、国王の権力を浸透させる途を開いていたのである。

　第二の法人化都市は、州とはならずシェリフももたず、基本的にはハンドレッド相当の都市であり、大部分の法人化都市がこのケースに属する。しかしこの場合、市長などに令状復命権 return of writ が与えられ、また多くの場合都市の上層役人が治安判事となっている。令状復命権は、市長などの都市役人に国王の令状の執行権を与えるものであり、州のシェリフに対する不入権をもつことを意味する。また、法人化をきっかけに、都市独自の治安判事をもつ（法人化以前から治安判事を持つ場合もかなりある）ことが多く、州の治安判事に対する不入権をももつことになる。このタイプは中小都市に多く、経済的に際だった都市ではないことが多いこともあり、市長がエスチーターとなることはあまりないが、コロナーを持つことは多い。またマーシャル、スチュワードなどの国王役人に対する不入権をもつのが、一般的である[9]。

　第三に、例外的であるが、法人化特許状に州とシェリフの規定はもとより、令状復命権や治安判事の規定もなく、過去にもそれらについての特許状を得た

形跡のない都市がある。これは村にあたる集落が法人化され、ハンドレッドの資格にまで至らなかった場合である。たとえばリンカーン州の小都市ウェインフリートは、法人化以前にも都市特権を得た形跡のない都市であり、1458年の法人化によってもベイリフの選出権と市場開設権などを得たにすぎず、結局州のシェリフ、治安判事、エスチーターなどの役人の支配下にあったとみられる[10]。

表1-1 イングランドとウェールズの都市の法人化

年代	都市の法人化数
1345〜1400	6
1401〜1450	11
1451〜1500	25
1501〜1550	27
(1541〜1550)	(19)
1551〜1600	79
(1551〜1560)	(28)
1601〜1650	50
(1601〜1610)	(27)
1651〜1688	17
1689〜1750	3
合計	218

出典: M. Weinbaum, *op.cit.*, pp. 132-135より作成。
注: ( ) 内は内数。

　以上のように法人化は、それまでの種々の自治的特権を認める一方で、基本的に州と同格の都市と、ハンドレッド相当の都市に二分し、最下層に法人格のみの都市を配置して都市を階層的に編成したのであるが、ロンドンはこれらの序列の最上位にあったといえよう。法人化は、こうした都市の国制上の地位を明確にするとともに、同時に都市役人の上層（その実体は商人）を国王役人とし、都市内部に王権の浸透をもたらすこととなった。他面、法人化は、都市に州のシェリフや治安判事等の国王役人（その実体は貴族や領主）対する不入権を与えることによって、都市外の貴族・領主の都市政治への介入を防ぎ、また法人化都市の管轄領域を明確にすることによって、空間的にも領主等が都市支配に介入することを防止した。結局都市の法人化は、都市の国制における地位を高めて、貴族・領主を抑え、都市商人を都市役人かつ国王役人として把握して、都市内部への王権の浸透を進めたのであった。こうした王権と都市商人層の結合を、都市政策として最も強く打ち出したのは16世紀中頃のメアリの治世であり、表1-1のようにこの時期に都市は最も多く法人化されている[11]。

2　ロンドンの都市役人と国王役人

　先述のようにロンドンが法人化特許状を得たとされるのは1608年のことであ

るが、それまでの間に、ロンドンは幾多の特許状によって特権の取得を積み重ねてきた(12)。これらのうち国王役人に関するものを取り出せば、ロンドンとミドルセックスの2名のシェリフ選出権は1199年、市長をエスチーターとすることは1327年、コロナーは国王の家令などが担っていたのが、1478年の特許状によりロンドン市にコロナーの指名権が与えられた。また、治安判事については、1444年に至って市長、法律顧問官、および市長職経験のある市参事会員が治安判事となったが、これは1462年、1608年の特許状によっても確認されている。しかし以後ロンドンの治安判事数は増大し、1638年には上記のほか市長職経験のない3名も治安判事となり、1692年にはシェリフ職経験のある6名の市参事会員が追加され、結局1741年にはすべての市参事会員が治安判事となっている。このほか市長は、1327年以降職務上未決監釈放裁判官となり、また1462年の特許状によって、市長のほか法律顧問官と市長経験のある市参事会員が刑事巡回裁判官たることが確認されている。また民兵の管轄については、市長が統監職の長 Head of Lieutenancy をつとめており、統監職会 Court of Lieutenancy もしくは統監職委員会 Commission of Lieutenancy を代表し、またその欠員の補充者を国王に推薦していた(13)。

したがって、ロンドンの都市役人が兼ねている主要な国王役人を図示すれば、図1-1のようである。行政面では治安判事の役割が大きくなりつつあるが、なお市長として法令の執行にあたることを示す立法が多くあり、治安判事としては裁判関係の仕事が多く、救貧行政等を契機に治安判事の行政面の比重が増大していったと思われる(14)。財政面では、シェリフの役割は低下しエスチーターとしての市長が、国王への復帰財産の管理や国王収入に関する報告を行っていた。また裁判関係では、治安判事としての市長や市参事会員等が治安裁判所（ギルドホールで開催され比較的軽い刑事犯罪を担当）を開催する一方、未決監釈放裁判官（オールド・ベイリで、ニューゲート監獄に収容された反逆、殺人などの重罪犯の訴追を担当）や刑事巡回裁判官（オールド・ベイリで開催される法廷で、反逆、殺人などの重罪を裁く）として国家の裁判法廷に加わり(15)、さらにロンドン市当局によって選ばれたコロナーが国王の訴訟の準備

第1章　近世ロンドンと国家および社会的流動性　9

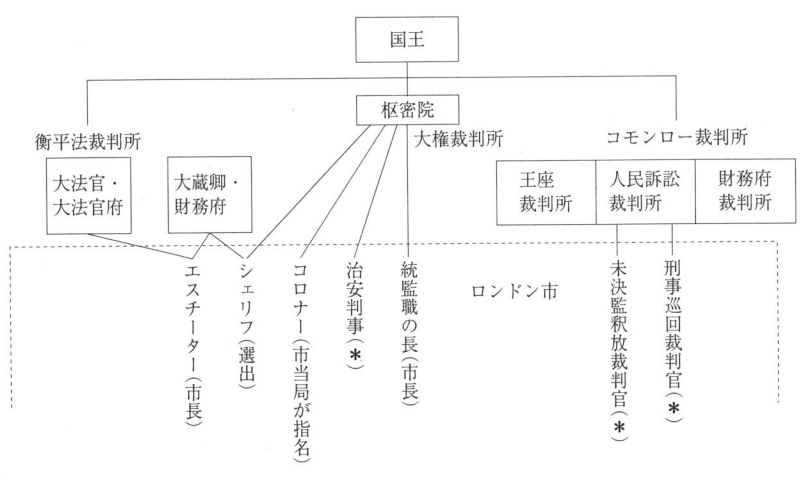

図1-1　国王役人とロンドン（16世紀後半）

出典：*Corporation of London*, p. 57f. J. ベイカー著／小山貞夫訳『イングランド法制史概説』（創文社、1975年）第3～6章。大野真弓著、前掲書、第1、3、5章などから作成。
注：＊印は市長、法律顧問官、市長職経験のある市参事会員。

にあたったのである。さらに民兵については、市長が統監職の長であり、その下の委員会を通じて管轄し、同委員会の欠員の補充や、国王からの指令につき、国王との連絡にあたっている[16]。

　以上のように最上層の都市役人が、国王役人を兼ねるということは、同一人格が二役を果たすこととなる。このように同一人格が都市役人兼国王役人として二役を兼ねるという場合には、国家と都市の関係がその役人自身のうちで調整され、両者の対立自体を防ぐ機能をもつことになる。たとえば、治安判事が自己の利害に反する場合に、国家の法令の執行をネグレクトする事態が頻繁にあったが、それは都市の利害に反する場合にも同様の事態が生じたであろう。しかし通常は、国家と都市が接合されていたとみられる。とりわけ市長には、多くの国王役人としての役職が重なっていたが、その中でも治安判事の任務が次第に増加し、ロンドンの市長は、17世紀末までには、ギルドホールの一隅で、「治安判事の仕事を1日数時間、1週で数日」は果たすようになったのである[17]。都市役人が兼ねる国王役人のうち、治安判事は上述のように時代とと

もにその数を増したばかりでなく、その権限・管轄をも拡大させ、その支配を教区、区、郊外にまで及ぼす体制を整えていくのである。

第2節　16世紀ロンドンの社会的流動性と都市役人
　　　　――都市自治体の再生産――

1　都市役人とロンドン社会の流動性

　それでは、国家役人を兼ねるロンドンの都市役人は、社会的にどのような存在であり、どのように形成されたのであろうか。彼らが、いずれもリヴァリ・カンパニーに所属し、その有力者であったことは、表1-2より明らかである。つまり、市長、シェリフ、市参事会員は、16世紀中はマーサーズ・カンパニーを最有力とする12大リヴァリ・カンパニーに集中しており、17世紀に入るとより多様化しているが、リヴァリ・カンパニーの有力者であることには変わりない(18)。そして、リヴァリ・カンパニーには徒弟制度を通じての社会的上昇の途が開かれていたのである。

　周知のように、ロンドン市の支配機構は、最高の決定機関である市参事会、主として立法機能をもつ市議会、庶民院議員や市長等の候補者を選出するコモン・ホールがそれぞれの役割・機能を分担していた。また、市長、シェリフ、市参事会等のもとには数百の都市役人がおり、市参事会、市議会の決定の執行にあたった。さらに市内には区、ギルドおよび教区の三重の小共同体があり、市参事会員と市議会員は区を基盤として選出され、コモンホールはギルドの特権的組合員たるリヴァリによって構成されていたが、16世紀末から17世紀に入ると教区の重要性が高まり、教区会が実質的な決定を行う事態がみられた。また、これら三つの小共同体はそれぞれに役人をもっており、これらをも含めればロンドン市政の役人は約3,000人に達し、結局ロンドンの成人男子の10人に1人は、何らかの役人だったのであり、16世紀のロンドンは、行政が希薄すぎるどころか緊密すぎるほどであったともいわれる。また、これら小共同体の構

表1-2 ロンドンの市長、シェリフ、市参事会員の所属カンパニー

カンパニー名	1501〜1600年の市参事会員				1601〜1700年の市参事会員			
	市長	シェリフ	市参事会員のみ	合計	市長	シェリフ	市参事会員のみ	合計
マーサー	21	14	8	43	6	12	35	53
グローサー	13	22	5	40	17	13	93	123
毛織物商	16	8	4	28	16	10	55	81
魚商	5	4	2	11	7	4	30	41
金匠	5	4	6	15	7	8	20	35
毛皮商	7	4	3	14	8	2	33	43
仕立商	7	10	9	26	13	9	67	89
小間物商	12	10	5	27	9	5	54	68
塩商	1	6	5	12	1	5	25	31
鉄商	5	6	3	14	4	2	11	17
ぶどう酒商	2	1	2	5	3	5	25	33
仕上工	7	7	2	16	8	4	30	42
マイナーカンパニー	5	6	4	15	14	17	119	150
合 計	106	102	58	266	113	96	597	806

出典：A. B. Beaven, *The Aldermen of the City of London*, Pt. 1, pp. 336-357より作成。なお市長、シェリフは、市参事会員となり市長、シェリフとなったものである。

成員は、原則として市民であったが、ロンドンの市民は、当時の世帯主の4分の3に達するほどであり、しかも彼らは地方出身者が圧倒的に多く（16世紀半ばでロンドン市出身者22.5％、地方出身者その他67.5％である）、その供給源は全国的であった[19]。

これを逆にたどると、全国各地をその供給源とするロンドン市民は、区、カンパニー、教区の小共同体から都市自治体を経て、王権に連なる秩序機構を形成していたことになる。その機構は、王権・都市の支配機構を意味するだけでなく、ロンドンで生活を始めた者が、市民となり、区、カンパニー、教区の下級役人から上昇し、都市自治体の有力役人、そして国王役人となる上昇の機構をも意味していた。そして、16世紀のロンドンにおける上昇のプロセスは、とりわけリヴァリ・カンパニー内部の社会的上昇を重要な支柱として実現されていたのであった。こうした社会的上昇は、徒弟が親方となりリヴァリからギルド幹部に上昇するいわゆる社会的流動性の問題として、S.ラパポートが明らか

にしているところである(20)。

　彼によれば、16世紀のロンドンでは、徒弟採用年齢の平均は18.5歳で、その後約40％が帰郷・逃亡し10％が死亡するが、約41％が平均26歳で徒弟修了して組合員かつ市民となっており、彼らのうち結婚した者の平均初婚年齢は28.4歳であった。そして徒弟修了者は数年間のジャーニイマン生活を経て、その55％から74％が世帯主となり親方となっており、その比率はかなり高い。ついで、親方のどれほどがリヴァリとなるかであるが、ここには家柄や富の背景からリヴァリの徒弟となった者に有利な要因がみられるなど、その途はやや狭まる。しかし、平均的に親方のおよそ18〜20％が平均40.4歳でリヴァリとなり、さらにリヴァリのうちの60〜80％が平均49.6歳で監事・補佐役、またそのうちの60〜80％が平均58.6〜60.6歳で組合長となっている。ただしこうした社会的上昇は、ロンドンの高い死亡率によって促進されていることが指摘されねばならない。こうした上昇の可能性は、徒弟やジャーニイマンあるいは親方層に、社会的滞留を引き起こすことなく、また社会的不満を呼び起こすことなく、ロンドンの安定に貢献した。このように上昇したリヴァリ・カンパニーの幹部、とりわけ12大リヴァリ・カンパニーの上層部こそが、市長、シェリフをはじめとする主要都市役人と国王役人をつとめたのであり、その所属カンパニーの分布は表1-1に示したところである。またこのようにカンパニーにおいて上昇する役人は、区や教区の役人から上昇する者とも重なっていたのであり、都市役人兼国王役人となった16世紀ロンドンの支配者は、一体性を維持しながら都市内の三重のコミュニティを通じて、民衆のコンセンサスを取り付けることができる位置にあったのである(21)。

2　都市自治体の再生産

　それでは、ロンドンは何故以上のような社会的流動性を達成できたのであろうか。国内経済の条件、ロンドンの社会構造など、多様な要因があるが、ここでは特にロンドンが貿易港であり、とりわけ16世紀にはロンドン＝アントワープ枢軸がもたらした影響を考慮すべきである。周知のように、16世紀半ばには

ロンドンはイギリス毛織物輸出の80〜90％ほどを掌握し、アントワープへ輸出したが、毛織物輸出それも半製品である未仕上織に偏った輸出主導経済の中で、ロンドンはアントワープの衛星都市となり従属的な位置に立つこととなった。しかし、この貿易関係こそが、マーチャント・アドヴェンチャラーズを中心的に担ったマーサーズ・カンパニーの地位を、決定的なものとした[22]。またロンドンに集中する各種の織物により仕立業、仕上業も発展した。このためロンドンの職業構造は1550年代には繊維・衣料部門の比重が著しく増大して、市民の40％余りを占め、単一産業的都市の色彩を帯びるとともに、繊維・衣料のカンパニーが有力化した[23]。こうして、マーサーを筆頭とする12大リヴァリ・カンパニーの序列が確定し、さらにカンパニー内部に富裕な商人を形成せしめ、組合長、監事、リヴァリ、平親方、ジャーニイマン、徒弟などの階層制を発達させたのである。そして貿易が増大する限り、またロンドンの経済が成長する限り、この階層制を下から上へ登る社会的流動性は、確保されることになる。ロンドン＝アントワープ枢軸は、こうしたカンパニーの階層序列化とその内部の階層序列を明確にしつつ、社会的流動性を作り出す重要な一因となったのである。

　しかしこのような社会的流動性、特に徒弟制を通じての上昇の運動は、16世紀には基本的にそれぞれのカンパニー内部で行われ、職能共同体としてのカンパニーの枠組みを破るものではなかった。それは、輸出主導のロンドン＝アントワープ枢軸がもたらす職業・社会構造が、繊維・衣料関係に集中し、それとの関連で他産業に影響するという性格が強く、新たな職業の発生や、他カンパニーの職業への転換なども1570年ころまでは大きな問題とはならなかったことによる。1570年代に入りロンドン＝アントワープ枢軸が揺らぎ、経済不況が強まるにつれ、失業解消のため他職業への転換が多々生じ、また富裕商人も特定製品の取引に限ることなく多様化の途をたどったことも事実である[24]。しかし、16世紀中は、こうした富裕商人と手工業者等生産従事者は、なお同一のカンパニー内部に共存し、同職組合の基本的枠組みは維持されており、それが「エリザベス期のカンパニー」だったのである[25]。結局16世紀を通じて、ロン

ドンのリヴァリ・カンパニーにみられた社会的上昇・流動性は、分極化をはらみながらも職能共同体としてのリヴァリ・カンパニーの枠組みを破らず、それを再生産し、市参事会に収斂する都市自治体を支え、王権に連なる三層構造を再生産していたのであった。

　類似の事態は、区や教区についても指摘できる。I. アーチャーによれば、区において区役人に成る者、特に上級の役人に成る者には富裕層が多く、また16世紀半ばまでには区に常住する市参事会員代理 Deputy Alderman が日常の区行政に指導的役割を果たすようになっている[26]。16世紀半ば以後の区はこのような分極化をはらんだ存在であったが、そうした中で清掃係 scavenger から小陪審員、治安官、区審問官、大陪審員、そして市議会員などへの上昇の途があったのである。16世紀の後半には分極化の進展と上級役職者による区政掌握により、区審問会などの機能は次第に衰退する傾向にあったが、なおその機能を保っていた[27]。一方教区についても、住民の分極化が進み富裕層が教区会を支配するようになり、すでにエリザベス時代のうちに郊外の人口の多い教区には特別教区会が出現し、有力者・富裕者の支配が形成されていったが、市壁内の教区は相対的に人口が少なく教区会が機能していた。教区会の業務は次第に広がり、区役人候補者の指名や区の行政機能の吸収などもみられたことも周知のところである[28]。結局、区についても教区についても、16世紀後半には分極化が進み機能的な変化もみられたが、なお基本的には従来の制度的枠組みを維持し、リヴァリ・カンパニーとともに三重の共同体を形作って、ロンドンの「安定」を支えるとともに、区、教区の下級役人から都市役人への上昇も、市長と市参事会員を頂点とする、都市役人兼国王役人を生みだすことによって、王権―都市自治体―小共同体の三層関係の再生産に帰着していたのである。

第3節　職能共同体の崩壊とブルジョワおよび議会
　　　　──17世紀の社会的変化──

　17世紀に入るとロンドンの人口増加や職業の多様化が一段と進み、さらにリヴァリ・カンパニー内部の分極化の進展もあって、大規模な商業的リヴァリ・カンパニーは、職能共同体としての性格を失っていった。1600年に約20万人であったロンドンの人口は、1650年には約40万人、1700年には57万5,000人に達したが、それに伴って社会的分業と職業分化の進展が進み、1692年には人頭税報告によって700を超える職業が確認される[29]。また16世紀はじめに48にまで減少していたリヴァリ・カンパニーは、17世紀前半にはおよそ70に増加するが、増加した職業を覆い尽くせるものではなく、カンパニー内部の職業混合は不可避であったし、カンパニーに包摂されない職業も出現する。すでに明らかにしたように、17世紀前半には「ロンドンの慣習」もあって、カンパニー内部の職業混合はほとんどすべてのカンパニーにみられた。小売商や手工業のカンパニーでは混合の度合いが低くなお職能団体として存在していたものの、マーサー、毛織物商、小間物商、仕立商などの商業的リヴァリ・カンパニーでは職業混合が著しく、職能団体としての性格を失っていった。さらに、カンパニー内部の社会的分極化は一段と進展し、富裕な商業機能の担い手と生産の担い手は、エリザベス期のカンパニーのように同一カンパニー内に共存できず、17世紀前半には分裂する事態がみられた。商業的リヴァリ・カンパニーは営業規制を失い、職能共同体たることをやめていったのである[30]。こうした事態を加速させたのはロンドンの貿易である。

　ロンドンはアントワープとの関係では衛星都市として、従属的位置にあったが、陥落後のアントワープの地位を継承したアムステルダムとは、競争関係にあった。すでに16世紀後半からの貿易会社の設立や1610年代のコケインの計画はオランダ経済からの自立の試みでもあった。またロンドン商人は、東インド貿易、レヴァント貿易さらにはアメリカ植民地貿易をめぐって、アムステルダ

ム商人と激しい競争を展開し、1651年から1696年にわたる航海条例によって、植民地貿易からオランダ船を排除したのであった。結局、主として東インドに進出したアムステルダムに対し、ロンドンは東インドのみではなく西インドと大西洋経済の掌握に成功してゆくことによって、18世紀初頭には世界貿易の中心地となったのであった(31)。この過程で輸入主導的な17世紀の貿易は、ロンドンに各地から多様な輸入品をもたらし、また輸入品代替産業を定着させ、職業の多様化をもたらした。ロンドンには、麻織物やワインなどヨーロッパ大陸からの従来の輸入品のほか、東インド、西インド、レヴァントからのキャラコ、香辛料、タバコ、砂糖、生糸、絹織物等々の輸入が増大した。これらはロンドンの従来の職業的枠組みを越えた新たな商人と製造業を発生させ、職能共同体たるリヴァリ・カンパニーを揺るがすとともに、ロンドン商人に裕かな富の蓄積をもたらしたのである(32)。

　このため、職能の壁を破った富裕な商人層（＝ブルジョワ）の成長がめざましく、貿易商人は17世紀末には1,000〜2,000人に達している。1688年頃の2万人のロンドン市民のうち、1万ポンド以上の資産を持つ者は400人、5,100〜1万ポンドが600人あり、これらは貿易商人を中心としていた。また500〜5,000ポンドには貿易商人と多数の国内商人が含まれていたとみられるが、その数は7,300人余に達している（以上表1-3参照）(33)。結局、これら富裕商人層は、職能団体にとらわれることなくいずれのカンパニーに所属していても同じだという共通性を持つに至り(34)、17世紀末ともなればロンドンの社会や政治に16世紀とは異なる以下のような特徴をもたらした。

　まず第一に、各種の富裕商人（マーサー、グローサー、毛織物商、麻織物商等）は、いずれのカンパニーのリヴァリであっても、カンパニーの枠組みを越えて、王立取引所、毛織物取引所、貿易会社本部などの商業施設や、金融・保険業者、銀行等のサービス部門が集中する市中心部に集まり、それらの便宜にあずかるとともに情報や投資の機会をも共有しつつ、経済的な一体性を形成するようになっていった。つまり、商人層の経済的利害は、営業規制を失ったカンパニーよりも、これら商業・金融施設などを通じて実現されるようになり、

表1-3　1688年頃のロンドンの実業家の資産　　(単位：ポンド)

資産額	人数	資本額中央値	所得額中央値	総資本 ('000s)	総所得 ('000s)
30,000以上	40人	50,000	3,000	2,000	120
20,100～30,000	60	25,000	1,500	1,500	90
10,100～20,000	300	15,000	1,500	4,500	270
5,100～10,000	600	7,500	750	4,500	450
4,100～5,000	350	4,500	450	1,575	157.5
3,100～4,000	400	3,500	350	1,400	140
2,100～3,000	1,000	2,500	250	2,500	250
1,600～2,000	900	1,750	175	1,575	157.5
1,100～1,500	1,500	1,250	125	1,875	187.5
750～1,000	1,600	775	78	1,240	124.8
500～700	1,600	600	60	960	96
合　計	8,350	—	—	13,625	2212.05

出典：R. Grassby, *The Business Community of Seventeenth Century England*, Cambridge, 1995, p. 248.

職能の壁を越えて商人・ブルジョワ層の共通の経済的基盤が形成されたのである。なお、銀行、海上保険、株式会社、証券市場等々の金融・商業上の諸技術、諸制度は、ロンドンがアントワープやアムステルダムから学んだところが大きい。こうした傾向は、すでに17世紀前半にもみられたが、ピューリタン革命や名誉革命を経た17世紀末により明確になった[35]。

　第二に、リヴァリは、コモン・ホールにおける庶民院議員選挙の選挙権保有者であり、政治的な重要性を増しつつ、17世紀後半には議会を支える基盤を形成したのであった。すでにピューリタン革命期の長期議会には、ロンドンは庶民院議員4名に、I. ペニントンをはじめ活動的な反国王派議員を選出した。さらに王政復古後のリヴァリ層（ピューリタン革命前夜に約4,000人、17世紀末に約8,000人）は、庶民院議員選挙を通じて議会において彼らの政治的主張をするようになり、ウィッグとトーリーの対立をはらみつつ、名誉革命後は議会主権を支える重要な基盤となった[36]。これは、16世紀のリヴァリ層が、なお職能共同体の枠組みの中にあり、国王と協調的な市参事会に収斂していたのとは異なっている。富裕商人を中心とするリヴァリ層は、主に市中央部に集中しつつ、17世紀末ともなれば、ド・クレイの示すように、基本的にウィッグ派の

支持母体となって議会主権の担い手ともなり、国王を制限君主、もしくは「議会の中の国王」としたのである(37)。フランスと異なり売官制が発達しなかったイギリスでは、ロンドンのブルジョワは絶対王政の国家機構のうちに吸収されることなく、議会に進出していったのである。

　第三に、以上のように職能共同体を崩しつつ、経済的、政治的に共通の基盤をもった富裕商人層・リヴァリ層（ブルジョワ）が出現したことは、王権—都市自治体—小共同体の三層構造の再生産とは異なる事態をもたらした。こうした17世紀後半のブルジョワは、なお市参事会と都市自治を担う一面をもつにせよ、それを越えて議会というナショナルな政治舞台に直接かかわるようになっている。一方、1620年代より徒弟制度に導入されたプレミアム制は、ハズバンドマンなど下層民の徒弟制による社会的上昇を制約し、富裕カンパニーの徒弟供給をより上層の社会層とし、地理的にもロンドンとその周辺に限るようになっている。商業的リヴァリ・カンパニーは、全国的な幅広い社会層の社会的流動性を実現するものではなく、ロンドンとその周辺の中産階層を供給源とするブルジョワ＝中産階層の団体という性格を帯びるようになっている(38)。かくして17世紀とくにその後半以降のロンドンでは、プレミアム徒弟制（相続・買戻し）—ブルジョワ（リヴァリ）—議会主権の関係を生み出し、彼らは王権よりむしろ議会主権に収斂してゆく。17世紀後半以後議会とコモン・ホールがより重要性を増してゆくのに比して、王権—都市自治体—小共同体の三層関係は、消滅しないまでも後退していったのである。

　第四に、治安判事の成長と都市法人団体（コーポレイション）の後退である。1688年後法人化された都市はきわめて少なく、名誉革命後の政権は、基本的に都市の法人化を推進しなかった。都市法人団体を積極的に廃止もせず、なおその機能を存続させてはいたが、18世紀にはそれは、寡頭的体制を強めるとともに、'Rotten Borough' にみられるように、概ねその構成員＝市民数を減少させつつ衰退傾向をみせている。ロンドンの市民数は多かったが、18世紀に入り徒弟制度の後退が進み、とりわけ18世紀半ば以後は徒弟制の衰退が顕著であって、買戻しや相続による市民権獲得が増大しても、徒弟制度による市民権獲得

数をカヴァーできず、市民数は減少傾向にあった(39)。また市参事会の権限の後退と市議会のそれの増大、区会の衰退と教区会の成長、そして人口増大による郊外の拡大等によって、ロンドンのコーポレイションは全体を統合する中心的権力を失いつつ、結合力を弱め、部分的・局地的な権力に多元化する傾向にあった(40)。一方、ロンドン市の最上層役人が治安判事、エスチーター、コロナーなどの国王役人であることは、名誉革命以前と変わりはないが、これらのうち治安判事は、その数をも増大させまたその郊外地域をも含めて、議会の法令の執行、地方行政、裁判等にますます重要な役割を果たし、多元化してゆくロンドンの諸権力を最終的には束ねる位置にたっていた。つまり、しぼんでゆく都市法人団体に代わって、議会主権を背景に治安判事の名望家支配が都市内部や郊外にも浸透する体制にあったのである。また都市行政は、取得に費用のかかる特許状に基づく都市法人団体＝「社団」によってではなく、議会の法令によって、あるいは「特定の目的のための法令団体 statutory bodies for special purposes」（たとえば各種の改良委員会や救貧社など）の設置によって実施されるようになったのである。こうした法令団体は、王権によって設定される法人団体＝「社団」と異なり、身分的な序列化の編成原理を基本的にはもたないとみられる(41)。

　最後に、区と教区についても一瞥しておきたい。分極化の進展や富裕者・有力者集団の支配の形成、そして治安判事の支配の浸透は、区や教区にも及ぶこととなる。もっともシティ内部では治安判事の区、教区支配の実効性はあまりなかったのであるが、その形式ないし体制が整うこと自体に意味があるうえ、区会や教区会における富裕者・有力者集団の形成とともに、その傾向を増したと考えられる。区、教区における有力者集団の支配は、彼らによる役人決定の機会をより多くし、全員参加型の区会、教区会から下級役人として選出され都市の上級役人に至る政治的・社会的上昇に偏りをもたらすものと言えよう。区については、ウェッブ夫妻が詳述しているように、17世紀はじめ頃から区の実質的支配は、区会にかわって、市参事会員や市参事会員代理が主催し、市議会員によって構成された「区の議会 the Common Council of the Ward」が担う

ようになっていった。しかも市参事会員は、17世紀中に治安判事となる者が増大し1741年以後は全員が治安判事となって、区会や時には「区の議会」を主催したのであるから、国王役人である治安判事が区の支配に介入しうる体制ができたことを示している(42)。一方教区においては、16世紀にみられた特別教区会の形成がさらに進み、1638年までにロンドンの109教区中の59教区において特別教区会が結成された。これは教区の富裕層・有力者が教区を支配したことを意味している。区と教区の機能が混合する事態もみられたが、教区委員 churchwarden は教区会が選出する教区コミュニティの役人であるのに対し、貧民監督官 overseers of the poor や治安官 constable などは、治安判事が指名するのが原則であって、教区に中央政府の権力が及ぶ途が作られていた(43)。シティ内部の教区については治安判事支配の実効性には疑問があるが、郊外教区を中心として以上のような小共同体における分極化の進展と治安判事支配の浸透がみられ、また都市法人団体の後退と議会を中心とした政策の推進が進んだのである。

おわりに

かつて二宮弘之氏は、フランス絶対主義国家の古典的イメージを批判され、フランス絶対王政の統治構造を、地縁的および機能的などの、「自然生的な」社会的結合からの上向過程と、王権の支配からする下向過程の両面から循環的に検討し、とりわけ「自然生的な」結合に法人格を付与した「社団」＝中間団体にその接点を見いだしつつ、その統治のあり方を明らかにされた。これはまことに深い洞察であり、基本的にイギリス絶対王政にも妥当するように思われ、これまで述べきたった王権—都市自治体（都市社団）—小共同体の三層構造もこうした視野のうちに捉えることができる。しかも二宮氏は上記のような統治構造を単に循環として捉えるのではなく、その後の変化に対する官僚制の強化などによる絶対王政の対応まで含めて論じている(44)。一方、高澤紀恵氏は、16・17世紀を中心としたパリ史研究において、やはり王権—都市自治体—小共

同体の三層構造を前提として、パリの変化を国王権力を体現するシャトレ裁判所とシャトレ役人の都市内部とりわけ街区への浸透、王権のポリス・システムのパリ内部への展開、そしてブルジョワの官職購入による国王役人化等によって都市の自治的秩序維持システムが崩れてゆき、王権支配が重さを増し、下向過程が優位してゆくことを示している(45)。

　こうした二宮氏、高澤氏の研究は、ロンドン史研究にも多大の示唆を与えるものである。私見によれば、前述のように、二宮氏のいう上向と下向の循環の過程は、イギリス絶対王政の統治構造についても基本的に妥当し、ロンドンもその循環過程の重要な一部を形作っていた。しかし、その後の変化は、17世紀に王権が強大化し下向過程が優位してゆくパリに対して、ロンドンでは上向過程が優位する方向へ進んだ。ロンドンでは、ブルジョワ（中心はリヴァリ層）が売官制によって国家機構に吸収されることなく、職能の壁を破って一体化傾向を示し、経済的諸施設を拠点に活動するとともに、政治的には議員選挙権保有者たることを通じて、議会主権を支えるに至ったという点で大きく異なっている。つまり、16・17世紀の英仏の間には、官僚制と軍隊のあり方の相違のほかに、議会の地位の相違があり、フランスでは王権によって1615年から1789年にわたって三部会が停止され、イギリスでは議会が王権への抵抗の拠点からさらに国王を「議会の中の国王」としていったという相違がある。議会主権を確立した名誉革命後のイギリス議会は、特許状によって「自然生的結合に法的地位を与え」序列化するコーポレイション＝社団化の推進ではなく、議会制定法によって個別的に地方および都市の諸問題を解決する政策をとり、その執行の役を治安判事（都市であれば同時に都市役人でもある）に担わせたのであり、それは絶対王政期の身分的な序列化とは基本的に異なっている。18世紀には都市治安判事の行政、裁判上の役割の増大に比し、都市法人団体は、一定の機能を果たし他と共存しつつも、次第に後退し、しぼんでゆくのである(46)。

　また、かつてG.アンウィンは、政治権力と自発的結合組織 voluntary association の関係を通時的・時系列的に捉え、当初は多くの場合非合法でもある自発的結合組織が、やがて政治権力によって公認され、さらに政治機構の

一部となり、政権と一体化するに伴い、また新たな自発的結合組織が禁圧されながらも登場してくるという、いわば自発的結合組織の上昇転化の波状的な展開を指摘した。その際、イギリスの国家社会が上向・下向の循環的構造をもちつつも、彼は下から発芽する自発的な組織形成力を重視し、上向過程が国家のあり方を変え、国家を引っ張ったものとして捉えている[47]。もっともアンウィンは、ギルドから労働組合に至る職能団体を中心にそれを述べているのだが、17世紀のロンドンは、社会的分極化を通じて上昇し、職能の壁を破って水平化してゆくブルジョワ層の出現と、彼らの議会主権への参画という新たな上向のプロセスをみた点が指摘されねばならない。

注
（１）　この時代の国家を論じた最近の著作は、いずれも社会的変化との関連で国家を捉えているが、ブラディックは近代国家の成立について国家の非人格性を重視し、ヒンドルはミドリング・ソートの政治文化を重視している。M. J. Braddick, *State Formation in Early Modern England c.1550-1700*, Cambridge, 2000; Do., 'State formation and social change in early modern England: a problem stated and approaches suggested', *Social History*, Vol. 16, No. 1, 1991; S. Hindle, *The State and Social Change in Early Modern England, 1550-1640*, Chippenham, 2000.
（２）　ブラディックは、官僚制を欠くイギリス国家は地方役人＝無給の在地有力者の「協力」に依存し、国家はほとんど「実体がない」が故に、政策の効率性の評価によって国家の発展が計られるとしている。M. J. Braddick, 'State Formation', p. 2. なおイギリス絶対主義国家の研究について、大野真弓『イギリス絶対主義の権力構造』（東京大学出版会、1977年）。ただし1688年以後、行政府や軍事力の拡大が生じることについては、J. Brewer, *The Sinews of Power: War, Money and the English State 1688-1783*, New York, 1989, Chaps 2 & 3（大久保桂子訳『財政＝軍事国家の衝撃――戦争・カネ・イギリス国家 1688-1783』名古屋大学出版会、2003年、第2、3章）。
（３）　議会とロンドンの社会層については、G. S. De Krey, *A Fractured Society: The Politics of London in the First Age of Party 1688-1715*, Oxford, 1985, Chap. IV; N. Rogers, *Whigs and Cities: Popular Politics in the Age of Walpole and Pitt*,

Oxford, 1989, Chap. I; 伊藤修一「名誉革命前後のロンドンにおける党派の社会的基盤について――ウィッグの『変節』をめぐって――」(〔東北大学〕研究年報『経済学』65巻1号、2003年)。
(4) 高澤紀恵「近世パリの『危機』と『安定』――パリ史からのコメント――」(イギリス都市・農村共同体研究会編『巨大都市ロンドンの勃興』刀水書房、1999年、所収)、同「近世パリの街区共同体――その機能と変容をめぐって」(『歴史学研究』560号、1986年)、同「パリの民兵――リーグからフロンド――」(二宮宏之編『結びあうかたち』山川出版社、1995年、所収)など一連の研究がある。
(5) 都市の法人化についてはさしあたり M. Weinbaum, *The Incorporation of Boroughs*, Manchester, 1937. 拙稿「イギリス都市の 'incorporation' をめぐる若干の問題」(〔東北大学〕『西洋史研究』新輯16号、1987年)などを参照。
(6) J. Levin, *The Charter Controversy in the City of London 1660-1688 and Its Consequences*, London, 1969, pp. 1-2.
(7) たとえばブリストル、ヨーク、ニューカースル、ノリッジ、ハル、サウサンプトンなどの法人化特許状の抄録を参照。*Calendar of Charter Rolls*, Vol. V の各特許状、A. Ballard and J. Tait, *British Borough Charters 1261-1307*, pp. 358-9. など。
(8) 小山貞夫「十四世紀のエスチーター」(イギリス中世史研究会編『イギリス封建社会の研究』山川出版社、1970年、所収)、同『中世イギリスの地方行政』(創文社、1968年)第二編を参照。
(9) M. Weinbaum, *op. cit.*, pp. 9, 50n, 65n, 69, 76, 78, 110, 113. なおマーシャル、スチュワードについては、J. R. Green, *Town Life in the 15th Century*, Vol. 1, London, 1894, pp. 209-210.
(10) M. Weinbaum, *op. cit.*, p. 83. なお類似の事態はビュウドリ Bewdley などの小都市にもみられる。*Calendar of Patent Rolls, 1467-1477*, pp. 361-2.
(11) R. Tittler, 'The Incorporation of Boroughs, 1540-1558', *History*, LXII, 1977, pp. 26-31. こうした王権と都市の結合は、1540～50年代に明確な都市政策となり、この時期に多数の都市の法人化がみられる。Do., 'The Emergence of Urban Policy, 1536-58', in J. Loach and R. Tittler, *The Mid-Tudor Ploicy c. 1540-1560*, Houndmills, 1989, pp. 87-90. なお、S. Bond and N. Evans, 'The Process of Granting Charters to English Boroughs, 1547-1649', *English Historical Review*, XCI, 1976をも合わせ参照。

(12) *The Corporation of London*, London, New York and Tronto, 1950, p. 7; *The Historical Charters and Constitutional Documents of the City of London*, London, 1884, pp. 139-158.

(13) *Corporation of London*, pp. 20, 24, 69-70, 77-78, 160, 213-216; *Historical Charters*, pp. 159-199, 291-294.

(14) たとえば毛織物工業の法令執行なども、16、17世紀には、都市では市長などの都市役人、州では治安判事が担当し、18世紀には都市でも州でも治安判事がこれにあたるよう規定されている。3 Henry VIII c. 6., 7 James I c. 7., 13 & 14 Charles II c. 15., 22 George II c. 27, etc. なお、P. Slack, *Poverty and Policy in Tudor and Stuart England*, London and New York, 1988, Chaps. 6 & 7.

(15) D. H. Bowler, *London Sessions Records 1605-1685*, Catholic Record Society, 1934, pp. vii-xi.

(16) *Corporation of London*, pp. 213-216. なお、大野真弓、前掲書、第5章参照。

(17) J. M. Beattie, *Policing and Punishment in London, 1660-1750*, Oxford, 2001, p.94. 17世紀末以降のロンドンの治安判事の治安裁判所を中心とした職務については、*Ibid.*, pp. 91-113参照。この点につき東北大学経済学部飯野夏樹氏より示唆を得た。

(18) A. B. Beaven, *The Aldermen of the City of London*, Pt. 1, pp. 336-357.

(19) F. F. Foster, *The Politics of Stability*, London, 1977, pp. 55f, Appendix 2; S. Rappaport, *Worlds within Worlds: Structures of Life in Sixteenth Century London*, Cambridge, 1989, pp. 52-53; Pearl, 'Change and Stability in Seventeenth-century London', *The London Journal*, Vol. V, No. 1, 1979, pp. 13, 16. 拙著『イギリス・ギルド崩壊史の研究』（有斐閣、1987年）、346頁。

(20) 以下 S. Rappaport, *op. cit.*, Chap. 8よりその要旨を捉える。

(21) I. Archer, *The Pursuit of Stability: Social Relations in Elizabethan London*, Cambridge, 1991, Conclusion, esp. pp. 258-260.

(22) マーチャント・アドヴェンチャラーズの本部は、マーサーズ・カンパニーのホールに置かれ、初期のその議事録もマーサーズ・カンパニーの議事録の中に収録されている。Carus-Wilson, *Medieval Merchant Venturers*, London, 1967, p. 147; L. Lyell, *Acts of Court of the Mercers' Company 1453-1527*, Cambridge, 1936.

(23) 拙稿「16・17世紀前半ロンドンの職業構造変化とリヴァリ・カンパニー」（イギリス都市・農村共同体研究会編『巨大都市ロンドンの勃興』刀水書房、1999年、

所収)、269頁。なお、当時のイギリスと低地地方の毛織物業の関係について、佐藤弘幸氏の力稿「イギリス毛織物工業の展開とネーデルラント」(1)〜(4)(『東京外国語大学論集』47〜50、1993〜5年)、がある。

(24) S. Rappaport, *op. cit.*, pp. 104-122.

(25) G. Unwin, *Industrial Organization in the Sixteenth and Seventeenth Centuries*, London, New imp., 1963, Chap. 4 (樋口徹訳『ギルドの解体過程』岩波書店、1980年、第4章)。

(26) I. Archer, *op. cit.*, pp. 67-68.

(27) *Ibid.*, pp. 63-67, 78-82; F. F. Foster, *op. cit.*, 29-39.

(28) I. Archer, *op. cit.*, pp. 82-92.

(29) P. Corfield and D. Keene (eds.), *Work in Towns 850-1850*, Leicester, 1990, p. 7; J. Alexander, 'The Economic Structure of the City of London at the End of the Seventeenth Century', *Urban History Year Book*, 1989, p. 53.

(30) 坂巻、前掲書、第6章。手工業カンパニーの多くは職能団体として存続する。

(31) R. Davis, *English Overseas Trade 1500-1700*, London, 1973, p. 12; G. D. Ramsay, *English Overseas Trade during the Centuries of Emergence*, London, 1957; P. Earle, 'The Economy of London, 1660-1730', in P. O'Brien (ed.), *Urban Achievement in Early Modern Europe*, Cambridge, 2001; R. Brenner, *Merchants and Revolution*, Princeton, 1991, pp. 613-632. オランダ側の貿易については、J. Israel, *Dutch Primacy in World Trade 1585-1740*, Oxford, 1989.

(32) F. J. Fisher, 'London as an "Engine of Economic Growth"' in P. Clark (ed.), *The Early Modern Town*, London, 1976; 坂巻、前掲「16・17世紀前半ロンドンの職業構造変化とリヴァリ・カンパニー」276-277頁。

(33) R. Grassby, *The Business Community of Seventeenth-Century England*, Cambridge, 1995, pp. 247-257.

(34) このことはすでに16世紀後半についても指摘されているのであるが、職能共同体としてのカンパニーの意義が、17世紀とは異なっていたといえよう。G. Unwin, *Industrial Organization*, p. 106 (樋口、前掲訳書、148頁)。

(35) P. Gauci, *The Politics of Trade: The Overseas Merchant in State and Society, 1660-1720*, Oxford, 2001, pp. 24-38; P. Earle, 'The Economy of London', p. 87. ただし、最富裕区は中世以来シティの西から東に移動してゆく傾向があったという。D. Keene, 'The Setting of the Royal Exchange: the Continuity and Change in the Financial District of the City of London, 1300-1871', in A. Saunders (ed.),

　　　　The Royal Exchange, London, 1997, pp. 253-271. また王立取引所は、当時の経済情報のセンターでもあった。M. Harris, 'Exchanging Information: Print and Business at the Royal Exchange in the Late Seventeenth Century', in A. Saunders, *op. cit.* また投資をはじめ当時の「中産階級」middle class の経済活動について P. Earle, *The Making of the English Middle Class*, London, 1989, pp. 106-157.

(36)　V. Pearl, *London and the Outbreak of the Puritan Revolution*, Oxford, 1961, pp. 50, 176-196; G. S. De Krey, *op. cit.*, pp. 167-176, 189.

(37)　G. S. De Krey, *op. cit.*, Chap.V; N. Rogers, *op. cit.*, Chap. 1; R. Sweet, *The English Town 1680-1840*, Harlow, 1999, p. 70.

(38)　C. Brooks, 'Apprenticeship, Social Mobility and the Middling Sort 1550-1800', in J. Bary and C. Brooks (eds.), *The Middling Sort of People*, London, 1994, Chap. 2（山本正監訳『イギリスのミドリング・ソート』昭和堂、1998年、第2章）、伊藤修一「ロンドンの小間物商カンパニー 1650-1750年」〔東北大学〕研究年報『経済学』65巻4号）。

(39)　P. Corfield, *Impact of English Towns 1700-1800*, Oxford, 1982, pp. 150-152（坂巻清・松塚俊三訳『イギリス都市の衝撃 1700-1800年』三嶺書房、1989年、216-218頁）。

(40)　G. Rude, *Hanoverian London 1714-1808*, London, 1971, Chap. 7.

(41)　R. Sweet, *op. cit.*, pp. 33-56, 64-71. 都市治安判事の役割の増大の叙述も明快である。小西恵美氏の最近稿「地方行政組織の変化と連続」(『比較都市史研究』22巻2号、2003年）は、コーポレイションと法令団体の相互補完性を強調している。

(42)　S. & B. Webb, *English Local Government: Manor and Borough*, Pt. II, London, Rep. 1963, pp. 581-615; R. Sweet, *op. cit.*, p. 27; 丸藤准二「18世紀ロンドンにおける都市小共同体の活動」〔東北大学〕研究年報『経済学』65巻4号）。

(43)　R. Sweet, *op. cit.*, p. 30.

(44)　二宮弘之「フランス絶対主義の統治構造」(吉岡昭彦・成瀬治編『近代国家形成の諸問題』木鐸社、1979年、所収）。

(45)　高澤紀恵、前出注（4）の諸論稿を参照。

(46)　R. Sweet, *op. cit.*, pp. 62-73. 市参事会員は、市参事会のメンバーとして失ったものを、「治安判事として獲得した」のである。S. & B. Webb, *op. cit.*, p. 668.

(47)　G. Unwin, *Guilds and Companies of London*, London, 4th ed., 1963, pp. 8-14.

第2章　イギリス革命期ウェストミンスターにおける教区の役員をめぐって――セント・マーティン・イン・ザ・フィールズ教区を中心に――

菅原　秀二

はじめに

　近世におけるロンドン社会の安定を論じたパールの議論は、救貧行政と政治参加の問題を焦点としていた[1]。そのうち救貧行政の問題については、すでに別稿で論じたが[2]、その際、イギリス革命期（1640〜60年）のウェストミンスターを対象としたのは、時代区分に配慮し、ロンドン郊外を扱うことによって、シティに限定されているパールの議論を相対化しようとする目的によるものであった。本稿はそれに続き、同時期の同じセント・マーティン・イン・ザ・フィールズ教区を舞台に、政治参加の問題を中心に検討しようとするものである。

　パールの政治参加をめぐる議論については、すでにわが国でも詳細な紹介があるが[3]、その要点を改めて確認しておこう。彼女の議論は、クラークとスラックの見解、すなわち近世のロンドン市政が次第に寡頭制の傾向を強め、それが都市社会の危機の一要因となった[4]、という主張に対する反論として提示されたものである。彼女はロンドン市政の下部自治機構である市区 ward・街区 precinct・教区 parish に注目し、その構成員の政治参加の機会がむしろ広く開かれていたと論じる。それぞれの自治機構にはそれぞれの役職が存在し、総合するとおよそ10名の家長のうち1名が何らかの役職についていたという。これにギルドの役員を加えると、実際には役職の過多が問題となっている状況

にあった。このような多元的な自治機構の存在と開かれた政治参加によって、近世ロンドン社会は危機に直面したというよりも、構造的安定性が保証されていたのである(5)。

これに対し、同じく近世ロンドン史を専門とするアーチャーは、広範な政治参加による共同体意識の存在や小共同体の多元性・重層性による社会構造の安定性を認めるが、それには重要な留保が必要であると指摘している(6)。すなわち、確かに広範な政治参加は見られたが、それはあくまでも富裕で人口稠密な市壁内の市区や教区に限定される。それと関連して、政治参加の機会は各自に均等ではなく、役職のヒエラルキーは富のヒエラルキーと密接な関連がある。この問題は、ロンドン以外の都市や農村を扱った研究においても指摘されていた(7)。さらに彼は、パールが重視した市区は次第に衰退し、教区会が「自治の操縦室 cockpit」になり、しかも寡頭的な性格を強めてきたことを指摘している。その背景には、社会階層の分極化があったという。本稿が教区を中心に取りあげるのは、アーチャーのこれらの指摘を念頭に置いてのことである。

また、アーチャーはロンドンの郊外を扱った最近の論文で、「郊外を含む大ロンドンのほとんどは、教区、マナ、そして州当局の無力な連携によって統治されていた」(8)とうい通説に対して、疑義を提示している(9)。すなわち彼は、ボールトンやメリットの研究に依拠しながら(10)、郊外の政治・社会秩序を論じ、シティの安定に対する郊外の無秩序という図式に安易に依存することを戒めている。その一方で、ウォードの主張する「メトロポリタン・コミュニティ」論にもくみしない(11)。結論として、彼はロンドンの郊外社会一般を論じるには、まだ研究が不十分であるという。

そこで本稿では、イギリス革命という混乱の時代に、ロンドン郊外の教区社会はどのように対応したのか、住民の政治参加、特に役職の保有を中心に、その実態に迫ってみたい。

第1節　教区の役職の階層構造

　一般に教区のすべての役職名とその担当者を継続的に把握することは、近世における教区史料の不備によって、それほど容易ではない。しかしながら、ウェストミンスターのセント・マーティン・イン・ザ・フィールズ教区には、「教区役員登録簿、1611年から1730年」という絶好の史料が残されている[12]。本稿ではこの史料を中心に、これを他の教区史料、すなわち「教区会議事録」、「教区委員会計簿」、「救貧委員会計簿」、「人頭税報告書」と照合しつつ、イギリス革命期を間に挟む1630年から1670年までの教区役員について主に検討する[13]。

　当該時期に、この「登録簿」に登場するのは8種類の役職であるが、40年間欠かさず登録されているのは、「教区委員 churchwarden」、「教区委員補 sidesman」、「救貧委員 overseer of the poor」の三つである。このうち「教区委員」と「教区委員補」については、常に定員がそれぞれ2名と4名であり、任期について多少の例外はあるが、通常どちらも2年である。「救貧委員」については、任期は通常1年であるが、年度によって定員は4名、6名、8名と一定しない。しかし、1630年代に4名であった定員は30年代末から60年代中頃までは6名、それ以降は8名となるが[14]、さらに70年代以降10名から14名まで増加する。一般的に、17世紀における当該教区は、時代の経過につれて人口が増加し、それにともなって救貧の対象となる貧民の規模も増大する[15]。「救貧委員」の定員増加にこのような背景があるのは、疑うことができない。

　同じ傾向は、「街路清掃委員 scavenger」や「公道監督委員 surveyor of the highways」にも見ることができる。確かに、これらの役職はこの「登録簿」に継続して登録されているわけではない。しかし、十分にその傾向は確認することができる。たとえば「街路清掃委員」は任期1年の役職であり、1618／19年から1640／41年まで定員4名として登録されている。その後、1670年まで「登録簿」には記載されないが、70年代には再び登録されるようになり、判明する年度にはそれぞれ10名、25名、26名、29名、28名、24名の役員が登録され

ている[16]。さらに1693／94年には、37名もの登録があった。また、「公道監督委員」も任期１年の役職であり、1618／19年から1640／41年および1661／62年から1663／64年には定員２名、1659／60年から1660／61年および1665／66年から1666／67年には定員４名である。しかし、その後、定員は６名、10名、９名、８名と推移していく[17]。この教区の人口を研究したボールトンによると、革命期の内乱で減少した人口は1650年代に回復の兆しを見せ、60年代には人口の「テイク・オフ」が始まるという。実際に、1670年までに、教区の人口は内乱前の１万8,500名のおよそ２倍である３万8,800名までになった[18]。役職の定員の決定的な増加が王政復古以降に始まるのは、偶然ではない。しかし、逆にそれ以前の定員は、内乱期の人口減少にもかかわらず、比較的一定していたということもできる。

　ほかに史料に現れてくる役職には、「公有地監督委員 surveyor of the kings hay」、「警吏 constable」、「救貧院院長 governor for the almshouse」がある。そのうち「公有地監督委員」は、1618／19年から1621／22年、1626／27年から1640／41年、1644／45年から1648／49年まで、間欠的に現れてくる役職であるが、定員は一貫して２名であり、任期は１年である。また、「警吏」は1618／19年から1625／26年までしか登録がない。その理由は不明であるが、その後ほかの史料に「警吏」が現れてくることから、この役職は無くなったのではなく、この名簿とは異なる名簿に登録されるようになったものと推測される。ちなみに当該期間の「警吏」の任期は１年であるが、定員は５名から８名と一定しない[19]。また、「救貧院院長」は、1633／34年に２名が登録されているだけである。

　役職の過多を主張するパールによると、ロンドンでは総合して10名の家長のうち１名が何らかの役職についていたという。この数値は市区を単位として算出されており、市区の性格によりそれにはかなりの隔たりがある。たとえば1640年代、コーンヒルのような小さく富裕な市区では３名の家長のうち１名、より大きく貧しいファリンドン・ウィズアウト市区ではおよそ16名の家長のうち１名が役職についている[20]。これに対し、メリットはウェストミンスター

のセント・マーティン教区でパールと同様の計算を試み、次のような数値を示している。1605年では6.5名の家長のうち1名、1613年では8名の家長のうち1名が役職についていたが、1619年には12名の家長のうち1名という割合になるという[21]。本稿が扱うのは同じ教区のそれ以降の時代であるが、史料の不備により役職の総数と総定員を把握することができず、正確な数値を算出することはできない。前述の人口動態から考えると、特に王政復古以降、この割合はさらに悪化するものと考えられる。次第に悪化するとはいえ、注目すべきなのは、メリットが示した値がシティのそれと比べても余り見劣りしないことである。しかし問題は、これが額面通りに政治参加の度合いを正確に反映しているのか、ということである。そこで次に、教区の役職につく機会がすべての住民に対して平等に開かれていたのかについて検討しなければならない。

「教区役員登録簿」を一読して明らかなことは、同じ人物が複数の役職についていることである。それは同じ年度に複数の役職を兼務するのでなく、多年度に役職を渡り歩くという意味であり、その変遷の過程を詳細に調査すると、教区の役職間の階層構造を見いだすことができる。

図2-1に示したのがその階層構造である。「救貧院院長」を除く上記の七つの役職は、大きく2層に分かれる。このうち「街路清掃委員」、「警吏」、「公道監督委員」、「公有地監督委員」の四つがひとつのグループであり、そのうえに「救貧委員」、「教区委員補」、「教区委員」がある。図に示したように、ある「救貧委員」はその役職を終了したあと「教区委員補」になり、その中のある者は「教区委員」に上昇していく。その逆の例はほとんど存在しない。それに対して、「街路清掃委員」、「警吏」、「公道監督委員」、「公有地監督委員」の四つの役職は、常に「救貧委員」の前に経験されるべきもので、「救貧委員」を終了したあとでこれらの役職についた例はない。また、これら四つの役職につく順序は一定しておらず、これらの役職に有意の差はないものと考えられる。これらのことから「街路清掃委員」、「警吏」、「公道監督委員」、「公有地監督委員」を下級役員として、「救貧委員」、「教区委員補」、「教区委員」という上級役員の階層が形成されていることがわかる。そして、この階層を上昇するほど、

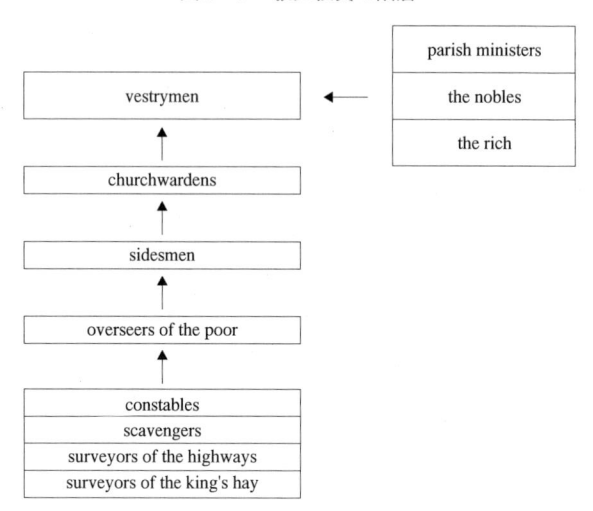

図2-1　教区役員の階層

```
                                    ┌─────────────────┐
                                    │ parish ministers │
        ┌──────────────┐            ├─────────────────┤
        │  vestrymen   │ ◄───────── │   the nobles    │
        └──────────────┘            ├─────────────────┤
               ▲                    │    the rich     │
        ┌──────────────┐            └─────────────────┘
        │ churchwardens│
        └──────────────┘
               ▲
        ┌──────────────┐
        │   sidesmen   │
        └──────────────┘
               ▲
        ┌──────────────────┐
        │overseers of the poor│
        └──────────────────┘
               ▲
        ┌──────────────────────────┐
        │       constables         │
        │       scavengers         │
        │ surveyors of the highways│
        │ surveyors of the king's hay│
        └──────────────────────────┘
```

役職のステイタスは上がるものと考えられる。貴族などの有力者を除いて、一般の住民が「教区会役員 vestryman」になる道はこの階層を上昇していくほかなかったからである。教区会は役員選出の母体であるが、シティとは異なり、この教区ではすでに16世紀の後半から寡頭的な性格を強めていたという[22]。すなわち、シティの多数の教区では教区住民総会である「一般教区会 general vestry」が存続しているのに対して[23]、ウェストミンスターの教区では教区の有力者を構成員とする「特別教区会 select vestry」が早くから成立していたということである。まさに教区会は教区「自治の操縦室」であり、教区役員の選出はこのような教区会によって指名・選出されたのである。

　表2-1は2人の人物に関する役職の昇進例である。(A) のロバート・バーグ氏は1633／34年に「公有地監督委員」について以来、1648／49年に「教区委員」を終えるまで15年の期間を要している。その理由は、「救貧委員」から「教区委員補」になるまで8年の間があるからである。しかし彼は、そののち「教区委員」を務めあげ、1651年7月17日に「教区会役員」として認証された[24]。そして1669年6月16日おそらく亡くなるまで、彼は継続的に教区会に

第2章　イギリス革命期ウェストミンスターにおける教区の役員をめぐって　33

表2-1　役職の昇進例

(A)

年	Burgh, Robert　　　　　upholster 12s.
1633〜34	surveyor of the king's hay
1635〜36	ovrseer of the poor
1643〜45	sidesman
1647〜49	churchwarden
1651〜69	vestryman
1663	treasurer of the Tower to be repaired

(B)

年	Cooper, John　　　　　barber 1s.
1619〜20	surveyor of the highways
1622〜23	scavenger
1623〜24	constable
1625〜26	overseer of the poor
1627〜29	sidesman
1633〜35	churchwarden
1640〜66	vestryman

出席を続けている。「教区会役員」は任期がなく終身であり、18年間という期間は実際に教区の役員を務めていた期間よりも長期にわたるのである。1664年の「人頭税報告書」によると、彼は家具商であり、12シリングの人頭税を支払っていることから[25]、この教区の中では富裕な住民であったことがわかる。

これに対し、(B)のジョン・クーパー氏は床屋であり、支払っている人頭税は1シリングにすぎない[26]。この税額は最低の6ペンスに次ぐランクの税額である。それにもかかわらず、彼は1619／20年に「公道監督委員」に選ばれてから「街路清掃委員」と「警吏」を歴任したのち、「救貧委員」、「教区委員補」、「教区委員」と順調に役職の階梯を昇って、1640年から「教区会役員」として1666年まで教区会に切れ目なく出席することになる。クーパー氏は最初の役職について以来、数年の間隙はあるけれども実に47年間にわたって、教区政治に携わっていたことになる。しかも彼は富裕な住民というわけではない。この教区では、富の階層秩序と役職の階層秩序がどの程度相関関係があるのか、史料の不足により実証するのは難しい。しかし、少なくとも彼のような住民も「教

表2-2　救貧委員を中心とした役職の移動

(単位：人)

	救貧委員	下級の役員→救貧委員	救貧委員→教区委員補	救貧委員→教区委員
1630年代	44	22 (50%)	16 (36%)	8 (18%)
1640年代	50	15 (30%)	24 (48%)	13 (26%)
1650年代	60	3 (5%)	21 (35%)	13 (22%)
1660年代	65	0 (0%)	21 (32%)	13 (20%)

区会役員」に上り詰める回路が存在したことは、留意しておかなければならない。

それにもかかわらず、表2-2が示すように、その回路は決して太いものではなかった。すなわち、1630年代から60年代を通して、「救貧委員」から「教区委員補」に上昇する者は40％近いが、その後さらに「教区委員」になる者は20％程度にしかすぎないからである[27]。逆に、ほとんどすべての「教区委員」は何らかの役員の経験者である。また、いったん「教区委員」を務めあげれば、大部分は「教区会役員」として認められることになる。これら上級役員への上昇の割合は、年度によってそれほどの差がない。しかし、下級職から上級職へ上昇するのは、次第に難しくなるようである。すなわち下級職である「街路清掃委員」、「警吏」、「公道監督委員」、「公有地監督委員」を経て「救貧委員」になる者は、年度が進むにつれて極端に減少してくる。これには、「街路清掃委員」や「警吏」が「教区役員登録簿」に次第に記載されなくなるという事情も背景にあるが、それを割り引いても上昇する下級役員の減少化傾向を見ることができるであろう。

このようにこの教区でも、教区の役員になる機会は、すべての住民に平等に開かれているわけではない。ある者は複数の役員を渡り歩くのに対して、何の役職にもつかない多くの住民がいたはずである。しかも、役職のステイタスは決して同じではない。上級の役職につくには、長い修行期間と（必ずしも富裕である必要はないが）それを支える富が必要だったのである。政治参加の度合いは、単に役職数と人口の割合に還元できるものではない。

表2-3　役職忌避　　　　　　　　　　　　（単位：件数）

	教区会議事録	救貧委員の役職忌避	救貧委員会計簿	救貧委員の役職忌避
1630年代	5	4		
1640年代	9	7	5	1
1650年代	15	14	20	19
1660年代	4	3		

第2節　役職の忌避

　役職のステイタスが等しくないことは、役職忌避の問題にもうかがうことができる。役職忌避とは、科料 fine を支払うことによって、推薦された役職に対する免除の許可を得る行為である。この行為は16世紀の後半に、すでにシティでは確立しており、富裕な住民は下級職につくことを忌避するようになっていたという[28]。しかしパールによると、17世紀では、「特に上級職において、役職の忌避は考えられているよりも普通に行われていたわけではない」という[29]。この問題をセント・マーティン教区にそくして検討してみよう。

　役職忌避に関しては、「教区会議事録」と「救貧委員会計簿」にその記載がある。両者の記載は必ずしも同じでないが、重複して現れる者も多い。これらの史料によると、役職忌避の科料は救貧に使われることが一般的であった。筆者はすでに1640年代と50年代の「救貧委員会計簿」について、その分析を試みたことがある[30]。これによると役職忌避の科料については、1640年代には5件、50年代には20件の記載がある。しかも、そのうち20件（5件のうち1件、20件のうち19件）が「救貧委員」になることを忌避するための科料であった。この傾向は、表2-3で示したように、「教区会議事録」でも確認できる。すなわち、役職忌避の件数は1640年代、50年代に増加し、特に50年代に最も多くなる。しかも、そのうち大部分はやはり「救貧委員」につくことへの忌避であった。50年代には、「救貧委員」の定員が6名であるので、60のポストがあったことになる。「救貧委員会計簿」では19件、「教区会議事録」では14件の役職

忌避が記載されているので、計算上ではおよそ4分の1から3分の1のポストに役職忌避が発生したことになる。革命期においては、特に「救貧委員」に関する役職忌避は当該教区にとって深刻な問題となっていたように思われる。

しかし、すべての住民が等しく、都合によって役職を忌避できたわけではない。科料を支払うためには、相応の富が必要であったからである。さらにこの科料の金額は、役職のステイタスに対応していた。「教区委員」忌避の事例は2件しかないが、20ポンドの科料が科されている[31]。これに対し「救貧委員」忌避の事例は最も多く、科料の金額は8ポンド、10ポンド、12ポンド、13ポンド6シリング8ペンスと一定しないが、10ポンドと12ポンドの事例が最も多い。なお、「教区委員補」忌避の事例は、少なくともこれらの史料では存在しない。下級職の事例は意外に少ないが、「公道監督委員」忌避の科料は1ポンド、「街路清掃委員」忌避のそれは2ポンドであった[32]。1664年の「人頭税報告書」によれば、10ポンド以上課されているのは、一部専門職を除いてジェントルマンや貴族であり、1ポンド以上課されているのもかなり富裕な住民層であった。大多数の住民は1シリング程度の税金を課されることが普通であったのである[33]。「人頭税報告書」がただちに住民の支払い能力を示すものではないけれども、役職忌避の科料を支払うことは、たとえ下級職に対するものであろうとも、一般の住民にとって大きな負担となったことは疑うことができないであろう。逆に、こうした科料の高額さは、役職につくことが住民にとっていかに大きな責任の一端であったかを示している。

このような重い金銭的な負担にもかかわらず役職忌避が行われたのは、いったいどのような理由によるものであったのか。「教区会議事録」には科料の理由が示されている例があり、なかには職務怠慢で解任され、まさに罰金として科された例もあるが[34]、大部分は自発的に科料を支払って、推薦された役職につくことを忌避しているものである。おもな理由は、健康状態 weakness of body[35] と仕事の都合によるものである。後者の例をいくつか挙げておこう。「救貧委員」に推薦されたジョン・ウォータラー氏は「多くの場合継続的に、彼の仕事の主要な場所であるロンドン橋のたもとにおり、その場所で彼の〔役

職の〕義務を正当に遂行することはまったく困難である」(〔 〕内は引用者。以下同)ことを教区会で言明し、「〔役職〕免除のために、この教区の貧者の使用に供するべく10ポンドを自発的自由意志で提供した」という(36)。そのほかにも、「田園部 the countrye」で仕事をする都合や、「居所がこの教区の外にある」から役職の遂行が困難である、という例がある(37)。さらに任期途中で、「教区委員」のウィリアム・ライト氏は、「この役職の仕事と責任がいかに自分の職業におけるさまざまな仕事を妨害し、多大な損失を与えたのかについて教区会に知らしめ」、結果として異例の免除が認められたという(38)。ただし、この記事は科料の有無については明記されていない。言うまでもなく教区の役職は無給であり、その負担は重いものがあったのである。

しかしながら、当該期間で役職忌避を繰り返す者の例は存在しない。むしろ役職忌避は緊急避難であり、その役職につかなくてもそののち上級の役職につく者の例は多数存在する。たとえば、上記のジョン・ウォータラー氏は「救貧委員」を免除された後、4年後には「教区委員補」になり、「教区委員」をとばして1641年から47年まで「教区会役員」として教区会に出席している。また、同じく上記のウィリアム・ライト氏は、「教区委員」を務めあげることはできなかったが、1640年に「教区会役員」となり、1654年まで頻繁に教区会に顔を出している。役職忌避は上級職への昇進の妨げとはならず、緊急避難としてのいわば「権利」のようなものであったのではないであろうか。逆に過去に教区の役員を務めたために、科料を減額あるいは免除された例もある(39)。教区の役員に推薦されたとき、その役職につくことは教区民の義務であり、やむをえない場合を除いて、彼らはできるだけその義務を果たそうとした。そして、いったんその義務を果たした者は、教区の共同体に貢献した者として一定の評価をえることになったのである。

この教区ではシティと異なり、役職忌避は決して少なくはなかった。ただしそれは下級役員ではなく、上級役員の「救貧委員」においてであった。その背景には、前節で述べた役員階層の二重構造があったものと考えられる(40)。この教区では、1640年代から下級の役員を経験して「救貧委員」になる者が次第

に減少したからである。つまり、富裕な住民は下級職につかず、「救貧委員」を始まりとして、役職の階梯を昇っていくようになった。それゆえに、「救貧委員」は上級職中の下級の役員というべきものであったのかもしれない[41]。

また、この教区の特徴として注目すべきことは、教区の役員を経験せずに「教区会」に入る富裕者・貴族が一定数存在したことである。役職につかない者にとっては、役職忌避そのものにまったくかかわることがない。つまり彼らは役職忌避をする必要もなく、「教区会」の役員につくことができたのである。その意味で、この教区の役員階層は正確にいうと三重構造であったというべきかもしれない。それでは次に、この「教区会」の役員について検討してみよう。

第3節　教区会の役員

「教区会」は「自治の操縦室」あるいは「教区の議会」といわれるように[42]、教区自治の中心機関である。しかし「教区会議事録」を見ると、16世紀末頃、教区会は年にほんの数回開催されたにすぎず、その開催頻度は決して高くなかった。その後、17世紀に入って次第にその頻度は高まるとはいえ、1630年代の平均でも年7回開催、1回の役員出席人数は平均9名であった。これは40年代でもほとんど変わらず、年平均8回開催、役員出席人数は平均10名であった。ところが50年代には、その数値は大きく上昇する。すなわち、開催の年平均回数が17回になり、出席者の数は12名になるからである。さらに60年代には、それぞれ15回、13名となり、多少減少するとはいえ、その上昇傾向には変化はないものと思われる。「教区会」は1650年代以降、月に1度以上開催されるようになり、教区自治の中心機関としての地位を名実ともに確立したのである。それではこの「教区会」に出席したのは、どのような人物だったのであろうか。

前述のようにセント・マーティン教区はシティ内の教区と比較して人口規模が大きく、「一般教区会」ではなく「特別教区会」の形式を採らざるをえなかった。メリットによれば、1606年の教区会役員名簿には24名の名前が記されているという[43]。その後1630年から1670年の期間で「教区会議事録」に教区会

役員名簿が記載されているのは、1658、1662、1667年の3回あり、それぞれ26名、43名、45名の名前が記されている(44)。しかしこの役員名簿には、のちの者による追加・訂正の跡が多く見られ、人数を確定することが容易ではない。それゆえに、この人数がただちに「教区会役員」の定員を正確に示しているものではないが、50年代までその定員はおおよそ24名から26名にとどまっていたのに対し、60年代にそれは増加に転じたことがうかがえる。すでに述べたように、「救貧委員」などの役員もほぼ同時期にその定員を増やしていた。人口の増加にともなう役員の定員の増加傾向は、下級役員や上級役員ばかりでなく「教区会役員」のレベルでも見られたのである。

さらに注目すべきなのは、教区会役員名簿における教区役員経験者とそれ以外の者の割合である。それ以外の者とは、教区の役職につかずに「教区会」に入るのを認められた富裕者や貴族のことである。当該時期の3回の名簿によると、26名、43名、45名の中で教区役員経験者の数はそれぞれ13名、22名、21名となり、ほぼ5割となる。つまり「教区会」では、両者の割合がほぼ等しくなるように構成されているのである。しかし、これがそのまま「教区会役員」の教区政治へのかかわりのあり方を示しているわけではない。「教区会」への出席には、構成員によって大きな差があり、なかには一度も「教区会」に出席していない者もいるからである。そのため教区政治の中心にどちらのグループがいたのかについては、実際に「教区会」に出席している構成員について、さらに詳細な検討が必要になる。また、それは時代によってどのように変化していくのであろうか。

表2-4は10年ごとの教区会出席者における上位10名を示したものである。これらの者が当時の教区政治を担っていた中心人物であったことは疑いえない。ただし、教区牧師はその順位から省かれている。また、「教区委員」として教区会に出席している場合は、出席の回数に含めていない。

まず、この表からただちに明らかなことは、革命期には役職経験者が教区政治の中心にいたということである。すなわち、1640年代と50年代には、役職経験者が10名中8名に上るのに対し、30年代と60年代には、役職経験者とそれ以

表 2-4 出席回数の

1630年代

教区会役員名	出席回数	称号・役職
Boldwin, Thomas	52	esquire, JP
Brewer, Thomas	51	ch (1615〜17)
Ashton, William	47	esquire → knight
Style, Richard	44	?
Weeks, Henry	44	gentleman, paymaster of the Works
Dixon, Robert	41	esquire, JP
Dickson, Robert	40	ch (1613〜14)
Hill, Anthony	40	ch (1622〜24)
Clark, Samuel	39	ch (1626〜28) ← s ← o
Thorpe, John	39	clerk at the Works

1650年代

教区会役員名	出席回数	称号・役職
Cooper, John	133	ch (1633〜35) ← s ← o ← c ← sc ← shw
Lidgould, Henry	103	ch (1632〜34) ← s ← o ← sc ← skh
Darling, Thomas	95	ch (1644〜46) ← s ← o ← skh ← sc
Webster, Thomas	94	ch (1651〜53) ← s ← o ← shw
Clendon, John	86	ch (1652〜54) ← s ← o ← shw
Hall, Ralph	80	esquire, JP
Barker, Thomas	73	ch (1654〜56) ← s ← o
Green, George	72	ch (1646〜47) ← s ← sc ← shw
Baker, William	69	ch (1653〜55) ← s ← o ← shw
Throgmorton, John	68	esquire

注：JP=Justice of the Peace; ch=churchwarden; s=sidesman; o=overseer of the poor; sc=scavenger; c=constable;

外の者の比率は、教区会の構成員のそれを反映してほぼ1対1である。ただし30年代の方が60年代より上位にジェントルマン層の者が多い。また、革命期にはこの教区が議会派のノーサンバーランド伯を中心とする貴族やジェントルマン層に支配されていた、という見解がある[45]。しかし、教区政治の日常業務を担っていたのは、革命期以前の時期から下級の役員としてたたき上げてきた者たちであり、貴族たちが教区会を牛耳ったことがうかがえるのは、40年代後半の一時期にすぎない。革命期にも教区政治を維持できたのは、むしろこうした者たちの地道な努力によるものが大きかったのではないであろうか。

多い「教区会役員」

1640年代

教区会役員名	出席回数	称号・役職
Cooper, John	41	ch (1633〜35) ← s ← o ← c ← sc ← shw
Lidgould, Henry	32	ch (1632〜34) ← s ← o ← sc ← skh
Blenerhassett, George	32	ch (1640〜42) ← o
Le Squire, Scipio	32	esquire
Strugnell, Henry	29	ch (1636〜38) ← s ← o ← c ← sc
Fludd, Robert	29	ch (1639〜41) ← s ← o
Wright, William	27	ch (1630〜31) ← s ← o ← skh
Henn, Henry	25	knight and baronet
Darling, Thomas	24	ch (1644〜46) ← s ← o ← skh ← sc
Burges, Richard	23	ch (1638〜40) ← s ← o ← c

1660年代

教区会役員名	出席回数	称号・役職
Bissel, Richard	94	ch (1661〜62) ← s
Cooper, John	74	ch (1633〜35) ← s ← o ← c ← sc ← shw
Halpenny, Thomas	70	ch (1658〜60) ← s ← o
Jeffs, John	68	?
Burgh, Robert	67	ch (1647〜49) ← s ← o ← skh
Francis, John	59	high burgess, ch (1665〜67) ← s ← o
Bridal, Walter	58	esquire
Baker, William	57	ch (1653〜55) ← s ← o ← shw
Lucy, Francis	57	esquire
Poultney, William	57	esquire → knight

shw=surveyor of the highways; skw=surveyor of the king's hay

　次に、役員の人的断絶は30年代と40年代の間にある。30年代に教区政治の中心にいた10名の人物は、40年代に入り、特に内戦後その姿を現さなくなる。メリットがすでに明らかにしたように、16世紀から17世紀のはじめまで、この教区の役員を担っていた有力な集団に「国王の建設庁 King's Works」の役人がいた。この集団は、国王の建設事業が衰退してくると、セシル家と結びつきを深めるという(46)。実際にヘンリ・ウィークス氏は建設庁の「会計部長 paymaster」であるし、ジョン・ソープ氏はここの事務員である(47)。国王やセシル家の庇護のもとにあったのは、このような役人ばかりでなく、同様に宮

廷と結びついた貴族やジェントルマン層であった。彼らは内戦の勃発によって、この教区から脱出せざるをえなくなったに違いない。

それに対し、50年代と60年代との間には、断絶というよりも継続性をうかがうことができる。ジョン・クーパー氏やロバート・バーグ氏が40年代から60年代まで、「教区会役員」として長期間にわたって活躍しているのは、先に述べたとおりであるし、ウィリアム・ベーカー氏やジェントルマン層のフランシス・ルーシー氏、ウィリアム・ポゥルトネィ氏も50年代から「教区会役員」として活躍していたのである(48)。むしろ断絶は60年代後半にあったようである。1667年4月26日、教区会は補充と称して11名もの人物を教区会に入れなければならなかったからである。このあと10月10日に新しい教区会名簿が作られているのは、偶然ではない(49)。

「特別教区会」は汚職・堕落・不公正の温床であるという見解があるけれども(50)、この教区では役職経験者が教区会の役員になる回路が存在しているように、一部のエリートの独占物として教区会を捉えることは誤りであろう。こうした回路の存在は、住民の政治参加を保証するものだったからである。革命期には、こうした役職経験者が教区会の中心を占め、教区政治の業務を担っていくことになる。

しかし、50年代から、このような活動のエネルギーを取り込み、彼らを地方行政の末端を担う者として教導しようとする動きが顕著となってくる。たとえば、臨時の税金・献金の徴収や救貧行政などにそれを見ることができる(51)。それにともなって、「治安判事 Justice of the Peace」や「都市参事会員 Burgess」が再び継続的に教区会に出席するようになるが(52)、30年代と異なり60年代では依然として役職経験者が教区政治の中心にいる。「治安判事」や「参事会員」は、「教区会役員」として彼らと協力し教区政治を遂行しながら、その一方で都市や州当局の役職を兼ねることによって、教区との連携を図ることになるのである。

第 2 章　イギリス革命期ウェストミンスターにおける教区の役員をめぐって　43

おわりに

　イギリス革命期には、ウェストミンスターつまり議会や宮廷で大きな混乱が起こった。しかし、その足元のウェストミンスター市内の教区では、その混乱にもかかわらず教区政治は断絶せず、日常の業務が遂行されていた。その背景には、ジョン・クーパー氏のような40年以上の長期にわたって、下級の役員から「教区会役員」まで務めあげた人物の存在があった。彼が教区会に出席した回数は、実に156回にも及ぶ。しかも彼は必ずしも富裕な住民ではない。彼のような人物が教区政治の継続性を保証していたのである。

　しかし、革命期にまったく変化がなかったわけではない。革命期には、それ以前に教区の中心にいた貴族やジェントルマン、宮廷の官吏などがこの教区から追われることになるからである。それに代わって一時期、議会派の貴族やジェントルマンが主導権をにぎるときもあったが、革命期を通じて見ると、教区会の中心の位置を占めたのは結局下級の役員から昇り詰めた者であった。それゆえに革命期には、教区会が住民にとってより身近なものになり、シティ内のいくつかの教区のように、相対的に開かれた性格をもつようになったのであろう(53)。1650年代に、貧民から救貧のための請願が教区会に多数届けられたのもこのためである(54)。

　もちろん無給の役職につくことは、住民の負担であった。役職忌避の事例がそれを示している。しかし、それはあくまでも緊急避難的なものであり、大部分の住民は責任を果たしたように思われる。教区の役職につき、それを務めあげることは、まさに住民の責任であり義務であった。役職忌避の科料の高さもまたこれを証明している。

　近年の研究が指摘しているように、このような「統治を分かちもつ者」が市民 citizens であり、こうしてなりたっている地域社会こそがまさに「コモン・ウェルス」あるいは「共和政体 republic = res publica」なのであった(55)。彼らは統治し、また統治される者たちであったのである。ここでは単純な二分法

は通用しない。確かに、政治参加の機会は平等に開かれていたのではなかったし、役職昇進の回路はそれほど広いものでもなかった。しかし、細い道でも参加の機会が保証されていることに意味がある。状況によって、その道は拡大される可能性があるからである。

そのときエリートの役目は、「コモン・ウェルス」としての教区社会をさらに広い「コモン・ウェルス」としての地域社会や国家につなげていくことにあった。ここに彼らが「治安判事」や「都市参事会員」を兼ねて、教区会に出席することの重要性がある。ロンドンの郊外は、教区・マナ・州や都市当局の無力な連携によって統治されているのではなく、その連携のあり方を探ることこそが課題とされねばならないのである。

注

（1） V. Pearl, 'Change and Stability in Seventeenth-Century London', *The London Journal*, vol. 5, no. 1, 1979（J. Barry(ed.), *The Tudor and Stuart Town: A Reader in English Urban History 1530-1688*, London, 1991に再録）; do., 'Social Policy in Early Modern London', in H. Lloyd-Jones, V. Pearl and B. Worden (eds.), *History and Imagination: Essays in Honour of H. R. Trevor-Roper*, London, 1981. 拙訳「《翻訳と解説》ヴァルリィ＝パール『近代前期のロンドンにおける社会政策』（上）（中）（下）」（『札幌学院大学人文学会紀要』第46、48、55号、1989、1990、1994年）。

（2） 拙稿「イギリス革命期ウェストミンスターにおける教区政治をめぐって——セント・マーティン教区の救貧行政を中心に——」（イギリス都市・農村共同体研究会編『巨大都市ロンドンの勃興』刀水書房、1999年、所収）。

（3） 中野忠「イギリス近世都市の危機と安定——ロンドン史の最近の成果から——」（『大阪学院大学経済論集』第6巻、第1号、1992年）。

（4） P. Clark and P. Slack(eds.), *Crisis and Order in English Towns 1500-1700*, London, 1972, pp. 35-41; P. Clark and P. Slack, *English Towns in Transition 1500-1700*, Oxford, 1976, ch. 5（酒田利夫訳『変貌するイングランド都市1500-1700——都市のタイプとダイナミックス——』三嶺書房、1989年、第5章）。

（5） V. Pearl, 'Change and Stability', pp. 15-17; do., 'Social Policy', pp. 117-120（拙訳（上）、130-135頁）。

(6) I. Archer, *The Pursuit of Stability: Social Relations in Elizabethan London*, Cambridge, 1991, ch. 3.
(7) N. Alldridge, 'Loyalty and Identity in Chester Parishes, 1540-1640', in S. J. Wright(ed.), *Parish, Church and People: Local Studies in Lay Religion*, London, 1988, pp. 103-112; J. S. Craig, 'Co-operation and Initiatives: Elizabethan Churchwardens and the Parish Accounts of Mildenhall', *Social History*, vol. 18, 1993, pp. 362-366; S. Hindle, *The State and Social Change in Early Modern England, c. 1550-1640*, Basingstoke, Hampshire and London, 2000, ch. 8.
(8) P. Clark and P Slack, *English Towns in Transition*, p. 71（酒田利夫、前掲訳書、108頁）。
(9) I. Archer, 'Government in Early Modern London: The Challenge of the Suburbs', in P. Clark and R. Gillespie(eds.), *Two Capitals: London and Dublin 1500-1840*, Oxford, 2001, pp. 133-147.
(10) J. Boulton, *Neighbourhood and Society: A London Suburb in the Seventeenth Century*, Cambridge, 1987; J. F. Merritt, 'Religion, Government and Society in Early Modern Westminster, c. 1525-1625', Ph. D. Thesis, University of London, 1992.
(11) J. P. Ward, *Metropolitan Communities: Trade, Guilds, Identity, and Change in Early Modern London*, Stanford, 1997.
(12) *Register of Parish Officers, 1611 to 1730*, The City of Westminster Archives Centre（以下 CWAC. と略記), F2517.
(13) *Vestry Minutes*, CWAC., F2001-F2004; *Churchwardens' Accounts*, CWAC., F3-F27; *Overseers' Accounts*, CWAC., F357-F398; *Returns of Inhabitants for a Poll Tax 1664*, CWAC., F4533-F4537.
(14) 1638／39年から1666／67年まで定員6名、1667／68年から1674／75年まで定員8名である。ただし、例外的に単年度で、1637／38年は定員8名、1671／72年は定員10名となっている。
(15) J. Boulton, 'Going on the Parish: The Parish Pension and Its Meaning in London Suburbs, 1640-1724', in T. Hitchcock, P. King and P. Sharpe(eds.), *Chronicling Poverty: The Voices and Strategies of the English Poor, 1640-1840*, Basingstoke, Hampshire and London, 1997, pp. 22-23.
(16) それぞれ1670／71年、1671／72年、1672／73年および1677／78年、1673／74年、1675／76年、1679／80年に対応する。

(17) 定員6名なのは1667／68年から1679／80年までであるが、その間1672／73年、1675／76年、1676／77年にはその記載がない。また、定員10名なのは1681／82年から1684／85年、1689／90年から1692／93年までであるが、1682／83年は定員9名である。さらに、8名の登録があるのは1688／89年である。
(18) J. Boulton, 'The Poor among the Rich: Paupers and the Parish in the West End, 1600-1724', in P. Griffiths and M. S. R. Jenner(eds.), *Londinopolis: Essays in the Cultural and Social History of Early Modern London*, Manchester, 2000, pp. 199-203.
(19) 1623／24年は5名、1624／25年および1625／26年は6名、1618／19年は7名、1619／20年から1622／23年までは8名の登録がある。
(20) V. Pearl, 'Change and Stability', pp. 15-17; do., 'Social Policy', pp. 117-120（拙訳（上）、130-135頁）。
(21) J. F. Merritt, *op. cit.*, pp. 169-170.
(22) *Ibid.*, pp. 171-172.
(23) A. M. McCampbell, 'The London Parish and the London Precinct 1640-1660', *Guildhall Studies in London History*, vol. 2, no. 3, 1976, pp. 108-111.
(24) CWAC., F2002, f. 307.
(25) CWAC., F4534.
(26) *Ibid.*
(27) 前掲の拙稿では、「教区役員登録簿」の調査が不十分であり、「救貧委員」から「教区委員」に上昇する者を少なく見積もりすぎていた（菅原、前掲論文、251-252頁）。表2-1で示す数字に訂正しておきたい。
(28) F. F. Foster, *The Politics of Stability: A Portrait of the Rulers in Elizabethan London*, London, 1977, pp. 57-60; I. Archer, *The Pursuit of Stability*, p. 93.
(29) V. Pearl, 'Change and Stability', p. 32; A. M. Dingle, 'The Role of the Householder in Early Stuart London c.1603-c.1630', M. Phil. Thesis, University of London, 1974, pp. 127-134も参照。
(30) 菅原、前掲論文、244-246頁。
(31) CWAC., F2004, f. 11.
(32) CWAC., F2002, f. 191; F374; F383.
(33) CWAC., F4533-F4537.
(34) CWAC., F2003, f. 85.
(35) CWAC., F2003, f. 195.

第 2 章　イギリス革命期ウェストミンスターにおける教区の役員をめぐって　47

(36)　CWAC., F2002, f. 135.
(37)　CWAC., F2002, ff. 113, 115.
(38)　CWAC., F2002, f. 112.
(39)　CWAC., F2003, ff. 71, 198.
(40)　役職階層の二重構造については、N. Alldridge, *op. cit.*, pp. 103-112も参照せよ。
(41)　こればかりではなく、「救貧委員」は救貧行政の執行をめぐって、「地域の住民や貧民の要求と当局の要請との間で、難しい立場にたつ」ことになり、そのことが1650年代に多数発生する役職忌避につながったものと考えられる。このことについては、菅原、前掲論文、250-251頁ですでに論じている。
(42)　I. Archer, *The Pursuit of Stability*, p. 69; W. E. Tate, *The Parish Chest: A Study of the Records of Parochial Administration in England,* Cambridge, 2nd ed., 1951, p. 14.
(43)　J. F. Merritt, *op. cit.*, p. 179. ウェッブ夫妻によると、24名を定員とする教区会が一般的であったという。教区会は「荘園裁判所 manorial court」の機能を受け継いだ側面があり、その陪審 jury の定員は12名あるいは24名であったからである。S. and B. Webb, *English Local Government: The Parish and the County,* London, rep., 1963, pp. 178-179, 215.
(44)　CWAC., F2003, ff. 176, 286; CWAC., F2004, f. 7
(45)　J. S. A. Adamson, *The Peerage in Politics, 1645-49,* Ph. D. Diss., University of Cambridge, 1986, pp. 88-97.
(46)　「国王の建設庁 King's Works」とは、王宮や城砦の建設や維持に責任を持つ宮廷内の部署である。J. F. Merritt, *op. cit.*, pp. 173-174.
(47)　H. M. Colvin, D. R. Ransome and J. Summerson(eds.), *The History of the King's Works,* vol. 3, pt. 1, London, 1975, pp. 88, 101-102, 131-132, 147.
(48)　フランシス・ルーシー氏の50年代の出席回数は51回、ウィリアム・ポゥルトネィ氏は22回である。
(49)　CWAC., F2004, ff. 3, 7.
(50)　S. and B. Webb, *op. cit.*, p. 244.
(51)　たとえば、CWAC., F2003, ff. 16, 30, 104を見よ。
(52)　1660年代には、表の枠外であるが11番目に「治安判事」のエドモンド＝ベリ・ゴドフリ氏がおり、出席回数は54回である。
(53)　A. L. McCampbell, 'Studies in London Parish History, 1640-1660', Ph. D. Thesis, Vanderbilt University, 1975; Tai Liu, *Puritan London: A Study of*

Religion and Society in the City Parishes, London, 1986. なお、ウィリアム・ウォルウィンが教区の改革からレヴェラー運動に踏み出していったことについては、拙稿「急進派と神の国——1649年の分裂におけるウィリアム・ウォルウィンをめぐって」(田村秀夫編『千年王国論——イギリス革命思想の源流』研究社出版、2000年、所収) を参照。

(54) J. Boulton, 'Going on the Parish', pp. 27-30. 救貧に関する前掲拙稿、247-252頁も参照。

(55) M. Goldie, 'The Unacknowledged Republic: Officeholding in Early Modern England', in T. Harris(ed.), *The Politics of the Excluded, c.1500-1850*, Basingstoke, Hampshire and N. Y., 2001, pp. 153-155. 今井宏「イングランド革命と国家の変容」(『聖学院大学総合研究所紀要』22号、2001年、37-41頁)。P. Collinson, 'De Republica Anglorum or, History with Politics Put Back', in do., *Elizabethan Essays*, London, 1994 も参照。

第3章　王政復古期のロンドン市民
　　　──市民登録簿1668／69年をてがかりに──

中　野　　　忠

はじめに

　市民特権 freedom を認可される新市民を年々記録した市民（フリーメン）登録簿は、中世から近世にかけてのイギリス都市史研究にとって不可欠の、最も基本的な資料のひとつである。地方都市のなかには、13世紀から連続した記録が残っている例もあり[1]、その一部は刊行され、多くの研究者により利用されてきた[2]。いうまでもなく、市民の資格を得たのは、都市に住む成人男性（およびごくまれに女性）の一部に限られていた。したがってこの記録の資料的価値は、「市民」が住民全体のなかでどれぐらいの比率を占めていたかによって大きく異なることになる。この点で近世ロンドンは特別な位置を占める。最近の研究が強調してきたように、近世ロンドンは他の都市にもまして大きな比率の市民人口を抱えていたからである。たとえばエリザベス朝期には、成人男子の4分の3は市民だったとされる[3]。ロンドン史研究にとって、市民登録簿は限定された一部の特権的住人だけでなく、都市住民全体についての状況を把握するための絶好の情報源のひとつといってよい。
　しかし不幸なことに、ロンドンの市民登録簿は1768年のギルドホールの火災によって、他の多くの都市関連史料とともに、そのほとんどが焼失してしまった。エリザベス朝期ロンドンを扱った近年の代表的成果であるラッパポートの著作が利用できたのは、かろうじて焼失を免れた1551～53年分の登録簿だけで

あった⁽⁴⁾。この登録簿は転写・刊行されているためよく知られており、別の研究者によっても詳細な分析が加えられている⁽⁵⁾。

だが、焼失を免れた市民登録簿はこれだけではなかった。16世紀のものに比べると資料的価値は劣るが、もうひとつ、1668年から69年にかけてのものも現存する。これは現在、ロンドン市文書館（the Corporation of London Record Office、以下CLRO）に保存され、その手書き（一部タイプ）の摘要も作成されている⁽⁶⁾。本稿の第一の目的は、この市民登録簿から得られる基本的な情報を整理・分析し、16世紀の登録簿の分析結果と比較すること、それを通じてエリザベス朝初期から王政復古期までの間に生じたロンドンの変化と持続の一面を明らかにしてみることである。第1節から第3節までがこれに当てられる。第二の目的は、ロンドン市民について、その数、特権、地域社会などの側面から検討を加えながら、市民登録簿の分析結果を評価するとともに、王政復古期の「市民」とロンドン社会にひとつの光を当ててみることである。これは第4、第5節の課題となる。

第1節　新市民の家族背景

1　資料としての市民登録簿

最初に、ロンドンの市民登録簿とその残存状況について簡単に触れておくことにしよう。ロンドンでいつからこの種の記録が作成されるようになったかは不明である。しかしそれが非常に古い起源をもつことは疑いない。市民と徒弟の登録に責任を負っていたのは、市の金庫をあずかる収入役であった。というのも、登録・認可に要する費用は市の金庫に払い込まれ、その収入は中世都市財政のかなり大きな比重を占めていたからである⁽⁷⁾。ロンドンの収入役に関連した記録の存在は少なくとも13世紀までさかのぼって確認できるから⁽⁸⁾、その財政的な重要性を考えれば、この時代までには市民登録に関する何らかの記録が作成されていたことは間違いない。

第 3 章　王政復古期のロンドン市民　51

　参照できる最も古い市民登録簿としては、1309年から1312年までの 4 年分があり、その摘要が市参事会法廷の記録を集成した Letter Book と呼ばれる記録集に収められている(9)。これを見ると、すでにこの頃までに、個々の新市民について、市民特権を受けた年月日、当人の名前、(一部の場合) 出身地、(徒弟の場合) その親方と営業名、徒弟年限、認可料、さらには区の名称など、のちの時代の市民登録簿とほとんど違いのない内容をもつ記録が作成されるようになっていたことがわかる。

　それ以後、市民全員を登録した記録は途絶える。ただし、一部の市民については知る手がかりがある。ロンドンでも市民になるには、徒弟、購入 (請戻し)、相続、という三つの方法があった。このうち、購入による認可に関しては、市参事会法廷での承認が必要だった。そのため市参事会の議事録には、この方法で認可された市民とその保証人についての記録が残されており、これによって、このタイプの市民だけは知ることができる(10)。ただし、のちにも触れるように、この方法による市民は全体のごく一部にすぎない。新市民全員についての年々の記録が利用できるようになるのは、1681年を待たねばならない。この年以降、個々の新市民に対して付与された認可証がほぼ毎年、数十枚ずつ束にして残されている(11)。しかし家系図の研究者のような特定の家族や個人に興味がある場合には有益だが、これらばらばらの資料を体系的に利用することはきわめて困難である。したがって、18世紀までの長い空白期間に例外的に残された1551～53年と1668／69年の二つの登録簿は、ロンドン史研究者にとって貴重な遺産といえる。

　もっとも、16世紀の登録簿と比べると、17世紀のそれは破損や退色がはなはだしく、判読不可能な部分も多い。原文には1668年 1 月から翌年の 2 月までに市民に認可された2,250人以上が記録されていたと思われる。そのうち2,111人 (94％) については何らかの判読可能な記述が残されているが、それもごく断片的なものでかしない例も少なくない。そのため、本資料からこの時期のロンドンの新市民を完全な形で復元することは諦めねばならない。唯一の登録簿でありながら研究者の関心を引かなかった大きな理由は、資料としてこのような

大きな欠陥があるためであろう。それでも王政復古期ロンドンの研究にとって、これだけの情報量を含む資料は十分検討に値する。原資料は非常に読みにくいものだが、その摘要はほぼ原文にそって転写されたものである。本稿では主にこれをもとに作成したデータ・ベースを利用しながら議論を進めていくことにしよう。

2 認可方法

新市民の家族背景を検討する前に、その認可方法を確認しておく。16世紀の登録簿によれば、新市民の9割に達する圧倒的多くは、徒弟を通じて認可された[12]。1668／69年の登録簿では2,114人の徒弟について、その認可方法がわかる。それを分類すると、徒弟による認可は1,761人（83.3％）、相続によるものが259人（12.3％）、購入によるものが94人（4.4％）となり、16世紀と比べて、徒弟による方法がやや後退をみせている。これはのちに見る新市民の出身地域の分布と表裏をなす事実である。しかしこの時代でも、徒弟修業を通じて市民権を得る新市民が断然多かった点では大きな違いは見られない。

3 出身地

16世紀から18世紀にかけてロンドンの人口増加を支えた大量の移民のキャッチメント・エリアについては、これまでもいくつかの研究が、ある明白な傾向を指摘してきている。つまり、16世紀前半まではロンドンの出身者は少数派で、少なからぬ移民は北部を含めた遠隔地の出身だったこと、その後移民の平均移動距離はしだいに短縮し、ロンドン出身者も増えていくが、その変化はゆっくりしており、ようやく17世紀末にいたってロンドンとその近郊の出身者が移民の過半数を占めるようになること、などである[13]。これらの分析が共通にもつ欠点は、資料に一貫性が欠けるという点にある。16世紀中頃の分析には市民登録簿が用いられる一方で、それ以外の時期についてはこれが利用できないために、任意のギルドの徒弟登録簿などで代用されているのである。ロンドンのギルドには12の大商業カンパニーから小さな手工業的カンパニーまで、その経

表3-1　新市民の出身地（父親の居住地）

	(1)1668/69年		(2)1551～53年		(3)1309～11年	
	人数	%	人数	%	人数	%
South-East	395	23.2	159	15.2	116	34.7
East	96	5.7	74	7.1	47	14.1
Midlands	148	8.7	106	10.1	9	2.7
South-West	86	5.1	18	1.7	3	0.9
West	162	9.5	135	12.9	2	0.6
North	140	8.2	251	23.9	12	3.6
London	530	31.2	244	23.3	118	35.3
Middlesex	118	6.9	25	2.4	27	8.1
Ireland	4	0.2	15	1.4	0	0.0
Wales	17	1.0	21	2.0	0	0.0
Scotland	3	0.2	1	0.1	0	0.0
	1,699	100.0	1,049	100.0	334	100.0

出典：CLRO, Freemen Regsister; *Letter Book*, D, pp. 35-96; Ramsey, *op. cit.*; Rappaport, *op. cit.* より作成。

済的・社会的地位には大きな較差があり、どのギルドの登録簿を比較するかによって、結論は違ったものでありうる[14]。二つの時期について市民登録簿という同じタイプの資料を用い、同じ社会集団を比較・分析すれば、より首尾一貫した結論を得ることができるだろう。

　ロンドンの1668/69年の市民登録簿で、父親の居住する州が判明する新市民は1,699人いる。それを11の地域に分けて分類してみたのが表3-1の(1)である[15]。(2)には16世紀の登録簿の分析結果が掲載されている。16世紀中頃にはロンドンとミドルセックス州の出身者は全体の4分の1程度であったが、17世紀後半の登録簿ではロンドン出身者はおよそ3分の1、ミドルセックス州を合わせると、ほぼ4割近くをロンドンとその郊外の出身者が占めている。ロンドンに近接するホーム・カウンティ（Kent、Surrey、Essex、Sussex）を中心とした南東部地域の変化も大きい。この地域の比率は16世紀中頃には15%程度であったが、およそ4分の1を占めるまでに拡大している。これと対照的なのが北部で、前世紀にはロンドンを上回る数の新市民を輩出していたこの地域は、ロンドン出身者の3分の1、全体の10%を切るまでに減少している。

確かに1660年代末でもロンドンは全国から大量の移民を引きつける強力なマグネットとして機能していたし、絶対的な規模でいえば、その磁力はますます強力なものとなっていた。しかしロンドン新市民の移動距離は、1世紀あまり以前と比べて明らかに大幅に縮小していた。この時期、ロンドン新市民の3分の2は、ロンドンもしくはその近郊の地方出身者から成り立っていた。この結論はこれまでの研究が明らかにしてきた趨勢を確認するものでしかない。しかし考察を市民に限るなら、新人調達がロンドンとその周辺に集中する傾向は、これまでの研究が示唆するより早く始まり、王政復古期にはすでにはっきり確立されていたと言える。

　表3-1(3)にはさらに比較を広げるために、中世の市民登録簿からの例を整理しておいた。この時期の市民の出身地については不明な部分が多く、データ数やその正確さには十分な留保が必要である(16)。にもかかわらず、次の点だけは確認することができる。イースト・アングリアを含む東部出身者がのちの時代に比べて相対的に多く、またこの時期にも遠隔地の北部出身者が少なからずいる点も見逃すべきではあるまい。だが14世紀はじめになによりも顕著なのは、ロンドンの新市民の多くがロンドンと郊外および近傍の諸州の出身者であったことである。これは16世紀よりも、17世紀後半以降の分布状況にはるかに近い。詳細な検討は別に譲らねばならないが、中世まで射程を広げれば、ロンドン移民の長い歴史のなかで例外なのは16世紀中頃の状況であり、1668／69年の登録簿にうかがわれるような移動の地理的パターンは、むしろ「ノーマル」な状態への復帰のプロセスを示していると見るべきだろう。

　地理的な分布として注目しておかねばならないもう一点は、都市と農村の区別である。何をもって「都市」と見るかについては大いに議論の余地があるが、ここでは便宜的に、W. G. ホスキンスが1662年の炉税をもとに作成した上位42の都市的定住地、および登録簿に「都市」と明記されているものだけを都市と見なすことにしよう(17)。この基準でいくと、出身地の詳細がわかる1,775人の父親のうち、地方都市に居住するものはわずか110人（6.2％）にすぎない。ロンドンとその近郊以外の出身者は、そのほとんどが都市ではなく、農村部から

の移住者だった[18]。

4 出身階層

　新市民の出身階層は、父親の地位や職業から解明することができる。1668／69年の登録簿で父親の職業・地位名がわかる新市民は1,415人、その職業は129種類に及んでいる。これに対して16世紀半ばの登録簿には863人、93種類の職業名が表れる。1668／69年の登録簿で10人以上の新市民を出した職業名を掲載したのが表3-2の (1) であり、(2) にはその職業の16世紀半ばの数値があげてある。

　1551〜53年の数値から見ていくと、最も印象的なのはヨーマン、ハズバンドマン、さらにはジェントリ、エスクワイアといった農業や土地に関係した職業・地位名をもつものの圧倒的多さであり、全体の55％を占めている。ところが1668／69年の登録簿では、このグループの全体に占める比率はあわせて38％とかなり縮小し、同時にそれぞれの階層間の比率も変化している。最も比率の低下が著しいのは16世紀にはハズバンドマン（17世紀の登録簿ではファーマー）と呼ばれている人々、つまり農業関連グループの一番下の階層である。その上のヨーマンの比率はほぼ同じであるが、ジェントリ、およびエスクワイアの比率は逆に倍増している。

　ただし、この時期になると、こうした「農業的」な呼称をもつ人々を実際上も農村の住人として扱ってよいかどうかは若干の検証が必要となる。ロンドンに在住する530人（職業不明41人）の父親のなかにも、11人のジェントリ、2名のヨーマンがいた。また郊外のミドルセックス州に住む117人にも、9人のジェントリ、10人のヨーマン、5人のファーマーが含まれている。ジェントリのうち6人はシティに隣接する郊外に住んでおり、法律家などの専門職従事者であった可能性も十分ある。だがそれ以外は、郊外といってもその大部分は都市化のまだ及んでいないEdmonton、Finchleyなどの農村部である。同じくテムズ川南岸の郊外サザーク（サリー州）出身者は27人いるが、そのうちジェントリは1人、ヨーマンは3人だけ、ファーマーは1人もいない。つまりロンド

表3-2 新市民の出身階層

職業／地位名	1668/69年			1551〜53年	
	(1)人数	%	(2)首都圏 %	(3)人数	%
ヨーマン yeoman	235	16.6	0.9	136	15.8
ファーマー／ハズバンドマン farmer/husbandman	144	10.2	0.0	289	33.5
ジェントリ gentry	138	9.7	0.0	40	4.6
職布工 weaver	53	3.7	52.8	13	1.5
仕立商 merchant tailor	52	3.7	90.4	0	0.0
小間物商 haberdasher	51	3.6	88.2	13	1.5
クラーク clerk	51	3.6	3.9	0	0.0
仕立屋 tailor	42	3.0	19.0	29	3.4
反物商 draper	31	2.2	90.3	6	0.7
食料商 grocer	30	2.1	56.7	4	0.5
服地加工業者 clothworker	27	1.9	74.1	13	1.5
皮革加工職人 cordwainer	24	1.7	54.2	5	0.6
エスクワイア esquire	23	1.6	0.0	6	0.7
大工 carpenter	22	1.6	59.1	14	1.6
絹物商 mercer	20	1.4	25.0	17	2.0
パン屋 baker	18	1.3	33.3	11	1.3
桶屋 cooper	18	1.3	55.6	1	0.1
なめし皮商 leatherseller	17	1.2	82.4	6	0.7
刃物工 cutler	16	1.1	68.8	2	0.2
ぶどう酒商 vintner	16	1.1	37.5	3	0.3
金匠 goldsmith	15	1.1	100.0	4	0.5
宿屋 innholder	14	1.0	57.1	4	0.5
織元 clothier	13	0.9	0.0	8	0.9
理髪師・外科医 baber-surgeon	12	0.8	75.0	12	1.4
獣脂ろうそく屋 tallowchandler	12	0.8	100.0	5	0.6
肉屋 butcher	11	0.8	63.6	19	2.2
レイバラー labourer	11	0.8	18.2	22	2.5
建具屋 joiner	11	0.8	81.8	1	0.1
タイル・レンガ工 tyler & bricklayer	10	0.7	0.0	0	0.0
その他 others	281	19.8	64.8	180	20.9
合計 Total	1,418	100.0	37.0	863	100.0

出典：CLRO, Freedom Register; Welch, *Register of Freemen*; Ramsey, *op. cit.* より作成。

ンとその郊外出身者にもジェントリなどの農業的呼称をもつものもいたが、その数は少なく（ロンドンでは2.5%、ミドルセックス州では12.8%）、しかも彼らの大半は農村部に住み、それゆえに農業に実際にかかわっていた可能性の高

い人々だった。

　考察を地方都市にまで広げても結論は大差ない。114人のジェントリ、144人のファーマー、235人のヨーマンに限ってみると、そのうち地方都市に住むものはそれぞれ5人（4.4％）、5人（3.5％）、12人（5.1％）にすぎない。しかもその彼らが農業以外の職業に従事していたことを示す証拠は何もない。例外はあったにせよ、ジェントリとかヨーマンという呼称は形式的なものではなく、そのほとんどは実際に農村に居住し農業にかかわりをもつ人々を指したと見てよかろう。16世紀と比べればその比率は低下したとはいえ、この時期でもロンドンの新市民の供給源は農業関係者だった。変わったのは、農村のより高い階層に比重が移っていった点である。

　農村グループの比率が縮小したぶん、新市民の社会的出自は多様性をますことになる。新市民の絶対数が増加しているので単純な比較はできないが、職種は16世紀中葉と比べて約1.5倍増えている。これは二つの事実の組み合わせの結果だったと考えられる。ひとつはロンドン新市民の供給源が社会的にいっそう広がったこと、もうひとつは社会と経済そのものがこの間に変化し多様化を深めたことである。16世紀の93種の職業のうち、28種（30％）は17世紀の登録簿では消滅しているし、17世紀の129種の職業のうちの49.6％（64種）は1世紀前の登録簿には見られない職業だった。ただし、新しい職業の人数は概して小さく、48種（75％）の職業では2人以下である。表3－2(2)にはまた、ロンドンおよびロンドン郊外在住者の比率（残りは地方在住者および居住地不明者）が示してある[19]。人数にかかわりなく新しく登場するこの64種の職業を検討してみると、そのうちの40種（65％）では、ロンドン在住者が75％以上を占めていた。表3－2に見られる職業の多様化は、地方よりもむしろロンドンにおける経済の分化と多様化を反映しているのである。

　先に見たように地方都市の出身者は少なかったから、当然ながら表3－2で上位を占める職業の多くでも、ロンドンとその近郊在住者の比率は断然高い。しかしなかには、地方から新市民を供給するようになった新しい有力職業もあった。その代表例がクラーク（牧師または事務員・書記）である。しかもその

ほとんどは南部やミッドランドを中心としてイングランドのいたるところに住む家族で、ロンドンに在住するものはわずか12％しかいなかった。タイル・レンガ職人にも注目せねばならない。その半分はロンドンに居住するが、残り半分は地方に分散している。16世紀の登録簿では見られないこの職業の増加は、ひとつには、この時代には地方にまで広がり始めた木材からレンガへの建材の転換を反映するものとも見ることができる[20]。

　逆に、16世紀の登録簿にありながら、17世紀のそれには見られない職業28種のうち、その大部分（21種、75％）はもともと16世紀でも1名しか登場しない職業名である。だがなかには16世紀にある程度の人数がいながら、17世紀の登録簿では消滅した職業名も少数ながらある。これらには17世紀中頃までに衰退するか（弓職人の例）、商工業社会とのつながりを失うか（剪毛工 shearer の例、1551～53年には7人）、あるいはより専門的に分化して別の名称に分かれていったもの（帽子屋 capper の例、6人）などが含まれていた。

　新市民の家族的背景は16世紀中葉と比べれば多様性をました。しかしその基本的性格は1世紀あまりの時間を経ても大きく変わったとは言えない。全体に占める比率は低下したとはいえ、新市民の最も大きなプールは17世紀でも地方の土地・農業関係者だった。商工業者に関しても、ロンドン出身者の比重は高まったが、16世紀とほぼ同じ職業の父親の元から新市民になるケースが最もふつうだった。

第2節　新市民のカンパニー

　次に新市民の所属するカンパニーを検討してみよう。もっとも、所属カンパニーは必ずしも本人の実際の営業を示すものではないことを念頭におかねばならない。ひとつのカンパニーの特権と市民権を得たものが別の営業を行うことができる、とする「ロンドンの慣習」により、カンパニーの営業名とは異なった職業を営む市民は少なくなかったからである[21]。しかも徒弟のなかには親方の死亡や破産などの理由から、期間中に別の親方のもとに移転する場合もあ

った。徒弟期間中もしくは市民権認可時に最初の親方から移ったことが確認される215例のうち、半数以上は別の種類の営業名をもつカンパニーに移転している。とはいえ、異種の業種を多数抱えたカンパニーは主に商業的な大カンパニーに限られていたし、移転も全体の数から見れば少数といってよい。一部を除いて、カンパニーの分類は新市民の実際の営業の分布をおおよそのところ表しているとみて大過ないだろう。

　次の表3－3は、10人以上の新市民を輩出したカンパニーを、16世紀半ばの市民登録簿の分析結果と比較しながら分類したものである。左端の数字は、選挙などに際してそれぞれのカンパニーに割り当てられる位階上の地位を表している[22]。この間に人数の順位が大幅に変動したカンパニーがいくつかある。そのなかで特に目立つのは、1550年代にはわずか3名しかいなかったのに134人にまで増えた職布工である。職布工は長い伝統をもつ職業ではあるが、42位という位階の順位からうかがわれるように、決して格式の高いカンパニーではなかった。しかし1660年代以降、新規徒弟は年間700人近くにまで増加し、1680、90年代には、5,000人を超えるメンバーを抱える大カンパニーになった[23]。職布工の新市民の増加は、ロンドンの織物産業の成長に伴う職布工の増加と、このカンパニーの威信の増大の両方がもたらしたものであろう。

　この例以上に明白にロンドン経済の変化を反映するのは、17世紀の登録簿に初めて現れる新しいカンパニーである。そのひとつフェルト製造職人は65番という低い位階のカンパニーだが、29人もの新市民を受け入れている。そのほかにも、機械編み職人 framework-knitter（9人）、絹加工職人 silkthrower（4人）などの新しいタイプの織物産業職人、時計製造職人、銃製造職人 gunmaker（6人）などの機械製造職人、また数は少ないがタバコパイプ職人 tabaco-pipemaker（2人）、めがね製造職人 spectaclemaker（2人）などの製造業も、この1世紀の間にロンドンで生まれるか、足場を固めた新種の産業である。薬師商あるいは文具商や代書屋といった専門職ないしサーヴィス産業もこれに加えてよいだろう[24]。

　逆に16世紀の新市民では大きな比率を占めながら、17世紀には大幅に縮小し

表 3-3 新市民の所属カンパニー

位階順位	カンパニー名	1668/69年				1551～53年	
		(1)人数	%	(2)相続	%	(3)人数	%
7	仕立商　merchant tailor	166	9.5	25	15.1	133	13.3
42	職布工　weaver	134	7.6	16	11.9	3	0.3
8	小間物商　haberdasher	96	5.5	11	11.5	40	4.0
12	服地加工業者　clothworker	84	4.8	7	8.3	95	9.5
41	建具屋　joiner	67	3.8	7	10.4	16	1.6
5	金匠　goldsmith	61	3.5	7	11.5	23	2.3
3	反物商　draper	57	3.3	11	19.3	44	4.4
15	なめし皮商　leatherseller	55	3.1	3	5.5	22	2.2
2	食料商　grocer	52	3.0	9	17.3	43	4.3
17	理髪師・外科医　baber-surgeon	49	2.8	5	10.2	30	3.0
36	桶屋　cooper	49	2.8	6	12.2	21	2.1
11	ぶどう酒商　vintner	46	2.6	2	4.3	16	1.6
40	蹄鉄屋　blacksmith	46	2.6	2	4.3	5	0.5
13	染色工　dyer	33	1.9	1	3.0	10	1.0
24	肉屋　butcher	32	1.8	5	15.6	42	4.2
4	魚屋　fishmonger	31	1.8	5	16.1	27	2.7
48	文具商　stationer	31	1.8	3	9.7	7	0.7
26	大工　carpenter	30	1.7	6	20.0	28	2.8
27	皮革加工職人　cordwainer	30	1.7	3	10.0	25	2.5
21	獣脂ろうそく屋　tallowchandler	29	1.7	3	10.3	19	1.9
65	フェルト製造職人　feltmaker	29	1.7	0	0.0	0	0
9	塩商人　salter	28	1.6	2	7.1	22	2.2
16	しろめ職人　pewterer	27	1.5	1	3.7	11	1.1
18	刃物工　cutler	26	1.5	4	15.4	19	1.9
19	パン屋　baker	26	1.5	2	7.7	19	1.9
6	毛皮商　skinner	25	1.4	4	16.0	17	1.7
35	料理人　cook	23	1.3	0	0.0	5	0.5
52	ろくろ師　turner	23	1.3	2	8.7	1	0.1
59	薬師商　apothecary	21	1.2	1	4.8	0	0
10	鉄商　ironmonger	18	1.0	3	16.7	13	1.3
1	絹物商　mercer	17	1.0	3	17.6	41	4.1
28	絵師　painter stainer	16	0.9	4	25.0	9	0.9
20	ろうそく屋　waxchandler	15	0.9	2	13.3	3	0.3
23	帯職人　girdler	15	0.9	1	6.7	11	1.1
60	船大工　shipwright	15	0.9	1	6.7	1	0.1
25	馬具屋　saddler	14	0.8	4	28.6	15	1.5
33	鋳物師　founder	14	0.8	2	14.3	3	0.3
62	時計製造職人　clockmaker	14	0.8	1	7.1	0	0
58	馬具金物職人　lorimer	12	0.7	1	8.3	0	0
22	武器職人　armourer	11	0.6	2	18.2	8	0.8
47	左官　plaster	11	0.6	1	9.1	6	0.6
64	櫛製造業者　combmaker	11	0.6	0	0.0	0	0
30	石工　mason (free)	10	0.6	0	0.0	2	0.2
32	宿屋　innholder	10	0.6	0	0.0	6	0.6
49	刺繍職人　embroiderer	10	0.6	6	60.0	9	0.9
53	籠製造業者　basketmaker	10	0.6	0	0.0	0	0
	その他	123	7.0	21	17.1	132	13.2
	合　　計	1,752	100.0	205	11.7	1,002	100.0

出典：表3-2と同様。

たり、完全に消滅してしまったカンパニーの例もある。ここでも顕著な例は弓製造職人であり、同業種の矢製造職人もまた大幅に数を減らしている。この二つのカンパニーは位階順位が比較的高く、かつてはロンドン商業社会で一定の地位を保っていたことを推定させるが、この時期には銃製造職人のような新興勢力に取って代わられる衰退産業であったと思われる。

前述のとおり、カンパニーの営業名はただちに実際の営業を表しているわけではない。それでも上記の例は、新技術の導入や市場の多様化により生じたロンドン経済の分化と拡大が新市民の構成に及ぼした影響を、ある程度伝えるものといってよかろう。しかしこれらは全体としてみればむしろ例外である。どちらの時期でも最多の新市民を受け入れた仕立商や、この時期にも3番目に多い新市民を輩出している服地加工業者の例のように、16世紀に有力だったカンパニーの多くは17世紀でもその地位を維持しているケースのほうが多い。1世紀前に比べて、新市民の属するカンパニーの構成には根本的な変化は見られなかったというのが妥当だろう[25]。

表3-3(2)には、それぞれのカンパニーの新市民のうち、相続によって市民権を得たものの人数と比率も示しておいた。職業名がわかる新市民のうち相続で市民権を得たものは全体の11.7%であるが、この比率が特別高いのは刺繍職人で、10人の新市民のうちの6人を占めている。反物商、魚屋といった威信の高いカンパニー、あるいは馬具屋、絵師、大工などでもその比率が平均よりもやや高い。しかし刺繍職人を除けば、市民権が親から世襲される傾向が特別に強い営業やカンパニーは見受けられない。その意味では、どのような社会的経済的地位のカンパニーであれ、17世紀後半ロンドンの「市民」社会では、新人調達のメカニズムが封鎖化する傾向は見られなかったといってよい。

市民登録簿が与えてくれるもうひとつの情報に、新市民の居住地に関するものがある。中世以来、新市民はロンドンの26の区のいずれかに登録することが必要であった。1668年の市民登録簿にも16世紀中葉の市民登録簿とまったく同じ形式で、個々の新市民に関する記述の余白に、それぞれの区名が書かれている。17世紀後半に至っても、市民はいずれかの区に登録することが求められ、

その登録料は小額ながら区の財政資金の一部をなしていた[26]。登録区に関する箇所は解読不可能なものが多いが、1551～53年については571人、1668/69年については944人の区がわかる。16世紀の記録ではすべてシティ内の区に登録されていたが、1668/69年の登録者のうち、シティ内の区に登録されたのは736人（78％）だけであり、136人（14.4％）は郊外のミドルセックス州、61人（6.5％）は同じくサリー州に登録されている。市民権とシティとの結びつきがしだいに弛緩してきたことをうかがわせる事実である[27]。区登録については後段でもう一度検討することになる。

第3節　市民数の趨勢

　1668/69年のわずか1年あまりの市民登録簿を分析・整理した以上の結論は、どの程度一般化しうるものなのだろうか。1668/69年という年度は当時のロンドンの経済・社会の一般的状況を代表させるのに適切な年だろうか。市民登録簿に限らず、この時期のロンドンを扱う場合には、この点にこだわらねばならない特別の理由がある。いうまでもなく1665年の大疫病と1666年の大火の影響である。特にシティの大半を焼き尽くした大火は、7年を経た1673年にもシティに大きな傷を残したままだった。この年に行われたある調査は、いまだ無住の住宅が3,423軒、未建設の宅地が961筆あると報告している[28]。大火からの本格的な復興が始まったばかりの1668/69年の登録簿は、通常のロンドン市の状況ではなく、この異常な事態の産物だった可能性がある。そもそも年間にならして2千人を超える新市民の数は、この時期の平均的数といえるのだろうか。

　幸い、1669年以降に関しては、ロンドン新市民の数だけは別のタイプの史料を用いて連続して追うことができる。また1668年以前についても、人数は把握できないが、市の会計簿から新市民の認可料（および徒弟登録料）収入が断片的ながらわかり、それによって認可される市民数のおおよその水準をある程度正確に知ることができる。それを示したのが次の図3-1、図3-2である。

　この図は、ロンドンにおける市民の意義の変化を印象的に表している。二つ

図3-1　ロンドン新市民認可人数

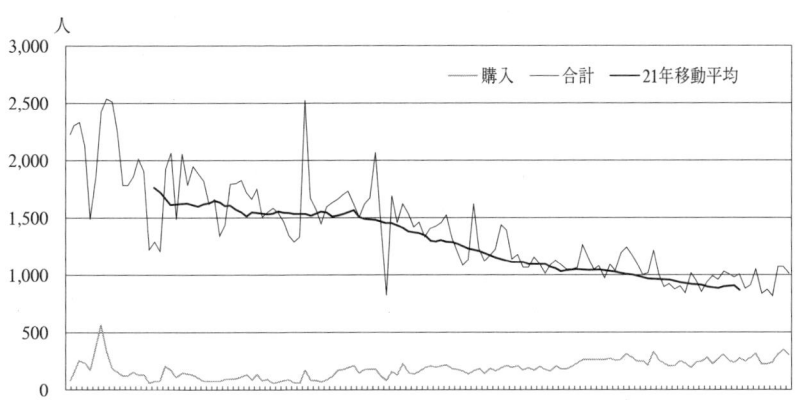

出典：CLRO, Freedom: Accounts of money received for freedom etc. より作成。

図3-2　ロンドン徒弟登録・市民認可料収入

出典：CLRO, City's Cash; CLRO, Misc. MSS. 35. 18; Kellett, Thesis より作成。

のグラフとも、問題の1668/69年を含む1660年代末から1670年代前半にかけては、１年度を除いて飛びぬけて高い水準に達しており、この期間が例外的に多くの新市民を受け入れた時期だったことをはっきりと物語っている。その直接

の原因が大火によるシティからの市民の退去、それに加えて財政収入の減少にあったことは想像にかたくない[29]。

　実際、市当局にとって大火のもたらした最も深刻な問題のひとつは、シティ内に住む住民、とりわけ地域の経済と社会を支える有力住民を失ったことにあった。1674年には市当局が「かのおぞましい大火以来、多くの家屋が荒廃したり無住のままであり、宅地もいぜんとして荒れるにまかされているため、非常に大きな害悪と不便が生じている」として、市参事会員ら有力な市民がシティに戻ってくるよう定める条例を発布せねばならなかった[30]。こうした状況のもとでは、市当局は従来からの住民の帰還を求めるだけでなく、市民認可の基準を緩め、新たな住民に門戸を開放する理由は十分にあったといわねばならない。さらに新市民の認可にあたっては、ロンドン市の再建に直接有用な商工業者が優先された可能性もある。表3-2で急増している指物・家具職人やタイル・レンガ職人などは、その例としてあげられるかもしれない[31]。

　しかし同時に、図3-1、3-2は、市民数に関する別の側面をも描き出している。新市民の数が2,000人を越えた大火後の10年ほどを除くと、市民認可の水準は17世紀から18世紀初頭までかなり安定しているといってよい。認可料は17世紀を通じて500ポンドから1,000ポンドの間を上下しているし、17世紀後半の新市民数は平均して1,700人から1,800人の水準を維持している。認可料の動きから判断すれば、王政復古期以前の30年ほどの新市民認可数もほぼこれに近い数であったと推定される。18世紀に入るとやや減少傾向は見られるが、それでも1720年代末までは一時的に激しい上下を繰り返しながらも1,500人前後を保っている。新市民の減少趨勢がはっきりとしてくるのはようやく1730年代にいたってからである。

　大火直後の数は異例だとしても、17世紀後半の1,700〜1,800人というのも決して少ない人数ではない。たとえば、16世紀半ばの登録簿では年平均590人程度認可されたと推定されるが、これに比べると、「平常」に戻った時期のロンドン新市民数は約3倍多い。一方、ほぼこの間（1560年から1680年）、郊外を含めた首都圏ロンドンの人口は、11万から44万へと約4倍に増加したといわれ

る。しかしこの時期のロンドン人口増加の圧倒的部分を支えたのは郊外だった。16世紀の半ばにはロンドン人口の4分の3にあたる8万人は（一部の市壁外教区を含めた）旧市街たるシティに住んでいたが、この地域の人口はその後大きな増加はみせず、1680年でも10万5千人、つまり3分の1増えた程度で、その後は減少傾向さえ見られた(32)。先に触れたように、市民のなかにはシティ外に住むものも増えつつあったが、それでもその比率は20％に満たなかった。これらを考え合わせると、シティ内の人口に占める市民の比率は、16世紀中葉に比べてかえって大幅に増加したと見てよい。

　市民や市民権という概念はつまるところ中世都市の遺産であり、時代が進むにつれてその重要性が趨勢としては縮小していったことは疑いない。しかし王政復古期の市民数に関する本節での考察は、この一般論とは必ずしも合致しない。問わなければならないのは、なぜ市民が減少したかということよりむしろ、なぜこの時期に至るまで、これだけ多くの新市民が認可され続け、シティでの市民の比率が増加さえしたのか、という問題である。それに答えるには、市民と市民権について考察を加えてみる必要がある。

第4節　市民特権と区

1　市民の特権

　そもそも市民（フリーメン）の特権とはどのようなものであったろうか。市民が単なる住民とは異なった特別の地位や権限をもつ集団であったことは確かだが、その特権の内実はそれほど明確に一義的に定義しうるものではない。それは中世以来の数々の特許状に盛られた諸条項や慣行、あるいはそれをめぐる裁判所の判例を通じて、徐々に積み上げられてきたものだからである。たとえば、ヘンリー三世の特許状（1227年）に見られる「王国のいかなる通行税からも免除される」との規定は、市民の経済特権を根拠づける有力な条項のひとつとされるが、それはロンドンのすべての市民 all the citizens に付与されたもの

であり、「市民」と特定されているわけではなかった[33]。しかし中世を通じて、シティ内における小売の独占権が市民の最も重要な経済的特権として確立し、近世に至るまでそれは維持されていた[34]。

　市民には経済的特権のほかに、遺産処分上の特権、市当局による市民の寡婦や孤児の保護・監督、特権区内で生じた事柄に関して特権区外での訴訟を強制されない司法上の権利など、さまざまな特権が付帯した[35]。そのなかの重要なひとつは市役人の選挙権である。14世紀には市長や市参事会員を選出するのは市民とか一般市民 citizens, commoners といったあいまいな言葉が用いられ、また選挙の母体が一時的に区からクラフトに転換したこともあって、どのような資格が必要とされたか必ずしも明白ではない。だが、15世紀はじめには、区集会での市参事会員選挙権は市民だけに認められ、それ以外の多くの役職の選挙権も被選挙権も、市民に限定されるようになったとされる[36]。

　しかしその一方で、市民たることには、権利だけでなく、義務も伴った。市民になるために行う宣誓の言葉にそれは要約されている。すなわち、国王、市長や市役人に忠誠を尽くし、市の慣習を遵守すること、および市民として市内で生ずるあらゆる負担（summons, watches, contributions, taxes, tallages, lots and scots, and to all other charges）を引き受けること、よそ者の商品を自らのものと偽って取引する（colour）ことで国王や市に損失をもたらさないこと、よそ者商人同士が市内で取引していればそれを収入役に通告すること、他の市民を市外の裁判所に告訴しないこと、自由民以外の徒弟をとらないこと、修行期間は7年以上とすること、必要な年限を終えたら市民にすること、などである[37]。市民権の獲得にあたっては、特権のもたらす便益とともに、市民であることに付帯するこうした義務とコストも配慮されることになったであろう。

　17世紀にもなると、市民の最大の経済特権である営業権の実質的意義は失われていく傾向にあった。それに伴い、この便益と費用のバランスも崩れていくことになる。チャールズ一世の特許状（1638年）は、その状況を次のように語っている。市民の息子や徒弟だった多くのものが、ロンドンに住んで売買や取引を行って利益を上げながら、都市の役職や負担を引き受けることを嫌って、

自ら市民になることを拒んだり、遅らせたりしている。そのため市の統治は弱体化し、市民の貧困化を招くことになった。そこでこの特許状では、市の特権区（liberties）を強化拡大し、統治の平和と安定を守るために、今後、市民の息子や徒弟は、市内または市から10マイル以内に居住すること、市民になることを拒絶したり遅らせたりするものは、ロンドン港からの商品の運搬を許可されないことなどが定められた(38)。市民でないことで蒙る経済的不利益より、市民であるために課せられる負担のほうが大きいと考えるから、ロンドンの住人は市民権を得ることをためらっている、とされているのである。

　卸売りを専業とする市の有力者にとって、市民権の保証する小売特権のもつ意味はさらに小さなものだったに違いない。先に引用した市参事会員の帰還を求める条例も、大火後に生じた「害悪と不便」を、「本来はシティや特権区内に居住すべき市参事会員や市の高官が……大火後も引き続き農村部に住み続け、その義務を果たさないばかりか、市や住人が担うべき税やその他の負担を回避している」ことに求めている。そこで条例が公布されてから3カ月以内に、間借り人や寄留人 lodger or sojourner としてではなく、家族とともに世帯主 housekeeper としてシティまたは特権区に戻ること、これに応じない市参事会員は500ポンドの罰金が科せられ、同様に6カ月以内に戻らないものは市長職に就任する資格を完全に失う、また9カ月以内に戻らないものは、市民特権とそれに関連した便益と信頼が剥奪されると定められた(39)。

　次の世代の市民たる徒弟も、市民権の獲得を強要されるようになった。所定の修行年限が切れても市民特権を取得しない徒弟に対しては、収入役が適当と判断する額の罰金を課すことができたし、親方がその徒弟を市民にすることを拒めば、収入役および市参事会法廷はこれを強制することができるものとされたのである(40)。

　市民権は権利よりも義務としての側面がますます強調されるようになっていった。市民権をめぐるこうした動きは、シティを構成する行政単位である区の記録にもはっきり現れている。

2 区と市民

　市民登録簿には新市民が所属する区も記録されていることは先に見た。これに対応して、区の資料にも市民についての記録が載せられている。市民は年々開催される区の集会での審問 wardmote inquest で、その登録証の謄本 copy を提示せねばならなかった。区集会の記録には「謄本提示 copy showed」という項目があり、その年に謄本を提示した市民の名前が、クラフト名、認可の年月日とともに記載されている。市民登録簿のほとんどが失われてしまった現在、これらは市民に関する情報を伝える数少ない記録である。ロンドンの区に関する現存資料は大部分が18世紀以降のものであるが、なかには17世紀前半、さらには少数ながら16世紀までさかのぼる記録が残っている区もある。

　そのひとつ、コーンヒル区の審問記録からは、登録簿の時期に前後する市民数の動きを垣間見ることができる[41]。たとえば1660年代前半は謄本の提示者は平均して25人程度であった。それが大火のあった1666年にはゼロ、翌年には1人にまで落ちこんでしまう[42]。しかし1669年には30人を超え、1671年には47人とピークに達する。その後は再び平均24人程度の水準に戻っている。大火は明らかに市民認可の動向に直接的な影響を与えたことがわかる。

　17世紀の後半の区集会では、こうした謄本提示の違反者がたびたび区審問の俎上にのぼるようになる。たとえば、1660年には次のような告発が記録されている。

　　　われわれは、この区に住んで妻と家族とともにコーヒーハウスを経営している J. H. を告発する。彼はフェルト製造業者組合の組合員 free だと言っているが、それを証明するいかなる謄本をも提示していない。彼は外国生まれの G. M. に奉公したと主張している。G. M. 自身は、ロンドンの市民かつ商人の S. B. のもとで徒弟を勤めたと語っている。

　　　同じく、取引所で店舗を構えている G. H.（およびその他7名、うち2名は女性）を告発する。彼らはその特権を証明する謄本を提示すべく出頭を正式に命じられたが、これを無視している[43]。

これらの告発では、区への登録は明らかに営業権の統制と結びついている。しかし17世紀も終わりに近づくと、これには別の目的が強調されるようになった。それは区のさまざまな役職や奉仕義務を担う住民を確保することであった。たとえば同じ区の1675／76年には、次のような記述が現れる。

> 記憶の及ばぬ昔から、以下のことはこの区の慣習であった。つまり、この区にやってきて住みつくか、店舗、屋台、卸売り店、倉庫などを構えてこの区で営業しようとするものは、次の年度のクリスマスの区審問に出席し、特権を証明する謄本を提示し、これを区の帳簿に登記すること。……その目的は、区の登録順と慣習に従って選ばれ、区の役職や奉仕を行うためである。……しかるに近年、さまざまな人々がこの区にやって来るが、区審問にあたって、市民の謄本を提示するよう正式に召喚されているにもかかわらず、これを無視したり遅らせたりして、負担や厄介ごとを伴う役職や奉仕を避けようと企んでいる。

そのために、区はこの登録をさらに徹底し、登録された順序にしたがって役職を担当するよう強制することにした[44]。17世紀も末になると、この区では謄本提示者だけでなく、提示しないものの名前も区審問記録に記載されている。それは区内での新規の営業者のリストというよりは、しだいに役職の輪番を確認するための名簿のごときものになっていったのである[45]。

区にとって、「市民」とは、まずもって地域社会の課す義務や負担を引き受けることのできる地位と能力を備えた住民だった。地域社会が円滑に機能するためには、こうした住民を確保することがますます重要になってきた。市民数の増加、少なくともその一部は、このような地域社会の要求の高まりによって説明されるだろう。

おわりに

本稿の大きな目的は、1668／69年のロンドン市民登録簿を紹介し、分析するとともに、その結果を16世紀の同様の資料を用いた分析結果と比較しながら、

この間に生じたロンドン市民社会の変化を解明することであった。この1世紀あまりの間にロンドンは疑いもなく大きな変貌を遂げた。その変化は市民登録簿で確認できる新市民の家族背景や所属カンパニーにも映し出されている。新市民の地理的調達範囲は大幅に縮小したし、新市民の所属するカンパニーにも経済構造の変化に伴う盛衰があった。しかし16世紀中頃のものと比較してこの資料からうかがわれるのは、断絶よりもむしろ持続である。新市民の最も大きな供給源は16世紀と同様、農村の諸階層（より高い階層の比率は高まったが）だった。新市民の所属するカンパニーの順位にも決定的な組み換えはなかった。

疫病や大火の影響による攪乱があったにしても、認可される新市民の数は17世紀後半でも少なくとも目立って減少することはなかった。シティ人口の絶対数が減少しているなかで、住民全体に占める市民の比率はかえって増大した。しかしこれはコインの一面である。営業権を市民に限定しようとする市当局の意図にもかかわらず、市民権をもたない営業者の数はますます増えていった。中世には現実性をもっていた営業権と市民権の結びつきは、この時代には実質的な意義を失いつつあった。にもかかわらず、ロンドンで多くの新市民が認可され続けたのはなぜだろうか。

本稿で示唆したところによれば、「市民権」のもつ意味が変化していったことがその理由のひとつである。ロンドン（少なくともシティ）では、課税や救貧税の徴収と管理、夜警や治安維持、防火、公衆衛生などの面で、地域の住人が協力する必要性はますます高まった。それに伴い、シティを構成する行政単位である区が市民を統制する目的も、営業権を監督することより、地域社会の義務を担う人員を確保することに重点が移っていった。区には一定数の市民を確保せねばならない理由があったのである。他方で、新市民の側がどのような動機から市民権を求めたかは、一律に論じえない。市民権の保証する営業権は、あるものにとってなお重要な特権だったとしても、別の市民にとって、それは選挙権や孤児の保護権などを含む諸々の動機のひとつでしかなかったかもしれない。新市民が市民権から期待した最低限の共通利益があるとすれば、市民権が与える社会的信用とレスペクタビリティ——それ自身、営業のための無形の

「資産」になりえたが——であったに違いない。そしてそれは市民としての「義務と負担」を積極的に担うことを通じてのみ得られるものだった。

　市民特権の意義がしだいに薄れていくなかで、なお多くの新市民が生まれた背景にはこのような事情があった。市民の出自や構成に大きな変化はなかったとしても、「市民」と「市民権」のもつ意味は、この時代に大きく変化しつつあったのである。

注
(1)　ヨークやレスターのものが有名だが、比較的最近のものとして、M. M. Rowe and A. M. Jackson (eds.), *Exeter Freemen 1266-1967*, Exeter, 1973; J. R. J. Malden, *Freemen and Apprentices of York*, York, 1985.
(2)　わが国の代表的研究としては、たとえば、酒田利夫『イギリス中世都市の研究』(有斐閣、1991年)、第5章。中野忠『イギリス都市の近世展開』(創文社、1995)、第4章；唐澤達之『イギリス近世都市の研究』(三嶺書房、1998年)、第1章も見よ。
(3)　特にV. Pearlの一連の先駆的研究、'Change and stability in seventeenth-century London', *London Journal*, V, 1979, pp. 3-34; do., 'Social policy in early modern London', in H. Lloyd-Jones et al. (eds.), *History and Imagination*, London, 1981, pp. 15-31.
(4)　S. Rappaport, *Worlds within Worlds: Structures of Life in Sixteenth Century London*, Cambridge, 1989.
(5)　Charles Welch, *Register of Freemen of the City of London in the Reigns of Henry VIII and Edward VI*, translated and edited, with an introduction and index, London and Middlesex Archaeological Society, 1908, pp. vii, 142（本書の利用については坂巻清氏のお世話になった）。この資料を分析した研究としては、Rappaport, *op. cit.* のほかに、G. D. Ramsay, 'The recruitment and fortunes of some London freemen in the mid-sixteenth century', *Economic History Review*, 2nd ser., 31, 1977, pp. 526-40.
(6)　CLRO, New 204A, Freedom, Admissions to register 1668-1669; A calendar of register of freedom admissions, 1668-9.
(7)　したがって、市民の登録数は市の財政的必要性に応じて意図的に増減されることがあった。たとえば、中世ヨークを事例にこの点を論じた研究として、B.

Dobson, 'Admissions to the city of York in the later middle ages', *Economic History Review*, 2nd ser., 27, 1973, pp. 1-22. そのヨークでは、18世紀半ばでも、市民登録料からの収入は都市の財政収入のほぼ3分の1を占めていたといわれる。Malden, *op. cit.*, p. 5.

(8) B. R. Masters, *Chamber Accounts of the Sixteenth Century*, London Record Society, XX, 1984, pp. x-xi.

(9) R. R. Sharp, *Calendar of Letter Book*, D, Corporation of London: London, 1902, pp. 96-179. これに触れた研究としては、B. Hanawalt, *Growing up in Medieval London*, New York & Oxford, 1993, chap. 8.

(10) Repertories と呼ばれるこの資料のマイクロフィルムは市販されており、わが国でも容易に参照できる。

(11) 市民に関する資料については、一般読者向けだが、次の文献が便利である。V. E. Aldous, *My Ancestors Were Freemen of the City of London*, Society of Genealogists: London, 1999.

(12) Ramsay, *op. cit.* ; Rappaport, *op. cit.*

(13) 最も詳細な分析の例としては、M. J. Kitch 'Capitan and kingdom: migration to later Stuart London', in A. R. Beir & R. Finlay (eds.), *The Making of the Metropolis London 1500-1700*, London & New York, 1986, pp. 224-51（川北稔訳『メトロポリス・ロンドンの成立』三嶺書房、1992年）; J. Waring 'Changes in the geographical distribution of apprentices to the London Companies 1486-1750', *Journal of Historical Geography*, 6, 1980; 中野忠『前工業化ヨーロッパの都市と農村』（成文堂、2000年）、105-108頁。

(14) 移動のパターンが階層によって違ったことについては、Kitch, *op. cit.*, pp. 238-48. 特定のギルドの例として Alfred Plummer, *The London Weavers' Company 1600-1970*, London & Boston, 1972, pp. 79-82.

(15) 地域分類は Rappaport, *op. cit.* にしたがった。

(16) 原則として資料に本人または父親について州名が記されている場合、これをもとに分類した。また州名も地名に関連した名称もない場合、便宜的にロンドンに分類した。

(17) W. G. Hoskins, *Local History in England*, 2nd edition: London, 1972, pp. 238-41. この問題は稿を改めてより詳細に検討する予定だが、さしあたり次を参照せよ。Kitch, *op. cit.*, pp. 235-38.

(18) ロンドンとその近郊を除いて3人以上の新市民を出している場所としては、コ

ヴェントリの7人、レディングの6名をはじめとして19の地名が見いだせる。そのほとんどは都市だが、少数ながらCheshunt（ハートフォードシャ、5人）、Southham（ウォリクシャ、4人）などの農村的定住地もみられる。これらの場所は、ロンドンに特別のコネクションがあった可能性もあるが、それらはむしろ例外であって、市民のチェーン・マイグレーションと呼べるような連鎖現象や特別の供給地はなかったと考えるのが妥当だろう。

(19) この分類には、merchant tailorはすべてロンドン在住者だが、tailorにはロンドン在住者はいないという例のように、地域により職業の呼び名が異なるという厄介な問題が絡むが、ここでは詳しく論じられない。

(20) 大火後のロンドン再建に必要な職人であったことも関係があろう。後述も参照せよ。

(21) Anon., *Privilegia Londini:Laws and Customs of London*, London, 1702, pp. 115-18. この慣習の意義についてわが国で最初に注目したのは坂巻清氏である。『イギリス・ギルド崩壊史の研究』（有斐閣、1987年）、203-11頁。

(22) 表中の位階順位は、Anon., *The Order of My Lord Mayor, The Aldermen, and the Sheriffs. The names of the several companies ... that pay corn-money*, London 1656; Anon., *The Order of My Lord Mayor, The Aldermen, and the Sheriffs*, London 1692. この順位はカンパニーの富や規模よりもむしろ、伝統や格式によって決まったと思われる。したがって、新しい営業は富裕で社会的評価の高いものであっても、順位は低い場合が多い。

(23) Plummer, *op. cit.*, pp. 32, 78-79.

(24) 新興のカンパニーについては、George Unwin, *The Gilds and Companies of London*, London, 1908, chap. 15.

(25) 例外的なカンパニーを除いてスピアマンの順位相関係数をとると、rs=0.5586という比較的高い相関を示す。

(26) 中野忠「区審問記録──近世ロンドンの地域社会に関する一資料」（『早稲田大学人文自然科学研究』第57号、2000年）、31-33頁を参照せよ。

(27) そのため、「フリーメン」と「シティズン」という「市民」を表す二つの用語に、前者は市民特権をもつもの、後者はシティに住むもの、という語義上の乖離が生じてきた。Giles Jacob, *City=Liberties: or Rights and Priviledges of Freemen*, London, 1732, p. 37; Anon., *Privilegia Londini*, pp. 313-4.

(28) J. R. Kellet, 'The Causes and Progress of the Financial Decline of the Corporation of London 1660-94', Ph. D. Thesis, University of London, 1952, pp.

258-59.
(29) *Ibid.*, pp. 287-89.
(30) British Library, Hargrave MSS. 142, fols. 54-7.
(31) 大火後の労働市場の状況については、T. F. Reddaway, *The Rebuilding of London after the Great Fire*, London, 1940, pp. 112-21.
(32) 人口の推定値については、R. Finlay & B. Shearer, 'Population growth and suburban expansion', in A. L. Beier & R. Finlay (eds.), pp. 37-43; V. Harding, 'The population of London, 1550-1700', *London Journal*, 15, 1990, pp. 111-28.
(33) W. de Gray Birch (ed.), *The Historical Charters and Constitutional Documents of the City of London*, London, 1887, p. 28. 1319年の特許状には、非市民の商人がシティおよび郊外でワインなどを小売することを禁止する条項がある。*Ibid.*, p. 48. Cf. *ibid.*, p. 67. ロンドン市民の特権についてのごく簡単なスケッチは次を見よ。中野忠「近世ロンドンの市民と『自由』」(『ヨーロッパの市民と自由』早稲田大学アジア太平洋研究センター、1999年)、119-36頁。
(34) Birch, *op. cit.*, pp. 85-86; Anon., *Privilegia Londini*, pp. 92-104.
(35) Anon., *The Freemen of London's Necessary and Useful Companion: or, the Citiznes Birth-right*, London, 1706, pp. 8-14.
(36) Rappaport, *op. cit.*, p. 35.
(37) Anon., *Privilegia Londini*, pp. 313-4.
(38) Birch, *op. cit.*, pp. 188-9.
(39) Kellet, *op. cit.*, pp. 272-3.
(40) Jacob, *op. cit.*, p. 86.
(41) 中野忠「区審問記録」27-61頁。
(42) Guildhall Library (以下 GL と略記), MS. 4069/2, Wardmote Inquest, Cornhill.
(43) GL, MS. 4069/2, Wardmote, Cornhill, fol. 281v.
(44) GL, MS. 4069/2, Wardmote, Cornhill, fols. 325-325v.
(45) 実際、いくつかの区では17世紀後半から役職を担当するための住民リストが作成されるようになる。たとえばBassishaw区について、GL, MS. 2501/1. これについては機会を改めて論じねばならない。

[付記] 本稿は平成15年度科学研究費基盤研究(c)(2)および早稲田大学特定課題研究による成果の一部である。

第4章　17世紀末・18世紀初頭におけるロンドンの理髪外科医カンパニー
──一専門職ギルドの実態と活動について──

伊　藤　修　一

はじめに

　17世紀末から18世紀はじめの党派抗争期のロンドンのリヴァリ・カンパニーについては、ド・クレイらが示したように、商業的で富裕なリヴァリ・カンパニーはウィッグ支持であったのに対し、中小カンパニーにはトーリー支持のものが多かった[1]。しかし、当該期のリヴァリ・カンパニーの内部構造や活動については不分明なところが多く、また何故そうした党派的な支持関係が生じるのかも必ずしも明らかではなかった。筆者は別稿において、ウィッグ派支持カンパニーのひとつである小間物商カンパニーについて、その活動、団体の性格等を分析し、富裕な商人を中心とするミドリング・ソートの団体としての一面を明らかにした[2]。本小論は上の問題意識を継承し、やや特異な専門職カンパニーではあるが、トーリー派支持の傾向があった、ロンドンの理髪外科医カンパニー Barber-Surgeons' Company を取りあげ、上で述べた小間物商カンパニーの場合との比較検討を行うことを第一の目的とする。

　ところで、ロンドンの理髪外科医カンパニーに関しては、近年邦訳されたM. ペリングの16世紀前半から17世紀前半に関する研究といったわずかなものを除いては、研究蓄積は比較的少ない[3]。確かにペリングも重視する、19世紀末の Barbers' Company 組合長であった S. ヤングによる刊行史料が存在するものの、われわれの問題関心であるカンパニー内の政治についてはおろか、

17世紀末葉の当カンパニーの状態に関してもあまりわかっていないのが実情であるといっても過言ではないと思われる[4]。そこで、上記ヤングの刊行史料を利用しつつも、主に幹事会計簿、補佐役会議事録といったカンパニー内の基本史料の分析により、この時期の当カンパニーの活動実態およびその構造についてペリングの明らかにした17世紀前半の状況と対比しつつ、上の目的に迫ってみたい[5]。

第1節　17世紀末の理髪外科医カンパニーの活動実態と構造

1　理髪外科医カンパニーの概要と営業実態

　まず初めに、ロンドンの理髪外科医カンパニーについて、その変遷と概要を述べておきたい。理髪師が外科医をも営むという現象は、単にイギリスのみではなく、ヨーロッパに特徴的な事実として周知のことであるが[6]、ロンドンの場合においても、理髪師を主な生業としつつもそれ以外に、焼灼や瀉血、抜歯、その他の高度な外科的処方をも営む理髪外科医を主な構成員とし、それに専門の理髪師と少数の専門的外科医をも含む理髪師ギルド Barbers' Company が中世以来存在していた[7]。その起源は、他のクラフト・ギルドと同様に宗教的フラタニティであり、この理髪師フラタニティは、12世紀半ばにはロンドン市長、および市参事会の監督下に入り、1308年には、最初の組合長を選出し、1376年には規約を制定している[8]。ただし、1389年のリチャード二世によるロンドンの諸フラタニティに対する審問を分析したアンウィンによれば、このフラタニティには宗教的紐帯のほかにも教区ギルド parish guild 的な地縁団体的性格もみられたとしている[9]。しかし、いずれにしても、この理髪師、外科医、理髪外科医で構成されるフラタニティが、1462年エドワード六世より特許状を獲得し、Barbers' Company として法人化されている[10]。1515年における序列は全48カンパニー中28位であり、中位のカンパニーであったと思われる[11]。

第4章 17世紀末・18世紀初頭におけるロンドンの理髪外科医カンパニー 77

　一方、ロンドンにはこのギルドのほかに、純粋に外科医だけから構成される Fellowship of Surgeons なる団体が存在していた。この団体の構成員は高度な教育を受け、主に各地の戦地で従軍外科医として経験を積んだ者によって構成されていたというが、この団体が国王によって法人化されることはなく、さらに Barbers' Company の理髪外科医との間にロンドン市内での営業権をめぐる抗争があったとされている[12]。この二つの団体は1540年ヘンリ八世期の議会法によって Barbers' Company が外科医カンパニーを吸収する形で合同され、理髪外科医カンパニーとなった。合同後のロンドンのリヴァリ・カンパニー中の序列は28位から17位まで上昇しており、われわれが検討対象とする17世紀末葉から18世紀初頭にかけての当組合は、比較的高位のカンパニーであったと言えよう[13]。また、このカンパニーはヘンリ八世以後、Kings Barber や Sergeant Surgeon、Kings Physician といった宮廷付きの理髪師、外科医、内科医を輩出しており、王権との結びつきが強かったものと思われる。さらに、このカンパニーのとりわけ外科部門は、単にロンドン市長・市参事会の監督下ではなく、外科医のライセンス授与をめぐってロンドン大司教 Bishop of London の監督下にもあり[14]、つまりこれらのことは、当カンパニーが設立時から王権や国教会との結合を強めていたという事実を示すものといえよう。しかし、その後この理髪外科医カンパニーは1745年に至り、Barbers' と Surgeons' が再分離し、それぞれ独立のカンパニーとして現在に至っている[15]。

　次に、職業としての理髪外科医が当該期にいかなる営業を行っていたのかという点に関しては、18世紀に書かれたキャンベルの父兄用職業紹介書やペリングの研究に詳しい。それによれば、18世紀の理髪外科医は、まず理髪師としては、頭髪剃り、髭剃り shaving、髪結い dressing などのわれわれが知っている理髪師としての通常業務のほか、たとえばすでに述べた抜歯 teeth-drawing や歯磨き、爪磨き、シミ・ソバカス除去など顧客の身体に関するあらゆるサーヴィスを提供していたようである。また、18世紀のロンドンにおいても特に男性を中心に鬘をかぶる流行がフランスから流入し、そのための鬘製造工 wigmaker, peruke-maker や、またその原料となる人毛や獣毛の取引をもこの人々が担っていた[16]。一方、外科医としての医療サーヴィスとしては、打撲や切り傷の治療といった比較的軽度の外傷の治療のほか、瀉血 bleeding、焼灼 cauterization といった方法を用いた潰瘍 ulcer や発疹 eruption などの治療などから、開頭手術 trepanning をも含む高度な手術に至るまでの各種の外科的処方を行い、ときには簡単な内科的処方をも施していた[17]。ただし、ペリングの研究がわれわれに示唆しているように、理髪外科医は、梅毒などの性病治療という点において売春宿などの風俗業と表裏一体の関係にあり、そのため彼らはそのような店が密集するロンドンの場末のいかがわしい地帯にその多くが居住していたようである[18]。

　もっとも、カンパニー内の職業の混合が進展している当該期のリヴァリ・カンパニーの状態から考えると、理髪外科医カンパニーの構成員には上記のような理髪師と外科医の双方のサーヴィスを提供する者、理髪師あるいは外科医のいずれかを専門的に営む者と並んで、このどちらでもない職業の者が存在していることが想定されるが、この点の検討は後段に譲り、次に当該期における理髪外科医カンパニーの具体的な活動実態について、幹事会計簿の分析を通して検討することにする。

2　理髪外科医カンパニーの活動実態および構造

　理髪外科医カンパニーの幹事会計簿は、ロンドンのギルドホール図書館に1603年から残存しているが、残念ながら1675年から1714年の会計簿は紛失している[19]。そこで本節では紛失期間前後の1673～74年と1715～16年、それに10年後の1725から26年の3カ年の幹事会計簿を分析し、当組合の活動実態を明らかにしていく。

　（一）上記3カ年における本会計簿の構造は、小間物商カンパニーの会計簿とは異なり、責任賦課・責任免除の形式でも貸方・借方の形式でもなく、収入と支出が別個に記載されている簡単なものである。そこで上記3カ年の収入を項目別に示せば、表4-1のようになる。それによれば、収入は、①一般収入

第 4 章　17世紀末・18世紀初頭におけるロンドンの理髪外科医カンパニー　79

表 4-1　収入内容の推移[4]

	1673~74年				1715~16年				1725~26年			
	ポンド	シリング	ペンス		ポンド	シリング	ペンス		ポンド	シリング	ペンス	
①一般収入	298	6	0	36.6%	83	6	9	13.6%	75	7	10	14.7%
②一時金	321	6	0	39.4%	279	25	19	45.6%	316	18	0	61.9%
③フリーマン認可料	7	10	0	0.9%	9	3	4	1.5%	11	16	8	2.3%
	47人 (49人)[1]				55人				71人			
④徒弟登録料	15	2	6	1.9%	20	12	6	3.4%	15	0	0	2.9%
	121人				165人				120人			
⑤四季組合費納入金	87	9	2	10.7%	52	16	7	8.6%	61	4	7	12.0%
⑥レント収入	84	19	0	10.4%	159	4	0	18.1%	20	0	0	3.9%
⑦年金収入	—	—	—		48	5	0	7.9%	11	10	0	2.2%
合計	729	13	8[2]		614	3	0[3]		511	17	1	

出典：Wardens' Accounts and Audited Books (GL, MS. 5255/2-3).
注：1）認可料総額を額を 3 シリング 4 ペンスの認可料で除すると、47人の認可数になるが、2 人の不払者がいるため、実際の認可数は49名である。
　　2）この収入合計は、レント会計の収入合計84-19-0を含めたものである。
　　3）1715~16年の収入は8-13-4ほど誤差が出る。
　　4）会計期間は、当カンパニーの守護聖人である、St. Lucy the Virgin の祭日（8月第 2 木曜日）から翌年のその前日までである。

general receipt、②一時金収入 fine、③フリーマン認可料 remittance of freeman、④徒弟登録料 presentations of apprentice、⑤四季組合費納入金 quarterage、⑥レント収入、⑦年金収入の 7 項目から成っている[20]。

まず①一般収入は、前年度の繰越金のほか、個人からの借入金、貧民などへの慈善を目的とした遺贈金収入、および利子収入や配当金収入がその主な内容であり、1673年においてはこの収入が300ポンド弱、全収入中 3 分の 1 以上の割合を占めるほどである。これは1666年のロンドン大火により焼失したホールの再建を目的とした借入金が多額にのぼっていることによるものである[21]。事実1715・25年になればこの金額は全体の約13％～15％にまで縮小している。またその内容も、借入金や遺贈金などから、ロンドンデリーの当カンパニー所領からの配当金収入（1715年38-0-11）や東インド会社株（1715年18-0-0）、南海会社株（1725年17-2-10）の利子・配当収入に変化している。すなわち、小間物商カンパニー同様、当カンパニーもまた311ポンド余りの年金公債を購入しており、1720年以降同公債が南海会社株に転換されたと考えられる[22]。

また、これらの利子・配当金による収入は、確かに金額的には20ポンド未満と低額ではあるが、のちに述べるレント収入もまた、1725年には20ポンドにすぎないことを考え合わせれば、18世紀初頭にはこれらの利子・配当収入が当カンパニーの固定資産からの収入と同規模であったことは注意されるべきである。

②一時金収入はこの３カ年を通じて収入項目中最大のシェアを占めており、その収入中に占める割合は1673・1715年が約40〜45％、1725年が約60％であった。金額的にも約280ポンドから400ポンドほどであり、安定した収入源となっていたようである。その収入内容は、リヴァリ（10ポンド）や幹事（40ポンド）、補佐役などの組合役人就任時の一時金（3-6-8）、それ以外の、たとえば解剖親方 master of anatomy（30ポンド）や解剖助手 steward of anatomy など理髪外科医カンパニーに特有の各種専門職就任時の一時金、買戻しによるフリーマン認可の際の一時金（４ポンド）と他カンパニーへの転籍時の一時金、および移入組合員 foreign brethren 認可時の一時金（5-0-4）など、さまざまな一時金収入によって構成されており、これらが当組合の財源となっていたことがわかる[23]。

次に③フリーマン認可料は、1672年より１人の組合員認可につき３シリング４ペンスであった。当カンパニーの上記３カ年における組合員認可料の総額は、いずれの年も10ポンド前後であり、総収入中に占める割合も１〜２％前後ときわめてわずかな部分であったにすぎない。なお、表４-１には、この認可料の合計を３シリング４ペンスで除すことによって得られた組合員認可者数を示しており、上記３カ年の認可者数はそれぞれ、49名、55名、71名と、若干ではあるが増加している。ただし、フリーマン認可には周知のように、通常７年季の徒弟を経て組合員資格を取得する徒弟制によるもののほか、買戻しや世襲による方法があるが、この認可数は徒弟制によるもののみでる。世襲、買戻しをも含む正確な組合員認可数については後段に譲るが、少なくとも徒弟制による認可数は18世紀初頭には若干の増加傾向にあったことはうかがえる。④徒弟登録料についても、３カ年を通じて約15ポンドから20ポンドほどであり、収入の約２％から４％ほどを占めるにすぎない。また、２シリング６ペンスの徒弟登録

第4章 17世紀末・18世紀初頭におけるロンドンの理髪外科医カンパニー 81

表4-2 固定資産所在地およびその収入

	1673～74年			1715～16年			1725～26年		
	ポンド	シリング	ペンス	ポンド	シリング	ペンス	ポンド	シリング	ペンス
Dowgate	10	0	0	5	0	0	10	0	0
Tower Street	5	0	0	5	0	0	5	0	0
East Smithfield	38	10	0	95	19	0	—	—	—
Monkwell Street	10	0	0	5	0	0	5	0	0
Old Baily	2	0	0						
Lombard Street	2	0	0						
Thames Street	3	15	0	—	—	—	—	—	—
Bargehouse in Lambeth	1	4	0						
合　　計	72	9	0	110	19	0	20	0	0

出典：表4-1に同じ。
注：1715～16年以降のオールド・ベイリー以下のレントについては、quit rent & annuity の項目名で一括されている。

料によって登録料総額を割ることによって得た上記3カ年の徒弟登録数は、それぞれ121人、165人、120人となっており、18世紀初頭に若干増加していたが、ほぼ変化していない。次に⑤四季組合費納入金であるが、これは50ポンドから90ポンド弱ほど、収入全体の9％弱から12％の割合を占めており、1715年に若干低下したとはいえ、3カ年を通じてほぼ同規模の収入を得ている。

最後に、⑥レント収入と⑦年金収入についてである。当該期の理髪外科医カンパニーの保有する固定資産は、表4-2に示すようにすべてロンドンおよびその周辺に存在していた。中でも主な収入をあげているレント所在地は、ダウゲート（2件）、タワー・ストリート、当カンパニーのホールがあったモンクスウェル・ストリート（各1件）、イースト・スミスフィールド（23件）の4箇所である。また、その収入額と総額に占める割合を見てみると、1673年の84ポンドから、1715年160ポンド弱に上昇しているが、その割合は全収入中の1割から2割に満たないほどであり、さらに1725年になると20ポンド、約4％にすぎなくなる。これは最も大きなレント収入源であった、イースト・スミスフィールドの地所が1717年に売却されたことによるものと思われる[24]。年金収入は、1715年の会計簿からレント収入と同項目に現れるが、個人や他カンパニーからの年金 annuity や遺贈 gift から成るこの収入については一応レント収

表4-3　支出

		通常支出			臨時支出 1673〜74年			
		ポンド	シリング	ペンス	ポンド	シリング	ペンス	ポンド
①カンパニー活動費	(a) カンパニーの諸活動費・訴訟費用・ロンドン市金庫へ・民兵・国王役人へ・個人負担分返済		18	0	28	19	—	28
	(b) 修理・維持・建設費		5	0	189	6	—	189
	(c) 人件費・謝礼金	53	10	0	34	18	—	88
	(d) 飲食費・ディナー代	2	0	0	4	7	—	6
	(e) 消耗品費		15	0	4	5	—	5
	(f) 10分の1税・地代	2	13	0	50	0	—	52
	小計	58	18	0	311	15	—	370
②元本返済・利払い		0	0	0	279	4	—	279
③慈善支出		13	4	0	64	10	—	77
④レント支出								83
⑤その他・不明分								
誤差			2	0				-8
合計		73	7	0	645	14	—	802

出典：表4-1に同じ。
注：(1) 複写切れ、もしくは判読不能のため、1673〜74年に限りペンス以下を切り捨て、一で示した。
　　(2) 誤差とは、集計の際に生じた誤差である。

入と別項目にした。その収入は全収入の1割に満たない程度であるが、1715年のみ50ポンド近くの収入がある。

　以上、上記3カ年における理髪外科医カンパニーの収入について見てきたが、一時金やフリーマン認可料、徒弟登録料、および四季組合費納入金をギルド本来の収入とすれば、その収入構造は、依然としてそのようなギルド本来の収入にその中心があったということができよう。すなわち、同時期の小間物商カンパニーが、このような本来の収入である通常収入の比率を低下させていき、また、ロンドンのみならず全国各地に所有するマナからのレント収入への財政的依存を強め、「地主化」していたのに対して、当カンパニーにおいてはむしろレント収入の比率が低下してさえいるのである。しかし、このような相違点とともに、18世紀になると年金公債や株式を保有し、その利子・配当収入を得て

内容の推移

	計			1715~16年				1725~26年			
	シリング	ペンス		ポンド	シリング	ペンス		ポンド	シリング	ペンス	
	14	—	3.6%	66	1	4.5	9.0%	71	19	3.75	13.0%
	11	—	23.6%	89	19	5	12.2%	52	15	0	9.5%
	8	—	11.0%	180	8	1	24.5%	158	6	8	28.6%
	7	—	0.8%	74	10	1	10.1%	89	17	8	16.3%
	0	—	0.6%	24	10	5	3.3%	27	8	2	5.0%
	13	—	6.6%	11	1	4	1.5%	21	7	3	3.9%
	13	—	46.2%	446	10	8.5	60.5%	418	72	24.75	76.3%
	4	—	34.8%								
	14	—	9.7%	113	13	4	15.4%	79	10	2	14.4%
	18	—	10.4%	33	13	9	4.6%	5	3	10	0.9%
				150	19	4.5	20.5%	29	17	3	5.4%
	-10	—	-1.1%	-7	-5	-7	-1.0%	16	9	5.25	3.0%
	19	—	100.0%	737	11	7	100.0%	552	14	9	100.0%

いる点は小間物商カンパニーの場合と共通している。ただし、当カンパニーの場合、この利子・配当による収入が低下するレント収入と同規模になっている点が興味深い。

（二）次に、支出の面から理髪外科医カンパニーの活動を見ていきたい。収入と同様に1673年、1715年、1725年の3カ年の支出項目は表4-3の通りである。ただし、本会計簿の支出項目は紛失期間前後で若干その記載方法が異なる。つまり、1673年においては、通常支出と臨時支出、それにレント維持のための支出の3項目に大別されていたのに対し、1715年以降は項目がすべてなくなり、支出を順に記載していくという方法に変化している。そこで、1673年のみ通常支出、臨時支出の項目を示すとともに、3カ年を通して、その支出内容を、①カンパニーのさまざまな諸活動への支出（カンパニー運営費）、②元本・利子

支払、③慈善支出、④レント支出、⑤その他、に分けて分析すると以下のようになる。

まず①カンパニー運営費は、さらに (a) さまざまな雑費、(b) ホール等の修理・維持・建設費、(c) 人件費・謝礼金、(d) 飲食費・ディナー代、(e) 物品・消耗品費、(f) 税・地代の6項目に細分化すれば表4-3に示すようになる[25]。しかし、これらの支出は、基本的に組合役人への給料や消耗品など毎年のカンパニー内の諸経費、ロンドン市や他カンパニーへの支出、訴訟といった対外的な諸経費、選挙日 election day や市長祭 Lord Mayors day、および当カンパニーに特徴的な筋肉学講義 muscular lecture や 骨解剖学講義 ostelogy lecture のディナー代や人件費など、ほぼ毎年決まった経費に支出されており、全体として組合の運営にかかわるものであることは間違いない。その中でも特徴的と思われる支出は、上記の各種講義費用のほか、たとえば解剖用の死体代 private body (1715年2-3-6、1725年19-5-6) などのほか、対外的には訴訟費用 (1725年6-10-2) や外科医ライセンスに関する通知要求登録金 coveat money をロンドン市金庫並びにロンドン大司教 (1715年1-5-0、1725年5-5-0) に支払っている。また、1673年と1715年にロンドン市民兵 trained band にマスケット銃や銃剣を拠出しており (1673年0-4-0、1715年4-8-0)、少なくとも当カンパニーのロンドンの自治共同体への関与をうかがうことができる。このような対外的諸経費をも含む運営費は、上記3カ年を通じて全支出の約5割から8割を占め、このカンパニーの基本的活動への比重の高さをうかがうことができる。

②元本・利子支払については、1673年の臨時支出項目にのみ記載されており、その金額は279ポンドにも達し、1673年の支出の3分の1ほどある。これは大火後のホール再建・復興費用のための借用金の利払いおよび元本返済と考えられ、事実この時期はホール建設費として建築業への支払が多額にのぼることを①の項目において確認することができる。

③慈善支出は、3カ年を通じて約10～15％程度であり、これは同時期の小間物商カンパニーの支出が約5割から6割以上の慈善的出費を支出し、「慈善団

体」と化していたこと比べればその比重は低い。ところで、理髪外科医カンパニーの慈善は、主に寡婦への定期給付金、貧民救済、孤児院、および当カンパニーのホール所在教区であり、また選挙日の説教も行っていた St. Olave Silver Street 教区の教区司祭、教区役人、貧民への給付、はしけ小屋所在地であるランベスの貧民救済などであり、その範囲はロンドンおよびその周辺を越えることはなかった。当会計簿からは慈善の対象がカンパニーの内か外かを判別する記載を読み取ることはできないが、少なくともランベスや上記教区への慈善は、その慈善全体の支出が必ずしも多くはなく、組合員を超える慈善は行っていたとしても小額であったと思われる。

　最後に④レント支出と⑤その他の項目についてであるが、まずレント支出はレントの地代、10分の1税、および夜警代などから成っており、その割合は3カ年を通じて1割以下である。また、この項目は史料上、①(f)の地代・10分の1税への支出と判別し難いが、いずれにしてもその率は小さい。その他の項目には史料上判読不能な金額を集計した。1715年のみ150ポンドを超える支出があるが、これは前年分の収支バランスの不足分への支出が約136ポンド存在するためである。

　以上、支出から理髪外科医カンパニーの活動を見てきたが、その活動は17世紀末葉から18世紀初頭に至ってもギルドとしての基本的活動にその主体があったことが確認できる。すなわち、同時期の小間物商カンパニーに見られたような、ロンドンの枠を超えた慈善は見られず、またその支出も低い割合にとどまっていた。確かにロンドン内の教区に対する慈善や近郊の貧民への慈善はあったが、商業的大カンパニーであった小間物商カンパニーの場合と同義の「慈善団体」ということはできない。むしろ、当該期の理髪外科医カンパニーは、特殊な専門職カンパニーとしての、また職能団体たるギルドとしての性格を維持し続けたことをその活動から読み取ることができるのである。

　(三) 当該期における理髪外科医カンパニーの構造と、徒弟制、市民権認可について若干の検討を加えたい。当該期のこのカンパニーの徒弟制に関しては、すでにブルックスやヤングの指摘がある[26]。それによると、1674年から1745

年の期間の全徒弟登録者は年平均162人であるとしており、その規模は先に述べた幹事会計簿分析における徒弟登録料から得た登録数（1673年・1725年120人、1715年165名）と概ね整合的である[27]。ただし、18世紀になるとその数は若干の増加を示している点は注意されるべきである。また、17世紀半ばと1690年代の徒弟登録者の地理的・社会的出自に関するブルックスの分析によれば、1690年代の理髪師への徒弟登録者の社会的出自はヨーマンおよび商人・小売商・職人層が多く、地理的にはロンドン外の比率が大きいようである。一方外科医に関しては、17世紀半ばには商人・職人層と並んでジェントルマン以上の社会的出自の者が目立つが、1690年代にはヨーマンの比率が低下し、逆にロンドンの専門職、商人・職人層の比率が大きくなる傾向がうかがえる[28]。

　組合員認可については、上記1673年から1745年の71年間の認可者総数は5,325人、年平均約75人であった[29]。実際に1680年から1720年の当カンパニーのフリーマン登録簿を分析すると、年々の変動は激しいものの、約50人から100人の間で推移しており、18世紀に若干の認可数が増加しているようである[30]。また、同史料からは、徒弟制による組合員認可のほか、買戻しや世襲による認可数を明らかにできるが、それによると認可者の約7割から8割が徒弟制を経て組合員認可を得ており、これは理髪外科医カンパニーの徒弟制が、小間物商カンパニー以上にその重要性を維持し続けたことを意味している。ただし、確かに買戻しや世襲はわずかな部分にとどまっていたが、そのほかに外科医としての審査を経たうえで、一時金を支払って認可される「移入組合員 foreign brethren」が存在していた。彼らは一般の組合員と同様に四季組合費納入金を支払ってはいたが、その多くは外科医のライセンスを得るために当カンパニーの「移入組合員資格 foreign brothership」を得た地方の理髪外科医であり、したがってロンドン市民権を持たず、ロンドン市内での営業、慈善の享受、組合員資格の世襲、ディナーへの参加の点においてその権利が制限されていた[31]。その認可は多い年で30名（たとえば1690年）にも達している。ところで、上記徒弟登録数と徒弟制を経た組合員認可数から、当該期の徒弟の組合員認可率を求めれば、およそ40％ほどであった。さらにこの組合員認可率と当

該期の徒弟登録者総数から当該期の徒弟数を概算すると、およそ600人から700人の徒弟が存在していたと推定される。

次に、幹事会計簿の四季組合員納入金の金額から、組合員内部の構造が判明するが、それによると、組合員は、組合長と3名の幹事、20名の補佐役の計24名からなる補佐役会役員、リヴァリ層、ヨーマンリ層並びに移入組合員層という四つの部分に分かれている[32]。そのうち、ヨーマンリ・移入組合員層について、四季組合員費納入金額からその人数を析出すれば、1673年272名、1715年191名、1725年241名であり、その中でも移入組合員数は1715年、1725年とも約35名ほどであった。これは1641年の人頭税課税記録による236人と比較しても、大きな変化は見られない[33]。次に、リヴァリ層については下院議員選挙投票記録や1711年から存在するリストによってその人数が把握でき、それらによれば、1673年135名であったリヴァリ数は、1710年239名、1715年259名、1722年285名と増加している[34]。1641年の人頭税課税記録によるリヴァリ数が42人であるから、実に7倍もの増加であり、これは小間物商カンパニー同様、当カンパニーにおいても17世紀半ばと比較してリヴァリへの上昇可能性が高まっていたことを示している。

ところで、このような内部構造をもつ理髪外科医カンパニーにあっては、当時のリヴァリ・カンパニーの一般的傾向であった職業混合の状況はいかなる程度であったのか。いま、リヴァリ層に限ってその数字を見るならば、1715年のリヴァリ数259人中、理髪師100人、外科医95人であり、このいずれでもない職種の者は55人存在した。つまり、異職種の全リヴァリ数に占める割合は21.2%である。さらに1722年については15.4%であり、この状況を1641年（21.3%）のそれと比較すれば、依然としてその職業の一致率は高く、当カンパニーの同職組合としての性格はなおも強く維持されていたといえよう[35]。ただし、外科医カンパニー分離後の1756年のBarbers'とSurgeons'のリヴァリ・リストをみると、理髪師カンパニー290名のリヴァリ中異職種は33.1%であり、若干ではあるが職業の混合が18世紀半ばまでに進展している[36]。一方、外科医カンパニーの全リヴァリ89名についてはその職業記載はないが、純粋に外科医の

みの構成であったと思われることから、専門職としての外科医に同職組合維持の志向が強く、1745年の外科医の分離はそのような志向の現れであったと考えられるのである。

以上、組合員数の分析からすれば、当該期の理髪外科医カンパニーの総組合員数はおよそ430から450名ほどであり、これに前述の推定徒弟数を加えると、その総数は約1,000人から1,200人ほどの比較的規模の大きいカンパニーであったと考えられる。さらに1641年の総組合員数303人からすれば、当カンパニーは17世紀末、18世紀初頭にかけてその組合員規模を増大させていたのである。そしてそのような状況の中で、このカンパニーは徒弟制や同職組合としての性格を維持しつつ、前節で述べたようなギルドとしての基本的活動を遂行していたと考えられるのである。

第2節　党派抗争期の理髪外科医カンパニー

17世紀末からのウィッグ派・トーリー派による党派抗争期の理髪外科医カンパニーの実態を、さらに詳細に補佐役会議事録で確認すれば以下のようになる。表4-4は1689年から1700年までの12年間の議事録をその内容別に集計したものである[37]。ただし、各項目への分類分けに関しては、実際にはいずれの項目に分類するのが妥当なのか判断がつかない場合が多く、したがってここにあげた数字はあくまでも全体的に把握するための概数である。また、議題数に関しても、当補佐役会議事録には、補佐役会の議事のほかにも、現職の組合長・幹事や、過去の組合長・幹事経験者などで組織される小委員会の議事なども含まれており、これらの間の判別はつかない場合が多い。そこで、これらの議事から特徴的な諸点をまとめて示すと次のようになる。

（一）これによると、まず組合長や幹事、補佐役といった組合役員や会計監査員、市長祭執事、解剖親方などの役職の人事、宣誓、一時金支払といった人事関係議題と、組合員や移入組合員、リヴァリ認可、陸海軍に従軍する外科医の指名、および組合員の他カンパニーへの移籍といった組合員関係の議題が、

多数を占めている。これは組合員認可については1693年まで、移入組合員認可と陸海軍に従軍する外科医指名については全期間にわたり逐一記載されていることによるものである。その中でもとりわけ陸海軍に従軍する外科医の任命は当カンパニーに特徴的である。すなわち、海軍従軍外科医 sea surgeon は主に移入組合員によって担われ、彼らは補佐役会が指名した審査官 examiner により外科医として必要な技術や知識の審査を受け、それに合格した者が、ポーツマスその他の国内外の軍港および軍艦勤務の外科医として指名されており、中には審査を受けることを「熱烈に要求して」海軍従軍医としての地位を得た移入組合員も存在した(38)。一方陸軍従事と思われる例は、1690年1月、アイルランドの反革命とウィリアム二世のアイルランド侵攻に際して、40人の外科医をアイルランドの Kings Service につかせる命令の1件のみであり、このことから当組合が主に海軍の従軍外科医の徴用機関的役割をも担っていたことがわかる(39)。

表4-4　補佐役会議事録内容別内訳

	項目	件数
	開催数	313
	議題	1,344
人事・組合員関係	役員人事	119
	宣誓	46
	組合員認可	276
	移入組合員認可	51
	リヴァリ認可	21
	一時金	64
	ジャーニーマン	1
	陸海軍従軍医指名	311
	資格審査・授与	72
	徒弟問題	5
	徒弟の転籍	1
	組合員の移籍	5
	小　計	972
営業規制・罰・紛争処理	紛争調停	9
	営業規制	11
	違反・処罰・罰金	54
	就任拒否	5
	小　計	79
その他	財政・金銭出納	65
	貸付金・借入金	18
	訴訟・紛争	10
	講義	13
	市長祭・ディナー	16
	慈善	51
	レント	16
	その他	104
	小　計	293

出典：Court Minute Books（GL, MS. 5257/6）.

　(二) しかし、最もわれわれの注意を引く議題は、それらと並んで、営業統制、および各種の規定違反・義務遂行違反とそれらに対する処罰・罰金・出廷命令などギルド本来の活動が少なからず議事にのぼっていることである。多少煩雑になるが、議事録の記述をいくつか示せば以下のようになる。

　「今後、当補佐役会の同意なしには、いかなる組合員や移入組合員も、

一度に 2 人以上の徒弟を雇うことを禁じる」(1698年 8 月23日)(40)。

「当組合の組合員以外で、ロンドンのシティ内、あるいは 7 マイル以内で外科医、および理髪師を営むすべての者で、最初の出廷命令に現れなかった者は、……議会法によって告発されることが命じられる」(1691年 6 月23日)(41)。

「テンプルバーの Mr. Harris は二つの店を保有していることで次の委員会に召喚される」(1698年10月 8 日)(42)。

「Mincing Lane の理髪師……Smith は、組合員でなく理髪業を行ったため、逮捕されることが命じられる」(1694年11月 6 日)(43)。

「John Gadsden は、……資格を得ずに not being qualified 外科医の営業を行ったため、告発されることが命じられる」(1691年 7 月 2 日、1692年 9 月 6 日)(44)。

これらの例からは、17世紀末葉における理髪外科医カンパニーが雇用徒弟数、営業資格、所有店舗数に関する規制を維持し続けていたことがわかる。営業資格の中では、組合員資格のない、あるいは審査に合格していない無資格医の営業や海軍従軍外科医への指名に対する規制が散見される(45)。ただし、当カンパニー組合員に対しても外科医部門の統制は及んでおり、その中には技量不足の外科医の解剖禁止などがあるほか、外科医をも営む理髪師を規制していくという事態も発生した。

「先の当組合所属の解剖に関する技量不足の外科医 ill practitioner に関して、今後同様の事態を防ぐために考慮した結果、当補佐役会は、……解剖親方、その執事を除くいかなる者もホールに持ち込まれるいかなる死体に対してもナイフを用い (解剖する) ことのないように命じる」(1693年 7 月20日)(46)。

「今日、……(Mr.) Rambridge は当法廷に出廷し、今後もはや外科医 (の営業) には関与しない not intermeddle any longer と誓った」(1693年 7 月 9 日)(47)。

しかし、いずれにせよこれら営業統制などのギルド本来の活動は、同時期の

小間物商カンパニーにはまったく見られなかったものであり、このことは当該期の理髪外科医カンパニーが、依然として専門職としての熟練者集団を形成し、その職能団体の維持を志向していたことを示しているといえよう。

（三）当議事録には以上のほかにも、金銭出納や貸付・借入れ、対外訴訟、公開解剖の講義や市長祭ディナー、慈善、および所有不動産の修繕などといったさまざまな議事があるが、その中でも特筆すべきは、まず慈善的活動とレントに関する議事についてである。すなわち同時期の小間物商カンパニーにおいては、この二つの議題が議事の大半を占めていたのに対し、理髪外科医カンパニーでは低い比重を占めるにすぎず、内容的にも、慈善に関しては、寡婦に対する定期給付金の給付とその給付者の認定が、またレントに関してはその修繕が主であった。これは小間物商カンパニーが遺産や遺贈、あるいはレント収入による慈善基金をもとにカンパニーやロンドンの枠を超えた慈善活動を行い、議事内容にもそのための役人選定などが多く含まれていたこととは対照的である。

次に、対外訴訟・紛争についてであるが、ここにはこの組合が直面した興味深い二つの紛争が現れている。ひとつは、当カンパニーの外科医が内科学 internal medicine を用いたとして内科医から訴えられたものであり、もし内科医カレッジ College of Physicians が彼を逮捕した場合、当カンパニーは組合費用で被告を弁護することを決定している[48]。これはロンドンの内科医と当組合の外科医という医療専門職間の紛争を示す事例として興味深い。いまひとつは、当カンパニーの外科医と理髪師の紛争が、王座裁判所にまで持ち込まれた訴訟である。すなわち、当カンパニーの組合長と3人の幹事は外科医2人、理髪師2人で構成することが慣習であったが、1699年のレンター・ワーデン renter warden には本来理髪師から選出されるべきところを外科医が選出され、その結果理髪師の外科医に対する不満が噴出する。この理髪師と外科医の抗争は、ついには王座裁判所の職務執行令状 mandamus により裁定され、幹事の再選挙と、このような人事を行った前組合長 T. リッチフィールドの補佐役などからの罷免で決着したが、この紛争によって外科医と理髪師の確執が、1745

年の両者の分離の伏線をなすのである(49)。

　(四) 以上、補佐役会議事録の分析からすれば、当該期の理髪外科医カンパニーは、カンパニー内外にその権益と統制の維持を志向しつつ営業規制といった同職組合としての基本的な活動を行っていた。また、このような傾向は18世紀初頭になっても基本的に変化していない(50)。それでは、17世紀末からのウィッグ派、トーリー派による党派抗争期における理髪外科医カンパニーはいかなる動向を示しているのか。残念ながらこの期間の補佐役会議事録は1688年まで失われているためよくわからない(51)。ただし、その他の史料を元にしたヤングの記述によれば、王政復古以来、3名の宮廷付き外科医 Sergeant Surgeon、2人の国王付き理髪師 King's Barber を輩出し(52)、チャールズ二世、ジェームズ二世との親密に結合していた当カンパニーにあっては、王党派・トーリー派支持の傾向が見られる。確かに、排除法危機直後の1682年の市長選においては当カンパニーも他のカンパニー同様ウィッグ派支持が若干ではあるが強い傾向にあったが(53)、1684年のジェームズ二世による権限開示令状 Quo Warranto による当カンパニーの特許状没収と、続く特許状再付与に際しては、むしろジェームズの意図に追随した節さえ見られる。また、この混乱に乗じて、国王への接近を図りつつ外科医が理髪師からの分離と独立の法人化を求める請願をも行っている(54)。このような国王への忠誠心は、上記役職のほかにも海軍従軍外科として国王のために戦ったという経験によっても強化されたと見られる(55)。

　しかし、名誉革命以後、商人を中心とするロンドンのウィッグ派がかつての民主的傾向を放棄して寡頭化し、逆にトーリー派が職人層の支持を得る民主派としてロンドン市政に立ち現れた後の理髪外科医カンパニーの動向は、18世紀初頭のロンドンの下院選挙投票記録によって明らかである。表4－5は1710年の下院選挙に際しての理髪外科医の投票行動を、リヴァリの職業別に分けて示したものである。これによれば、外科医に若干ウィッグ派支持が多いが、理髪師、外科医ともトーリー派支持が多数である。また、異職種については双方の支持は同程度である。1710年選挙は、アン女王のトーリー派重用政策から、

第4章　17世紀末・18世紀初頭におけるロンドンの理髪外科医カンパニー

表4-5　職業別の投票行動

	ウイッグ		トーリー		スクリプト		投票棄権者・不明者		総　計	
理髪師	21	8.8%	46	19.2%	12	5.0%	7	2.9%	86	36.0%
外科医	29	12.1%	49	20.5%	4	1.7%	15	6.3%	97	40.6%
異職種	10	4.2%	12	5.0%	2	0.8%	3	1.3%	27	11.3%
職業不明	2	0.8%	15	6.3%	3	1.3%	9	3.8%	29	12.1%
合　計	62	25.9%	122	51.0%	21	8.8%	34	14.2%	239	100.0%

出典：*The Poll of the Livery-Men of the City of London at the Election for Members of Parliament*, London, 1710. List of Court and Livery（GL, MS. 5276 & 5277）より作成。

トーリー派の躍進する中での選挙であり、このような時の政局の流れもこの組合のリヴァリらの投票行動に作用したことは疑いえない。しかしそうであるとしても、かかる当カンパニーのリヴァリの投票がトーリー派支持に傾く一要素としては、理髪師・外科医双方とも、ギルドやコーポレイションといったロンドンの古い中世都市的伝統と諸規制を堅持しつつ、ウィッグ的商業主義に対抗するトーリー派を支持したことに求められるように思われるのである。そして、なによりもそのような理髪外科医カンパニーの志向は、補佐役会議事録中にみえる職能団体たるリヴァリ・カンパニー維持の諸方策と明らかに重なり合うのである。

おわりに

　17世紀末から18世紀初頭の理髪外科医カンパニーの活動実態について、その幹事会計簿分析から明らかにされたところによれば、その活動は、依然として専門職ギルドとしての基本的な性格を維持し続けており、所有不動産からのレント収入や慈善的支出といった、リヴァリ・カンパニーの地主的性格や慈善団体化を特徴付けるような活動の比率は低い。また当カンパニーの慈善活動においても、確かにカンパニーの枠を超えた慈善を行ってはいるが、それはロンドンおよびその周辺にとどまり、かつその比重も低位であった。この点、同時期

の小間物商カンパニーが地主的・慈善団体的性格を鮮明にしていったことと対照的である。

一方補佐役会議事録の分析を通しても、このような職能団体維持の志向が確認できる。すなわち、当カンパニー補佐役会は、移入組合員と海軍従軍外科医に対する組合員認可、営業資格の審査、所有店舗数や雇用徒弟数、無資格外科医の取締りなどによって営業を統制していた。これらの営業規制もまた、同時期の小間物商カンパニーではまったく問題にならないものであり、これは専門職カンパニーとしての理髪外科医カンパニーの際だった特徴といえるであろう。ただし、そのような職能団体維持の志向は、同時にカンパニー内部の理髪師と外科医の対立をも産み落とし、1745年の両者の分離をもたらしたことは注意されるべきである。しかし、ウィッグ派・トーリー派による党派抗争期の中でもとりわけ18世紀初頭においては、基本的に職能団体たる当カンパニーの規制維持を志向する理髪師、外科医双方は、このような両者の対立を乗り越えて、コーポレイションたるロンドンの伝統の堅持を主張するトーリー派を共に支持し、ウィッグ的商業主義・自由主義の主導する寡頭制支配への反対を表明したのであった。

注

（1）　ロンドンの諸リヴァリ・カンパニーのウィッグ派およびトーリー派への分裂については、G. S. De Krey, *A Fractured Society: The Politics of London in the First Age of Party, 1688-1715*, Oxford, 1985; N. Rogers, *Whig and City: Popular politics in the age of Walpole and Pitt*, Oxford, 1989 などのほか、拙稿「名誉革命前後のロンドンにおける党派の社会的基盤について——ウィッグの『変節』をめぐって——」（〔東北大学〕研究年報『経済学』第65巻第1号、2003年）も参照されたい。

（2）　拙稿「ロンドンの小間物商カンパニー　1650—1750年——商業的リヴァリ・カンパニーの変容とその活動——」（〔東北大学〕研究年報『経済学』第65巻第4号、2004年）。

（3）　M. Pelling, 'Appearance and reality: barber-surgeons, the body and disease' in A. L. Beier & R. Finley (eds.), *The Making of the Metropolis: Essays in the*

social and economic history of London, 1500-1700, 1986（川北稔訳『メトロポリス・ロンドンの成立』三嶺書房、1992年、所収）。
（4） S. Young, *Annals of the Barber-Surgeons of London*, London, 1890.
（5） Worshipful Company of Barber-Surgeons of London. Wardens' Accounts and Audited Books（Guildhall Library〔以下、GLと略記する〕, MS. 5255/2-3）. Court Minute Books（GL, MS. 5257/6-7）. List of Court and Livery（GL, MS. 5276 & 5277）. これらの原史料はすべてマイクロ・フィルムにより入手した。
（6） 理髪外科医の例として、必ずといってよいほどその説明の際に挙げられる人物は、フランスのアンリ二世、シャルル九世らの宮廷付き外科医であった、アンブロワーズ・パレ Ambroise Paré である。パレに関しては、渡辺一夫『フランス・ルネサンスの人々』（岩波文庫、1992年）、55-76頁に簡単な紹介がなされているほか、学術的文献とはいえないが、J. Carbonnier, *A Barber-Surgeon*, New York, 1965（J. カルボニエ著／藤川正雄訳『床屋医者パレ』福武書店、1991年）がある。
（7） J. Thornley & G. Hastings（eds.）, *The Guilds of the City of London and their Liverymen*, London, 1911, p. 121.
（8） S. Young, *op. cit.*, p. 21; J. Thornley & G. Hastings *op. cit.*, pp. 121-2. 坂巻清『イギリス・ギルド崩壊史の研究――都市史の底流――』（有斐閣、1988年）、64頁。
（9） G. Unwin, *The Gilds and Companies of London*, London, 1908, p. 51参照。リチャード二世によるロンドンの諸フラタニティに対する審問については、*Ibid.*, pp. 124, 155ff を参照せよ。またフラタニティの諸類型については、坂巻、前掲書、40頁以下参照。
（10） J. Thornley & G. Hastings *op. cit.*, pp. 121-2.
（11） 坂巻清「16、17世紀前半ロンドンの職業構造変化とリヴァリ・カンパニー――『ミドリング・ソート』形成への展望――」（イギリス都市・農村共同体研究会編『巨大都市ロンドンの勃興』刀水書房, 1999年）、271頁。
（12） J. Thornley & G. Hastings *op. cit.*, p. 122.
（13） 18世紀初頭の当カンパニーの序列については、*Poll of the Livery-Men of the city of London at the Election for Members of Parliament*, London, 1722, p. 199.
（14） R. R. James, 'A list of surgeons in practice in London and its suburbs in 1641', *Bulletin of the History of Medicine*, 19, 1946, p. 282; S. Young, *op. cit.*, pp. 72-4.
（15） 外科医カンパニーについては、18世紀末にいったん消滅するが、1800年に The

Colledge of Surgeons in London の名称で再法人化されている。J. Thornley & G. Hastings, *op. cit.*, p. 123.

(16) M. Pelling, *op. cit.*（川北訳、127頁）。R. Campbell, *The London Tradesman*, 1747, pp. 203-6. 鬘は彼ら自身によって販売される場合も当然あったと考えられるが、キャンベルによれば、製造された鬘は主に小間物商 haberdasher に卸されたという。

(17) R. Campbell, *op. cit.*, pp. 47-8.

(18) *Ibid.*, pp. 52-3; M. Pelling, *op. cit.*（川北訳、115-6、128頁）。

(19) S. Young, *op. cit.*, p. 416. なお、幹事会計簿については注（5）参照。本節の記述は特に断らない限り、この史料の分析結果による。この史料のフォリオ数はすべて複写切れのため提示できなかった。

(20) 厳密には、一般収入と一時金収入は1715年からは単一項目になっている。また、レント収入も、1674年には別会計であったが、1715年から収入項目となっている。本分析では便宜上すべて独立した項目として扱った。

(21) I. G. Doolittle, *The City of London and its Livery Companies*, London, 1990, pp. 9-11.

(22) P. G. M. Dickson, *The Financial Revolution in England: A Study in the Development of Public Credit 1660-1730*, London, 1967, chs. 3-4. 鈴木俊夫『英国重商主義公債整理計画と南海会社』（中京大学商学会、1986年）、第1章。

(23) ただし、fine の内容からは、一時金とも役職就任拒否の罰金ともいずれにも解釈できる場合がある。ヤングもまた、リヴァリへの就任拒否者に対する罰金が1740年代に意図的に、収入確保のために活用されたことを指摘している。S. Young, *op. cit.*, pp. 252-3. 移入組合員については、後段参照。

(24) S. Young, *op. cit.*, pp. 416-7. ヤングによれば、当カンパニーは1603年には表4-2に示した地所以外にも、たとえば Holborn Bridge, Conyhope Lane, Walbrook, Mugwell Street, Swanne Alley などのロンドンの各所に不動産を所有していたが、ロンドン大火並びにその後の売却によって表4-2のように減少したようである。*Ibid.*, p. 381.

(25) ただし、この小項目への細分化は分類困難なものが多く、また1674年についてはペンス分が複写切れ、もしくは判読不能のため、項目への細分化の際に誤差が生じ、正確なものとは言い難い。しかし、おおよその傾向は把握できると考える。

(26) C. Brooks, 'Apprenticeship, Social Mobility and the Middling Sort, 1550-1800' in J. Barry & C. Brooks (eds.), *The Middling Sort of People: Culture, Society*

and Politics in England, 1500-1800, pp. 58-9, Basingstoke and London, 1994（山本正監訳『イギリスのミドリング・ソート』昭和堂、1998年、74-5頁）。
(27) S. Young, *op. cit.*, p. 259.
(28) C. Brooks, *op. cit.*, pp. 58-9（山本、前掲監訳書、74-5頁）。
(29) S. Young, *op. cit.*, p. 259.
(30) Registers and Freedom Admissions（GL, MS. 5256/2-4）.
(31) S. Young, *op. cit.*, pp. 225, 258; GL, MS. 5257/7, fols. 43, 52.
(32) GL, MS. 5255/2-3 の各年の収入項目参照。各年の四季組合員費納入金は、補佐役会、リヴァリ、ヨーマンおよび移入組合員のそれぞれの納入額に分けて記載されている。
(33) 坂巻、前掲書、192頁。
(34) GL, MS. 5276 & 5277; *Poll of the Livery-Men of the city of London at the Election for Members of Parliament*, 1722. 1674年のみ GL, MS. 5255/2 より。
(35) GL, MS. 5276 & 5277.
(36) *A List of the Liverymen of the Companies of the City of London*, 1756, pp. 8-14, 171-2.
(37) GL, MS. 5257/6（この史料もまたフォリオ数が欠落しているため、個々の引用の際には記載年月日を挙げてそれに代用する）。
(38) S. Young, *op. cit.*, p. 258; GL, MS. 5257/6, 6 Aug. 1699.
(39) Ibid., 17 & 23 Jan. 1690; S. Young, *op. cit.*, p. 345.
(40) GL, MS. 5257/6, 23 Aug. 1698.
(41) Ibid., 23 Jun. 1691.
(42) Ibid., 8 Oct. 1698.
(43) Ibid., 6 Nov. 1694. その他、同様の記述が1697年2月3日にもある。Ibid., 3 Feb. 1697.
(44) Ibid., 2 Jul. 1691, and 6 Sep. 1692.
(45) その他、たとえばのちに述べるトマス・リッチフィールドは審査官として、海軍従軍外科医に無資格医を送り込むなどして、コーポレイションの「基本法」Constitution に対して多くの罪を犯したことが断罪されている。Ibid., 8 Nov. 1700.
(46) Ibid., 20 Jul. 1693.
(47) Ibid., 9 Jul. 1693.
(48) Ibid., 12 Dec. 1690; S. Young, *op. cit.*, p. 345.
(49) 以上、GL, MS. 5257/6, 14 Dec. 1699, 25 Jan., 2 & 11 May, 28 Jun., 4 & 9 Jul., 24

Oct., 8 Nov. 1700; S. Young, *op. cit.*, p. 149.

(50) たとえば、1707年2月にも同様の組合員以外の営業が問題になっている。GL, MS. 5257/7, fol. 9.

(51) S. Young, *op. cit.*, p. 220.

(52) S. Young, *op. cit.*, pp. 18-9.

(53) *A List of the Poll of the A Several Companies of London for a Lord Mayer*, 1682. このときのウィッグ派の優勢はわずかに10票であった。

(54) S. Young, *op. cit.*, p. 145ff.; *London Gazette*, 20 Oct. 1987（これはGL, MS. 5257/6の冒頭に収められている）。

(55) たとえば1705年の、Charles Peterなる外科医が、従軍外科として国王のために働いたことを誇りにしていたことを記したtradesman's cardを参照せよ。A. Heal, *London Tradesmen's Cards of the 18th Century*, 1968, pp. 60, 89 and Plate No. LXXXVIII.

第5章　18世紀ロンドンにおける市壁外教区の活動と機能
──セント・セパルチャー教区の救貧政策を中心に──

丸藤 准二

はじめに

　イギリス都市史研究における近年の主要な議論のひとつに、近世ロンドン社会の「危機」と「安定」の問題をあげることができる(1)。安定論の論拠としてロンドンにおける小共同体（区・教区・ギルド）、とりわけ教区における救貧を中心としたコミュニティ活動の果たした役割の重要性を指摘する研究も多い(2)。

　救貧活動に焦点をしぼると、W. K. ジョーダンはその先駆的ともいえる研究において近世ロンドンの慈善活動の活発さを明らかにした。しかし、救貧税収入をはじめとし、教区における公的救貧の重要性を過小評価しすぎたともいえる(3)。ジョーダンに対する批判を展開したのがR. W. ハーランであった。彼は教区史料を用いた一連の研究で、イギリス革命期のロンドン・シティにおいて、公的救貧が崩壊したという証拠はなく、救貧税収入は教区救貧の主要な部分を占めていたことを論証した(4)。ロンドンの人口は17世紀から18世紀にかけて急増するが、人口増の中心は中心部のシティよりも郊外地区であった。菅原秀二は、人口が急増したロンドン西郊ウェストミンスター地区のイギリス革命期における教区救貧活動を論じた。すなわち、当該時期、救貧行政体系は郊外教区においても崩壊しなかったこと、救貧税収入を含む救貧事業費の巨大さ、さらに、救貧税以外の慈善収入の重要性等を明らかにした(5)。これらの研究

の蓄積により、17世紀特に革命期のロンドンにおける教区救貧活動の姿は明らかになってきたと言える。しかし、18世紀については研究史上空白の状態が続き、その実態はいまだ不分明である(6)。

一方、D. T. アンドリュウは、ロンドンにおける救貧活動のもうひとつの柱である慈善活動の重要性に着目した。なかでも、17世紀後半から18世紀以降慈善活動は、個人による慈善から公的慈善へと変化し、新しい慈善の形式として病院をはじめとする施設が設立されていく実態を明らかにしている(7)。しかし、残念なことに当該時期における教区の救貧活動への言及はない。それでは、18世紀ロンドンにおける教区の救貧活動とはいかなるものであったのだろうか。そのために、まず教区の救貧活動は18世紀後半という旧救貧法体制の末期においてもその機能を存続させていたのか、それとも変貌を遂げていたのかという問題を解明することを第一の課題とする。さらに、救貧活動のみならず、教区のさまざまなコミュニティ活動を分析することにより、ロンドン社会の安定性に重要な役割を果たした小共同体の機能の実態を探ることをもうひとつの課題としたい。

これらの課題を論ずるにあたり、本稿では1760年代から1780年代のセント・セパルチャー教区を対象とする。当教区はロンドン市壁外西部に位置する教区であり、市壁内教区に比べ面積・人口ともに規模が大きく、救貧問題を論ずるに適していると考えられる。また、1760年代から80年代は七年戦争終結後の好況から、アメリカ独立戦争勃発に伴う不況へと経済的な好・不況の変動が激しく、また政治的にもウィルクス事件にみられる議会改革運動が激化した時期であった。それゆえ、当該時期の救貧活動のあり方が注目されるのである(8)。分析に用いる史料には、貧民監督官会計簿、教区委員会計簿、教区会議事録等を用いる(9)。最初に教区の救貧活動を、貧民監督官会計簿を中心に分析し、次に教区委員会計簿を用いて救貧活動とそれ以外のコミュニティ活動を分析することにより、これらの課題に答えていくことにしよう。

第1節　貧民監督官会計簿にみる教区の救貧活動

　周知のとおり旧救貧法（エリザベス救貧法）の制定により、公的な貧民救済は教区という小共同体に委ねられることになった。そこでは貧民監督官（Overseer）が救貧税を徴収し、教区委員（Churchwarden）とともに実際の救貧活動に携わったのである[10]。貧民監督官は貧民救済にかかわる会計簿を作成することが義務づけられていた。それゆえ貧民監督官会計簿は教区の救貧活動を解明するうえで最良の史料と考えられる。しかし、18世紀のロンドン特にシティ内の教区にこの史料が残存していることはまれであるが[11]、幸運なことに当教区には残存していた。一般的に教区における救貧活動は、それぞれの教区における個別の事情が異なり（人口・職業構成・富裕度等）、一概に論ずることは難しいといえる。しかし、当教区に残る貧民監督官会計簿のほかに教区委員会計簿、教区会議事録等を利用し、さらに市壁内教区のバシショウ教区の事例も参考にすることによって、セパルチャー教区における救貧の問題を明らかにすることは可能であろう。

　セント・セパルチャー教区は、ファリンドン・ウィズアウト区の中に含まれ、面積は約36エーカーとかなり大きく人口もおよそ8,000人程度であったと推計される[12]。まず表5－1に注目してみよう。この表は、貧民監督官会計簿の1767年から1787年までの20年間の収支をまとめたものである。収入はすべて救貧税である。当教区では四つの街区（Precinct）にそれぞれ貧民監督官が配置され、それぞれ年4期に分けて救貧税を徴収していた[13]。収支全体をみてまず着目すべきはその金額の多さであろう。収入の推移をみると、1767年の1,881ポンドから始まり1771年までの4年間は減少しているが、その後はほぼ一貫して増加する傾向を示している。特に1782年以降の増加は顕著であり、20年間のはじめと終わりを比較すると2倍近くの規模に達している。この収入規模は同時期における市壁内教区であるバシショウ教区と比較しても5～6倍の規模である[14]。人口規模がさらに大きいウェストミンスター地区のマーガレ

表5-1 貧民監督官会計簿（セパルチャー教区）

(単位：ポンド)

年	収入	支出	収支
1767/68	1,881	1,816	65
1768/69	1,845	1,745	100
1769/70	1,502	1,315	187
1770/71	1,629	1,499	130
1771/72	1,507	1,466	41
1772/73	1,980	1,802	178
1773/74	2,257	2,114	143
1774/75	2,418	2,214	204
1775/76	2,106	2,274	▲168
1776/77	2,838	2,681	157
1777/78	2,134	2,063	71
1778/79	2,430	2,391	39
1779/80	2,153	2,148	5
1780/81	1,943	1,955	▲12
1781/82	2,254	2,180	74
1782/83	2,916	2,746	170
1783/84	3,384	3,106	278
1784/85	3,406	2,938	468
1785/86	2,748	2,343	405
1786/87	3,267	2,814	453
平 均	2,329	2,180	

出典：GL, MS. 3175/2より作成。

ット教区やマーティン教区の革命期における数字と比較しても、やはり3倍前後の規模である[15]。もちろんこれらの比較には、人口やインフレ率を考慮しなければならないが、単純に比較してもその規模の大きさが理解できよう。

では次にセパルチャー教区と市壁内教区であるバシショウ教区の1人当たりの救貧税を比較してみるとどうであろうか。セパルチャー教区の人口は約8,000人、20年間の平均救貧税収入額が2,329ポンドであり、教区民一人当たりの平均救貧税収入額は0.29ポンドになる。同じくバシショウ教区の人口は約800人、20年間の平均救貧税収入額は447ポンド、1人当たりの平均救貧税収入額は0.55ポンドである。教区民全員が救貧税を負担しているわけではないので、単純な比較ではあるが、バシショウ教区の方が教区民1人当たりの救貧税負担

が大きいといえる。しかし逆に考えると、確かに負担は大きいが、収入に応じた救貧支出がなされるので1人当たりの救貧費も当然大きいと考えてよい。すなわち、バシショウ教区の方が手厚い救貧が実施されていると考えることもできる。シティ中心部に近いバシショウ教区は、ブラックウェルホール代理商をはじめとして富裕な商人が比較的多く住む地域である(16)。セパルチャー教区もウェストミンスター地区に近く、いわゆるミドル層や専門職が多いといわれる地域であるが、人口も多くバシショウ教区に比べ相対的に富裕度は低い(17)。このような富裕度の違いが1人当たりの救貧税の差として現れると考えられる。とすれば、人口も多く富裕度も相対的に低いセパルチャー教区の方が救貧問題はより深刻であったといえよう。

　次に、救貧費の増減の要因とは何であろうか。一般的には、騒擾等の社会不安や疾病の流行、経済的な好況・不況の波などをあげることができるが、当該時期においては経済的な要因を考えるのが最も妥当であろう。ロンドンにおける当時の経済変動は、七年戦争終結後の好況とその後の1770年代後半における経済の後退期がよく知られている。特に、アメリカ独立戦争中の77年、78年は企業倒産の多い年であり、1780年代の前半にも同様の後退期が訪れた(18)。この経済危機の時期と両教区において救貧税が増加する時期とはほぼ一致している。教区の当局は、経済危機に起因する失業者や貧民の増加に対して、救貧税の徴収と支出をともに増やすことで対応していたのである。このことは、教区の行う救貧政策がひとつのシステムとして、とりわけ教区民のセーフティ・ネットとして機能していたことを物語っている。しかし、この時期に救貧税の徴収は増加しているが、教区の人口は増加していない、むしろ減少している。ということは、教区民1人当たりの負担は増大していると考えられ、当教区においてもこの救貧税負担の増加という問題が顕在化していくのであった(19)。

　次に支出面を検討してみたい。先述したとおり、セパルチャー教区では救貧税は貧民監督官が街区ごとに徴収にあたったが、支出については教区に設置されていたワークハウス委員会が決定した。当教区は人口・面積ともに規模が大きく、教区の主要な業務はそれぞれ専門の委員会において実施されていた(20)。

ちなみにワークハウス委員会は、教区代理牧師 Vicar、市参事会員代理 Deputy、市議会議員 Common Councilman、助役 Sideman、教区委員、貧民監督官から構成され、ワークハウスの運営を含む救貧政策を実施していた。

　表5-1を見れば明らかであるが、支出額はその年度の収入に対応している。収支は1776年と1780年度の2年を除いて黒字であり、残額は翌年度に繰り越されている。支出の内容は、すべてが貧民に対する給付というわけでなく、役人の給与や貧民の移送費などの経費も含まれている。支出区分は明確ではないが、中でも割合が大きい項目は貧民に対する小口の支出であった。これは年間40件程度あり、総額で全支出の15〜20％程度を占めていた。給付先の貧民の氏名・人数・金額等は記載されてはいないが、その頻度・金額等から雑多な貧民に対する小口の支給であると考えられ、貧民に対するきめ細かな救貧が行われていたことがうかがえる。ほかにワークハウスへの支出やバーソロミュー・ホスピタル、ベツレヘム・ホスピタル等の施設への支出が重要であった。これらの施設にとって教区からの収入は貴重な財源であったと考えられる。また、貧民に対する支給は、現金の他さまざまな物資を支給していた。たとえば小麦粉、牛乳、燃料としての石炭などへの支出が毎年相当額確認されている[21]。そのほかにも孤児の養育費や徒弟の手数料、棺代、さらにロウソクなどの消耗品費など生活に対応する細かな支出がなされていた。さらに病気や怪我をした貧民に対する治療も教区にゆだねられた重要な役割であった[22]。

　以上のように、セパルチャー教区では巨額の救貧税が毎年徴収され、種々の救貧支出がなされ、これらは教区財政の大半を占めていた。このことはとりもなおさずセパルチャー教区において、教区の救貧機能が維持されていたことを物語るものであった。救貧税の負担が増加するという問題をはらみつつも、18世紀の後半において教区の救貧活動は崩壊も縮小もしてはいなかった。しかし、教区の救貧は貧民監督官会計のみではその全貌をうかがい知ることはできない。次節において教区委員会計簿を分析することにより、さらに詳しく教区の救貧を分析したい。

第2節 教区委員会計簿の分析

1 救貧活動

　前節において、貧民監督官会計簿を分析することによって教区の救貧を検討したが、ここではもうひとつの重要な史料である教区委員会計簿を用いて検討を行う。この両史料を検討することにより教区の救貧活動の全貌を明らかにすることができよう。教区委員会計は教区で行われる種々のコミュニティ活動の収支を年度ごとにまとめたものであり、教区委員によって作成される。会計簿は教区ごとに様式は異なるが、救貧関係および教会・教区関係の収支に分類されている点はほぼ共通である。セパルチャー教区における教区委員会計簿の構成については表5-2を参照したい。その記載に基づくと (1) 救貧に関連する収支、(2) 教会に関連する収支、(3) その他の収支に分類される[23]。教会に関連する収支には教区関係の収支も含まれる。また、その他の収支とは James Thompson と William Andrew という2人の役人の個人会計を便宜的に合算したものである。本節ではこの分類に基づいて分析を進めることにする。

　まず、表5-2を参照して収支全体に着目してみよう。収支の規模は救貧を専門とする貧民監督官会計よりは小さく、収支ともに60〜70％の規模である。表5-3に示されたバシショウ教区の教区委員会計簿と比較してみると、セパルチャー教区は2倍の規模に達していた。では同様に20年間の収支の推移をみるとどうか。表5-1の貧民監督官会計簿と比較すると、その増減はあまり顕著ではない。むしろほぼ固定していると捉えた方が的確かもしれないが、全体としてやはり増加する傾向を示している。全体の趨勢は、救貧税を中心として経済変動の影響を受けやすい貧民監督官会計に比べ、毎年ほぼ一定の収支を計上する教区会計の性格をよく表しているといえる。

　セパルチャー教区の教区会計のうち救貧関係費が占める割合は、収入・支出とも約50％を占めていた。これに対して市壁内のバシショウ教区の場合、すべ

表5-2　教区委員会計簿（セパルチャー教区）

（単位：ポンド）

	救貧収入	教会収入	その他収入	収入計	救貧支出	教会支出	その他支出	支出計	収支
1767/68	549	460	160	1,168	795	528	102	1,425	▲257
1768/69	890	452	188	1,530	855	843	111	1,810	▲280
1769/70	753	544	137	1,434	610	1,002	125	1,737	▲303
1770/71	700	498	175	1,373	883	516	171	1,570	▲197
1771/72	638	460	174	1,272	784	506	230	1,520	▲248
1772/73	640	518	197	1,357	737	498	160	1,396	▲39
1773/74	529	425	154	1,109	553	424	154	1,132	▲23
1774/75	634	565	190	1,389	528	621	158	1,307	82
1775/76	1,103	698	201	2,002	1,163	698	189	2,050	▲48
1776/77	547	486	160	1,193	535	508	127	1,170	23
1777/78	754	689	161	1,605	787	758	210	1,755	▲150
1778/79	461	545	182	1,188	686	578	127	1,391	▲203
1779/80	803	682	134	1,620	1,047	616	134	1,798	▲178
1780/81	970	567	210	1,747	947	484	185	1,616	131
1781/82	886	578	167	1,632	845	562	89	1,496	136
1782/83	644	513	130	1,287	636	515	106	1,257	30
1783/84	652	605	255	1,512	509	609	172	1,290	222
1784/85	864	650	213	1,729	771	802	231	1,804	▲75
1785/86	716	571	149	1,436	909	760	216	1,885	▲449
1786/87	1,020	533	212	1,765	999	440	179	1,618	147
平均	737	551	177	1,467	778	613	159	1,551	

出典：GL, MS. 3146/6, 7より作成。

ての救貧関係費の占める割合は収入で約73％、支出で約62％であった[24]。セパルチャー教区についても貧民監督官会計を含めると、救貧関係費は約80％にも達していた。両教区とも救貧関係費の占める割合は非常に大きいといえるが、セパルチャー教区の方がより大きかった。この事例からも、市壁外教区の方が救貧にかかわる問題はやはり深刻であったといえよう。また、17世紀と比較してみるとどうか。たとえばシティ内のセント・キャサリン・コールマン教区は60〜80％が救貧費であったといわれる[25]。この事例をみるかぎり、時代が推移した18世紀以降においても、教区において貧民の問題はいぜんとして大きな比重を占めていたと言うことができる。さらに、さまざまな批判はあるがジョーダンの数字と比較するとどうであろうか。彼は救貧費のうち救貧税収入の

表5-3 教区委員会計簿（バシショウ教区）

(単位：ポンド)

年	収入				支出				収支
	救貧	教会	教区	計	救貧	教会	教区	計	
1767/68	362	39	46	447	274	80	104	458	▲11
1768/69	340	17	103	460	339	111	93	543	▲83
1769/70	510	24	44	578	411	88	140	639	▲61
1770/71	469	14	88	571	410	102	90	602	▲31
1771/72	453	22	90	565	380	107	64	551	14
1772/73	549	182	64	795	522	248	140	910	▲115
1773/74	594	12	68	674	382	96	179	657	17
1774/75	532	28	101	661	490	109	70	669	▲8
1775/76	577	31	72	680	479	122	68	669	11
1776/77	630	19	75	724	515	120	86	721	3
1777/78	527	389	71	987	517	309	134	960	27
1778/79	528	357	91	976	540	303	115	958	18
1779/80	596	430	86	1,112	547	430	93	1,070	42
1780/81	609	336	115	1,060	610	283	125	1,018	42
1781/82	543	187	152	882	577	216	118	911	▲29
1782/83	679	12	109	800	531	187	166	884	▲84
1783/84	676	11	127	814	575	148	182	905	▲91
1784/85	634	13	113	760	582	129	167	878	▲118
1785/86	775	48	152	975	710	163	218	1,091	▲116
1786/87	746	16	114	876	496	138	185	819	57
平均	566	109	94	769	494	174	126	795	

出典：GL, MS. 2601/3より作成。

比率は7％を超えたことがないと主張しているが[26]、救貧税収入の比率はセパルチャー教区の場合20年間の平均で約61％、バシショウ教区ですら約58％を占めていた。この数字は17世紀におけるウェストミンスター地区のセント・マーティン教区の50％という数字をもしのぐものであった[27]。これは、教区の救貧が救貧税を主要な財源として行われていた実態や、18世紀以降救貧税が増加するという議論を裏付けるものであった[28]。

次に救貧部門の内訳を分析することにしよう。ここでは収支の具体的な項目に従って検討を加えていきたい。最初に収入を見てみよう。救貧部門の収入源として主要なものは、地代・賃借料であった。これらは主として教区所有の財産から得られたが、教区民が所有する財産から得られる地代等を教区に寄贈し

たものも含まれていた(29)。金額は当初年160ポンド程度であったが、次第に増加して1780年代には年250ポンド程度の収入がもたらされた(30)。また、教区における救貧には伝統的に慈善年金 Annuities の収入も多くを占めていた。これらは主として個人あるいはカンパニーに信託された遺贈金が、毎年慈善年金として教区にもたらされるものであった。したがって金額の変動は少なく毎年50～60ポンド程度収入として計上された。慈善年金の入金される件数は、毎年30件ほど、金額については1ポンドから5ポンド程度であった。これら二つの収入項目は、毎年一定額が見込めるいわば恒常的な収入であった。次に、臨時の収入 Casual Receipt という項目は、収入の中で最も金額が多く注目された。しかし、これは純然たる教区の収入として考えることはできない。つまり、前年度の教区委員会計における各部門の繰越金を、各会計担当者が翌年度の会計に納めるという性格のものであった(31)。さらに役職忌避料が収入項目として分類されていた。これについては、次節で検討する予定であるが、少ない年度で30ポンド程度、多い年度では150ポンドにも達していた(32)。

　次に支出面はどうであったか。会計簿の救貧部門において、支出は14項目とかなり詳細に分類、記載されていた。しかし、中には救貧に直接関係するとは考えにくい項目も存在していた(33)。救貧費に分類される項目には、直接貧民に支給する事例が多く確認された。たとえば、「継続的な貧民への支払い Standing Payments for the Poor」であるとか、「貧民への現金支給 To the Poor in Money」、あるいは「自由裁量の救済金 Relief of Poor at Discretion」などであった。これらの項目は合計すると年60～70ポンド程度であった。また、クリスマスやイースターなどの祭日に、教区から貧民に対して毎年寄贈が行われていた(34)。宗教的な祭日といういわば特別の日に教区が貧民に対して施しをふるまうという習慣は、教区の共同体としての相互扶助的機能が残っていたことを示す事例として重要である。また、直接の救貧ではないが、貧民の埋葬代や定住法に基づく貧民の移送費などの項目も見られた。以上の項目が救貧に関連する項目であったが、これらを合計した数字は救貧部門全体の約4分の1であった。

救貧以外の項目で支出が多かったのは「教区会の命令による支出 By Order of Vestry」であった。この項目は事務的経費の性格をもち、前年度の赤字会計を補填した会計の担当者に対して、その補填額を教区から支出していたのである。したがって、前年度の会計の収支によって変動するものであった。さらにこの項目には救貧税を徴収した役人に対する手数料、罪人に対する訴訟執行料などを含み、またわずかではあるが救貧費も含んでいた[35]。今ひとつ支出の多い項目は、「種々の状況に対する支払い Money paid on Divers Occasions」であった。これは教区役人の活動経費であり、必要経費的な側面をもつ支出である。その内容は役人の会合・会議にかかわる費用、飲食代、種々の支払い等であった。セパルチャー教区などの大きな教区では、役人の数も多くその業務も複雑であったと推測され、それゆえこのような支出が増加したと考えられる。

　セパルチャー教区は市壁外に位置し、相対的に貧困な教区に属していた。17世紀後半には、当教区も市壁内の富裕な教区から救貧費を援助されていた実績をもつが[36]、当該時期にそのような事例は確認できなかった。これは前節で述べたように、18世紀以降救貧税収入を増加させることで独自の財源を確保することが可能となり、教区が自立して救貧政策を実施できるようになったことが要因であると考えてよい。事実比較的裕福な市壁内教区であるバシショウ教区においても、わずかな事例しか確認できなかった[37]。

　さて、教区において貧民に定期給付金 Weekly Pension を支給することは、救貧政策とりわけ貧民に対する社会統制という観点から重要と考えられる。しかし、残念なことにセパルチャー教区の史料からは確認できず、このことに関しては不明である。ちなみにバシショウ教区では、20年間に毎年平均31人が年間5ポンド弱の定期給付金の支給を受けており[38]、教区救貧制度の中心的な制度であった。以上教区会計における救貧を検討してきたが、セパルチャー教区において救貧活動は維持され、その機能を果たしていたといえよう。では、貧民監督官会計における救貧と教区会計における救貧の違いとは何であるのか。貧民監督官の救貧は、救貧法に基づき治安判事 Justice of Peace の管轄下にお

かれ、救貧税を徴収しつつ行うという公的な救済事業である。いわば上から定められた制度であった。これに対して、教区の救貧は教区自身が行うものであって、教区という共同体の相互扶助的な性格が色濃く現れているものといえよう。たとえば、収入の多くは個人の自発的な慈善金や教区財産からの地代であった。クリスマスやイースターの祭日に貧民に対して施しを与えるという慣習も、教区における救貧の相互扶助的伝統を表現していると考えてよい。しかし教区全体の救貧は、救貧税を中心とした公的救貧と教区における伝統的な救貧が融合して、教区における事業としてその機能を維持していたといえる。すなわちいずれの救貧活動も一体となって教区のコミュニティ活動の一環を形成していたと理解することができる。

2 教区のコミュニティ活動

これまで貧民監督官の会計簿、および教区委員の会計簿をもとに教区の救貧を分析してきたが、これらの活動はいずれも広い意味で教区のコミュニティ活動の一環であったと考えられる。本節では救貧活動以外のコミュニティ活動を分析することにより、教区全体の活動と機能を検討することを課題とする。

そもそも教区の救貧以外の活動と機能とは、(1) 教区役人の選出、(2) 教区会計の監査、(3) 教区教会の維持・管理等であった[39]。これらの活動に対する権限を持つのは教区会 Vestry であり、金銭面の実績は教区委員会計簿に記録された。セパルチャー教区の場合、これらの活動は表5-2における教区委員会計簿中、教会収支とその他収支の各部門に記録されている。

以下、会計簿に従って教区の活動を明らかにしたい。再び表5-2に注目してみよう。まず、教会収支とその他収支を合わせた全体額はどうか。収支ともに多少の増減はあるが、救貧部門に比べて全体の変動は少ないといえる。20年を通じてみてもその変動はゆるやかな増加を示すのみである。これは、救貧とは異なり、経済的変動など外部の要因の影響をあまり受けない教区のコミュニティ活動の性格を表すものと考えてよい。

次に収入を検討したい。最も収入が多かった項目は、地代・賃借料であった。

これらは教区財産を運用して得られたいわゆるレント収入であった。この収入に関しては20年間を通じて増加する傾向が顕著にみられ、当初300ポンド程度であったが、1780年代以降には400ポンド以上にも増加していた[40]。セパルチャー教区の場合、ウェスト・スミスフィールドのほか数箇所に教区の不動産を所有しており、これが大きな収入源となっていたのである。これに対して市壁内のバシショウ教区は面積も小さく、必然的に教区財産は少なく年100ポンド程度の収入しかなかった[41]。レント収入は、前節で分析した救貧部門にも振り分けられていたので、両者を合計すると年500～600ポンドもの規模となったのである。同じく慈善年金も毎年一定の収入が期待できるので教区会計の収入項目として重要であるが、金額はそれほど多くはなかった[42]。その他教区の役人から年数十ポンドの収入があり、また、臨時の収入として分類される項目には、教会における墓碑銘記入の許可料などの収入があった[43]。

さらに、役職忌避料も独立した収入項目として確認できる。この役職忌避料は教会収支のみならず、救貧収支やその他の収支にも収入項目として記載されていた。これらを合算したのが表5-4の金額である。教区民は教区の活動を行うために役人を務める義務を有したが、実際は役職忌避料を払って役職を免除（Excuse）される者も多くいた。教区の主要な役人としては、教区委員 Churchwarden、教区委員を補佐する助役 Sideman、さらに救貧を担当する貧民監督官 Overseer らがいた。セパルチャー教区では街区 Precinct ごとにこれらの役人候補を選出していた[44]。また、区役人である治安官 Constable、清掃係り Scavenger なども役職忌避の対象となっていた。

その内訳は表5-4を参照したい。これを見ると年度ごとの役職忌避料と人数は意外なほど大きいことがわかる。金額は変動が大きく、少ない年で100ポンド程度であったが、多い年は300ポンドを超えていた。役職忌避料が教区委員会計の収入に占める割合も9％から24％、平均でも13％を超えていた。人数も多く、十数名から五十数名を数える年もあった。また、表5-5は主要な役人の役職忌避料であるが、これを見ると上位の役人ほど忌避料も高額になっていることがわかる。教区民にとって、下位の役人からより上位の役人に上昇す

表5-4 役職忌避料内訳（セパルチャー教区）

(単位：ポンド)

年	金額	人数	役職忌避内訳
1767/68	150	17	Chur 3, Cons 4, Cons/Inq 5, Inq 5
1768/69	222	35	Chur/Over 2, Cons 1, Cons/Inq 12, Sca 4, Inq 16
1769/70	263	28	Chur 3, Cons 1, Cons/Inq 14, Inq 10
1770/71	152	31	Cons 1, Cons/Inq 10, Inq 20
1771/72	170	33	Chur 1, Chur/Side 2, Cons/Inq 7, Sca 1, Inq 24
1772/73	196	34	Over/Side 1, Cons/Inq 13, Inq 20
1773/74	105	25	Over 1, Cons 1, Cons/Inq 4, Inq 19
1774/75	179	25	Over/Side 1, Cons/Inq 12, Inq 12
1775/76	218	55	Cons/Inq 13, Sca 2, Inq 40
1776/77	100	26	Cons 3, Cons/Inq 3, Inq 20
1777/78	318	56	Chur 1, Chur/Side 1, Cons 2, Cons/Inq 17, Inq 35
1778/79	146	22	Cons 1, Cons/Inq 10, Inq 11
1779/80	153	19	Chur 3, Cons 1, Cons/Inq 6, Inq 9
1780/81	281	46	Cons 2, Cons/Inq 19, Inq 25
1781/82	240	30	Chur 1, Chur/Side 3, Side3, Cons 1, Cons/Inq 6, Inq 16
1782/83	116	36	Cons 2, Cons/Inq 5, Inq 29
1783/84	261	56	Chur 1, Chur/Side 1, Cons 2, Cons/Inq 11, Inq 42
1784/85	176	38	Chur 1, Cons 1, Cons/Inq 9, Inq 27
1785/86	192	27	Chur 4, Over 1, Cons 2, Cons/Inq 4, Inq 16
1786/87	219	34	Cons 2, Cons/Inq 14, Inq 18
平均	192	34	

出典：GL, MS. 3146/6, 7より作成。
注：Chur: Churchwarden（教区委員）、Cons: Constable（治安官）、Inq: Inquestman（街区審問官）、Over: Overseer（貧民監督官）、Side: Sideman（助役）、Sca: Scavenger（清掃係）。

ることは、地区のコミュニティ内での位階や威信が増すことを意味していた。しかし、反面では役職につく負担、特に金銭面での負担が大きく、これを免れようとする者が多かったのも事実である。たとえば教区民にとって、清掃係りや街区会の審問官Inquestmanなどの下位の役職は権威も低く、おまけに負担が大きいと考えられていた[45]。またこうした下位の役職を忌避しても教区内の序列を失うことはないとも考えられていた[46]。事実、セパルチャー教区においても街区審問官や清掃係りなどの下位の役職忌避者は多かった。セパルチャー教区には四つの街区があり、必要とされる審問官も多かったが忌避者もまた多かったのである。治安官は中位の役職といえるが、職務上の負担も大きく忌避者も多くみられた[47]。通常治安官は街区から1名以上選出され、近隣の

治安を守ることが基本的な職務であった。すなわち、街区を巡回し治安を乱す者を逮捕し処罰するなどの権限を持っていたのである(48)。しかし、他の役職と兼職を求められることも多く、さらに市壁外の区は人口も多く、市壁内の小さな区に比べて1人

表5-5　役職忌避料（セパルチャー教区）
（単位：ポンド）

教区委員（Churchwarden）	20
貧民監督官（Overseer）	20
助役（Sideman）	20
治安官（Constable）	10
清掃係（Scavenger）	3
街区審問官（Inquestman）	1～3

出典：GL, MS. 3146/6, 7 より作成。

の治安官が担当する世帯は多く、負担は大きかった。ちなみに、セパルチャー教区を含むファリンドン・ウィズアウト区では1人の治安官が担当する世帯は186世帯であったが、バシショウ区では71世帯、同じく市壁内のブレッド・ストリート区では25世帯にすぎず、逆に市壁外のクリップルゲート・ウィズアウト区では1人で486世帯を担当したのである(49)。上位の教区委員などは威信も大きかったが、経済的負担もまた大きくやはり忌避者は数多く存在した(50)。このようにセパルチャー教区においては役職忌避者が多く、彼らがもたらす忌避料も多額にのぼっていた。そのため会計簿上でひとつの項目として記載されるほど一般的な財源として考えられていたのである。このような役職忌避という行為も教区を維持・運営するうえで避けられず、さらに忌避料が教区の収入に貢献することから、コミュニティ活動の一環として広く教区民に認識されていたと考えられる。

　さて、このように集められた資金は教区全体の活動に広く支出されていた。支出は、(1) 教会の維持・管理費用（教会の清掃や修理費用など）、(2) 役人等の人件費（寺男や教会オルガニストなどの給与等）、(3) 教区に関連する費用（ワークハウス・慈善学校等の経費、教会や役人に関する経費等）、(4) 救貧費（貧民の埋葬代、移送費用等）、などに大まかに分類された(51)。これらの支出は毎年多くの記載が確認され、多くの教区民がかかわり、教会を中心とする教区の本来のコミュニティ活動が活発に営まれていた事実を示すものであった。そしてこれらの教区活動に対する権限を有していたのは教区会 Vestry であった。セパルチャー教区では、通常教区委員や教区牧師をはじめとし三十数名の

ベストリィマンが出席し、年に数回開催されていた。通常の教区会において最も重要な議題は、教区役人の選出であった。教区委員（4名）、助役（4名）、貧民監督官（4名）が毎年選出され、同時に各種委員会の委員も決定された[52]。また、教区会計に関する報告や監査も定例の重要議題であり毎年記録されている。会計簿でも触れたが、セパルチャー教区が所有する財産は数多く、そこから得られるレント収入は教区にとって欠くことのできないものであった。これらの財産は教区で運用され、その運用実績を上げるべく教区会においても物件の広告や契約に関する事項、賃貸料などについて議論されていた。さらに教区役人の補欠選挙もたびたび実施された。この時には通常の三十数名から140名程度に出席者が増加した[53]。これは重要な事項に多くの教区民がかかわるという教区の共同体的な性格が維持されていたことを表す事例と考えることができよう。

以上のように、教区委員会計簿や教区会議事録からすれば、教区本来の活動ともいえる教会を中心としたコミュニティ活動は活発に行われ、その機能を維持していたと考えられる。

おわりに

市壁外のセント・セパルチャー教区を中心に教区の救貧政策とコミュニティ活動を分析してきたが、18世紀ロンドンにおける教区の活動と機能をある程度明らかにすることができた。

18世紀後半は戦争などによる経済変動が激しい時期であったが、その変動と教区における救貧費の増減はほぼ一致していた。すなわち、当該時期における教区の救貧活動は活発に行われ、経済変動にも対応しその社会的統制という機能を維持していたといえる。貧民監督官により徴収された巨額の救貧税は救貧財源の大きな部分を占め、それをもとに種々の救貧活動が行われたのである。市壁外の教区であるセパルチャー教区は、市壁内の中心部に位置するバシショウ教区に比較すると、救貧税の総額は大きかった。逆に1人当たりの救貧費は

第5章　18世紀ロンドンにおける市壁外教区の活動と機能　115

少なく、市壁内教区とより郊外に近い市壁外教区との違いを確認することができた。また、救貧税の急増による教区民の負担の増加という当該時期の教区における一般的な問題は、セパルチャー教区においても指摘することができた。

一方、救貧税収入を中心としたいわば公的な救貧に対して、教区自身による伝統的な救貧活動もさかんに行われていた。教区の自発的な救貧は、教区の慈善年金やレント収入を財源として行われ、教区という共同体の相互扶助的性格の伝統を表すものであった。このように教区においては、救貧税を中心とする公的な救貧と教区自身の救貧活動は融合してひとつの事業として、あるいは教区のコミュニティ活動の一環として成り立っていたのである。

さらに教区においては、教区民の生活に関連する日常的なコミュニティ活動もまた細やかに行われていた。教区は主として教区財産から得られるレント収入を用い、教区役人の選出や教会の維持・管理等のコミュニティ活動を行っていたのである。

以上からすれば、18世紀後半においても教区における救貧は教区において大きな役割を果たし、教区の日常的な活動とともに教区のコミュニティ活動の一環として行われていたと考えられる。すなわち近世ロンドンの「安定」に貢献したと言われる教区の地域共同体としての機能は、なお保たれていたのであった[54]。

注
（1）　この議論を簡潔にまとめたものとして、次を参照のこと。坂巻清「近世ロンドン史研究の動向と課題——『危機』と『安定』を中心に——」（イギリス都市・農村共同体研究会編『巨大都市ロンドンの勃興』刀水書房、1999年）。
（2）　V. パールは安定の要因として、教区等の小共同体の諸機能の連続性と救貧政策の果たした役割に注目している。V. Pearl, 'Change and Stability in the Seventeenth Century London', *London Journal*, 5(1), 1979. I. W. アーチャーは、ロンドンにおいて区・教区・カンパニーなどの共同体がよくコミュニティ活動を展開し、支配層は救貧政策を中心に被支配層のコンセンサスを得て安定した支配を行ったとしている。I. W. Archer, *The Pursuit of Stability: Social Relations in*

Elizabethan London, Cambridge, 1989.
（3） W. K. Jordan, *Philanthropy in England 1480-1660: A Study of Changing Pattern of English Social Aspirations,* London, 1959; do., *The Charities of London 1480-1660: The Aspirations and the Achievements of the Urban Society,* London, 1974.
（4） R. W. Herlan, 'Social Articulation and the Configuration of Parochial Poverty on the Eve of the Restoration', *Guildhall Studies in London History,* vol II, no. 2, 1976; do., 'Poor Relief in the London Parish of St. Antholins Budge Row, 1638-64', *ibid.,* vol. II, no. 4, 1977; do., 'Poor Relief in the London Parish of Dunstan in the West during the English Revolution', *ibid.,* vol. III, no. 1, 1977; do., 'Poor Relief in London during the English Revolution', *The Journal of British Studies,* vol. 18, 1978. 16世紀について、アーチャーも救貧税収入はジョーダンの見積もりより大きいと批判している。I. W. Archer, *op. cit.,* pp. 181-182. 以下も参照のこと。宮川剛「近世ロンドンの教区——いわゆる『ロンドン安定論』をめぐって——」（〔京都大学〕『史林』80巻4号、1997年）、同「近世ロンドンの教区における救貧」（〔京都大学〕『史林』84巻1号、2001年）。
（5） 菅原秀二「イギリス革命期ウェストミンスターにおける貧民と救貧政策——セント・マーガレット教区を中心に——（上）（下）」（『札幌学院大学人文学会紀要』第57、59号、1995、1996年）。同「イギリス革命期におけるセント・マーティン教区の救貧担当委員会計簿——セント・マーガレット教区との比較で——」（『札幌学院大学人文学会紀要』62号、1998年）。同「イギリス革命期ウェストミンスターにおける教区政治をめぐって——セント・マーティン教区の救貧行政を中心に——」（イギリス都市・農村共同体研究会編『巨大都市ロンドンの勃興』刀水書房、1999年）。ほかにウェストミンスター地区の救貧を扱ったものとして、J. Boulton, 'Going on the Parish: The Parish Pension and Its Meaning in the London Suburbs, 1640-1724', in T. Hitchcock, P. King and P. Shape (eds.), *Chronicling Poverty: The Voices and Strategies of the English Poor, 1640-1840,* London, 1997.
（6） シュワルツは18世紀後半の貧民救済や社会統制に関する研究がなく、絵が描けない状況であると述べている。また彼は、一般的に18世紀ロンドンに関する研究が少ない理由などにも言及しており興味深い。L. D. Schwarz, 'London, 1700-1850', *London Journal,* 20(2), 1995.
（7） D. T. Andrew, *Philanthropy and police: London Charity in the Eighteenth*

Century, New Jersey, 1989. 金澤周作も18～19世紀のイギリスにおけるフィランスロピーの形態・機能を検討し、その歴史的意味を論じている。金澤周作「近代英国におけるフィランスロピー」（〔京都大学〕『史林』83巻1号、2000年）。

(8) 比較として、市壁内教区であるセント・ミカエル・バシショウ教区も対象にしたい。また、当該時期の経済変動については、拙稿「18世紀ロンドンにおける職業構造と支配層——商工人名録による分析を中心にして——」（〔東北大学〕研究年報『経済学』60巻1号、1998年）、108-110頁。

(9) ロンドン市のギルドホール・ライブラリィ所蔵の史料を用いる。Guildhall Library（以下 GL と略記）, MS. 3175/2, 3. Oveerseers Cash Account Book 貧民監督官会計簿、MS. 3149/6. Vestry Minutes 教区会議事録、MS. 3146/6, 7. Churchwardens Account book. 教区委員会計簿。

(10) 旧救貧法令の内容等は次を参照のこと。P. Slack, *The English Poor Law 1531-1782,* London, 1990, pp. 59-66.

(11) これらの理由は不明な部分が多いが、ロンドン特にシティでは貧民監督官のかわりに教区委員が会計簿を作成する事例があると言われる。A. E. McCampbell, 'The London Parish and the London Precinct 1640-1660', *Guildhall Studies in London History,* vol. 2, no. 3, 1976, p. 117. また、シティやリバティの貧民監督官は収税吏にすぎず、教区委員と教区会が上級権力から自立して活動し、重要な決定を行っていたとも言われる。S. Macfalane, 'Social Policy and the Poor in the Later Seventeenth Century', in A. L. Beire and R. Finlay (eds.), *The Making of the Metropolis: London 1500-1700,* London, 1986, pp. 255, 272.

(12) 人口は次を参考に推計した。M. D. George, *London Life in the Eighteenth Century,* London, 1925. 面積は次を参照した。R. Finlay, *Population and Metropolis: The Demography of London 1580-1650,* Cambridge, 1981, p. 171.

(13) 本来街区は区の下部組織であり教区とは別の行政組織であるが、区の役割が教区に融合・移行していく過程においてこのような現象が見られると推測される。

(14) バシショウ教区には貧民監督官会計簿は存在しないが、教区委員会計簿の一部に救貧税の収支が記録されている。GL, MS. 2601/3.

(15) 菅原「イギリス革命期におけるセント・マーティン教区」152-153頁。

(16) GL, MS. 2501/1, 2; *Kent's Directory, 1770.*

(17) 当教区が含まれるファリンドン・ウィズアウト区は中心部の区に比べて富裕度は低い。坂巻清「16・17世紀前半ロンドンの職業構造変化とリヴァリ・カンパニー――『ミドリング・ソート』形成の展望――」（イギリス都市・農村共同体

研究会編『巨大都市ロンドンの勃興』刀水書房、1999年)、268頁。ハーランによっても当教区は貧しい教区に分類されている。R. Herlan, 'Social Articulation', p. 53.

(18) L. D. Schwarz, *London in the Age of Industrialisation: Entrepreneurs, Labour Force and Living Conditions, 1700-1850*, Cambridge, 1992, pp. 90-95. 当時の景気後退の主要な要因は、戦争と金融危機と考えられた。

(19) 18世紀特に世紀の後半以降救貧税の支出が全国的に増大する。P. Slack, *op. cit.*, pp. 29-34.

(20) GL, MS. 3149/6.

(21) GL, MS. 3175/2, 3.

(22) GL, MS. 3175/2, 3; J. Lane, *A Social History of Medicine: Health, Healing and Disease in England, 1750-1950*, London, 2001, pp. 44-54.

(23) 救貧に関する分類のなかには救貧とは関係のない項目も含まれているが、全体としての分類は会計簿の記載に従った。

(24) GL, MS. 2601/3. バシショウ教区の教区委員会計簿には救貧税収入が含まれているので、貧民監督官会計を含めたものと考えてよい。

(25) S. Macfalane, *op. cit.*

(26) W. K. Jordan, 'Philanthropy', p. 140.

(27) 菅原「イギリス革命期におけるセント・マーティン教区」 154頁。

(28) 前出注 (19) を参照のこと。

(29) GL, MS. 3146/6, 7. なかには教区外の財産を所有する者もいた。

(30) 総額が増加している理由は、支出件数は変わらないが、1件当たりの金額が増えている事例によるものと考えられる。

(31) GL, MS. 3146/6, 7. 同様の事例がバシショウ教区においても確認できる。

(32) GL, MS. 3146/6, 7.

(33) GL, MS. 3146/6, 7. たとえば、役人の給与や聖書などの消耗品費であった。

(34) GL, MS. 3146/6, 7.

(35) GL, MS. 3146/6, 7. この救貧費は4件、金額にして10ポンドとわずかなものであった。

(36) A. E. McCampbell, *op. cit.*, p. 108.

(37) GL, MS. 2601/3. バシショウ教区に隣接するセント・オラブ・ジュウリー教区への援助のみ確認できた。

(38) GL, MS. 2601/3.

(39) A. E. McCampbell, *op. cit.*, p. 111. 次も参照のこと。G. Rudé, *Hanoverian London 1714-1808*, London, 1971, p. 130.
(40) GL, MS. 3146/6, 7.
(41) GL, MS. 2601/3.
(42) GL, MS. 3146/6, 7. 金額は毎年30～40ポンドでしかなかった。
(43) GL, MS. 3146/6, 7. 墓碑銘記入料は1ポンド程度で、毎年数件の事例が確認できる。
(44) G. Rudé, *op. cit.*, p. 124; V. Pearl, op. cit., p. 55; S. and B. Webb, *The Monor and the Borough*, vol. 12, rep. London, 1963, p. 588.
(45) A. E. McCampbell, *op. cit.*, p. 121.
(46) *Ibid.*
(47) 治安官 Constable の職務等については、次が詳しい。J. M. Beattie, *Policing and Punishment in London, 1660-1745: Urban Crime and the Limits of Terror*, Oxford, 2001, pp. 114-140.
(48) *Ibid.*, pp. 114-121.
(49) *Ibid.*, p. 116.
(50) GL, MS. 3146/6, 7; GL, MS. 3149/6.
(51) GL, MS. 3149/6.
(52) GL, MS. 3149/6. 教区にはワークハウス委員会、教区財産委員会、十分の一税委員会、教区会計調査委員会などが組織されていた。また、守衛 Warder、墓掘人、ベルマンなどの下級役人も選出された。
(53) GL, MS. 3149/6. たとえば、1781年6月13日ワークハウス委員会委員の補欠選挙が実施され、140人が投票した。1784年6月1日には、教区教会オルガニストの補欠選挙が実施され143人が投票した。
(54) ロンドンにおいて、教区はビクトリア朝中期まで地方権力の主要な形態として存続していたといわれる。R. Quinault, 'From National to World Metropolis: Governing London 1750-1850', *London Journal*, 26 (1), 2001, p. 39.

第6章　19世紀の「通信革命」とシティ

鈴木　俊夫

はじめに

　本稿はシティの国際化の歴史を述べたものであるが、日本人の手による通俗的なシティの紹介に屋上屋を架する意図はない。通例のように、ロンドンの中世以来の国際的な商業市場の発展に国際化の起源を求めるのは正しい見解ではあるが、ここでは電報という通信手段の発達＝「通信革命」による商業取引の進化や英国からの膨大な対外投資に起因する1870年代以降の、19世紀末のシティの国際化が強調される。ある金融実務家は、当時のロンドン金融市場の国際的な繁栄振りを、「ロンドンはこの国の巨大な金融センターになったばかりでなく、全世界のそれになった。余剰な資本が捌け口をロンドンに見いだし、ロンドンからそれが充用される場所に移転される。……こうしてロンドンは、同時に世界の金融センターとなった。ロンドン払いとして振り出された手形 bills on London の数は、その他の諸国で支払に振り出された手形数をはるかに上回っている」と述べる[1]。

　シティは、さまざまな金融機関が密集するロンドンの「1マイル四方の空間 The Square Mile」であり、南はテムズ河岸、北はリヴァプール駅周辺まで、東はタワー・ヒルから、西にオールド・ベイリあたりまでに及ぶ地域であった。政治を司ったウェストミンスター地区と対比してシティは中世以来商業活動を行う地域であり、商人が王権から特許状を授与された市壁をもつ自治都市であ

った。それは「共同して富を探し求めて競い合う」場所であり(2)、「饗宴的雰囲気」と称されるものであった(3)。

　英国の経済活動に与えたロンドンの役割は、二重のものが見られた。ひとつは、巨大な人口を抱えたため購買力をつうじて商品の消費先となり、地方の発展を大いに刺激したことである。17世紀には、すでに英国経済の中心たる地位を占めるに至っていた(4)。他方で、ロンドンに蓄積された富が零細な地方に貸し出され、産業の勃興に金融的に寄与した側面である。これは「経済のエンジン」としての役割である。17世紀以来シティにはスクリヴナー、金匠銀行家、保険業者などが出現して、多くの国際取引の部面で活躍した(5)。当初はシティの性格は商業的であったが、次第に金融的なものに変化していった(6)。シティでは中世以来の都市機能を継承することで、商取引のうえで必要な商館、港湾設備や倉庫、商品取引所、証券取引所、保険、両替や貿易金融を果たす金融機関のようなインフラ施設が早期から整備されていった。取引に便宜を与えた経済組織の代表的なものとして、ロイズ海上保険協会 Lloyd's of London、バルチック取引所 Baltic Exchange、ロンドン証券取引所 London Stock Exchange などがあげられる。

　ロイズ海上保険協会は船舶輸送に不可欠な経済組織であったが、その起源は17世紀のロンバード街にあったエドワード・ロイド Edward Lloyd のコーヒー店にまでさかのぼる。これは、「シティで最古の集合的組織体」と形容された(7)。「コーヒー店主 Coffee-Man」であるロイドがタワー街に店舗を開いたのは、1689年の2月のことであった。そこは、多くの海運関係者がたむろしてビジネス情報を交換し取引する集会場になっていた。机上におかれた「ロイズ海事報 Lloyd's Books」には、船舶の出航、着船、事故に関する情報が記載されていた。店舗はその後、周知のロンバード街16番地へと移転するのであるが、商人、ブローカー、保険アンダーライターたちが船舶輸送の安全を確保するための再保険市場として正式な保険組織となるのは、1771年のことである(8)。

　ロイズと同様にクラブ的な情報入手の場になったコーヒー店に出自をもつものとして、傭船ブローカー市場として名高いバルチック取引所がある。これも、

第6章　19世紀の「通信革命」とシティ　123

ロシアやバルチック貿易用の商品取引所から出発したものである。起源は、1744年5月に名称が変更されたスレッドニードル街61番地のヴァージニア・アンド・バルチック・コーヒー店 Virginia and Baltic Coffee-house というコーヒー店にさかのぼる。その後1810年に至り店舗が移転するとともに、ヴァージニアの名称がはずれバルチック・コーヒー店 Baltic Coffee-house となったが、バルチックやロシア貿易に従事した商人たちが参集し、穀物、大麻、脂肪種子、ロウソクなどの原料となる獣脂などの重要な市場となっていった(9)。その後1838年にはスレッドニードル街38-41番地に移転し、1854年には取引所としての規則が定められて本格的な整備がはかられた。バルチック取引所の歴史において特筆すべきことは、新事態がもたらす市場需要に応じて取引対象をバルチック産の産物から変化させていったことである。19世紀後半期に入ると電信、汽船、鉄道などへの需要が開拓され、時代の変化とともに発生した新規のビジネス需要に対応していったのである(10)。

　当初は、ブローカーやジョバーたちがロンバード街に近いチェンジ・アリィのジョナサン・コーヒー店 Jonathans' Coffee House やギャラウェイーズ・コーヒー店 Garroways Coffee House で証券の取引を行っていたことが知られている。1772年にブローカーの一団は、「証券取引所 a Stock Exchange」と呼称する建物をスイーティング・アリィに新築することを決め、翌年7月12日に取引所を開設した。1801年3月に至り、取引の規則が定められて、ロンドン証券取引所が正式に発足をみた(11)。

　上述したような経済組織は政府のような行政機関が整備したものではなく、商人や金融業者による自治的な組織（ボランタリー・アソシエイション）に起源をもった点に特徴がある。「シティの強靭さが、競争者に比して規制水準が低いことから伝統的に由来」していると称される所以である(12)。シティにみられるさまざまな経済組織は、取引に関する市場情報をもたらし、仲買人や取引場所として特化した取引所を生み出し、経済活動を活発化させた(13)。これらは、都市内部に「外部性 externality」を付与する機能を果たしたと捉えることができる(14)。

シティでは金融機関、特にマーチャント・バンカー同士が「お隣さん next door」としてビジネス上のネットワークを形成していた。範囲が1マイル四方に収まっていたから、ほとんどの事務所が徒歩で10分以内のところに位置していた。シティは共同体意識の強い「金融ムラ」のようなところがあり、ビジネス・ランチをともにして情報交換する対面取引の流儀が重要となる。これは「慎重な言いまわしで、微妙な情報がとりかわされ、そして金の玉子となる顔のつながりが固められる機会」となるのである[15]。たとえば1906年の東京市外債の発行交渉の場合には、古参マーチャント・バンクのベアリング商会 Baring Brothers & Co. の当主二代目レヴェルストーク卿 2nd Lord Revelstoke がビジネス・ランチを利用して、これをギブズ商会 Antony Gibbs & Co. に紹介した。当時、ベアリング商会はアルゼンチン政府公債の借換えや日本の私有鉄道投資で手一杯であったから、これを「お隣さん」のギブズ商会に斡旋したのであった[16]。

シティにみられる取引手続きの大部分は「非公式」に行われ、迅速な決定が可能であった。シティで働く人々は相互に知り合うことができたことから、そこに深い信頼関係が生まれ強い連帯感が醸成されたと言われている[17]。この点、シティを「共通の利害によって密接に結ばれた共同体」とみなす見解すらある[18]。したがって、村落共同体的雰囲気となる「差し向かいの接触」が最大限生かされてきたのである。近時においてさへも、『ファイナンシャル・タイムズ』紙は、このようなビジネスの流儀を「クラブ・スタイル clubby style」と評しているのである[19]。

18世紀以来、為替手形は国内取引における送金手段としての地位を確立していたが、19世紀の中葉以降になると「ロンドン払い手形」が国際取引において重要な役割を果たすようになった。マーチャント・バンクやロンドンの株式銀行が授与する引受信用に基づく外国為替手形の割引は、輸出業者が商品の船積みと同時に代金を入手することを可能とした。英系海外銀行や外国銀行が介在するものの、国際貿易の決済が「ロンドン払い手形」を用いて、コレスポンデント関係にあるロンドン所在の手形交換所加盟銀行 clearing banks の口座を通

じて行われるようになった。ロンドンは「世界の手形交換所」として世界貿易に中心的位置を占め[20]、これがシティを国際的な金融センターへと急成長させた。当時の英国は国際収支の黒字部分を資産として国内に保有することなく、周辺諸国に貸し付ける形で大規模な資本輸出を行った。このことが、ポンドを基軸通貨とする第一次世界大戦前の国際金本位制の運営を円滑にしたのであった[21]。

第1節　シティの国際金融市場としての発展

1　国際銀行業の発達

1850年代には英国資本による英系海外銀行の設立が相次いだ。『銀行年鑑 The Banking Almanac』を利用して瞥見すると、オリエンタル銀行 Oriental Bank Corp. が1851年、ロンドン・チャータード銀行 London Chartered Bank of Australia が1852年、チャータード銀行 Chartered Bank of India, Australia & China が1853年、エジプト銀行 Bank of Egypt が1856年、マーカンタイル銀行 Chartered Mercantile Bank of India, London & China が1857年に設立された。60年代には、ロンドン・アンド・サウス・アフリカン銀行 London & South African Bank が1861年、アジア銀行 Asiatic Banking Corp. が1864年に、それぞれ設立をみた。これらの銀行は、いずれもロンドンに本店をもち、特許状にしたがって営業が認可されていた[22]。また1862年以降、株式会社法に基づき海外銀行が設立されるようになった。たとえば、スタンダード銀行 Standard Bank が1862年設立をみた。1865年には、香港上海銀行が香港立法評議会令 Hong Kong Legislative Ordinance に準拠して設立され、営業を開始した。

19世紀末になると、ロンドンに支店や営業所を設置する外国銀行の活動が目立つようになった。フランスの巨大預金銀行ソシエテ・ジェネラル Société Générale が1872年に、同じくクレディ・リヨーネ Crédit Lyonnais が翌73年に

表 6-1　英系海外銀行と外国銀行の発達

英系海外銀行

年代	銀行数	(£000) 払込資本金額	(£000) 預金額	(£000) 総負債額
1880	27	21,143	86,636	148,844
	(100)	(100)	(100)	(100)
1885	28	21,731	124,580	188,765
	(104)	(103)	(144)	(127)
1890	30	24,616	173,183	256,804
	(111)	(116)	(200)	(173)
1895	30	28,679	165,771	235,614
	(111)	(136)	(191)	(158)
1900	29	35,817	161,515	246,366
	(107)	(169)	(186)	(166)
1905	33	37,908	216,192	313,337
	(122)	(179)	(250)	(211)

外国銀行

年代	銀行数	(£000) 払込資本金額	(£000) 預金額	(£000) 総負債額
1880	22	18,152	20,791	63,659
	(100)	(100)	(100)	(100)
1885	20	18,456	38,817	81,701
	(91)	(102)	(187)	(128)
1890	18	18,329	67,591	130,164
	(82)	(101)	(325)	(204)
1895	24	20,210	59,293	129,152
	(109)	(111)	(285)	(203)
1900	24	29,694	115,462	216,128
	(109)	(164)	(555)	(340)
1905	27	70,120	290,669	500,577
	(123)	(386)	(1,398)	(786)

出典：*The Economist* 各号から作成。

ロンドン支店を開設している。またドイツの大信用銀行であるドイツ銀行 Deutsche Bank も、同年にロンドンに進出している[23]。国際金融センターとしての地位が、これらの外国銀行をロンドン金融市場に引き寄せることになった。外国銀行は、国際取引の決済手段となっている為替手形の売買を主要な銀行業務と考えており、これを利益源泉としている。ロンドンの金融機関に引き受けられたロンドン払いの外国為替手形は容易に割引・譲渡が可能であり、こ

れを利用して外国貿易を金融するためにロンドンに支店を開設することが重要になったのである[24]。

　英系海外銀行は別にして、外国銀行のロンドン支店開設は、ロンドン所在の英国の国内銀行が代理店業務を提供する機会を奪った。外国銀行のロンドン支店は、旅行小切手、信用状、銀行手形 bank draft の発行、電信為替による送金などを取り扱った。また、本国政府が外債をロンドン金融市場で発行する際には、発行交渉や外債手取り金の運用・利払いなどの面でも重要な役割を担った。とはいえ外国銀行は、決済業務に関しては依然としてロンドンの手形交換所加盟銀行に依存しなければならなかった[25]。

　ロンドンで海外業務に従事した銀行に関して、『エコノミスト』誌は1878年版の「銀行業特集」から、英系海外銀行 Colonial Joint Stock Banks with London Offices と外国銀行 Foreign Joint Stock Banks with London Offices を区分して掲載している。英系海外銀行や外国銀行のロンドンにおける活動の変遷を把握するため、これを表6－1に集計した。見られるように、英系海外銀行と外国銀行ともに1890年代からの業務拡大が著しいが、外国銀行のなかには香港上海銀行やエジプト銀行のように、本来英系海外銀行として扱ったほうが妥当と思われる銀行も含まれていることから、両者の比較は余り意味をもたない。ロンドンにおいて海外業務に従事する銀行の勢力拡大をうかがうことが重要となる。

2　金融機関の「集積」

　19世紀以来シティには内外の金融機関が蝟集した。銀行や金融業者の「集積」度の高さはロンドン（シティ）が抜きんでているもののひとつであり、金融センターとして競争上の強みになったと思われる。事実、シティの強靭さは、あらゆる国に対してどのような証券でも提供できる能力を備えていたところにあったと言われている[26]。ロンドン金融市場にみられる金融機関は「過度に専門化され」、セグメント化されていたが[27]、さまざまな金融機関が相互補完的に協働する、いわゆる金融業の「集積」効果の働く空間がここに形成された。

一種の「範囲の経済」が、現われたと考えられる(28)。

経済史家グラース N. S. B. Gras は、大都市に備わった産業組織機能を研究するなかから、「大都市経済発展の第4段階」として金融組織が中心都市で発達を遂げることを指摘する。彼は、取引所を「公的場所のひとつ」として把握し、運輸会社と郵便制度が大都市への経済活動の集中を助長したと述べる。さらに、電信網の発達が「近代商業の神経中枢 the nerve center of modern commerce」となる都市空間を共有させ、あわせて交通手段と情報の都市への集中を生み出し、大都市の経済機能を飛躍的に拡大させたことを強調する(29)。

第2節　19世紀の「通信革命」

1　帝国統治と電信

金融機関の競争力を規定するものは、情報の質と量である。情報集中の面でアムステルダムはロンドンに後れをとったとして、金融史家ロバーツ Richard Roberts はロンドンにおける金融センターの形成と情報との関係を強調するが、具体的な分析を果たしていない(30)。18世紀に入ると情報センターとしてのロンドンの重要性が飛躍的に高まった。[Whiston's] *The Merchant Remembrancer* や [John Houghton's] *A Collection for Improvement of Husbandry and Trade* のような、取引の相場情報を伝える経済紙誌が刊行され始めた(31)。先に言及した情報や取引の場を提供するコーヒー店の出現も、同様の流れと考えられよう。

19世紀の情報化を考えるうえでは、電信の発達が重要となる。電信に関しては、経済史家はこれまで技術的な側面とか電信会社の設立企画について論じるのみであった。地理的な距離を克服して最新の商業情報を即座に世界中に伝達する電信の経済的な役割を指摘するとともに、同時に政治的なそれにも注意が払われねばならない(32)。現行の陸路を介した回線によるインドへの電信接続が不十分であり、東洋における英国の国益が犯されるとして、シティはインド

第6章　19世紀の「通信革命」とシティ　129

向けの海底電信ケーブル会社の設立を支援するよう英国政府に懇願した[33]。インド向け海底電信ケーブル敷設は、商人ばかりではなく東方に利害関係をもつあらゆる人々が関係する「重要な英帝国の問題」として取り扱わねばならないと主張された。1868年4月に商務省長官ノースコート Stafford H. Northcote 宛に、英国とインド間の海底電信ケーブル敷設に英国政府の援助を求める請願が提出された。これにはオリエンタル銀行、チャータード銀行、マーカンタイル銀行などの、多くの名だたる英系海外銀行（東洋為替銀行）が名を連ねていた[34]。実際、通信会社を設立・経営していたロイター Paul Julius Reuter は、すでに1866年に、英国政府が「断固たる決意で」インドへの海底電信ケーブル敷設を取り上げるべきことを『タイムズ』紙に投書していた[35]。

2　海底電信ケーブル

ブレット兄弟 John & Jacob Brett により、英仏間の海底電信ケーブルが1850年に開通をみた。1852年6月には英愛電信会社 English & Irish Magnetic Telegraph Co. が設立され、ロンドンとダブリン城間が海底電信ケーブルで結ばれた[36]。1856年11月には、大西洋を経て北米大陸に至るニューファンドランド島とアイルランドを結ぶ海底電信ケーブルの建設を目的とする大西洋電信会社 Atlantic Telegraph Co. が設立され、英米両国政府の金融支援を得たが建設は失敗を重ねた。1865年にテレコン社 Telcon - Telegraph Construction & Maintenance Co. が敷設を請け負い、長年の悲願であった大西洋を跨ぐ海底電信ケーブルは、ついに1866年に開通をみた[37]。

その後、1868年には英国地中海電信会社 Anglo-Mediterranean Telegraph Co. が設立され、マルタ島からアレクサンドリアまで直通の海底電信ケーブルが開通し、この回線が英国からインドまでの中心回線となった（図6-1参照）。1869年1月に、ボンベイからスエズまでの海底電信ケーブル敷設を目的とする英印海底電信会社 British India Submarine Telegraph Co. が、ペンダー John Pender を会長として設立された。さらにマルタ島からジブラルタルを経由してコーンウォールのポースカーノ Porthcurno まで海底電信ケーブルが敷

図6-1 インドへの電信ルート

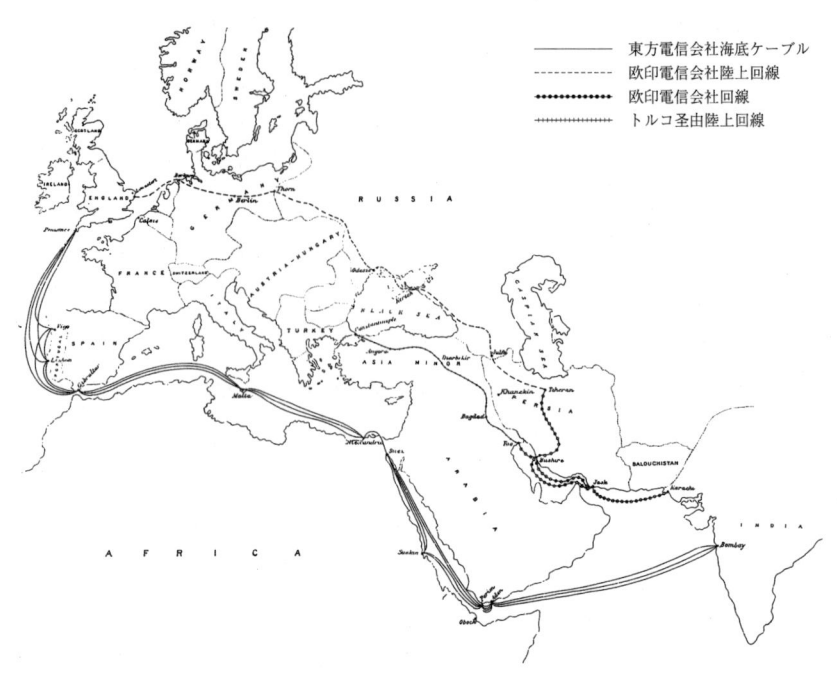

―――― 東方電信会社海底ケーブル
------ 欧印電信会社陸上回線
●●●●●● 欧印電信会社回線
++++++ トルコ至由陸上回線

出典：Jorma Ahvenainen, *The Far Eastern Telegraph*, Helsinki, 1981, p. 15.

設されて、ロンドンからボンベイまでの英帝国最初の長距離直通海底電信ケーブル電信（紅海回線）が1870年6月に歓喜のうちに開通した。また1870年に英豪電信会社 British Australian Telegraph Co. が設立されて、1872年にはロンドンからオーストラリアのアデレードまでが電信ケーブルで結ばれた。極東方面の海底電信ケーブルは、1869年に中国海底電信会社 China Submarine Telegraph Co. が新たに設立され、サイゴン経由でシンガポールと香港にまで伸延された。1872年には、これら東洋方面の電信会社が合同して、東方電信会社 Eastern Telegraph Co. の創設をみた。また1874年には、リスボンとブラジルのペルナンブコ Pernambuco（レシフェ［Recife］の旧称）間に海底電信ケーブルが開設され、南米方面が電信網に接続され、電信回線が地球上の主要

表6-2　商業情報がロンドンまで伝達されるのに要した日数

発信先	船便（日数）(1866〜69年)	電信（日数）(1870年)
シドニー	60	4
ボンベイ	29	3
カルカッタ	35	3
上海	56	4
横浜	70	5
ニューオリンズ	17	3
ニューヨーク	14	2
ジャマイカ	25	4
ブエノスアイレス	32	3
ヴァルパライソ	46	4

出典：Jorma Ahvenainen, 'Telegraphs, Trade and Policy: The Role of the International Telegraphs in the Years 1870-1914' in Wolfram Fuscher (ed.), *The Emergence of a World Economy 1500-1914: Papers of the IX International Congress of Economic History*, Bamberg, 1986, Part II, Table No. 1.

大陸を覆うことになった(38)。

3　通信時間の短縮

　電信は遠隔地と連絡を取り合ううえで、一大飛躍となるものであった。これは、鉄道や蒸気船の利用により経済活動が緊密化して世界市場が拡大することを促進した(39)。電信によって商業情報の伝達時間がどれほど短縮されたのかに関しては、『タイムズ』紙や『エコノミスト』誌から計測したアヴェナイネン Jorma Ahvenainen の研究が唯一の手掛りとなる。表6-2から、その伝達時間短縮の画期性がうかがえる。1869年までは、船便を利用して商業情報がロンドンからカルカッタまで伝達されるのに要する日数は29日を要した。これに対して1870年以降は、海底電信ケーブル網の利用により、わずか3日間に短縮された。また個別の事例として、パーキンソン J. K. Parkinson による、1867年1月にボンベイで受信された41通のロンドン-ボンベイ間の電信到達日数の集計がある。これによれば、最短が2.5日、次に短いのは9日であり、14日が20通、10日が1通、その他18通が10日から14日が到着までに要した日数となった。1867年2月に海底電信ケーブルの部分的な改良が実施されて、平均の電信

伝達日数は3～4日に短縮された。この到達日数は、表6-2の集計結果と符合する(40)。

4 電信のビジネス利用と料金

電信は、直ちにビジネス部面に利用された。金融業者や証券取引所の株式ブローカーがすばやい取引情報を不可欠とすることから、電信は金融業で大きな需要を開拓した。1859年には、前述した英愛電信会社が巨大な営業所を、シティのスレッドニードル街、ちょうどバルチック・コーヒー・ハウスに隣接する場所に開設した。シティの商業・金融取引に電信の大きな需要のあったことが明らかになる。さらに、ドイツからのユダヤ系移民であったロイターは、1851年にシティの王立取引所内の建物に電信の営業所を開設し、電信を用いてヨーロッパ大陸の最新の証券取引所の相場をロンドン証券取引所に知らせるサーヴィスを開始した。ロイターがもくろんだことは、ある地点で情報を入手して、それを空間の異なる地点に電信を利用して迅速に転送し、この情報を売却して利益を得る事業であった。金融機関にとっては自社専用の電信連絡網を開設するよりも、ロイターから情報を購入した方が安価となったため、ロイターの事業には大きな需要が喚起された(41)。

他の産業部面での利用としては、漁業があげられる。漁師は電信を用いて、捕獲した魚類の市場価格をいち早く入手し、最も有利な魚市場へと搬入したのであった。またアバディーンの魚市場と電信を受信する郵便局との間が気送管で結ばれており、魚介仲買商は注文を電信で受け取っていた。グラスゴゥやミッドルスバラの製鉄業者も、電信を利用した取引を行っていた。原綿や穀物市場の取引価格が、リヴァプールとニューヨークおよびシカゴとの間で電信伝達されようになった(42)。アメリカ合衆国との取引で、電信を利用した原綿の直取引が行われた結果、委託商を経由する需給の調整が不必要になった事実が知られている(43)。1869年には、『エコノミスト』誌上の商業欄は、電信の利用により2日遅れでアメリカ合衆国の原綿に関する情報を掲載するようになった(44)。

ラードナー博士 Dr. Lardner は、アメリカ合衆国における電信料金がヨーロ

表6-3　電信の料金体系（1860年）

内国電信

Electric & International Telegraph Co.	
ロンドン内	1シリング
50マイルまで	1シリング6ペンス
100マイルまで	2シリング
150マイルまで	3シリング
150マイルを超える	4シリング
London District Telegraph Co.	
ロンドン内	4ペンス（10語）
	（その後は10語につき2ペンス加算）

外国電信

British & Irish Magnetic Telegraph Co.	
パリ	7シリング3ペンス
ベルリン	11シリング
サンクトペテルブルク	19シリング6ペンス
Mediterranean Extension Telegraph Co.	
カリアリ（イタリア）～マルタ島	10シリング10ペンス
マルタ島～コルフ島（ギリシャ）	10シリング10ペンス
マルタ島～シチリア島	2シリング
Atlantic Telegraph Co.	
北米大陸方面	2ポンド10シリング
	（設立時に認可された料金）
Red Sea & India Telegraph Co.	
インド方面	4ポンド10シリング（30語）
	（開業時の予定料金）

出典：Returns relating to Electric Telegraph Companies, British Parliamentary Papers, 1860, LXII.
注：20語の料金。

ッパよりも安価であることを指摘して、低廉な電信料金が導入されるべきことを主張する[45]。当時マンチェスター大学の政治経済学の教授であったジェヴォンズ W. S. Jevons も、電信を「1ペニィ」の郵便制度になぞらえ、低額の電信料金を提唱するのは注目に値する[46]。このような一連の論議の背景にあったのは、高額な電信料金である。電信料金は、「驚くべき高額」であったため[47]、ビジネス界は常にその引き下げを求めた。たとえば、1856年にリヴァプール商業会議所は、電信営業所を各教区に設置することと、20語につき6ペンスを超えない統一電信料金の採用を庶民院宛に請願していた[48]。1865年に

は、この動きが結実し、ロンドンその他の大都市に20語6ペンスの統一電信料金制度 six penny rate が導入された[49]。表6−3に、1860年時点での、議会の調査に回答した内国および外国向けの電信料金を示したが、アメリカ合衆国やインド向けの外国電信料金の高額さが目を引く。こうして1868年には、英国内の電信システムを国有化する法案が提案され[50]、1870年に国内電信網が郵便局の管轄下に入った[51]。

第3節　電信と商取引構造の変化

1　商取引構造の変化

電信がビジネス部面で利用された事例に関しては、1866年の「東インドとの交信に関する委員会」に召喚されたインド貿易に従事した商人や銀行家の議会証言が詳しい。ロンドンの貿易商クロフォード商会 Crawford、Colvin & Co. のパートナーであるネルソン Henry Nelson は、英国の輸入業者がインド現地の代理店とあらかじめ契約を交わしておき、電信により綿花発注を行う取引例を述べる[52]。またマドラスの商社であるパリィー商会 Parry & Co. のクレーク W. H. Crake は、「インドとヨーロッパの間に電信が導入されたことで、ビジネスが大きく変化しましたか？」と質問されると[53]、「その通りです。非常に大きな変化がみられます。……あらゆる取引がインド在住の商人宛に電信による通知に基づいて行われ」、多くの取引が仲介の商社を経ずしてヨーロッパの商会と直接に行われるようになったと、取引の「中抜き」を証言する[54]。さらに電信通知を利用することで、代理店が海上輸送中の委託荷をすばやく販売できることになり、荷主は自己資金のみで事業を行うことができることになったとも述べる[55]。電信がインドとの商取引を加速化し資本の回転を早めた事実は、貿易商会のグリーン John Green も認める。電信により取引先と素早く連絡ができるようになったため、商品在庫を節約することができるようになり、買手の支払能力をめぐるリスクも削減されたと証言する[56]。電信により

市場状態が正確に把握できるようになった結果、取引関係が緊密化し、取引に必要な資本額が減少し、貸し倒れのリスクも軽減したと思われる。

電信取引は、アジアとの取引が主要な業務となった英系海外銀行で盛んに利用された。マーカンタイル銀行の検査役であるキャンベル Rob Campbell は、1874年に電信の銀行業への導入以来「為替の変動が以前よりも激しくなり、相場の水準がはるかに早く動くようになった」と指摘する(57)。さらにオリエンタル銀行のロンドン本店の副支配人であるキャンベル Patrick Campbell は、インドとの連絡に電信を用いることが頻繁であり、日に2、3度利用することもあれば数日間使用しないこともあるが、ほぼ毎日電信で通知している事実を述べる。さらに彼は暗号を利用して打電していること、具体的な電信利用の部面に関しては送金および自行宛に振り出された銀行手形の通知に電信を用いており、手形の郵送に先立って電信による通知が行われたと証言するが、支払い指図そのものの通知に電信を使用することには消極的な態度をみせている(58)。

銀行業に電信が導入されて電信為替が普及した結果、東洋との取引に従事していた為替銀行（英系海外銀行）が膨大な利益を減じたとケイン R. J. Cain は論じているが(59)、これは誤解である。送金手段が為替手形の振り出しから電信為替にかわったことにより、銀行は送金手数料の形で利益を入手するようになったのである。1870年代に電信網が東アジアにまで広がると、送金方法が変化した。英系海外銀行の中国所在の支店はロンドンやインド宛に電信為替を大規模に売却して送金に応じるようになった。以前には、銀行が振り出す銀行手形が送金手段となっていたが、電信為替がカルカッタ支店やボンベイ支店宛に振り出されていた銀行手形に取ってかわった。また、ロンドンに送金する必要のある中国商人も銀行手形にかわり電信為替を購入するようになった。この結果、中国で営業していた英系海外銀行の手形業務は激減したと言われている(60)。表6-4は、チャータード銀行の上海支店および香港支店の、対インド送金額が含まれている資産項目（ボンベイ支店およびカルカッタ支店宛の、各年12月末時点での貸借対照表上の仕向勘定額 Outward Account）を、1860年から1900年までの期間、5年間隔で集計したものである。電信為替が送金業

表6-4 チャータード銀行上海支店および香港支店の対ボンベイ支店およびカルカッタ支店向け仕向勘定額

上海支店の資産項目

年　度	(1)仕向勘定額 (ボンベイ)	(1)／(3)×100 (％)	(2)仕向勘定額 (カルカッタ)	(2)／(3)×100 (％)	(3)総仕向勘定額
1860	0	0	0	0	13,407
1865	0	0	0	0	7,477
1870	80,329	51.40	56,425	36.11	156,280
1876	0	0	13,257	41.62	31,852
1880	0	0	51,731	45.83	112,877
1885	0	0	128	0.32	39,981
1890	40,308	5.17	0	0	779,435
1893	0	0	0	0	72,666
1900	0	0	0	0	26,015

香港支店の資産項目

年　度	(1)仕向勘定額 (ボンベイ)	(1)／(3)×100 (％)	(2)仕向勘定額 (カルカッタ)	(2)／(3)×100 (％)	(3)総仕向勘定額
1860	0	0	0	0	80,563
1865	48,791	37.79	67,196	52.05	129,098
1870	18,160	8.43	157,674	73.19	215,437
1876	0	0	91,126	52.13	174,791
1880	251,982	36.17	301,920	43.34	696,571
1885	0	0	0	0	176,866
1890	21,559	12.29	957	0.55	175,488
1893	0	0	0	0	65,707
1900	0	0	24,961	6.92	360,780

出典：Guildhall Library, MS. 31519, Chartered Bank of India, Australia & China, Box 1, 2, 3, 5, 7, 8 & 13.
注：通貨単位はテール；仕向勘定額は各年の12月末時点。

務に普及したと思われる1885年以降は、ボンベイ支店およびカルカッタ支店宛の仕向勘定額が確実に減少している事実が明らかになる。

2　国際銀行業と電信

　東洋向け貿易金融に従事した英系海外銀行が業務に電信を導入したのは、1870年代中期である。実際1876年には、東洋為替銀行（英系海外銀行）における送金の大部分が電信為替である旨の記事が、『タイムズ』紙上に掲載されている[61]。マーカンタイル銀行が本店と支店間の電信料金の賦課基準や電信の

送受信時の記帳手続きを定めたのは、1875年であった⁽⁶²⁾。翌年には同行は、各支店宛に次のような電信利用に関する指示を発している。「本店は、各支店がそれぞれの連絡に際して自己の事業活動の残高を電信で通知されることを要請する。これに基づいて本店は、どれだけの資金が利用可能であり供給できるのかを支店宛てにできるだけ早く通報することができる」と述べられているが、同時に不正確な情報の伝達が銀行業務に重大な支障をもたらすことが強調されている⁽⁶³⁾。

表6-5　マーカンタイル銀行の電信費（1880～87年）

1880年（1～6月）	8,000ポンド
1881	4,700
1882	不明
1883	3,559
1884	3,820
1885	3,632
1886	3,882
1887	5,329

出典：Mercantile Bank Archives, Instructions to Branches, Head Office General Advice, 18 November 1884.

　英系海外銀行や外国銀行のロンドン代理店となったロンドンの手形交換所加盟銀行であるシティ銀行 City Bank においても、電信導入の事情は同じであった。電信通知に関して同行と海外コルレス先との取引関係を示す契約帳 Arrangement Book を紐解いてみると、シティ銀行が海外との連絡に電信を利用し始めるのは、やはり1870年代中頃である。1876年にシティ銀行はニューヨークの第三銀行 Third National Bank 宛に暗号のコード・ブックを送付するが、通信文については責任を負わない旨を付言している⁽⁶⁴⁾。また、シティ銀行がニューヨークの金融業者ウインズロウ商会 Winslow Lanier & Co. およびトロント銀行 Toronto Bank との間で電信連絡を採用する合意に達するのは、翌1877年のことである⁽⁶⁵⁾。

　マーカンタイル銀行の年間の電信費を示せば、表6-5のようになる。『銀行家雑誌』に公表された同行の1880年の下半期6ヵ月の本店、支店、出張所が支出した総費用が4万3,357ポンドであったから⁽⁶⁶⁾、8,000ポンドの電信費用はその18％強を占めることになる。したがって「電信費が大幅に引き下げられたが、まだ高額である……当行の事業経営のうえで効率的に通信すれば電信費をいっそう削減することができる」と1881年にいみじくも記されているように、

便利ではあったが当時の電信費は海外銀行にとって大きな出費となっていた事実が明らかになる[67]。

3 電信為替

1877年7月28日付の『エコノミスト』誌に寄せられた投書は、アメリカ合衆国やインドとの取引に際して電信為替による送金が大規模に利用されており、今後この送金方式がいっそう普及すると指摘する。送金手段として外国為替手形が電信為替に取ってかわられ、また内国為替手形の必要性も減じるであろうと投書者は予測する。さらに、このような送金慣行の変化が割引市場に見られる「送金手形」不足の原因をある程度は説明するであろうとも述べる。電信為替による送金の利点は、その手続きが単純であること、商品の代金や料金を早期に回収できること——このことは蒸気船の就航やスエズ運河の開通による経済活動の緊密化や加速化と軌を一にする、盗難や事故による手形の紛失および引受や支払いの不履行といった手形振出に付随するリスクの回避ができること、印紙税の支払いや手形割引の不確実性を免れること、以上の点にあった[68]。

シティ銀行では、1880年代に入ると電信為替を利用した送金が本格化する[69]。だが、ここで大きな問題が生じた。電信による誤報とか詐欺行為に対する対処法に関してである[70]。後者については、すでに1870年代初めから業界誌により指摘され[71]、銀行は独自の暗号コードを開発するようになっていった[72]。1877年には、『エコノミスト』誌に宛てた「銀行員 A Bank Secretary」と署名された投書が、「多くの人々にとって電信送金の重要性が増している事実は、疑いのないところである。だが、電信為替を組む銀行にとっては大きなリスクをともなうことになる。手形のような書面形式で署名をともなう書類よりも、電信による文面は不正に改竄されがちである」と危惧を述べて、確認のための「キャッチワード "catchword"（合言葉——パスワードの意味）」の導入を提言する[73]。実際、マーカンタイル銀行は暗号に組まない場合のリスクを考慮して、平文電信による支払い指図の利用を禁止している[74]。

おわりに

『金融センターとしてのロンドンの発展』の第1巻の総論部分において、編者のダラム大学のミキR. C. Michie はシティの役割のひとつとして、「情報都市 Communication City」機能をあげる[75]。商業情報に容易に接する利点をもったことは、シティに取引上の便宜性をもたらした。内外の商業・金融中心地間のインターフェースとなる情報通信ハブとしてシティが発達したとみる見解である。「通信革命」、特に1830年代の電信の発明と、そのビジネス部面への導入こそは、シティを最初のグローバルな金融センターへと押し上げる要因となったのである。すでに1870年代には、ロンドンは、北米はもとより東洋、大洋州、南米に至る全世界に及ぶ商業・金融中心地を海底電信ケーブルで結んだ電信網の枢要(スウ)に位置していた。電信という新たな通信手段を用いてロンドンから世界各地に迅速な情報伝達が可能となり、これが商人の商品発注や発送に大きく寄与することになった。また電信の発達は、シティの金融業者たちがいち早く各地の市場状態を把握し、それに基づく取引を可能とした。このことが国際金融市場としてのシティの興隆を促す大きな要因のひとつとなったことは、明らかであろう。諸大陸間を結んだ電信網の整備こそは国際取引の増加と情報化を促進し、シティへの金融機関の集積を加速化したと考えることができるのである。

注
（1） H. T. Easton, *Banks and Banking*, London, 1896, p. 172.
（2） Jonathan Schneer, *London 1900: The Imperial Metropolis*, New Haven, 1999, p. 69.
（3） *The Financial Times*, 1/2 February 1997.
（4） F. J. Fisher, 'London as an "Engine of Economic Growth"' in P. J. Corfield & N. B. Harte (eds.), *London and the English Economy, 1500-1700*, London, 1990, p. 186.
（5） Theo Barker, 'London: A Unique Megalopolis' in Theo Barker & Anthony

Sutcliffe (eds.), *Megalopolis*, London, 1993, pp. 48-51.
(6)　R. C. Michie, *The City of London*, London, 1992, p. 30.
(7)　[D. M. Evans], *City Men and City Manners*, London, 1852, pp. 105-7.
(8)　Charles Wright & C. E. Fayle, *A History of Lloyd's*, London, 1928, Chapter I.
(9)　Hugh Barty-King, *The Baltic Exchange*, London, 1977, pp. 33-4 & 50-66; Hugh Barty-King, *The Baltic Story*, London, 1994, pp. 3-4; Evans, *op. cit.*, pp. 136-9.
(10)　Hugh Barty-King, *The Baltic Exchange*, pp. 48-49 & 86-102.
(11)　E. V. Morgan & W. A. Thomas, *The Stock Exchange*, London, 1962, pp. 20-27, 42-3 & 68-9 ; R. C. Michie, *The London Stock Exchange*, Oxford, 1999, pp. 20, 29-31 & 35.
(12)　*The Financial Times*, 26/27 October 1991.
(13)　スティグラー G. J. Stigler の情報の経済的役割をめぐる初期の論稿は，市場で売手と買手を探索する費用がかさむことから取引が特定場所に集中したり，専門の仲介業者が出現することを明らかにした（George J. Stigler, *The Organization of Industry*, Chicago, 1968, p. 176. 神谷伝造・余語将尊訳『産業組織論』東洋経済新報社、1975年、224-5頁）。
(14)　M. J. Daunton, *Progress and Poverty*, Oxford, 1995, p. 270; 'Industrialization and Voluntary Associations in Britain, c. 1750-1850', Unpublished Paper presented to the Seminar on Economic History held at Tohoku University on 8 September 2003.
(15)　H. McRae & F. Cairncross, *Capital City*, London, 1984, p. xii（中前忠訳『キャピタルシティ』東洋経済新報社、1986年、xi頁）。
(16)　Guildhall Library, MS. 11040, A. Gibbs & Co. Archives, Brien Cokayne to Herbert Gibbs, 28 July 1905; Vicary Gibbs to Herbert Gibbs, 31 July 1905 and Henry Gibbs to Herbert Gibbs, 1 August 1905.
(17)　W. M. クラーク著／山中豊国訳『シティと世界経済』（東洋経済新報社、1975年、191-5頁。この著作は日本向けに執筆されたため，原文を参照することができなかった）。
(18)　William M. Clarke, *Inside the City*, London, 1979, p. 1（山中豊国・服部彰訳『現代の国際金融市場』文眞堂、1985年、2頁）。このような見解の延長上に，シティを「一枚岩」と見なす「ジェントルマン資本主義」の提唱があろう。
(19)　*The Financial Times*, 7 February 2003.

(20) *The Bankers' Magazine*, 1901, p. 388.

(21) I. M. Drummond, *The Gold Standard and the International Monetary System 1900-1939*, London, 1987, pp. 17-18（田中生夫・山本栄治訳『金本位制と国際通貨システム』日本経済評論社、1989年、31-32頁）.

(22) *The Banking Almanac for 1866*; A. S. J. Baster, *The Imperial Banks*, London, 1929, Appendix II.

(23) Toshio Suzuki, *Japanese Government Loan Issues on the London Capital Market 1870-1913*, London, 1994, p. 38.

(24) *The Journal of the Institute of Bankers*, vol. xxi, 1900, pp. 50-51.

(25) *Ibid.*, vol. xxxii, 1911, pp. 436-51.

(26) O. H. Kahn, *Reflections of a Financier*, London, 1921, p. 258.

(27) H. S. Foxwell, 'The Financing of Industry and Trade', *Economic Journal*, vol. 27, 1917, p. 518; Y. Cassis, 'British Finance: Success and Controversy' in J. J. van Helten & Y. Cassis (eds.), *Capitalism in a Mature Economy*, Aldershot, 1990, pp. 8-9.

(28) R. C. Michie, *The City of London*, London, 1992, p. 64; Richard Roberts & David Kynaston, *City State*, London, 2001, p. 64.

(29) N. S. B. Gras, *An Introduction to Economic History*, New York, 1922, pp. 189, 235, 238-39 & 243-69（加藤繁訳『綜合経済史』大鐙閣、1930年、195、255、258-59、264-97頁）。このような大都市のもつ経済機能は、マーシャル Alfred Marshall の提唱する「都市価値 urban values」として考えることができよう（Alfred Marshall, *Principles of Economics*, eighth edition, vol. 1, London, 1920, pp. 440-42. 永澤越郎訳『マーシャル経済学原理』岩波ブックサービスセンター、1985年、第3分冊、166-9頁）。これは、「外部経済」の利用範囲を定める「位置価値」の一種と考えられる。またキンドルバーガーは、金融センターのもつ「空間的視点」を強調する（C. P. Kindleberger, *The Formation of Financial Centres*, New Jersey, 1974, p. 6. 飛田紀男訳『金融センターの形成——比較経済史研究』巌松堂出版、1995年、17頁）。

(30) Richard Roberts, 'The Economics of Cities of Finance' in Herman Diedericks & David Reeder (eds.), *Cities of Finance*, Amsterdam, 1991, pp. 12-13.

(31) Larry Neal, *The Rise of Financial Capitalism*, Cambridge, 1990, Chapter 2.

(32) 1909年にパリ大学に提出されたマルガリエ M. de Margerie の博士論文は、宗主国の首都と植民地の間に張り巡らされた電信網による情報の伝達が、植民地の

統治と経営に多大に寄与したことを強調する (M. de Margerie, *Le réseau anglais de cables sous-marins*, Paris, 1909, p. 6)。

(33) R. J. Cain, 'Telegraph Cables in the British Empire, 1850-1900', Unpublished Ph. D. Thesis, Duke University, 1971, pp. 120-1.

(34) J. C. Parkinson, *The Ocean Telegraph to India*, London, 1870, pp. 318-24.

(35) *The Times*, 24 December 1866.

(36) Hugh Barty-King, *Girdle Round the Earth*, London, 1979, p. 7.

(37) Henry M. Field, *History of the Atlantic Telegraph*, London, 1866, pp. 95-99 & 353; The Telegraph Construction & Maintenance Co. Ltd., *The Telcom Story*, London, 1950, Chapter VIII; Barty-King, *Girdle Round the Earth*, pp. 10-12 & 20-22.

(38) Barty-King, *Girdle Round the Earth*, pp. 26-28, 38-39 & 49; Jorma Ahvenainen, *The Far Eastern Telegraph*, Helsinki, 1981, pp. 16-9.

(39) E. A. Benians, James Butler. & C. E. Carrington (eds.), *The Cambridge History of the British Empire*, vol. iii, Cambridge, 1959, pp. 181-2.

(40) J. C. Parkinson, *The Ocean Telegraph to India*, London, 1870, pp. 291-92. ただしこの海底ケーブルの改良は完全ではなく、4月には遅延が発生した。

(41) Donald Read, *The Power of News*, Oxford, 1992, pp. 5-7; John Lawrenson & Lionel Barber, *The Price of Truth*, Edinburgh, 1985, pp. 35-36 (中川一郎・篠山一恕訳『ロイターの奇跡』朝日新聞社、1987年、44頁)。

(42) Tom Standage, *The Victorian Internet*, New York, 1998, pp. 168-9; D. R. Headrick, *The Invisible Weapon*, Oxford, 1991, p. 5; do., *When Information Came of Age*, Oxford, 2000, p. 205.

(43) Richard Roberts, *Schroders*, London, 1992, p. 93.

(44) Jorma Ahvenainen, 'Telegraphs, Trade and Policy: The Role of the International Telegraphs in the Years 1870-1914' in Wolfram Fuscher (ed.), *The Emergence of a World Economy 1500-1914: Papers of the IX International Congress of Economic History*, Bamberg, 1986, Part II, p. 509.

(45) Dr. Lardner [revised and re-written by Edward B. Bright], *The Electric Telegraph*, London, 1867, pp. 241-2.

(46) Special Report from the Select Committee on the Electric Telegraphs Bill, British Parliamentary Papers, 1867-8, XI, QQ. 806-7.

(47) *The Economist*, 29 June 1887, p. 139; Jorma Ahvenainen, 'Telegraphs, Trade

第6章　19世紀の「通信革命」とシティ　143

and Policy: The Role of the International Telegraphs in the Years 1870-1914' in Wolfram Fuscher (ed.), *The Emergence of a World Economy 1500-1914*, Part II, p. 513.
(48) Special Report from the Select Committee on the Electric Telegraphs Bill, BPP, 1867-8, XI, QQ. 591-5 (John Patterson).
(49) Jeffrey Kieve, *The Electric Telegraph*, London, 1973, p. 67.
(50) *Ibid.*, Chapter 7.
(51) *The Times*, 5 February 1870.
(52) Report from the Select Committee on East India Communications, BPP, 1866, IX, QQ. 800 & 802.
(53) Ibid., Q. 905.
(54) Ibid., Q. 910.
(55) Ibid., QQ. 918-9.
(56) Ibid., Q. 1152.
(57) Mercantile Bank Archives, Inspectors' Report, Rob Campbell to the Manager in Shaghai, 23 January 1874.
(58) Report from the Select Committee on East India Communications, QQ. 983-4 & 992-4.
(59) R. J. Cain, 'Telegraph Cables in the British Empire, 1850-1900', pp. 201-3.
(60) Compton Mackenzie, *Realms of Silver*, London, 1954, p. 70.
(61) *The Times*, 7 July 1876. 南米においても1870年代後半には、鉄道や電信による通信が普及した事実が指摘されている（David Joslin, *A Century of Banking in Latin America*, London, 1963, p. 24）。
(62) Mercantile Bank Archives, Instructions to Branches, Head Office, 28 May 1875; Head Office Circular, 20 August 1875.
(63) Mercantile Bank Archives, Instructions to Branches, Head Office Circular to Branches, 27 April 1876.
(64) City Bank Archives, 293/1 Arrangement Book, Third National Bank, 25 November 1876.
(65) City Bank Archives, 293/1 Arrangement Book, Winslow Lanier & Co., 5 April 1877; Bank of Toronto, 3 April 1877.
(66) *Bankers' Magazine*, 1881, p. 486.
(67) Mercantile Bank Archives, Instructions to Branches, Head Office General

Advice, 21 October 1881. 当初はチャータード銀行も、費用が高額であったため、電信の利用を躊躇した。しかし、為替業務で利益を確保するためには通信手段の改善が不可欠と考え、電信を導入した (Mackenzie, *Realms of Silver*, pp. 73-4)。

(68) *The Economist,* 28 July 1877, p. 888.

(69) City Bank Archives, 293/1, Arrangement Book, Winslow Lanier & Co., 12 July 1876; Third Bank, 27 April 1877; Continental National Bank [Philadelphia], 9 May 1882; Union National Bank [Chicago], 3 December 1883.

(70) *The Economist,* 8 September 1881, p. 1105.

(71) たとえば、Robert Slater, *Banking Telegraphy*, London, 1876 は、暗号コードの利用を「卓越した防御」と述べる (*The Bankers' Magazine,* 1876, p. 554)。

(72) Tom Standage, *The Victorian Internet,* New York, 1998, pp. 118-9.

(73) *The Economist,* 13 October 1877, p. 18. すでに1870年には「秘密電信コード」の必要性が提起されていた (*The Times,* 28 March 1870)。

(74) Mercantile Bank Archives, Instructions to Branches, Head Office Private Letter, 19 December 1879.

(75) R. C. Michie (ed.), *The Development of London as a Financial Centre,* vol. 1, London, 2000, pp. xiii-xvi.

[付記] 本稿は、科学研究費基盤研究 (B) (1) 「ロンドン金融市場とアジアにおける国際銀行業の展開 (1870-1930年)」(研究代表者：鈴木俊夫) による研究成果の一部である。なおマーカンタイル銀行とシティ銀行の資料閲覧に際しては、香港上海銀行アーカイヴズのエドウイン・グリーン Edwin Green 氏、チャータード銀行のそれに関してはギルドホール図書館のステフィン・フリース Stephen Freeth 氏から多大のご援助をいただいた。また、上記科研の研究メンバーでもある西村閑也法政大学名誉教授と北林雅志札幌学院大学助教授から、チャータード銀行資料の読解について有益なご教示を賜った。ここに記して感謝申し上げる。

第Ⅱ部　地方都市と地域

第7章 イングランド近世都市における
フラタニティの変容——16世紀後半ノリッヂの
聖ジョージ・カンパニー——

唐澤 達之

はじめに

　近年のフラタニティに関する研究は、中世後期イングランド社会においてフラタニティが果たした役割の大きさを明らかにしつつある。フラタニティは、相互扶助や慈善といった世俗的救済と死者のためにミサを捧げるといった宗教的救済を核として、多様な社会的・経済的・政治的機能を持つことにより、新しい社会関係を紡ぎ出しながら、中世後期における社会経済変化に柔軟に対応したのである[1]。

　さて、中世後期に簇生したフラタニティは、1547年に制定されたチャントリ解散令によって一斉に解散を迫られた。このことは、宗教改革期に中世以来の共同体組織が解体し、その際に王権という共同体の外部からのインパクトが大きかったという印象を与える。しかしながら、王権の強さは認めるとしても、近年の都市史研究（特に近世ロンドン史研究）は、近世の社会経済変化に対する共同体組織の対応能力の高さを示唆しており[2]、共同体組織の側から宗教改革の問題を捉える必要があるように思われる。ほとんどのフラタニティが解体に追い込まれたために、この課題に取り組むのは史料的な制約から難しく研究も少ないが[3]、例外的に近世においても存続したケースがある。そのひとつが、本稿で取り上げるノリッヂの聖ジョージ・カンパニーである。

　宗教改革期の都市のフラタニティには、いかなる変化あるいは連続が見られ

るのか。本稿は、ノリッヂの聖ジョージ・カンパニーを例として取り上げ、この問題を解明する手がかりを得ることを課題とする。主として利用する史料は、カンパニーの議事録である。この議事録は、16世紀後半の毎年の総会および参事会の議事を記録している(4)。以下、組織の制度的な枠組みと儀礼の変化について検討を加えた後、慈善活動とカンパニーを通じた市外の有力者との関係に見られた変化を追い、最後に、宣誓拒否と役職忌避、カンパニー内部の社会的流動性の分析を通じて、カンパニーの統合力について検討する。

第1節　組織と儀礼の変化

　本稿が対象とする16世紀後半ノリッヂの聖ジョージ・カンパニーの起源は、1385年頃に創立された聖ジョージ・ギルド Gild of St. George にさかのぼる。当ギルドは、守護聖人ジョージの加護のもとに、死者を含む会員のために祈祷をし、慈善活動を行う組織として創立された。1417年にヘンリ5世の特許状によって法人格を獲得したのち、1452年には、当時市内で有力であったもうひとつのギルドであるバッチェリ・ギルド Gild of Bachery を吸収合併し、さらに都市政府と一体化した。すなわち、1年間の任期を終えた市長は当フラタニティのオルダマンに、都市政府のオルダマンは当フラタニティの会員に、そして市会議員は本人が希望すれば会員となることが規定されたのである。そして、不正行為によって都市役職を解任された者は同時にギルド会員の資格も剥奪されること、また、フラタニティ会員の資格を失った者は市民権を喪失することも規定された(5)。

　宗教改革以前、ギルド運営の中心となる参事会 common council は、1名のオルダマン alderman、2名のマスター master、12名の参事、2名の評議員 counselor、前年度の4名の宴会役 feastmaker、以上21名によって構成されていた。このほかに重要な役職として、監査役 auditor 4名（16世紀になると2名）と会計役 surveyor 2名の選出が、議事録には記録されている。毎年行われるギルドの祝祭 feast の後に開催される総会において、これらの役職（会計

役を除く）の選出が行われた。まず、オルダマンには前年度の市長が就任した。12名の参事の選出は、市長（新しく就任するオルダマン）と前オルダマンがそれぞれ3名ずつ指名し、この指名された6名がさらに6名の参事を指名した。そして、この12名の参事が前年度の4名の宴会役と相談して、2名の宴会役を指名し、この2名がさらに2名の宴会役を指名した。さらに、12名の参事は評議員2名とすべての監査役を指名し、オルダマンは2名のマスターを指名した。なお、会計役は参事会において選出された[6]。

　1547年のチャントリ解散令[7]によって、イングランドのほとんどのフラタニティは解散させられたが、当ギルドは、1417年の特許状によって法人格を与えられていたために、解散することなく存続する。ただし、カンパニーの組織には若干の変更が見られる。1549年には役職選出の方法が改めて規定されており、それによれば、前年度の市長がオルダマンになり、現市長（新たに選出された市長）、前市長、カンパニーの前オルダマンがそれぞれ2名ずつ指名し、それら計6名がそれぞれ1名ずつ指名し、合計12名が参事となる。監査役と評議員はそれぞれ2名選出されるが、それぞれ1名は現市長・前市長・オルダマンによって、それぞれ残りの1名は12名の参事によって指名される。なお、宴会役と会計役の選出方法に変更はない[8]。

　こうして選出された参事12名、監査役2名、評議員2名、前年度の宴会役4名、オルダマン1名、以上計21名が参事会を構成し、カンパニー規約の制定・改正などカンパニー運営の実権を握った。1556年以降になると、この21名に加えて、12名の参事によって指名された収入役 treasurer 1名が、参事会に出席するようになる。これ以外のカンパニー役職として、議事録で確認できるのは、会計役2名、招集役 beadle、書記 clerk などであるが、招集役と書記の選出は断片的にしか記録されていない。いずれにせよ、カンパニーの制度的枠組みは、市長経験者の影響力が強く、指名によって選ばれた少数の参事らが中心になって運営しているという点で、16世紀前半までと比べて大きな変化はない。

　16世紀後半においてカンパニーの活動に継続性があったことは、会議の開催数や会議への出席者数のデータからも明らかである。1550年から1599年までの

間に開催されたカンパニーの会合の回数は、カンパニーの祝祭の際に開催される年1回の総会と必要に応じて開催される参事会を合わせて185回であり、年平均3.7回開催されている。開催回数を年代ごとに見ると、1550年代が32回、1560年代が40回、1570年代が35回、1580年代が31回、1590年代が47回であり、1560年代と1590年代に開催回数が若干増えているが、継続的に会合が開催されている。また、124回の参事会については出席者数を知ることができ、毎回12名から14名が必ず出席している。

　カンパニーの制度的枠組みは宗教改革前後で基本的に連続しているが、その名称と祝祭には変化が見られる[9]。毎年1回行われる祝祭は、カンパニーの活動の中核部分をなし、都市支配層の結束を固め、また、その権威を公的な場で可視的にするという大きな意義があった[10]。宗教改革以前には、守護聖人である聖ジョージの祝日（4月23日）にあわせて祝祭が行われた。まずその前日に全会員が大聖堂に集まり晩課の礼拝を行う。祝日当日に行われるプロセッションでは、聖ジョージがドラゴンを退治するという聖人伝が再現され、1530年には聖ジョージに救出されるマーガレットもこれに加わった。プロセッションがその終着点である大聖堂に到着すると、その中のギルド専用の祭壇でミサが執り行われた。その後大規模な宴会が開かれ、宴会が終わると再び、大聖堂に戻って晩課の礼拝を行った。翌日、2回目のプロセッションを行い、早朝に大聖堂で故人の会員のための祈祷を行った後、次年度の役職を選出し、祝祭の全日程が終了した[11]。

　宗教改革期における最初の変化は、1548年に見られる。組織の名称が、聖ジョージ・ギルドから聖ジョージ・カンパニー Company and Citizens of St. George に変更されるとともに、プロセッションが廃止され、祝祭は著しく簡素化される。聖ジョージの祝日前日の午後3時に大聖堂に集合して礼拝を行う。祝日当日は、午前9時に大聖堂で礼拝を行った後、コモン・ホールに戻って正餐をとり、再び大聖堂に向かい午後3時から礼拝を行った後、コモン・ホールに戻り夕食をとる。翌日は、午前9時から大聖堂で礼拝を行い、その後コモン・ホールに戻り、次年度の役職を選出し、正餐をとる[12]。1551年には、祝

祭の日程が、聖ジョージの祝日を中心とする3日間から三位一体の主日 Trinity Sunday の次の日曜日を中心とする3日間に移される[13]。祝祭が簡素化された直接のきっかけは、いうまでもなくチャントリ解散令である。フラタニティの廃止を規定したチャントリ解散令の神学的根拠は煉獄の教理の否定にあり、それに対応するために、その教理を連想させる「ギルド」という言葉が組織の名称から取り除かれるとともに、慣習であった故人の会員のための祈祷が少なくとも規約の上からは消えている。

しかしまもなく、メアリ1世がカトリックへの復帰政策を採ると、祝祭は変更された。1555年の議事録によれば、組織の名称を聖ジョージ・ギルドに戻し、また、ギルドの祝祭も20年前と同じ方法で行うという決定がなされている。国王の宗教政策が及ぼした影響の大きさをそこに見て取ることは容易だが、しかし、すべてが元の状態に戻ったわけではない。祝祭は、聖ジョージの祝日ではなく三位一体の主日の次の日曜日を中心とする3日間に行うことが再確認されている[14]。日程変更の意図を史料から確認することはできないが、市参事会の構成員の中には少なからずカトリックが存在したにも関わらず、日程は変更されたのであり、都市支配層がこの祝祭の意義を独自に位置づけようとしている点に留意すべきである。

エリザベス1世の治世になり国教会が再建される1559年には、組織名称は聖ジョージ・カンパニー Company and Fellowship of St. George に改められる。カンパニーの祝祭は都市の年中行事のひとつとして残り、会員が深紅のローブを着て市内を行進し、その後に宴会を行った。ただし、プロセッションからは、聖ジョージもマーガレットも消え去り、ドラゴンだけが残った[15]。1573年には宴会の内容が変更され、土曜日の夜に晩餐会を行い、日曜日に正餐と夕食をとり、月曜日には食事を提供しないことになった。また、祝祭は、しばらくの間メアリ1世の治世と同じ日程で行われていたが、1574年以降はヨハネの祝日（6月24日）の直前の日曜日に移され、さらに1584年以降はペテロの祝日（6月29日）の直後の火曜日に移された。ヨハネの祝日の直前の火曜日が市長就任式の行われる日であることや、この時期の議事録でカンパニーの祝祭が「市長、

シェリフおよびカンパニーの祝祭」と呼ばれていることからみて、この日程変更は、カンパニーの祝祭が聖人ジョージとの伝統的な関連を薄めていったことを示しているといえよう[16]。

　以上のように、カンパニーの儀礼は形式と内容を変えながらも、依然として重要性を持ち続けた。特に、都市支配層の結束を確認する場としての宴会、都市支配層の権威を可視的にする機会としてのプロセッションも重要性を失わなかった。ただし、カトリック的な伝統を次第に断ち切り、世俗化の傾向が強まったのである。こうした変化を促した要因としては、まず国王の宗教政策の影響があげられるが、しかし、都市の側に主体性がなかったわけではなく、カンパニーの祝祭を都市の年中行事のひとつとして独自に位置づけていったのである。

第2節　社会的機能

　宗教改革以前の多くのフラタニティと同様に、当カンパニーも創立以来慈善活動にかかわっていた[17]。1548年の議事録では、カンパニーの宴会の際に、食事代（オルダマンは12ペンス、その他の会員は10ペンス）とともに、困窮した会員の救済基金（12ペンス）を会員から徴収することが規定されている[18]。こうして徴収された基金によって手当を支給された会員が、16世紀後半の議事録には12名記録されている。支給額は、週8ペンスが3名、週10ペンスが1名、週12ペンスが6名、6シリング8ペンス（年4回に分割して1年間だけ支給）が1名、40シリング（一括支給）が1名である。実際の支給期間については、後者の2名を除いて一切不明であるが、1548年の規定によれば、当カンパニーが財政的に支援している聖ジャイルズ施療院 St. Gile's Hospital にその会員が入ったならば、手当の支給が打ち切られることになっている[19]。

　手当受給者が少ないのは、当カンパニーの会員が主として都市政府のオルダマンや市会議員であり、比較的富裕で高い社会的地位にあったことを考えれば、当然のことであるが、しかし、少数であっても意味がないわけではない。とい

うのも、会員たちは、たとえ富裕であっても、商工業経営に失敗し困窮する可能性を否定できないからである。また、手当受給者を決定する際には、困窮の程度だけでなく、それまでに受給者が宴会役などの役職に就いてカンパニーの運営に貢献したか否かが判断の材料となっていた。この点で、救貧手当の支給は、共同体に対する会員の忠誠意識を高める意義があったといえよう。

　ところで、慈善の対象はカンパニー会員だけではなかった。1548年の議事録によれば、聖ジョージの祝日の頃に、オルダマンが、市内の４つの区から３名ずつ、計12名の貧民を選び、赤褐色か黒色のフリース地のガウンを着用させ、正餐を提供した後４ペンスを与えることが規定されている。16世紀半ばにノリッヂの基幹産業であるウステッド工業が停滞していたことなどを考えれば、このような救済が、都市の貧民問題への対策としてどれだけ貢献したかは疑わしい。しかし、救済を施す側、すなわち都市の支配層であるカンパニーの構成員にとっては、彼らが都市共同体全体の問題に配慮している姿勢を示すことによって、カンパニーの名声を高める意義があったのではなかろうか。また、貧民を救済するという慈善行為を通じて自らの魂の救済を願うという中世カトリック的な思想が、教義の面でプロテスタント化が進展するこのエドワード６世の治世の都市支配層にも依然として生きていたのかもしれない。1543年に制定された市条例に、クラフト・ギルドのフラタニティとしての側面に関する詳細な規定、すなわち、チャペルでのミサの実施やそれへの出席義務、ギルドの祭壇維持、クラフトの宴会への出席義務などが営業規制と並んで見られることからも[20]、その可能性を否定できない。

　ただし、こうした救済がいつまで続けられたのかは不明である。議事録は、1548年の４月に指名された12名の貧民の氏名と居住区を記録しているが、それ以降は見当たらない。しかし、都市の支配層が貧民問題に対する関心を失っていったわけではなく、当カンパニーの外部において都市制度として救貧制度を整えていくのである。1549年にノリッヂは、おそらくイングランドで初めて救貧のための強制課税を導入し、1557年には恒久的な穀物備蓄制度を整備している。1570年には市内における救貧行政が体系化され、住民に対する救貧のため

の強制課税を財源とした救貧手当の支給、矯正労役所と聖ジャイルズ施療院などの運営がなされるようになったのである(21)。こうして都市の救貧政策は、従来の救済を施す側にとっての意義を重視した慈善から、救済を施される側の状況を把握したより組織的な救貧へと転換していったのであり、カンパニー自身が救貧において果たす役割は相対的に低下していった。

さて、創設以来当カンパニーは、ノリッヂ市民だけでなく市外の有力者をも会員としており、都市支配層が地域の有力者と社会関係を取り結ぶ場でもあった。市外の有力者と関係を取り結ぶことは、都市共同体の利益の代弁者を得て州・国のレベルで都市の地位を確固たるものにするとともに、都市内部の紛争を調停し秩序を維持していくうえで、大きなメリットがあったといえる。たとえば、会員であったトマス・エアピンガム Thomas Erpingham は、当市の寡頭支配の制度的枠組みを確立する過程で生じた市民層間の争いを調停して1415年市条例の制定に導き、1417年には当カンパニーがヘンリ5世より特許状を得て法人格を獲得した際にも影響力があったとされる。また、1452年に聖ジョージ・ギルドがバッチェリ・ギルドを吸収合併して都市政府と一体化する際にも、ウィリアム・イェルヴァトン William Yelverton による調停があったのである(22)。

しかし、市外の有力者と関係を取り結ぶことは、必ずしも都市の利益に結びつくとは限らなかった。というのも、当ギルドと都市政府の一体化にいたる過程には、市政をめぐる党派抗争があり、その抗争は外部の有力者が介入することでさらに大きな混乱となったからである。1433年の市長選挙の際に、市長であるトマス・ウェザビィ Thomas Wetherby が、後任に自分の党派に属するウィリアム・グレイ William Grey を就かせるために選挙操作をしたことが発覚し、それに抗議する市民たちはノリッヂ司教であるウィリアム・アルンウィック William Alnwick に仲裁を求めた。その結果、ウェザビィ派は、いったん市政から追放されたのであるが、しかし、市政への復帰を図るために、イースト・アングリアで最も有力な貴族の1人で、聖ジョージ・ギルドの会員でもあったサフォク伯に近づきその支持を得たのであった。それに対して反ウェザビ

ィ派は、バッチェリ・ギルドを通じて結集し、ヘンリ6世の叔父で宮廷ではサフォク伯とライヴァル関係にあったグロスタ公に支持を求めた。こうして党派抗争が過熱し、1437年の市長選挙の日（5月1日）には、選挙のためにギルド・ホールに向かってきたウェザビィ派を、反ウェザビィ派のオルダマンに導かれた群衆が力づくで阻止しようとしたのであった。この混乱のため、その後2年間にわたってノリッヂは自治権を剥奪されたのであった[23]。

　自治権を回復した1439年の市長選挙では、反ウェザビィ派のジョン・トプス John Toppes が選出され、都市の秩序が回復したかのようにみえたが、それもつかの間のことであった。ウェザビィ派と都市政府の対立は、市内外の管轄領域をめぐる都市政府と司教座聖堂付属修道院の間の対立と絡み合いさらに過熱する。1429年に、修道院周辺の地区（トゥムランド Tomland、レイトンロウ Ratonrowe、ホームストリート Holmstreet 地区）と郊外部の地区（イートン Eaton とレイクナム Lakenham の放牧地の所有権）に対する管轄権を、都市政府が司教座聖堂付属修道院に譲渡するという協定文書が作成されたのだが、都市政府はこれに従わなかった。これに対し、1441年に修道院長ジョン・ヘヴァロンド John Heverlond は、都市政府を相手に裁判を起こした。この際、修道院側は、ノリッヂ司教であるトマス・ブラウン Thomas Brown、ノフォク公、サフォク伯といった、ウェザビィがコネクションを有していた有力者の支持を取りつけており、依然として、1430年代におけるウェザビィ派と都市政府（反ウェザビィ派）の間の確執を引きずっていたのである。都市政府側は、グロスタ公の支持を取りつけようとしたが、この頃には宮廷における彼の影響力は低下していたため、劣勢にあった。都市政府側の不満は大きくなり、ついに1443年にはパウロ改心日のプロセッションに集まった市民たちが、大聖堂を包囲し1429年の協定文書を破棄しようとしたのであった。その結果、市長ウィリアム・ヘンプステッド William Hempsted を含む襲撃の首謀者が逮捕されロンドンに収監されただけでなく、以後4年間ノリッヂは自治権を剥奪された[24]。

　このように15世紀前半には、市内の党派抗争が、聖ジョージ・ギルドとバッチェリ・ギルドを通じて形成された市外の有力者との関係から外部の有力者の

介入を招き激化したのであった。1452年における両ギルドの合同と都市政府との一体化がもつ意義は、対内的に都市支配層の結束を固めるというだけでなく、都市と外部権力の関係を整理しつつ、都市の地位の安定を図るという点にあったといえる。これ以降当ギルドが、ナイト、エスクワイア、ジェントルマン以外の市外居住者には入会を認めず、ノリッヂ市民を構成主体とするギルドになっていくことは、このことを示唆している。

さて、宗教改革以後カンパニーを通じての市外有力者との関係は、いかなるものであろうか。カンパニーが市外の有力者との関係を重要視していたことは、議事録からうかがうことができる。1561年、ノーサンバランド伯、ハンティンドン伯をはじめとして68名の貴族やナイト[25]が当市にあるノフォク公の大邸宅を訪問した際、カンパニーの宴会の日程が重なっていたため、市長ウィリアム・ミンゲイ William Mingay は、彼らをカンパニーの宴会に招待している。会場となったコモン・ホールは満杯になったが、宴会役の手際のよい接待と宴会の進行によって、彼らは満足して帰宅した[26]。

ノフォク公は市内に大邸宅を所有していたこともあり、都市政府とは密接な関係があった。たとえば、当市の基幹産業であるウステッド工業が停滞していた16世紀半ばに、都市政府が新教徒のオランダ人・ワロン人移民を市に受け入れ新織物 New Draperies を導入したことはよく知られているが、1565年に移民の受け入れと新織物の生産を許可する特許状を国王から都市政府が獲得する際には、ノフォク公による国王への働きかけがあった。また、1560年には、ノフォク公は、グレート・ヤーマスにおける港建設に対して資金を援助するようにノリッヂ市政府に働きかけている。ノリッヂは、この際200マルクをグレート・ヤーマスに援助し、その代わりに港においてノリッヂ市民に不利益になるような関税をかけないという協定を結んでおり、ノフォク公が都市間の利害調整に大きな役割を果たしていることがわかる。さらに、1567年に当市で駅馬制が整備された際にも、ノフォク公の影響力が大きかった[27]。

このように、ノフォク公は都市の利益に大きく貢献しており、それゆえカンパニーは宴会に彼を招待し、良好な関係を維持しようと努めたのである。しか

し、宗教改革期におけるノフォク公の政治的立場には、当市にとって微妙な側面があったことにも留意しなければならない。周知のように、ノフォク公はイングランドに亡命してきたスコットランド女王メアリと結婚することによって彼女をイングランドの王位継承者にしようとしたのであり、カトリック勢力の挽回を図ろうとした北部の大貴族たちの思惑がそれに絡み合い、1569年には北部の反乱が起こった。国政のレベルでエリザベス１世とカトリック勢力の間の対立関係が深まっていったことと、当市も無関係ではなかった。1570年春には、カトリックである数名のノフォクのジェントリが当市を頻繁に訪れ、市内のジェントルマンとともに民衆を扇動して、市内のオランダ人・ワロン人の排斥運動を展開し、さらに、北部の反乱で捕えられたノフォク公の解放とエリザベス１世の廃位を目的として、武装集団を編成してノリッヂを奇襲しようとしたのであった[28]。

　ノフォク公の存在は、市内外におけるカトリック勢力の不穏な動きと結びつき、市内における宗派抗争をエスカレートさせ、都市の秩序を脅かす可能性があったのであるが、これに対して都市政府はどのような対応をとったのか。都市政府の中核をなす市長裁判所 Court of Mayoralty の宗派構成は、1560年代にはプロテスタントが支配的になり、1565年以降カトリックがメンバーになることはなかったにもかかわらず、都市政府が市内のカトリックを弾圧した形跡はない。宗教改革の初期以来ノリッヂの都市政府は、王権による宗教政策の紆余曲折にもかかわらず、排他的・画一的な宗教政策を採ることはなかったのであり、そうすることで市内における宗派抗争と政治抗争が絡み合ってエスカレートする危険を免れようとしたのであった[29]。以上のことから、宗教改革期にはノリッヂの支配層の結束は固く、外部権力の市政への干渉をコントロールしつつ自律性を維持しながら、都市の利益を増すために市外の有力者の力を巧みに利用していたといえる[30]。

表7-1 新会員登録数

年	登録数
1556～59	30
1560～64	80
1565～69	78
1570～74	58
1575～79	42
1580～84	44
1585～89	56
1590～94	34
1595～99	68
計	490

第3節 カンパニーの統合力

　フィズィアン-アダムズは、中世末に都市共同体の儀礼を行うための大きな財政的負担が都市役職の忌避を導いたことを都市衰退の一局面として指摘し、宗教改革期における宗教ギルドの廃止や都市の役職保有構造の簡略化が近世における都市の復興に寄与したとする[31]。それでは、16世紀後半においても存続した当カンパニーの場合はどうか。本節では、新会員の登録状況、宴会役の忌避、およびカンパニー内部における社会的流動性の分析によって、16世紀後半におけるカンパニーの統合力について検討する。

　まず、新会員の登録状況を見てみよう。1556年から1597年までは新会員登録リストが残存しており、また議事録には1562年以降新会員の登録が継続的に記録されており、表7-1はこれらを整理して作成した新会員登録数のデータである。登録者数の点だけから見れば、カンパニーの活動は安定しているといえるが、以下の点に留意する必要がある[32]。1549年のカンパニーの規定によって、すべての市会議員はカンパニーに入会することが義務づけられていたが、特に1590年代になると、オルダマンと他のカンパニー構成員の前で宣誓し登録するようにカンパニーが通知を送っているにもかかわらず、出頭せず罰金を課せられているケースが多く見られるようになることである（表7-2参照）。と同時に、カンパニーへの加入の「強制力」が働いていることにも注意しなければならない。1586年の参事会では、カンパニーからの通知にもかかわらず出頭せず宣誓をしなかった者には5シリングの罰金を、再度の通知にもかかわらず出頭せず宣誓をしなかった者には20シリングの罰金を課すことが決定されている[33]。そして、一度は宣誓を拒否した者の大半が、その後宣誓しカンパニーに加入している。以上のことから察するに、カンパニーへの加入に対して

第7章　イングランド近世都市におけるフラタニティの変容　159

表7-2　宣誓のための出頭命令件数

年	出頭命令件数	出頭命令後宣誓した者
1550〜59	—	—
1560〜69	6	5
1570〜79	9	8
1580〜89	12	7
1590〜99	58	47
計	85	67

消極的だが強制されて加入する者が少なからず存在し、それに対して、カンパニーは会員を積極的に取り込み、組織の統合力を強化したと思われる。

さて、入会した後にまず就任する可能性が高く、また、祝祭の運営において重要な役割を果たす役職は、宴会役であった。しかし、その重要性にもかかわらず、この役職を忌避するケースが議事録に多数記載されている[34]。宴会役の忌避は、いくつかのケースに分類できる。第一は、毎年の選出に先立って、参事会に選出の免除を申請し免除金を支払って認めてもらうケース、第二は、選出の会議を欠席して選出を免れようとするケース、第三は、選出されたにもかかわらず役職を引き受けないケース、である。数からいえば、第一のケースがほとんどである。第二、第三のケースはいうまでもなく規約違反である。第二のケースの実数をつかむことはできないが、第三のケースは議事録に少数見いだすことができる。

1550年から1599年の間に免除が申請され認められた総件数は、251件である（表7-3参照）。総免除件数のうち、同一の人間が複数回にわたって免除を申請しているので、実際に免除された者の人数は188名である。ここで、注意しなければならないのは、期限つきで免除されているケース（数回の選出に際してのみ免除を申請しているケース）が判明するだけでも免除総件数のうち半数以上を占めており、これらのなかには、やがて宴会役を含むカンパニー役職に就いている者がいる。また、無期限で免除されている者のなかにも、宴会役には就かないが、その他のカンパニー役職に就いている者がいる。前者は49名、後者は14名[35]おり、これらを合わせた63名は、ひとまずカンパニーの活動に

表7-3　宴会役免除件数

年	総免除件数	免除者数	無期限免除	期限つき免除	免除期間不明	免除後役職就任者数
1550～59	36	36	12	6	18	11
1560～69	51	45	19	14	18	10
1570～79	41	33	9	28	2	13
1580～89	78	37	22	56	0	15
1590～99	45	37	14	31	0	14
計	251	188	76	135	38	63

消極的であるということはできないであろう。

とすると、問題になるのは、免除後いかなる役職にも就いていない者であるが、これらの者のカンパニーに対する姿勢をいかに評価すべきだろうか。これらの者は、ひとまず宴会役としての労力の提供を好まない者であるということができる。しかし、免除の代償として、免除金を支払っており、共同体の一員として負うべき負担を自覚しているともいえる。無期限で免除される場合の免除金額は、20シリングから20ポンドまでの幅がある。期限つきで免除される場合、1年間の免除金額は2シリング6ペンスから20シリングまでの幅があり、最も多いのは6シリング8ペンスである。免除金額は、宴会役の職務を遂行する際の経済的な負担に対応しているものではなく、免除される者の社会的地位・富裕さや都市行政全般における負担を総合的に判断して決定されていた(36)。15世紀後半から16世紀初頭にかけての時期では、「市会議員に選ばれた後4年たっても都市政府のオルダマンやシェリフになれなかった者が支払う」べき金額の目安は26シリング8ペンスであり、当時支払われた金額としては最も多く見られたのであるが、16世紀後半には、全体として免除金額は高額になり、世紀末にかけてその傾向が強まり、1580年代以降は5ポンド以上がほとんどである。したがって、16世紀後半には、免除された者はかなり富裕な階層の者であるといえる。

16世紀後半には、無期限に免除される場合の免除金額が高額になる一方で、期限つきで免除される者の数が相対的に増えている。このことは、参事会の側からすれば、統制が行き届き組織が円滑に運営されているということになるが、

他方、役職を負担する側からすれば、無期限に免除されることが難しくなったということもできるかもしれない。一部の構成員が「強制」を感じたであろうことは、カンパニー役職の選出に欠席するものが16世紀末の議事録に散見されることからうかがえる。それに対応するために、1581年には役職選出に欠席した者に対して5ポンドの罰金を課すことが規定され、さらに、1589年には、役職選出に欠席した者をも宴会役に指名できること、そして、指名された者が拒否する場合には30ポンドの罰金を課すことが規定された。1590年代にこの規定が適用されたケースは3件である[37]。

　宣誓の拒否や役職の忌避の理由は何だろうか。それが議事録に記載されることはほとんどないため、不明な点が多い。まず考えられることとして、経済的負担があげられよう。入会すれば会費を納入しなければならない。1574年の議事録によれば、オルダマンは3シリング、その他の会員は3シリング6ペンスを会費として納めることが規定されている[38]。その他には、宴会の食事代や会員の救貧のための費用を負担しなければならなかった。また、宴会役は、宴会費用の負担だけでなく、宴会の準備のために多くの時間を要したであろう。共同体の構成員として負わなければならない負担は、決して小さくなかった。しかし、経済的負担それ自体が宣誓拒否や役職忌避の決定的な要因となったとは考えにくい。というのも、入会や宴会役の負担を困窮ゆえに免除されたケースが議事録の中に散見されるだけでなく、16世紀後半の都市経済の状況も商業的機能の発展を基礎に安定していたからである[39]。そしてまた、宗教改革によって都市の祝祭は全体として簡素化され、市民の負担は全体として軽減されたと思われる[40]。

　宗教的要因はどうだろうか。特に、国王の宗教政策の紆余曲折やカンパニーの変化が見られた1540年代から1560年代にかけての時期には、そうした要因が作用した可能性は否定できない。1547年に選出された宴会役4名のうち3名、トマス・クォールズ Thomas Quarles、アンドリュー・クォッシュ Andrew Quasshe、リチャード・トムスン Richard Tompson は、宴会役の職務の遂行を拒否したために、一時カンパニーから除名され市民権も剥奪された。クォー

ルズとトムスンは、まもなく自ら非を認めて罰金を支払い、カンパニーに復帰し市民権も回復したが、他方、クォッシュは、しぶとく抵抗したために収監されたので、法律家ロバート・ワトソン Robert Watson の助けを得てサマセット公による調停を導き、カンパニーにようやく戻ったのであった。これら3名が宴会役の職務を放棄した理由を議事録から読み取ることはできないが、少なくともクォッシュと彼を助けたワトソンらはプロテスタンティズムとの強いかかわりを持っていたとされ、カンパニーの儀礼――この時点ではすでにカトリック的色彩がかなり取り除かれていたが――の中に賛成できない要素が何かしらあったために、宴会役の職務を放棄しようとしたのであろう[41]。

しかし、1570年代以降プロテスタントが市長裁判所を支配したことや、カンパニーの儀礼の世俗化が進展していったことなどを考え合わせると、宗教的要因はそれほど大きなものではなくなるように思われる。とすると、次に考察すべきことは、社会的上昇の場としてのカンパニーの役割についてである。聖ジョージ・カンパニーは、市制の枠組みの中では頂点に位置する市長裁判所の構成員と「民主的」な性格をもつ市会の構成員の結束を固める場であると同時に、市会議員にとっては、カンパニーの運営に積極的にかかわり、都市政府のオルダマンらとコネクションを築くことによって、社会的上昇のチャンスをつかむ場でもあった。そこで以下、カンパニー内部における社会的流動性を検討することとしたい。

16世紀後半にカンパニー役職(参事、オルダマン、評議員、監査役、会計役、収入役、宴会役)に就任した者の延べ人数は1,121名であるが、1人で複数回役職に就任した者が多数おり、実際に就任した者の人数は286名である。したがって、1人当たり平均3.9回いずれかの役職に就いたことになる。16世紀後半、7回以上役職に就任した者58名が占有しているポスト数の合計は586であり、全役職ポスト数1,121の過半数を占め、少数の者が役職を独占していることがわかる。

すでにみたように、宴会役は負担の大きい役職であり、忌避される傾向があったことも確かだが、この職に就くことには、上級の役職に就くためのステッ

表7-4　宴会役から上級役職への上昇

宴会役に就任した年	宴会役全就任者数	上級役職に上昇した者
1550〜59	37	25
1560〜69	42	31
1570〜79	43	24
1580〜89	40	23
1590〜99	41	25
計	203	128

表7-5　役職経験回数

引退年	1回	2〜4回	5〜7回	8〜10回	11回以上	計
1550〜59	18	17	9	2	3	49
1560〜69	14	10	13	1	2	40
1570〜79	26	13	8	5	5	57
1580〜89	26	11	5	2	8	52
1590〜99	23	16	7	1	9	56
計	107	67	42	11	27	254

プとなるというメリットもあった。すべての宴会役経験者203名のうち、128名が上級役職（参事、オルダマン、評議員、監査役、会計役、収入役のいずれか）に就任している（表7-4参照）。宴会役という負担の大きい役職を引き受けることで、カンパニーへの貢献を認められることが、将来上級役職に就こうとする者にとって要求されていたと思われる。

だが、それと同時に、宴会役経験者のうち上級役職に就任した者の比率に変化が見られることにも注意しておきたい。その比率は、1550〜60年代と比較して、1570年代以降低下している（表7-4参照）。こうしたカンパニー内部における社会的流動性の低下は、カンパニー役職の入れ替りをみるとさらによくわかる。表7-5は、カンパニー役職経験者が、最後に役職に就任した年までに、何回役職を経験しているかを整理したものである[42]。このデータによれば、1550〜60年代に役職から引退した者は、役職経験回数が比較的少ないのに対して、1570年代以降に役職から引退した者は、役職経験回数が比較的多くな

り、特に、11回以上経験した者の比率は世紀末に近づくにしたがい高くなっていく。長年役職に就いている者の比率が高くなることが、役職就任者の入れ替りが少なくなることを意味しているとすれば、16世紀末により少数の者が役職を独占する傾向が強まったといえよう。

このように流動性が相対的に低下する時期が、先に触れたような、出頭命令が多くなり、役職選出の総会への欠席が目立つようになる時期と重なっていることに注意しておこう。社会的上昇への期待が低下したことが、カンパニーに対する会員の無関心を助長したのではないか。こうして、16世紀末になると、カンパニーは次第に求心力を失っていくように思われるが、しかし、それがカンパニーの崩壊に直ちに結びつくわけではなく、参事会は、会員登録、会費納入、宴会役の選出とその職務遂行について統制を強化し、その統制策には一定の効果があったといえよう。

おわりに

最初に提起した問題にたちかえり、これまでの検討を整理しておこう。第一に、カンパニーの制度的な枠組みは、都市政府の構成員を主たる会員とし、役職の選出においては市長経験者の影響力が強いという点で、近世に大きな変化はなかった。ただし、儀礼は重要性を持ち続けながらも、世俗化の傾向を強めていった。第二に、その慈善活動については、会員に対する救貧が、会員の名誉を称え忠誠を引き出すものとして、近世においても変わりなく行われていた。会員以外の貧民に対する慈善は、当初儀礼的な意味合いを持っていたが、近世における貧民問題の深刻化を背景に都市制度として救貧制度が整備されていくのに伴い、カンパニー自体が果す役割は相対的に小さくなっていった。第三に、カンパニーを通じた市外有力者との関係は、近世においても都市にとって重要であり続けたが、外部権力の干渉によって市政が大きな混乱を経験することはなく、一定の自律性を維持した。最後に、カンパニーは、宣誓拒否や役職忌避などの問題を抱えながらも、統合力を失うことはなかった。ただし、特に1590

年代には、カンパニー内部の社会的流動性の低下、宣誓拒否が以前と比較して目立つようになり、参事会は統合力を強化する対応を迫られた。

こうして、中世に創設されたフラタニティである聖ジョージ・ギルドは、近世においても聖ジョージ・カンパニーとして変容を伴いつつ存続したのである。近世においても存続できた理由としては、15世紀に獲得した法人格がチャントリ解散令から当カンパニーを守ったという側面はあるとしても、当カンパニーが近世ノリッヂの都市支配層にとって支配層の結束を固めるうえで依然として重要な役割を果たしていたという点を十分理解しておく必要がある。この点では、中世からの連続性の面が前面に出てくることになるであろう。だが、と同時に、宗教改革期における文化的変容を背景に、当カンパニーがその活動を都市行事のカレンダーの上に改めて独自に位置づけていったという側面にも留意すべきである。その柔軟な対応能力は、近世における存続を可能にしたもうひとつの要因であると思われるからである。

注
（1） 近年のイングランドのフラタニティ研究としては、G. Rosser, 'Going to the Fraternity Feast: Commensality and Social Relations in Late Medieval England', *Journal of British Studies*, XXXIII, 1994; V. Bainbridge, *Gilds in the Medieval Countryside*, Woodbridge, 1996; D. J. F. Crouch, *Piety, Fraternity and Power: Religious Gilds in Late Medieval Yorkshire 1389-1547*, Woodbridge, 2000; K. Farnhill, *Guilds and the Parish Community in Late Medieval East Anglia c. 1470-1550*, Woodbridge, 2001; 拙稿「中世後期イングランドのフラタニティ」（『高崎経済大学論集』45巻4号、2003年）などがある。
（2） 坂巻清「近世ロンドン史研究の動向と課題――『危機』と『安定』を中心に――」（イギリス都市・農村共同体研究会編『巨大都市ロンドンの勃興』刀水書房、1999年）、拙稿「イギリス近世都市共同体論の一動向」（道重一郎・佐藤弘幸編『イギリス社会の形成史――市場経済への新たな視点――』三嶺書房、2000年）。
（3） フラタニティの解体を扱った研究としては、A. Krieder, *English Chantries: The Road to Dissolution*, Cambridge Mass., 1979; P. Cunich, 'The Dissolution of the Chantries', in P. Collinson & J. Craig (eds.), *The Reformation in English*

　　　 Towns 1500-1640, London, 1998; 山本信太郎「イングランド宗教改革とチャントリの解散——コヴェントリの事例から——」(『西洋史学』194号、1999年）などがある。

（4） Norfolk Record Office, Case 17b, Minutes of St. George's Company（以下 Minutes と略す）。また、創立から1547年までの当ギルドの刊行史料として、M. Grace (ed.), *Records of the Gild of St. George in Norwich 1389-1547*, Norfolk Record Society Publication, IX (1937) がある。

（5） Grace (ed.), *Records of the Gild of St. George*, pp. 12-13. ノリッヂの市制については、拙著『イギリス近世都市の研究』三嶺書房、1998年、157-165頁を参照。

（6） 1547年以前のギルド役職については、Grace (ed.), *Records of the Gild of St. George*, pp. 20-21と議事録を参照。

（7） 1 Edward VI c. 14. (Statutes of the Realm, IV, pp. 24-33). A. E. Bland, P. A. Brown & R. H. Tawney (eds.), *English Economic History: Selected Documents*, London, 1921, pp. 286-291.

（8） Minutes, pp. 180-181.

（9） 宗教改革期における聖ジョージの祝祭の変化について、ノリッヂ、チェスターなどの例を引きつつ論じている研究として、M. C. McClendon, 'A Moveable Feast: Saint George's Day Celebrations and Religious Change in Early Modern England', *Journal of British Studies*, XXXVIII, 1999を参照。

（10） 中世後期の都市における儀礼の意義については、C. Phythian-Adams, 'Ceremony and the Citizens: The Communal Year at Coventry 1450-1550', in P. Clark & P. Slack (eds.), *Crisis and Order in English Towns 1500-1700: Essays in Urban History*, London, 1972を参照。

（11） 1547年以前の当ギルドの儀礼については、Grace (ed.), *Records of the Gild of St. George*, pp. 14-19; B. McRee, 'Unity or Division? The Social Meaning of Guild Ceremony in Urban Communities', in B. A. Hanawalt & K. L. Reyerson (eds.), *City and Spectacle in Medieval Europe*, Minneapolis and London, 1994; 市川実穂「中世後期イングランドの都市と宗教儀礼——ノリッジの聖ジョージ・ギルドの祝祭——」（樺山紘一編『西洋中世像の革新』刀水書房、1995年）などの研究がある。

（12） Minutes, pp. 167-168.

（13） Minutes, pp. 190-191.

（14） Minutes, pp. 201, 203, 205.

(15) Minutes, p. 214.
(16) Minutes, pp. 272, 274, 316.
(17) 宗教改革以前におけるギルドの慈善については、B. McRee, 'Charity and Gild Solidarity in Late Medieval England', *Journal of British Studies*, XXXII, 1993を参照。
(18) 徴収額には若干の変化がある。1551年には、オルダマンが8ペンス、一般会員は6ペンス支払うことが規定されている。1553年には、シェリフ職経験者は12ペンス、一般会員は8ペンスである。
(19) Minutes, p. 169. また、この施療院については、C. Rawcliffe, *Medicine for the Soul: The Life, Death and Resurrection of an English Medieval Hospital*, Stroud, 1999を参照。
(20) W. Hudson & J. C. Tingay (eds.), *The Records of the City of Norwich*, II, Norwich, 1906-10, pp. 296-310. また、この市条例の分析として、拙著『イギリス近世都市の研究』100-102頁を参照。
(21) ノリッヂにおける救貧行政の展開については、J. Pound, *Poverty and Vagrancy in Tudor England*, London, 1971, pp. 60-68; J. Pound, *Tudor and Stuart Norwich*, Chichester, 1988, chapters 9, 10を参照。
(22) Grace (ed.), *Records of the Gild of St. George*, pp. 9-13.
(23) Hudson & Tingey (eds.), *Records of the City of Norwich*, I, pp. lxxxiii-lxxxvi; B. McRee, 'Peacemaking and its Limits in Late Medieval Norwich', *English Historical Review*, no. 109, 1994, pp. 853-863; B. McRee, 'Religious Gilds and Civic Order: The Case of Norwich in the Late Middle Ages', *Speculum*, 67, 1992, pp. 83-95.
(24) Hudson & Tingey (eds.), *Records of the City of Norwich*, I, pp. lxxix-xciii; J. Campbell, 'Norwich', in M. D. Lobel (ed.), *The Atlas of Historic Towns*, II, Baltimore, 1975, pp. 15-16; M. C. McClendon, *The Quiet Reformation: Magistrates and the Emergence of Protestantism in Tudor Norwich*, Stanford, 1999, pp. 47-51.
(25) 訪問者は、ノフォク以外では、ヨークシァ、サフォク、リンカンシァ、スタフォドシァ、レスタシァ、ウォリックシァから来ている。Minutes, pp. 229-230.
(26) F. Blomefield, *An Essay toward a Topographical History of the County of Norfolk, containing a Description of the Towns, Villages and Hamlets, with the Foundations of Monasteries, Churches, Chapels, Chantries and other Religious*

Buildings, III, London, 1806, p. 199.
(27) Blomefield, *Topographical History*, III, pp. 199-200; Hudson & Tingey (eds.), *Records of the City of Norwich*, II, pp. 332-333.
(28) McClendon, *Quiet Reformation*, pp. 224-229.
(29) こうした都市支配層の宗教政策を、マクレンドンは事実上の「寛容」政策であるとする。McClendon, *Quiet Reformation*; M. C. McClendon, 'Religious Toleration and the Reformation: Norwich Magistrates in the Sixteenth Century', in N. Tyacke (ed.), *England's Long Reformation 1500-1800*, London, 1998. また、拙稿「イギリス地方都市における宗教改革——ブリストルとノリッヂ——」(『高崎経済大学論集』43巻4号、2001年) も参照。市長裁判所の宗派構成については、McClendon, *Quiet Reformation*, pp. 68-70, 130-132, 180-182, 194-199を参照。
(30) 近年の研究では、官僚制が比較的未発達であったイギリス絶対王政の統治機構において、都市のパトロニジが中央と地方を結ぶパイプとして重要な役割を果たしたことが指摘されているが、当カンパニーと市外有力者の関係もそうした文脈で理解すべきであろう。C. F. Patterson, *Urban Patronage in Early Modern England: Corporate Boroughs, the Landed Elite, and the Crown, 1580-1640*, Stanford, 1999.
(31) C. Phythian-Adams, 'Urban Decay in Late Medieval England', in P. Abrams & E. A. Wrigley (eds.), *Towns in Societies: Essays in Economic and Historical Sociology*, Cambridge, 1978.
(32) 他の年代に比べて1560年代に登録数が多いのは、ナイト、エスクワイヤが多数入会しているためである。
(33) Minutes, p. 322.
(34) 1547年以前の役職忌避については、市川実穂「イギリス中世後期における宗教ギルドと都市——ノリッジの聖ジョージ・ギルド——」(〔お茶の水女子大学〕『お茶の水史学』34号、1990年) を参照。
(35) この14名のうち7名は免除期間が記録されていない。免除期間が記載されていないケースは、1550年代と1560年代に多いが、免除金額から判断して、無期限に免除されているとみなす。
(36) 1584年には、シェリフに就任したニコラス・レイア Nicholas Layor とエドワード・ジョンソン Edward Johnson が、シェリフとしての職務負担の大きさに鑑み、免除金の支払なしに宴会役を無期限で免除されている。Minutes, p. 315.
(37) 1592年に選出されたリチャード・ストーンハム Richard Stoneham、1594年に

選出されたマイケル・オルドリッジ Michael Aldridge、1597年に選出されたジョン・ブリッジ John Bridge の 3 名である。後者の 2 名は最終的には不本意ながら宴会役を引き受けることになったが、前者は、キングズ・リンに転居したため、罰金相当額の財産差押えができないという報告が議事録に記録されている。なお、オルドリッジの件があった直後の参事会では会費納入の規定が再確認されており、参事会が宴会役を忌避した者へ厳しく対応するだけでなく、役職についていない会員に対してもカンパニーの規定を厳守させようとしたことがうかがえる。Minutes, pp. 348-349, 354-356, 365-366.

(38) Minutes, p. 276.

(39) J. Pound, 'The Social and Trade Structure of Norwich 1525-1575', *Past & Present*, no. 34, 1966.

(40) 1558年以降ノリッヂでは聖体祭の際の祭列は行われていない。McClendon, *Quiet Reformation*, p. 200.

(41) この 3 名が宴会役の職務を放棄した事件については、Minutes, pp. 170-173; McClendon, *Quiet Reformation*, pp. 123-129を参照。

(42) 1588年の役職選出の記録がない。1550～99年の間に役職から引退した者の役職就任回数を数えるために、1549年以前および1600年以降の役職経験も把握した。ただし、カンパニーの組織構成の変化により、カンパニー役職の種類に若干の違いがある（第 1 節参照）。1547年以前は、オルダマン、参事、評議員、マスター、監査役、会計役、宴会役のいずれかの役職を経験した場合に、役職経験回数に数えている。なお、宴会役を経験したことにより、その翌年度限りで参事会の構成員になった者は、上級役職への上昇とはみなしていない。

［付記］本稿は、2001年度高崎経済大学特別研究奨励金による研究成果の一部である。

第8章　近世イングランドにおける都市経済基盤と その変容過程——内陸都市レスターの事例——

川　名　　洋

はじめに

　17世紀半ばまでに確立されたイングランド都市の伝統的な手工業技術やその都市市場を基点に農村へ拡がる流通ネットワークは、経済特化を基盤に形成された地域社会を支える屋台骨であった。国際市場への流通経路を持ち、後背地に良質な毛織物生産地を控えるブリストルや、付近に豊かな鉱物資源を有するニューキャッスルは国際貿易都市として成長し、また、内陸に位置しながらも航行可能な河川に恵まれたノリッジやウスターは、織物工業都市として勢力を伸長させた[1]。一方、河川交通の恩恵を受けられず、大規模な産業集積がなされなかった無数の内陸都市は、中世以来、主に陸上交通に依存せざるをえず、近世期に入り徐々に交通の社会基盤が整備されたとはいえ、河川の改修や運河建設が本格的に始まる17世紀後期以降まで、状況はそれ程改善されなかった[2]。しかし、そうした内陸都市の中には、周辺地域経済の結節点として機能し、地の利を活かして伝統的農産物加工業やその商品流通をもとに富を蓄積し、その後、工業都市として著しく成長を遂げたものもあった。本稿では、そのような内陸都市、レスターに注目し、同市の成長を促した経済構造の変容と実態について検討を加える。

　中世において羊毛産業の拠点として発展したレスターも、16世紀前期には目立った基幹産業を持たない中規模都市へと衰退し、世紀末までには労働力の過

剰供給が深刻化して下層社会も拡大したとされた[3]。水上交通に恵まれなかった点では、レスターも近隣の州都市、ノーサンプトンと同じ境遇にあったが、同市のように地元の手工業製品の供給地として、巨大な首都市場を有利に利用できる地理的条件に恵まれていたわけでもなかった。それでも、レスターは、近世を通じて安定した人口増加を示し、17世紀後期には手編み靴下の生産拠点として、また、18世紀前期までには枠編業の中心地として、東部ミッドランドの主要な工業都市へと成長した[4]。その土壌には、周辺農村の人口増加に加えて、そこからの豊富な原材料供給があった。すでに1600年までに3,000人余りの人口を抱える州内唯一のコーポレーションとなったレスターは、肥沃な混合農業地域として知られるレスタシャの中央に位置し、中世以来、ラフバラやヒンクリーをはじめ、着実な人口増加を示す同州内の市場町と密接な経済関係を持ち、16世紀までには、各都市で開催される定期市を介して安定した流通ネットワークを構築していた[5]。このような周辺地域依存型の内陸都市は当時珍しくはなかったが、産業特化を推進力に大規模な工業都市へ変貌を遂げるレスターの成長の過程は、停滞を余儀なくされた同じミッドランドの州都市、スタッフォード、リンカン、ウォリックなどの経済状況とは明らかに異なっていた。

そこで本稿では、フリーメン登録簿の分析を中心に、枠編工業都市へと変貌を遂げる伝統的特権都市、レスターの経済基盤の特色と変容過程に焦点を当てる。すでに多くの歴史家により問題点が指摘されているように、都市行政史料のみによって経済構造を網羅的かつ正確に把握することは困難である[6]。同登録簿には、通常、徒弟奉公、世襲、権利の購入によって市民権を取得した者の名前と職業が毎年記録されたが、そこから得られる職業名は、成人男性の本業がほとんどであった。したがって、副業の存在や、さらに女性や子供をはじめフリーメン以外の住民による経済活動の規模や構造について同史料から知ることはできない。しかし、同登録簿は、親方・徒弟制度に基づく都市の「公式な経済構造」を分析する場合にはきわめて有用であり、特に同じ制度を持つほかの自治都市との経済比較も可能になる。そこで本論では、遺産目録などの史

料を用いたほかの研究成果を参考に、個々の経済力や同じ職種内の資産格差など、フリーメン登録簿には現れない職業上の情報を補いつつ、工業都市への胎動期における同市の経済構造の特徴について議論する。

第1節　皮革業・食品加工業の成長

　16世紀までにレスターは、他の州都市と同様、周辺農村経済とは明らかに異なる都市型職業構造を持つに至ったことは明らかである。近世都市経済は、農産物加工業とその原材料や完成品の流通が中心であり、当然、農業を兼業とする都市住民も少なくなかった。事実、レスターのフリーメン登録簿に記録された職業には、1560年から1619年までの60年間を通じて、ヨーマンや小作農など農業に関連するものが6％以上も含まれていたことから、都市経済とはいえ、農村的な性格も強かったことがわかる（表8-1参照）[7]。しかし、同史料には、農業のほかに130種類にも及ぶ幅広い職業が登録されており、しかも、登録者は、親方・徒弟制度に参画できる資格が与えられたことから、これらの職業は、都市政府に公認されたものとして捉えられる。レスターのこのような職業構造は、行政的特権を有する当時の主要都市のほぼすべてに当てはまる共通の特徴であった。

　図8-1は、16世紀最後の40年間にフリーメン登録簿に記録された職業を10年ごとに業種べつに分類して積算し、その数の総職業数に対する割合の推移を示したものである[8]。各業種の割合は、毎年新たに登録された者の職業数を加算して算出しており、生存するフリーメンの絶対数を示すものではないが、各業種に含まれる職業の登録数の増減から、当該時期の職業構造の実態と変化を推定することができる。また、同一業種内の職種をほかの都市のそれと比較することによって、各都市経済に関する細かい特色を見いだすことが可能となる。

　まず、エリザベス朝期の職業構造で最も顕著だったのは、皮鞣や製靴など高度な手工業技術を要する皮革業の成長であった。1530年代に製靴工ジャーニー

表 8-1　レスターの職

年	1560/69		1570/79		1580/89		1590
業種[1]	人数	%	人数	%	人数	%	人数
皮革業	40	18	42	21	44	23	55
食料品業[2]	31	14	28	14	36	19	41
織物業[3]	33	15	31	15	27	14	31
卸売・小売業	26	12	18	9	20	10	22
家財製造業[4]	20	9	23	11	23	12	27
農業	16	7	16	8	11	6	20
専門職	1	0	4	2	3	2	12
建築業	17	8	15	7	14	7	37
その他	6	3	20	10	13	7	20
不明	27	12	6	3	1	1	0
合　計[5]	217	100	203	100	192	100	265

出典：*Register of the freemen of Leicester, 1196-1770, including the apprentices sworn before successive mayors for*

注：1）ここでは本稿の目的に照らして、主に、各職種で扱われる商品や原材料（皮革、食品、織物、家財）の生産、も、これら手工業者は、卸売・小売業には含めない。
　　2）食料品加工業以外にも食料雑貨商、イン経営者、ワイン販売業者を含む。
　　3）仕立屋を含む。
　　4）鍛冶屋や刃物師など金属加工業者を含む
　　5）各業種人数の合計に対する割合は、小数点以下四捨五入。

図 8-1　レスターの職業構造（1560～99年）

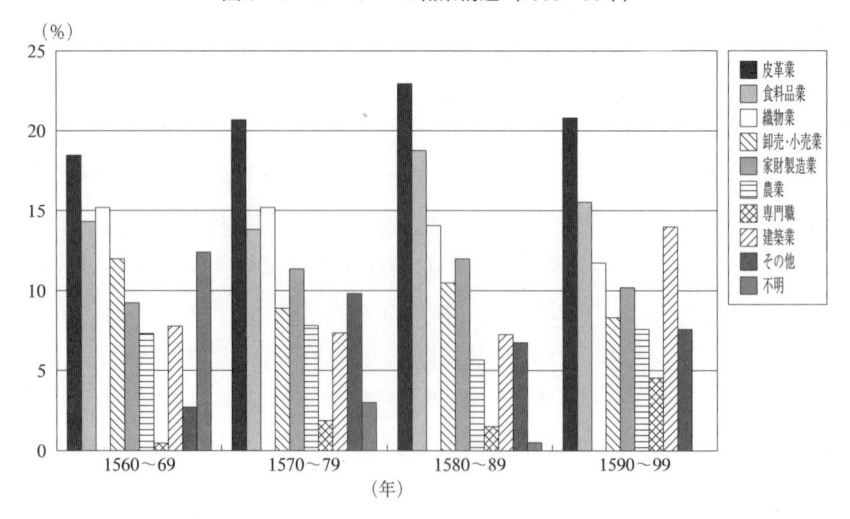

業構造（1560～1639年）

/99		1600/09		1610/19		1620/29		1630/39	
%	人数	%	人数	%	人数	%	人数	%
21	46	17	39	15	33	16	42	17
15	47	17	49	19	37	18	31	13
12	35	13	40	15	27	13	30	12
8	40	14	28	11	28	13	22	9
10	35	13	33	13	24	11	24	10
8	20	7	21	8	9	4	3	1
5	6	2	8	3	7	3	14	6
14	28	10	25	10	27	13	37	15
8	19	7	17	7	5	2	8	3
0	2	1	0	0	14	7	31	13
100	278	100	260	100	211	100	242	100

certain periods, 1646-1770, (ed.), Henry Hartopp, Leicester, 1924.
加工と取引形態（卸売・小売）に基づいて分類を行った。ただし、仕立屋や靴製造工などが小売業に従事したとして

メンによるカンパニーが形成されたことからもわかるように、16世紀前期にはすでに多数の製靴工がいたが、エリザベス朝期においてもその数は増加傾向にあり、16世紀最後の10年間には、全登録数の21％を占める皮革業のうち、42％にあたる23名もが登録された[9]。また、16世紀初頭に登録数の3％を占めた手袋製造工の割合も、世紀最後の四半世紀には倍増した[10]。だが、当該時期レスターの職業構造において最も注目されるのは、皮鞣工の躍進あった。皮鞣業は、主に製靴用の皮革を加工する基本的な職種であったが、16世紀前期には、フリーメンとしての登録数はごく少数であった。ところが、世紀半ば頃からその数は急増し、皮鞣工の登録は、すでに1560年から1569年までの10年間に、皮革業全体の23％にあたる9名を数え、世紀末の10年間には16名（29％）に増加した。

職業構造における高い皮革業の割合は、域外市場に依存できない内陸都市の一般的特徴といえよう[11]。しかし、同じミッドランドの内陸都市の間でも細かな違いが見られ、レスターの皮鞣業の成長は、そうした内陸都市の中でも際

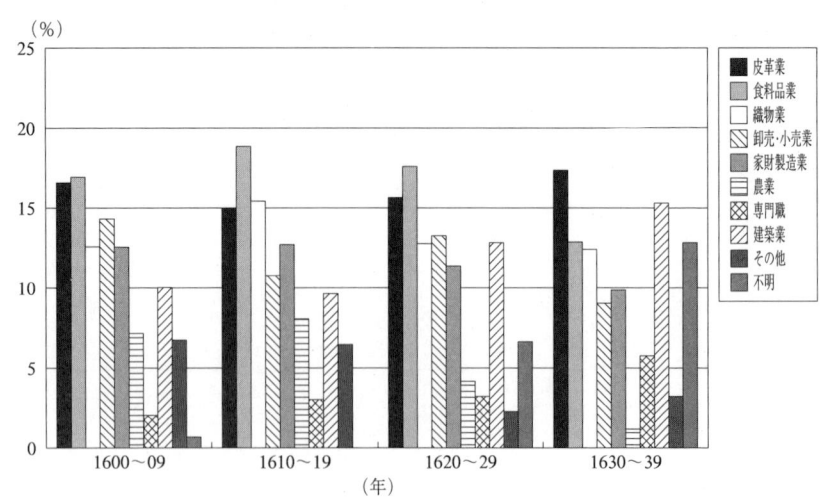

図8-2　レスターの職業構造（1600〜39年）

凡例：皮革業／食料品業／織物業／卸売・小売業／家財製造業／農業／専門職／建築業／その他／不明

立っていた。たとえば、ノーサンプトンでも、すでに1520年代において皮革業は都市経済において優勢であったが、17世紀半ば以降、靴製造業拠点となる同都市経済の特徴を先取りすべく最も勢力を持ったのは、皮鞣工ではなく製靴工であった[12]。また、ウォリックの場合とは異なり、レスターの皮鞣工らの中には、都市政府の主要な役割を担うほど富裕な者も含まれていた[13]。エリザベス朝期の市長年間11年分の市長職が7名の皮鞣工によって占められた。中でもジョン・タタムは、1566年、1577年、1590年の3回にわたって市長再選を果たしたのである[14]。このように、レスターでは、新興の手工業者が16世紀を通じて急成長し、都市において著しい影響力を持ったことが注目されるのである[15]。

17世紀に入っても、皮革業の割合は、各年代における全登録数の15から17％と、ほかの業種と比べて引き続き高い割合で推移し、1630年代においてはレスター経済における最大規模の業種となった（図8-2）。当該時期の皮革業の繁栄は、1600年頃から市内のレザー・ホールの利用によって、皮革の流通がいっそう公式化したことからもうかがえる[16]。手袋製造工の数は減少傾向にあ

ったものの、皮鞣工および製靴工は、皮革業の中でも大きな割合を保った。こうした一般的傾向は、1608年の軍役簿の職業分布からも見いだすことができる。同史料に記載された登録者数に対する製靴工、皮鞣工、手袋製造工の割合は、それぞれ9％（48名）、5％（27名）、2％（9名）であった[17]。レスターの皮革業への依存度が、地方の首都、ニューキャッスルやノリッジの場合と比べても高かったことは、遠隔地市場向けの基幹産業を持たない内陸都市特有の職業構造の存続を意味するが、また一方で、1623年にセヴァン河の上流で、水上輸送を利用するためにウスターを訪れていたレスターの皮鞣工らの事例は、当該時期までにレスター産鞣皮の流通網が、周辺地域を越えて拡がっていた可能性をも示唆する[18]。しかしながら、レスター皮革業は常に安泰であったわけではない。というのも、同業種は、農村手工業者との競合によってしばしば脅かされたからである。たとえば、手袋製造工の停滞要因の一部は、近隣の小都市、マウントソーレルやラフバラの手工業者との競争の激化にあったことを否定することはできない[19]。

レスターにおいて注目すべき次なる経済勢力は、食料品業であった[20]。それを支えたのが周辺農村における畜産農業と、市内の皮革業の成長に呼応して伸びた肉屋の台頭である[21]。1560年から1569年までの10年間に、全登録数の14％を占める食料品関連業者の29％にあたる9名の肉屋が登録され、世紀最後の10年間にその登録人数は、16名（39％）に増加した。当該時期レスターの肉屋の繁栄は、1588年の死亡時に個人財産としての遺言書評価額が600ポンドを超えていたフィリップ・フリークの事例に示されよう。また、彼の死後、遺産目録作成に携わった2名の肉屋も、市参事会員、検死官、肉の検査官など市の要職に就任した経歴を持っていた[22]。1587年に市長を務めたウィリアム・ラドラムも、近隣の農村教区、オードビーからレスターへ移り、肉屋として影響力を持ったひとりだったのである[23]。

食料品業は皮革業と同様に、17世紀に入ってもレスターの職業構造の中で引き続き高い割合を維持した[24]。ここでは、特に肉屋に対する需要が拡大した結果、農村業者へも取引上の特権が付与されるという重要な変化が見られた。

1610年代には、都市フリーメンだけでも食料品業全体の43％にあたる21名もの肉屋が登録され、それは全登録数の8％を占めた。肉屋の遺産目録から、同職種内には、いくつか異なる業態が含まれていたことがわかる。前述のフィリップ・フリークのように、肉屋兼畜産業者 grazing butcher は裕福であり、彼らのビジネスは、都市の境界線を越えてますます農村に拡大しつつあった。一方、単に加工業に従事する肉屋 cutting butchers の財産は、製靴工などのように比較的零細な職人とそれほど変わらなかった[25]。しかし、たとえ小規模経営だとはいえ、レスターのような主要都市では、食料市場や手工業部門双方からの肉屋に対する需要が非常に大きかったため、1634年以降、都市当局が農村の肉屋に対しても公設市場開催日に限り、フリーメンと同等の資格で販売できる特権を付与したのである[26]。このことは、都市の経済文化が徐々に農村へ拡大しつつあった事例として注目される。

　一方、食料品業の割合が比較的高かったにもかかわらず、フリーメン登録簿において肉屋以外の職種については目立った増加が見られなかったことにも留意する必要があろう。たとえば、人口増加に伴うパン屋の増加は、ヨークなど他の地方都市においても見られた現象だが、16世紀後期に特に際だった変化は同史料から確認できない[27]。しかしながら、ここで同史料の信憑性については、慎重になる必要があろう。パンの供給はきわめて公共性が高く、レスターでは当時、所定の竈で焼き、公定価格によって販売することが定められていたが、世紀末から17世紀初頭にかけて同市で問題となるように、住民の中には決まりを無視して、私的にパンを焼き、販売を行う者もいたのである[28]。ほかの史料からは、肉屋以外にも、同市において広範に営まれていた職業があったことがわかる。酒類販売業の拡大がその一例である。エールハウスの急増は、当時イングランドの都市社会における顕著な特徴のひとつであったが、遺産目録の内容から、レスターの商工業者の中にも、収入を増やすために副業としてエールハウスを経営していた者が多数存在したことがわかる。また一方、1574年において新たに醸造業カンパニーが設立された背景には、酒類販売業者に直接供給を行う公認の醸造業者ら common brewers を通じて、増加傾向にあっ

第8章　近世イングランドにおける都市経済基盤とその変容過程　179

た同販売業の監視を強化しようとする当局の目論見が見え隠れした(29)。1585年に女王の来訪に備えてなされた市内醸造業に関する調査報告では、ウィリアム・ノリスやトーマス・クラークをはじめ、市内の醸造業者により、毎週40トン（tun）ものエールやビールの供給が可能であるとされた(30)。こうした証拠は、フリーメン登録簿から得られる食料品業の規模は過小評価であることを想起させるとともに、都市経済構造を分析する際、エールハウス経営など登録簿には記載されない職業構造について考慮する必要性を強く促す。

　かくして、皮革業と食料品業の繁栄は、17世紀前期までに、周辺農業経済との相互依存関係や、地域流通拠点としての機能が、レスターに定着したことを示唆する。だがそれは、同市が農業的性格の濃い一中規模都市に甘んじたことを意味しない。むしろこうした内陸都市の典型的な経済状況下で、レスターでは、この時すでに域外市場を対象とした付加価値産業の基盤作りが始められていたのである。

第2節　靴下製造業の胎動

　18世紀前期までにレスターは、東部ミッドランドにおける枠編業の中心拠点となる。しかし、これまで論じられたように、17世紀前期においても、レスター経済の基盤は、周辺農村経済に密着した皮革業および食料品業にあり、フリーメン登録簿に依拠した職業構造に関する限り、依然として明確な域外市場を持たない典型的な内陸都市のままであった。レスターにおいて、近代的工業都市への変貌の前兆は、いつ頃見えはじめたのであろうか。

　レスターは、13世紀初頭にはすでに、ヨーク、リンカン、ウィンチェスターなどと並ぶ重要な織物工業都市であり、その後、織物部門は農村工業との競合により衰退傾向を示したものの、レスターを拠点とする羊毛取引は、14世紀半ば、ペストが蔓延する半世紀前にその最盛期を迎えた(31)。その後の動向は史料不足により必ずしも明らかにならないが、同市は15世紀後期において、15名以上のステイプル商人を抱え、中でもウィッグストン家は、1536年にその末裔、

ウィリアム・ウィッグストンが死去するまで、市内で最も裕福な羊毛商人の一族であった。1524年の特別税記録によれば、そのウィリアムは、レスターにおいて課税対象となった総資産の20%余りを所有していたのである[32]。

そうした羊毛市場も、ウィリアム・ウィッグストンを最後にステイプル商人層が弱体化し衰退傾向にあり、16世紀前期レスターにおける織物業部門の割合も、相対的に小さかった[33]。当時のレスターの織物業はフリーメン全体の23%であり、ノリッジ（39%）、ブリストル（27%）、エクセター（27%）など広大な市場圏を持つ地方の首都はもとより、コヴェントリー（33%）やウスター（42%）などほかのミッドランド都市の産業規模にも及ばなかったのである[34]。エリザベス朝期に入っても、レスターの織物業が再興した形跡は見られない（図8-1）[35]。1560年から世紀末までに登録された織布工および染色工の総数は、全登録数のそれぞれ3%（26名）と1%（11名）であり、いずれも労働集約的な織物業の数値としては著しく少なく、この時期に登録された製靴工数（4%、38名）よりも少数であった。

ところが、16世紀に入って停滞していたレスターの羊毛取引も、16世紀末から17世紀初頭にかけて、同市に羊毛専門市場が設立されたことにより復興の兆しを見せる。その背景には、都市周辺農村で生産された梳毛に対する需要が伸びたという経済的事情もあったが、それと同時に、そこには、違法な中間業者がはびこる同市場の管理を都市当局に委託しようとした国王と、市内の織物業を促進させるなど有利な経済条件を模索する都市支配層間との互恵関係も存在した[36]。まず、1592年に市議会は、当該都市の富裕なイン経営者、トーマス・クラークに、セント・ジョンズ・ホスピタルの借地権を与えるかわりに、同地にウール・ホールを建設するよう要請した。続いて、1599年の特許状に、レスターにおいて歳市や週市開催時に羊毛市場を開く権限が盛り込まれ、1600年までには、ロンドンにおいてステイプル商人が利用したリーデン・ホールがそうであったように、羊毛の契約取引や価格調整に不可欠な専用倉庫も整備されたのである[37]。当時、レスターに羊毛市場の開催権が与えられたことは、同市がすでにレスタシャを中心とする羊毛生産地域の最も重要な流通拠点であ

ったことを意味するが、その重要性は、1617年の国王布告により、同市が羊毛取引の指定都市 staple towns のひとつとして認定されたことでさらに高まった。そもそも、同布告が出された背景には、1614年の羊毛および未仕上げ毛織物輸出禁令によって打撃を被ったステイプル商人カンパニーが、羊毛の国内流通独占を目論んだ経緯があり、一般には、羊毛の円滑な国内流通を妨げるという理由で不評であった。しかし、国王に嘆願書を提出することにより、同制度を地元へ呼び込んだレスター支配層からは、歓迎されたのである[38]。

かくして、16世紀半ば以降、羊毛輸出部門が縮小し、そのかわりに羊毛の国内流通が活発化する中で、レスター羊毛市場の影響は、周辺農村の羊毛生産はもとより、より遠隔の毛織物生産地にまで及んだ[39]。たとえば、レスターの庇護者でレスタシャ農村経済にも大きな利権を持つ、ジョージ・ハンティドン伯爵は、1599年10月14日の書簡により、同ホールにて羊毛の計量を務める役人にクレメント・チャードを任命するよう市長らに働きかけたが、都市支配層は、チャードは公平な取引を管理する資質に欠けるという理由で、伯爵の要請を拒絶し、同ホールを都市当局が主体的に運営することを決めた。また、1600年には、エドワード・ニューカム市長自らラットランドの州長官、A. ノエル卿に書簡を送り、レスター市場にて積極的に羊毛販売を行うよう依頼したのである[40]。さらに、指定取引所の誘致を求める国王への嘆願書に記されたように、17世紀初頭までにイングランド北部の多くの織元らがレスター市場から羊毛を購入しており、当時、主要な梳毛工業地域であったイースト・アングリアへの羊毛の供給もおそらく増加していたであろう[41]。レスター羊毛市場の制度化は、王権を含む都市内外の異なる勢力間の駆け引きを伴いつつ、都市支配層が地域の経済秩序に影響を及ぼす権限を確保したという政治的側面もあったが、同時にそれは、レスターが、周辺農村経済と遠隔地市場とを結ぶ結節点としての役割を復活させるという機能上の前進を意味したのである。

ところで、こうした羊毛市場の再興と制度化は、当該都市の織物業にどのような影響をもたらしたであろうか。1603年に6名もの織布工がフリーメン登録簿に記録されたことは、示唆的ではあるが、1608年の軍役簿に登録された織布

工数は全体の4％（22名）と依然として少数であり、17世紀前期を通じて、ノリッジの梳毛織布工登録数の増加に見られるような織物業の明確な拡大傾向を、レスターのフリーメン登録簿に見いだすことはできない（図8-2）[42]。もっとも、織物業の一部がフリーメンの副業として営まれていた形跡がここでも見られた。たとえば、卸売商人としてフリーメン登録簿に記載された者の中には、織物業に従事していた者もいた。1630年に登録された織布工、トーマス・バートンは、マーサーを生業とするバート・スタンレイの徒弟であり、同じ年に登録されたロバート・コープも当初はマーサーの徒弟であったが、その後、彼の親方となったのは、梳毛工 jersey comber のクリストファ・ロジャーズであった[43]。しかしながら、公認の織物業に関する限り、羊毛市場の復興による波及効果は、都市支配層の目論見に反して少なかったようだ。

その一方で、当該時期レスターにおける羊毛産業人口のすべてが、フリーメン登録簿に記録されていたわけではないことに留意する必要があろう。1670年代前半に靴下製造業を独占しようとする一部のフリーメンのグループに対抗すべく都市当局に保護策を嘆願した同製造業者によれば、自分たちは靴下屋へ卸す商品生産のために、それまで毎年約200トッド分の羊毛を購入し、紡糸工や靴下編工など2,000人余りの貧困男女や子供たちをレスターとその周辺農村で雇用したのだという。しかし、これら靴下製造業者はすべてフリーメンではなかった[44]。

こうした大規模な組織の起源をどこまで遡れるかは明らかでないが、17世紀半ば以前にも、手編み靴下の生産が商工業者の副業として行われていたことを示すいくつかの証拠が残されている。レスターでは、早くも16世紀の前半までに複数の靴下屋を確認することができるが、特に注目されるのが、世紀末、すでにレスターからロンドンへかなり組織的に手編み靴下が販売されていた形跡である。たとえば、レスターの有力な市参事会員で金物屋のロバート・ヘリックは、1594年3月にレスターから発送した40足の梳毛製靴下を12ポンドで売って欲しいという依頼状を、ロンドンの金銀細工師で、のちにレスター選出の下院議員となる弟、ウィリアムに宛てて送付したのである[45]。また、ケリッジ

による遺産目録の分析によれば、庭師のウィリアム・ヒッチコックは、1632年に死亡するまで、彼の家族や紡糸工を雇って、零細ながら靴下生産の問屋制度を組織していたことがわかる。翌年他界したトーマス・ブリッグズも、乳製品をつくる傍ら、自ら靴下を編み、販売をこなしていた[46]。

このような事例から推測されるように、織物業以外の部門で蓄積された資本や流通のノウハウが、萌芽期の靴下製造業に利用されたことが特に注目される[47]。たとえば、1631年に皮鞣工としてフリーマンとなったフォースティン・ギルバートや羊皮商として成功したパウワー一族のように、本業を皮革業から靴下の製造や販売に移行させた者も見られた。ジョン・ラドラムとジョン・ポラードはいずれも蝋燭商であったが、彼らの在庫品には、手編み靴下製品や製造用の道具が含まれていた[48]。このことは、副業を記載しないフリーメン登録簿に依存し、職業構造分析を行うことの問題点を想起させると同時に、萌芽期におけるレスターの靴下製造業の規模について再考する必要性を促す。レスターにおける靴下製造業の本格的成長は、1640年代を待たねばならなかったとされるが、その胎動はすでに内乱以前に拡がり始めていたと考えられる[49]。

羊毛市場の復興が都市流通部門全体に及ぼした影響について、フリーメン登録簿から読み取ることは、前述の織物業への影響と同様難しいが、少なくとも17世紀初頭において、大規模な商人を中心に卸売・小売業の拡大の兆しが見られた[50]。毛織物や麻織物、食料品など雑多な商品をも取り扱ったマーサーらは、エリザベス朝期にその数が停滞したものの、17世紀前期において毛織物商や麻織物商など彼らよりも下級の商人を配下に入れつつ、影響力を増大させた[51]。都市商人層の勢力は、その数だけなく、彼らの富と都市内外に広がる経済的影響力によって測ることもできよう。1600年から1639年までの40年間に市長に就任した者の中には、5名のマーサー、5名の毛織物商、3名の金物屋、そして小間物商1名が含まれていた[52]。幅広い種類の原材料や商品を扱った小間物商の中には、リチャード・ビリングのように、すでに16世紀半ばにおいて、周辺市場町のラタウォースとメルトン・モーベリにも店舗を持ち、市域を越えてビジネスを展開していた者もいたが、17世紀に入り、その経営はさらに

拡大し、中には靴下製品の販売を取り入れ始めた目先が利く商人も現れた(53)。こうした大商人は、コヴェントリーやダービーなどミッドランドにあるほかの主要都市の流通業者と同様、地域の流通拠点としての機能が都市へ集中するにつれて、ますます重要な役割を担うようになったことは疑いない(54)。

　かくして、レスター経済は、まず16世紀後期における皮革や食料品など生活必需品の加工および流通によって、さらに17世紀前期における羊毛市場の復興によって、内陸都市として安定した経済構造を持つに至ったと言える。しかしながら、こうした良好な都市経済の恩恵は、すべての業種や商工業者にもたらされたわけではなかったことに留意する必要があろう。鍛冶屋や白目細工師など日用品や金属加工業にかかわる家財製造業は、人口増加に伴う消費財需要の増加により、ある程度の規模を維持したが、通常大きな資本を必要としないこれら手工業部門では、本業から充分な収入を得られないきわめて零細な職人も多かったようだ(55)。また、個々の資産状態は、各業種が示す一般的な勢力図とは必ずしも一致せず、登録数の多い職種内においても著しい格差が見られた(56)。たとえば、仕立屋は、フリーメン登録簿中、最も登録数の多い職種のひとつであったが、その業態は個人によってさまざまであり、大量の生地在庫を持ち、既製品に近い形で新品の販売を手がけた者もいる一方で、フリーメンとして認可されることなく、零細な仕立業に従事した者も無数にいたのである(57)。

おわりに

　18世紀後期に至るまで河川交通の恩恵を受けることのなかったレスターは、地方の主要都市としては決して恵まれた経済条件下にはなかった。しかし、同市の先駆的な商工業者らは、そうした地理的な制約を克服しつつ、柔軟に新たなビジネスを切り開いたのである。まず、フリーメン登録簿による分析結果から、レスターでは、自治都市を支える伝統的な経済制度の中で、皮革業や食料品業を中心に良好なビジネスが展開されたことが明らかとなった。特に16世紀

半ば以降の皮鞣工の急成長や肉屋の繁栄は、羊毛取引拠点としての機能が弱体化したにもかかわらず、周辺農業経済の恩恵を受けつつ、精度の高い手工業技術や流通機能を活かし、レスターが内陸型都市経済を成長させたことを示唆する。さらに17世紀前期までには、レスタシャの羊毛生産者と遠隔の織元・商人を結ぶ市場機能が王権の裏付けにより制度化された。その結果、同市の経済的影響力は、関連する皮革業や卸売業部門をも巻き込んで、周辺地域における取引活動をますます同市に集中させただけでなく、再び地域を越えた流通システムの結節点の役割を果たすほどに拡大したのである。

しかし、都市経済の行方を左右したのは、王権や都市支配層の管理下にある伝統的商工業だけではなかった。特権を持つ市民の中には本業の傍ら靴下の生産や販売などに携わる者が多く見られたように、むしろレスター経済の未来像は、既存の職種にとらわれない都市住民の間で徐々に創られていたのである。こうした経済活動の規模を定量的に示すことは困難であるが、特に本稿で示されたいくつかの証拠は、地域農業経済に根ざした特権都市の経済構造の中に、ロンドンを含む域外市場に向けた靴下製造業という新たな工業化の波がすでに存在したことを示唆する。市民のこうした幅広いビジネスは、監視が厳しく硬直的とされる特権都市の上層社会においてさえ、フリーメン登録簿が建前とする「公式な経済活動」と並行しつつ、資本と技術が柔軟に活用されていた証拠として注目されるのである。

注

（1） 中世後期における特権都市の盛衰について論じた坂巻清教授は、これら特権都市と農村との経済的結合をイングランドにおける早期経済発展の特徴として注目した。さらに、同教授は、主要都市を、農村とロンドンとを結ぶ結節点として捉え、イギリス近世経済繁栄の基盤を、首都を軸とする安定した都市システムの成立に求めたのである。坂巻清『イギリス・ギルド崩壊史の研究』（有斐閣、1987年）、276-307頁；P. J. Corfield, 'A provincial capital in the late seventeenth-century: the case of Norwich', in Peter Clark and Paul Slack (eds.), *Crisis and order in English towns, 1500-1700*, London, 1972, pp. 276-287; Alan D. Dyer, *The city of Worcester in the sixteenth century*, Leicester, 1973; David Harris

Sacks, *The Widening gate: Bristol and the Atlantic economy, 1450-1700*, Berkeley, 1991, ch. 1; Alan Dyer, 'Midlands', in Peter Clark (ed.), *The Cambridge urban history of Britain, vol. II 1540-1840*, Cambridge, 2000, p. 95; 中野忠『イギリス近世都市の展開』(創文社、1995年)、26-94頁、唐澤達之『イギリス近世都市の研究』(三嶺書房、1998年)、36-50頁。

(2) John A. Chartres, *Internal trade in England, 1500-1700*, London, 1977, pp. 40-43.

(3) W. G. Hoskins, *Provincial England: essays in social and economic history*, London, 1963, pp. 93-94, 88-89.

(4) R. A. McKinley (ed.), *Victoria history of the county of Leicester* (以下、*VCH* と略す), vol. 4, London, 1958, pp. 90-92, 168-172; David L. Wykes, 'The origins and development of the Leicestershire hosiery trade', *Textile History*, 23, 1992, pp. 23-54. レスタシャの枠編業については、プロト工業化理論を検証すべく、農村工業の起源および成長過程に関連してすでに研究されている。本稿では、特に都市経済構造に焦点をしぼり、農村の枠編業には触れないが、同テーマについては、たとえば、Dennis R. Mills, 'Rural industries and social structure: framework knitters in Leicestershire, 1670-1851', *Textile History*, 13, 1982, pp. 183-203; 酒田利夫『イギリス社会経済史論集』(三嶺書房、2000年)、第6章を参照されたい。

(5) 川名洋「近世イングランドにおけるアーバン・プロセス」(『比較都市史研究』第19巻、第2号、2000年12月)を参照。

(6) R. B. Dobson, 'Admission to the freedom of the city of York in the late middle ages', *Economic History Review*, 2nd ser., 26, 1973, pp. 1-22; John Patten, 'Urban occupations in pre-industrial England', *Transactions of the Institute of British Geographers*, new ser., 2, 1977, pp. 296-313; J. F. Pound, 'The validity of the freemen's lists: some Norwich evidence', *Economic History Review*, 2nd ser., 34, 1981, pp. 48-59.

(7) ここでは車大工も農業に含める。

(8) フリーメン登録簿をもとに職業を分類する際、多様な商品や原材料を扱いかつさまざまな取引形態を持つ職種を、流通、製造、サービス部門に厳密に振り分けるのは困難であり、またそのため、各職業のあり方を恣意的に単純化することは否めない。たとえば、店先販売にも従事した仕立屋や製靴工を卸売・小売業として分類することも可能であろう(表8-1参照)。職業分類に関する問題点につい

ては、John Patten, 'Urban occupations in pre-industrial England', *Transactions of the Institute of British Geographers,* new ser., 2, 1977, pp. 305-310を参照。
(9) *Records of the Borough of Leicester*（以下、*RBL* と略す), vol. 3, ed., Mary Bateson, Cambridge, 1905, p. 31; *VCH,* vol. 4, p. 83; Hoskins, *Provincial England,* p. 95.
(10) W. G. Hoskins, 'An Elizabethan butcher of Leicester', *Essays in Leicestershire history,* (ed.), W. G. Hoskins, Liverpool, 1950, p. 114; Hoskins, *Provincial England,* pp. 94-95.
(11) 当時、皮革業は、織物業に続く主要産業であり、その盛衰は、織物業など基幹産業を持たない都市経済状況のバロメーターとも言えよう。当該時期の都市皮革業については、L. A. Clarkson, 'The leather crafts in Tudor and Stuart England', *Agricultural History Review,* 14, 1966, pp. 25-39を参照。
(12) Alan Dyer, 'Northampton in 1524', *Northamptonshire Past and Present,* 4, 1979, p. 76.
(13) W. B. Stephens (ed.), *The Victoria history of the county of Warwick,* vol. 8, London, 1969, pp. 504-505; A. L. Beier, 'The social problems of an Elizabethan country town: Warwick, 1580-90', in Peter Clark (ed.), *Country towns in pre-industrial England,* Leicester, 1981, p. 52.
(14) Henry Hartopp (ed.), *Roll of the mayors of the borough and lord mayors of the city of Leicester, 1209 to 1935, with biographical, genealogical, heraldic and historical data,* Leicester, 1935, pp. 68-69, 73, 78-79, 80.
(15) 躍進著しい皮鞣工の中にかなり裕福な者もいたことは、レスターの鞣皮が他の都市へも供給されていた可能性を示唆する。製靴工が個々に異なる製品を求める最終消費者との個人的な関係を必要としたのに対し、鞣皮は、通常、一定の規格に加工されるため、遠隔市場への供給にも適していた。L. A. Clarkson, 'The organization of the English leather industry in the late sixteenth and seventeenth centuries', *Economic History Review,* 2nd ser., 13, 1960, p. 252.
(16) *RBL,* vol. 3, p. 407.
(17) Alan Chinnery, 'The muster roll for Leicester of 1608', *Transactions of Leicestershire Archaeological Historical Society,* 60, 1986, pp. 31-32.
(18) 17世紀前期ニューキャッスルとノリッジにおける皮革業の割合は、ともに約12％であった。中野忠『イギリス近世都市の展開』190頁；唐澤達之『イギリス近世都市の研究』33頁を参照。Dyer, *The city of Worcester in the sixteenth*

century, p. 62.
(19) *RBL*, vol. 3, pp. 389, 409-410.
(20) レスターにおいて、1520年からの39年の間にフリーメン登録簿に記録された食料品業者の割合は25％であり、より多くの人口を抱えるノリッジ（9％）、エクセター（18％）、コヴェントリー（22％）のそれを上回っていた。Charles Phythian-Adams, 'The economic and social structure', in K. Wilson, P. Clark, C. Phythian-Adams (eds.), The fabric of the traditional community, Milton Keynes, 1977, pp. 16, 39-40を参照。
(21) 品質のよい皮革に加工するためには、屠殺直後に獣皮を剥ぎ取らなければならなかったため、都市において皮革業と肉屋は相互依存関係にあった。M. Kowalesky, 'Town and country in late medieval England: the hide and leather trade', in Penelope J. Corfeild and Derek Keene (eds.), *Work in town, 850-1850*, Oxford, 1990, p. 59.
(22) Hoskins, 'An Elizabethan butcher of Leicester', pp. 109, 116, 122.
(23) Hartopp, *Roll of the mayors*, p. 77.
(24) それでも、食料品業の登録数は、明らかにまだ過小評価と言える。たとえば、裕福な商工業者の副業として営まれることも多かったモルト製造業について、ほかの史料からは当該時期に同職種が著しく拡大した様子がうかがえるにもかかわらず、フリーメン登録簿にはあまり記録されなかった。17世紀前期におけるモルト製造業者の影響力の拡大は、醸造を目的に公設市場で一度に大量のモルト麦を購入しようとする業者に対する度重なる抗議や、そのような買占めを制限するため導入された一連の規制によって例証されよう。*RBL*, vol. 4, ed., Helen Stock, Cambridge, 1923, pp. 152, 196-197; *VCH*, vol. 4, pp. 95-97.
(25) *VCH*, vol. 4, pp. 83, 92.
(26) *Register of the freemen of Leicester* (ed.), Henry Hartopp, 122 *et seq*; *VCH*, vol. 4, pp. 92-93.
(27) 酒田利夫『イギリス中世都市の研究』（有斐閣、1991年）、114-115、120頁。「パン屋」を表す職業名としては、bakerとpistorの2種類が使われたが、後者は1570年を最後に使用されなくなった。
(28) *RBL*, vol. 3, p. 354; *RBL*, vol. 4, pp. 125-127.
(29) *RBL*, vol. 3, pp. 153-154, 353-354; *VCH*, vol. 4, p. 96.
(30) *RBL*, vol. 3, pp. 214-215.
(31) Edward Miller, 'The fortunes of the English textile industry during the

thirteenth century', *Economic History Review*, 2nd ser., 18, 1965, pp. 67, 70, 73; Susan Reynolds, *An introduction to the history of English medieval towns*, Oxford, 1977, p. 61.
(32) *VCH*, 4, p. 40.
(33) Derek Charman, 'Wealth and trade in Leicester in the early sixteenth century', *Transactions of the Leicestershire Archaeological Society*, 25, 1949, pp. 89-90.
(34) ただし、これらの数値は、都市ごとに異なる史料や職業分類によって推計されているため、比較する場合には注意を要する。Hoskins, *Provincial England*, p. 80; Dyer, *The city of Worcester in the sixteenth century*, pp. 81-82; Charles Phythian-Adams, 'The economic and social structure', pp. 16, 39-40.
(35) ここでは、各年代を通じて登録数の多い仕立屋を織物業に含めているため、純粋に織物製造にのみ従事した職人となると、その実数はさらに少なかったと考えられる。
(36) エドワード六世第5治世において、羊毛の買占めや価格高騰を防ぐべく、ステイプル商人を介さない羊毛取引を禁ずる議会立法が制定された。一方、レスター支配層の間では、羊毛取引を都市に集約させることで、同取引に課せられる市場税を貧民や病人の救済費用に当てるなど独自の思惑も存在した。*The statute of the realm*, 5&6 Edward VI, ch. 7; RBL, vol. 3, p. 364.
(37) *RBL*, vol. 3, pp. 281, 364, 416; Peter J. Bowden, *The wool trade in Tudor and Stuart England*, London, 1962, p. 92.
(38) *RBL*, vol. 4, pp. 170-173, 178-181; Bowden, *The wool trade in Tudor and Stuart England*, pp. 169-174.
(39) Bowden, *The wool trade in Tudor and Stuart England*, pp. 72, 78, 80.
(40) *RBL*, vol. 3, pp. 372-374, 416-417.
(41) *RBL*, vol. 4, p. 171; Bowden, *The wool trade in Tudor and Stuart England*, pp. 55, 58, 70.
(42) Chinnery, 'muster roll', pp. 31-32; 唐澤達之『イギリス近世都市の研究』28-29、35-36頁。
(43) *Register of the freemen of Leicester*, (ed.), Henry Hartopp, pp. 100, 118-119.
(44) *RBL*, vol. 4, pp. 536-538; Wykes, 'The origins and development of the Leicestershire hosiery trade', p. 27.
(45) *The letters of alderman Robert Heyricke of Leicester, 1590-1617*, (ed.),

Thomas North, Leicester, 1880, pp. 7, 14.
(46) *VCH*, vol. 4, p. 90.
(47) 17世紀後期、同都市に枠編機を導入したとされるニコラス・オルソップも、もともとはマーサーであった。*VCH*, vol. 4, p. 168.
(48) Wykes, 'The origins and development of the Leicestershire hosiery trade', p. 28.
(49) *VCH*, vol. 4, p. 90; Wykes, 'The origins and development of the Leicestershire hosiery trade', pp. 24-25; Joan Thirsk, *Economic policy and projects: the development of a consumer society in early modern England*, Oxford, 1978 (三好洋子訳『消費社会の誕生』東京大学出版会、1984年、5-6、45-46頁).
(50) ただし、本稿の分類上、仕立屋や靴製造工などが小売業に従事したとしても、これら手工業者は、卸売・小売業には含めないため、市内の流通業全体としては、過小評価と言える。
(51) それぞれ扱う商品の差がなくなった毛織物商と麻織物商は、マーサーズ・カンパニーの影響力の下に徐々に統合された。*VCH*, vol. 4, p. 80.
(52) Hartopp, *Roll of the mayors*, pp. 81-95.
(53) *VCH*, vol. 4, pp. 81-82, 90.
(54) Dyer, 'Midlands', p. 102.
(55) たとえば、何人かの鍛冶屋は、本業からの収入不足を補填するために、副業として紡糸業や農業に従事し、刃物師のようにほかの金属加工業へと手を伸ばした者もいたのである。*VCH*, vol. 4, p. 97.
(56) 周知の如く、遺産目録からわかる資産内容は、富裕な社会階層のものに偏りがちであり、しかも、当事者の生存時におけるすべての財産を必ずしも反映しない。それでも、同史料は、同じ職種内における著しい資産格差を示すのに有効な史料といえる。John S. Moore (ed.), *The goods and chattels of our forefathers: Frampton Cotterell and district probate inventories 1539-1804*, London, 1976, pp. 2-3; Clarkson, 'The organization of the English leather industry', 248. たとえば、レスターの製靴工や皮鞣工の職種内資産格差については、*VCH*, vol. 4, pp. 83-86, 88-90を参照。
(57) 当該時期にはどの主要都市にも、通常、無数の仕立屋がいた。その営みは、織物加工全般に関連し、その形態も零細なものから、裁縫婦を雇って仕立業を手広く営むものまでさまざまであったことが知られている。Heather Swanson, *Medieval artisans: an urban class in late medieval England*, Oxford, 1989, pp.

45-52を参照。

第9章　長期の18世紀イングランドの地方都市行政とコミュニティ
　　──キングス・リン舗装委員会を中心に──

　　　　　　　　　　　　　　　　　　　　　　　　　　　　小西　恵美

はじめに

　名誉革命に始まり、各種行政改革が推進された1820年代後半から1830年代に至る時期を、ひとつのまとまった「長期の18世紀」とみなす見方が市民権を得つつある。後半に第一次産業革命を含むこの時期は、経済成長や人口増加とともに、都市化によっても特徴づけられる時代であった。イギリス地方都市にとって、国内の政治的社会的安定に支えられたこの時代は、単に規模の増大だけでなく、「都市ルネサンス」という呼称が示唆するような新しい都市的生活様式や都市的文化が顕著な展開を見せていた。そして同時に、都市化の負の側面である「都市問題」がクローズ・アップした時代でもあった。この変化に対応すべく都市の行政組織も変革を迫られた。その対応の仕方はそれぞれの都市の伝統、規模、機能の違いによってさまざまであったが、ほとんどの都市で従来からの統治機構に加えて、行政を直接・間接に担う新しい組織や機関が生まれた。都市自治体法（1835年）が施行されるまでのこの時期は、都市行政にとって試行錯誤と実験の時代であったといえる。

　イースト・アングリア地方の港湾都市キングス・リンも、他の多くの中世都市と同様、従来からの統治機構を代表していたのはコーポレーションであり、中でも通称ホール hall と呼ばれる評議会 council が中心となって、包括的権限をもっていた。それに加えてこの時代、次のような組織が活動するようになっ

た。ひとつは、評議会の下位機関として組織された委員会 committee である。市民 burgesses（またはフリーメン）[1] 以外の外部者の意見を聞ける場としての公開集会 public meeting も都市の公式機関として一定の役割を果たすようになった[2]。もうひとつは、地方立法 local act によって設置を認められた法定委員会 statutory commission である。さらにボランタリ・アソシエーションも都市行政を実質的に支える組織として重要になってきた[3]。

18世紀におけるコーポレーションの衰退や腐敗を論じたウエッブ夫妻以来の見解を引き継いで、これら新・旧の組織を対抗関係のなかで捉える見方がこれまでは支配的であった[4]。法定委員会に代表される新しい組織は、もっぱら伝統的なエリートが掌握する古いコーポレーションに対して新興のエリートたちが対抗する場とみなされてきたのである。しかし筆者は別稿でキングス・リンの事例をとって、両者の間には人的構成や資金提供、機能という面で重複や協調、あるいは連続性があり、敵対的というよりはむしろ、相互補完的関係にあったことを指摘した[5]。

この結論をふまえ、新しい行政組織を代表する法定委員会である舗装委員会 Paving Commission に焦点をあて、その活動を分析することが本稿の中心的課題である。法定委員会については、これまでも少数の研究者がその成立と議会法との関係に注目し、一般的傾向を議論しているが、委員会の活動を実証的に扱った研究は皆無に近い[6]。本稿では、この委員会を検討することによって、新旧の行政組織間の相互関係と新たな都市行政の形成に向かう進化のプロセスをより具体的に明らかにするとともに、長期の18世紀の地方都市社会に生じた変化を観察する。

以下、2節では1800年頃までのコーポレーションの活動を、伝統的な枠組みと、比較的新しい活動に分けて概観する[7]。3節では、長期の18世紀末以降のコーポレーションの活動が、それ以前のものと比較検討される。この時期のコーポレーションの行政を担った機関には、伝統的な評議会のほかに、その下部組織である委員会や公開集会も含まれるが、これらすべての活動が3節での分析対象となる。そして4節と5節では、法定委員会のひとつ、舗装委員会の

活動について詳細分析がなされる(8)。以上の考察をふまえて、6節では、長期の18世紀末のキングス・リンにおける行政組織の全体像を明らかにし、新しい都市「コミュニティ」の性質についてひとつの結論を導き出したい。

第1節　1800年頃までの行政枠組み

　法定委員会の設立が本格的に始まる1800年頃まで、コーポレーションはほぼ一貫してキングス・リンの行政の中核にあったが、社会の変化に応じてその活動を変えていかなくてはならなかった。伝統的な行政機関であるコーポレーションの活動を見てみよう。

　キングス・リンは11世紀までさかのぼる歴史をもつ特権都市であるが、近世以降、1835年の自治体法まで、コーポレーションの性格とその活動は、1543年にヘンリー八世から与えられた特許状によってほぼ決定されたといえる(9)。この特許状は、市長と市民から構成される「コミュニティ」に自治権と土地の所有、市民の認可権を与えたが、そこには裁判権や、週市・歳市の開催権、港湾施設の保有・管理権をも含まれていた。この自治は、市長とオルダマン、コモン・カウンシルマンを構成員とする評議会と、それ以外の役職者を中心に、コーポレーションが担うとされた。これにより、キングス・リンで唯一の公式な行政機関となったコーポレーションは、市民と土地の管理を一手に担うことになり、これがコーポレーション設立時以来の伝統的な活動となった(10)。そしてあらゆる決定はコーポレーションの最高機関である評議会でなされた。

　コーポレーションの活動は、収入なくしては営みえない。経常的収入のほとんどを占める地代や使用料を生み出す土地や建物、施設の管理は、コーポレーションにとって最も重要な仕事のひとつである。コーポレーションは中世以来、キングス・リン市内の主要な土地と建物を保有していたが、修道院領の大半を解散後に手に入れたことにより、市内のほぼ全域と周辺地域のいくつかの農場ももつことになった。その中には、週市や歳市の開催場所や港湾施設などキングス・リンの経済活動の中心地も含まれていた。コーポレーションは建物や土

地を市民に貸し出したが、条件のよい借地・借家人と契約すると同時に有給の地代徴収人も任命し、滞納を防ぎ安定した地代収入を集める努力を行った。週市・歳市の開催場所や港湾施設では、特別の有給の使用料徴収人を配置することに加え、商品価格を監督し、度量衡を統一して取引のトラブルを防ぎ、また認可制を導入して荷担ぎ人夫や水先案内人などの港湾労働者を管理するなど、市場や取引が円滑に機能するようさまざまな規制を行った。一方、市民の統制と保護はコーポレーションのもうひとつの重要な役割であり、その登録には細心の注意が払われた[11]。市民権を得るためには、徒弟修業、親からの継承、購入、付与という四つの方法があったが、最も一般的な方法であった徒弟修業終了による市民権獲得を統制するために、コーポレーションは徒弟契約書を通じての徒弟の管理も行っていた[12]。

　以上で述べたようなコーポレーション不動産の管理・運営と市民の統制・保護に関連して、何種類かの業務が発生する。所有地内の建物や施設では、修理や改良工事が必要になることもあった。また、けがや病気で働けなくなった市民や、市民が死亡したあとに残された寡婦や孤児の生活の面倒をみることもコーポレーションに期待された。施療院やワークハウスの経営に間接的ながらも関与し、それらの施設への入居者を決定したり、定期的に物資や金銭の提供を行ったりもしていた。これらの活動のなかには、公共の福祉や都市の住民全体の利益に資するものも含まれていた。しかし、このような諸施設の整備や慈善活動を過大評価してはならない。これらがコーポレーションの伝統的な役割に組み込まれていたことは確かであるが、基本的にそれらはすべて、地代や使用料から得られる収入を超えない範囲で行われなければならなかった。18世紀のコーポレーションの腐敗の例として、派手な儀式や饗宴にその財政収入を用い、不足する場合には土地売却によりその費用をまかなっていた、という点がしばしば指摘される。しかしキングス・リン・コーポレーションにはそのような傾向は決して見られなかった[13]。土地の売却もほとんどなく、儀式や饗宴費も妥当な額の範囲内であったし、財政の逼迫時にはむしろ積極的にこれらの費用を削減しようとさえした。しかし、それにもかかわらず人件費や必要経費

を払ってしまうと、残りはあまりなかった[14]。大規模なインフラの整備のような特別の事業に限られた財政資金を投入することは困難であり、現状維持のための業務しか行えなかった。同様に慈善活動もコーポレーションの収入から直接的に出せる額には限りがあり、コーポレーションはむしろ慈善目的に委託された資金の配分に携わることによって間接的にのみかかわっていたと考えられる。

　しかし、18世紀半ばを過ぎて経済成長や人口増加が速まると、それにともなってさまざまな都市問題の出現と新しい生活環境や便益に対する要求の高まりが見られた。こうした状況に対応するために、伝統的なコーポレーションは、地代・使用料収入のみからなる財政資金に加え、新しい収入源と組織を必要とした。大規模な事業計画がもちあがると、年金証券やコーポレーション債権の引き受け募集をしばしば行い臨時収入を確保すると同時に、また評議会の下部組織として、評議会員の一部から構成される委員会が形成され新しい事業の実行部隊となった。したがって、証券や債権の募集は大事業が進行している時期に集中する傾向があった。たとえば1763～68年には市庁舎の改築・増築、1778～81年にはケンブリッジ州と結ぶ水路新設を手がけていたが[15]、年金証券やコーポレーション債権の募集の集中はこれらの年度に見られる[16]。これら特別に募集された財政資金の多くは市民の代表である評議会員により提供された[17]。18世紀末までは、こうした方法でコーポレーションは社会の変化や改良の必要性に対応していた。委員会が携わった事業には、コーポレーションの伝統的な活動範囲を超えるものもあった。しかしながら、市庁舎の改築や河川・港湾設備の改良事業に見られるように、市民の利益、とりわけ彼らの商業活動を最優先させたものが多く、その意味ではコーポレーションの伝統的な枠組みの中での対応にとどまっていた。委員会の構成や資金の提供者を考えれば、それは当然であったといえる。

第2節　新しい行政枠組みにおけるコーポレーション

　しかし長期の18世紀も末期に近づくと、社会の変化は加速し、都市行政はさらに対応を迫られた。土地とフリーメンの管理という伝統的活動を評議会が担う一方で、コーポレーションは以前にも増して多くの委員会を設置したり、新しい方法を取り入れながら、変化に対応すべく行政機構を組み替えていった。

　そのなかで注目すべき変化として、次の三つがあげられる。第一に、コーポレーションの伝統的な業務を超えた新しい事業や計画が、行政当局の関心を引くようになったことである。たとえば、この時期に形成された委員会には、オー・ブリンク Eau Brink 水路関連事業（1793〜1819年）、家畜市場と新設と（一般）市場の改良工事（1805〜9、20、28〜32年）の例のように、商業・海運業利益を意識したコーポレーションの従来からの業務を発展させるものもあるが、それに加えて、墓地区画の拡大（1803年）やバクスター橋の撤去と新築（1804年）などの住民一般の生活環境に直結する問題や、慈善学校の修理と移転（1815〜30年）、コーポレーションが管理する図書館の整理とその図書の会員制図書館への移行（1815年）など、都市住民の文化や教育に関する事業を検討するものもあった[18]。

　第二に、上記の事業の中には、コーポレーションが単独で推進していたものではなく、他の組織との連携のもとで進められたものも少なくない。バクスター橋の撤去と代替となる橋の建築は、後述の舗装委員会の事業とも重なるものであった。また、家畜市場と既存の市場の工事も同様に舗装委員会との共同事業である。さらに新劇場建設（1813年）やサタデー・マーケットの取引所 market house 建設（1830年）にもコーポレーションは関連していたが、その建設の主体となったのはいずれもボランタリ・アソシエーションであった。慈善学校に関しても、コーポレーションは「公共機関」として年間1シリングという安い地代で土地と建物を提供したが、修理・移転にかかる費用はボランタリ・アソシエーションによって集められた寄付金に大きく依存していた。図書

館についても同様の状況である。1815年には、年間１シリングでコーポレーション所有の部屋を会員制図書館[19]のために提供すると同時に、それまでコーポレーションが管理していた図書館の一部の本を会員制図書館に移動させ管理を任せた[20]。これもボランタリ・アソシエーションとの共同事業である。このように、一見、評議会と委員会という前の時期と同じ組織が行政を担っていたようであるが、その活動の主体に少しずつ変化が見られた。

　上の二点に関連して、第三に、最も重要な点は、コーポレーションの活動範囲が広がるとともに、都市行政の対象となる人々と参加する人々の基盤もまた広がったことである。その変化を示す典型的な例が公開集会である。公開集会は自発的な組織とは異なり、そのメンバーには必ず評議会員を数名含まなければならず、またそこでの決定事項は評議会で審議されるという点で、コーポレーションの一翼を担う公式な行政組織と考えられる。伝統的にコーポレーションが活動の対象としていたのは市民たるフリーメンであり、その意味では、コーポレーションにとって都市社会とは都市特権をもったフリーメンのコミュニティにほかならなかった。しかしこの時期になると、扱う問題の中には評議会員だけでは対応しかねるような複雑で専門性を問われるものや、非フリーメンを含む外部の関係者の協力を必要とするものが多く含まれるようになった。それに加えて、議員の選出権をもつひとつの地方都市として、国家の政策に対して意見を述べる機会も増えていった。その結果、コーポレーションは、評議会やフリーメンのみならず、外部の関係者や専門家などのより広い範囲の人々の参加を認めた公開集会を開くようになったのである。

　公開集会には「住民inhabitant」一般、商工業、そして貧民という三つの問題をそれぞれ話し合う三種類のタイプのものがあった[21]。まず、住民一般を対象とした集会の例としては、1831年のコレラ対策と都市衛生に関する集会がある。これには医者や薬剤師等の医療専門家が多く出席した[22]。しかしこのタイプの集会の大半は、キングス・リンの立場を国政に反映すべくアピールする目的をもっていた。所得税導入反対（1802年）、歩兵徴集協力（1803年）、穀物法改正反対（1814年）、財産税導入反対（1815年他）、戦争被害者救援金募集

(1815年)、動物虐待禁止法賛成 (1821年)、現行の債務法反対 (1823年)、石炭税反対 (1830年) などの集会がその例としてあげられる。二つめの商工業にかかわる問題についての集会には、トン税廃止請願 (1802年)、自由港認可請願 (1802年)、ウーズ川支流の連結点建設反対 (1810～23年)、インド貿易参入請願 (1813年)、外国兵籍編入法反対 (1819年)、石炭価格切り下げ (1823～25年)、航海法改正反対 (1827～28年)、キングス・リン水夫と港湾労働者の統制 (1814～30年) などを目的としたものがあげられる。これら公開集会の参加者には、フリーメンの商工業者だけでなく、非フリーメンも少なくなかった。皮革業関係者によって開かれた皮革業内の職種細分の撤廃を求める集会 (1816年) のような例外もあるが、この種の公開集会はほとんどが、明らかにキングス・リン全体の廻船業と商業利益を保護する目的のために開催されている。

さらに、もうひとつの公開集会のタイプとして貧民対策があげられる。それまでのコーポレーションの救貧政策や慈善活動の対象が、施療院やワークハウスなどの施設や、ごく一部の市民とその家族に限られていたのに対し、公開集会では区 ward ごとに責任者を置き、都市全体に一様に慈善が行き渡るように計画されたことが特徴である。慈善資金や施物の募集も何度か議題になったが、最大のイベントは1814年にキングス・リンに住む6,000人を超える貧民を招待したディナーであった。この大イベントに際し、何度も公開集会が開催されたが、これにはフリーメン、非フリーメンを問わず、聖職者、商人、専門職など町の名士のほとんどが参加していた。その他の例としては、「病人と生活困窮者訪問協会 Society for Visiting and Relieving the Sick and Indigent」というボランタリ・アソシエーションの設立が提起された集会 (1826年) が特筆される。この協会は、幹事も含め、基本的に女性だけで形成された非常に珍しい例である[23]。また、この公開集会で議論された事項が、コーポレーション自身ではなく、ボランタリ・アソシエーションの形で遂行されたことも興味深い。任意団体の形式をとりながら、ボランタリ・アソシエーションは実質的に都市行政の重要な部分を担っていたのである[24]。

これらの公開集会からは、コーポレーションがキングス・リンの都市コミュ

ニティをどのようなものとして見るようになっていたかが読みとれる。たとえば1816年の財産税反対陳情のための集会では、財産税が製造業・商業利益を弱め、土地・金融資産所有者を保護するものと解釈されているが、それだけではなく、キングス・リンの「すべての階層の人々」が財産税導入により苦境に立たされるとしている[25]。このようにコーポレーションはキングス・リンについて、商工業従事者の利益、とりわけ船舶所有者の利益にもとづいていることを認めつつも、「すべての階層の人々」に目を向けなければならないと考えていることがわかる。フリーメンの利益が最優先されていた18世紀前半までと比較して、明らかに変化が見られる。しかし、実際には前述のとおり、変化への弾力性が低い伝統的行政機関であるコーポレーションの活動には限界があり、新しい機関に対応を委託せざるをえない部分は多く存在した。

第3節　舗装委員会とその事業

　18世紀末には伝統的行政組織のコーポレーションが変化する一方で、新しい行政組織も生まれてきた。その中でも最も注目されるのは、法定委員会の中でも改良委員会 improvement commission と呼ばれるものである。地方税を課すことが許可され、さらに証券等の発行により資金徴集できるという理由で、18世紀半ば以降、資金難にあえぐ都市が改良委員会を大規模な改良事業を進めるうえで採用し、全国的な傾向となった[26]。1750年から1800年の間にイギリス全国で100を超える改良委員会が組織され、1850年までにはその数はさらに2倍になったとされるが、とりわけロンドン以外の地方都市では、1770年以降に広く普及した[27]。人口1万1,000人以上の都市では、二つの例外を除いて、1830年までにすべてで改良委員会が組織されたといわれる[28]。キングス・リンもその例外ではなかった。

　法定委員会は、長期にわたり行政の中核を担ってきたコーポレーションに替わるものとして従来は議論されることが多かったが、組織の成立過程や構成員、活動資金提供者などから分析すると、少なくともキングス・リンではコーポ

レーションと密接な相補関係にあったと考えるのが適当であろう[29]。一方、ボランタリ・アソシエーションも、前節で触れたように、新しい行政枠組みの一端を明らかに担っていたと思われる。18世紀半ば以降、キングス・リンにはいくつかの法定委員会が設立されたが、いずれも港湾施設や港湾労働者に関係するものか、またはキングス・リンを含む広域の河川交通に関する問題を処理するものであり、都市環境や都市住人全体の生活にかかわる組織ではなかった。しかし1803年に成立した法定委員会の道路舗装委員会は、それ以前の改良委員会のように一部の住民の利益だけに奉仕するのではなく、道路建設・舗装、照明、清掃、警備等を中心に、より広い都市住民の便益を考慮する組織であった。その点で、本格的な新しい地方行政機関の誕生であり、キングス・リンの最も重要な行政組織のひとつであると考えられる。この委員会の活動を詳しく見てみよう。

　コーポレーションは、一定の限界内であれ、生活環境の整備に対する住民のニーズに応えようとしてきたが、それにもかかわらず、19世紀初頭のキングス・リンでは都市全体にさまざまな不都合が生じていた。1803年の舗装委員会の設立を認可した地方立法の序文には、「キングス・リンでは通りの大小にかかわらず舗装がなされておらず、清掃や照明、警備も適切に行われていない。通りにはさまざまな妨害物が置かれ、迷惑行為や不法侵入にもさらされている。そもそも、通りの多くが狭く不便である」と当時の様子が述べられている[30]。

　道路の維持・整備には、運輸・交通、取引、治安、公衆衛生、景観など、都市生活の多様な問題が絡んでいた。限られた財政資金しかもたず、また問題が起こるたびに個々のケースを処理するだけで、決して総合的事業として取り組むことはなかったコーポレーションだけにこの問題の解決をまかせることはもはや不可能であった。舗装委員会がめざしたものは、ビクトリア時代末以降に活発になった都市計画には及ばないものの、それまでのものと比べて格段に規模の大きい都市改良事業であった。さまざまな不都合を改善し「バラの住民とこの町を訪れるすべての人々に利益、便益、そして安全がもたらされる」ために、1803年法では以下の三項目が目的としてあげられている[31]。第一に、す

べての公道の舗装・清掃をし、照明をつけ、夜間警備を行い、不法侵入や妨害などあらゆる迷惑行為をも取り除くと同時に、将来また起こらないような設備を置くこと。とりわけ、最も人の出入りが多い南門（図9-1 ⓞ）と主要道のセント・ジェームズ・ストリート（図9-1 ㉘）の間に、それらを結ぶ新しく便利な道路を新設すること」が意図されている。第二に、1701年に設立されたキングス・リン救貧社 Corporation of the Poor の大きな目標のひとつでありながらまだ達成できていない、貧民の雇用機会拡大を狙っている[32]。そして第三に、十分な広さをもたず、また取引に不適当な場所にあったサタデー・マーケットと家畜市場を移動させることを目標としていた。以下で、舗装委員会が1803～1830年に実際に行った活動を、①インフラの建設・整備、②公害（騒音・異臭・迷惑行為）対策と清掃、③照明・防犯、の三つに分けて分析してみよう。

　一点目のインフラの建設・整備では、新道路の建築が中心プロジェクトであった。それに加え、主要道の拡張・修理・舗装や遊歩道の整備のために、初期の資金の大きな部分が投入された。新しく道路を作るには多大な労力と資金を要するが、最大の問題点のひとつは道路建築用の土地の確保である。一般に、近世イギリス地方都市では複数の地主の土地が入り混じり、一斉開発は進めづらい場合が多かった[33]。しかし、キングス・リンはこの点で条件に恵まれた。既述のとおり、最大の地主は、舗装委員会の事業を全面的に支持し、舗装委員会証券を引き受けることで委員会の事業にも大きく貢献をしていたコーポレーション自身であり、しかも町の中心部のほぼ全域を所有していた。それに加えて、周辺部には少数ながら個人地主がいたが、そのほとんどが評議会員で舗装委員会にも協力的であったため、舗装委員会は大きな障害なく、新しい道路建築に取り組むことができたのである。

　新道路関係で最大の事業は、キングス・リンで最も重要な門である南門からまっすぐにのび、町の中心部に入る広い通り、ロンドン・ロードの建設であった（図9-1 ㊳）。それまでは南門から入った人々はウーズ川寄りの通りから町の中心部に入るルートをとっていたが、その道は狭く不便で、18世紀の社

図 9-1　キングス・リンの通り・広場と建物

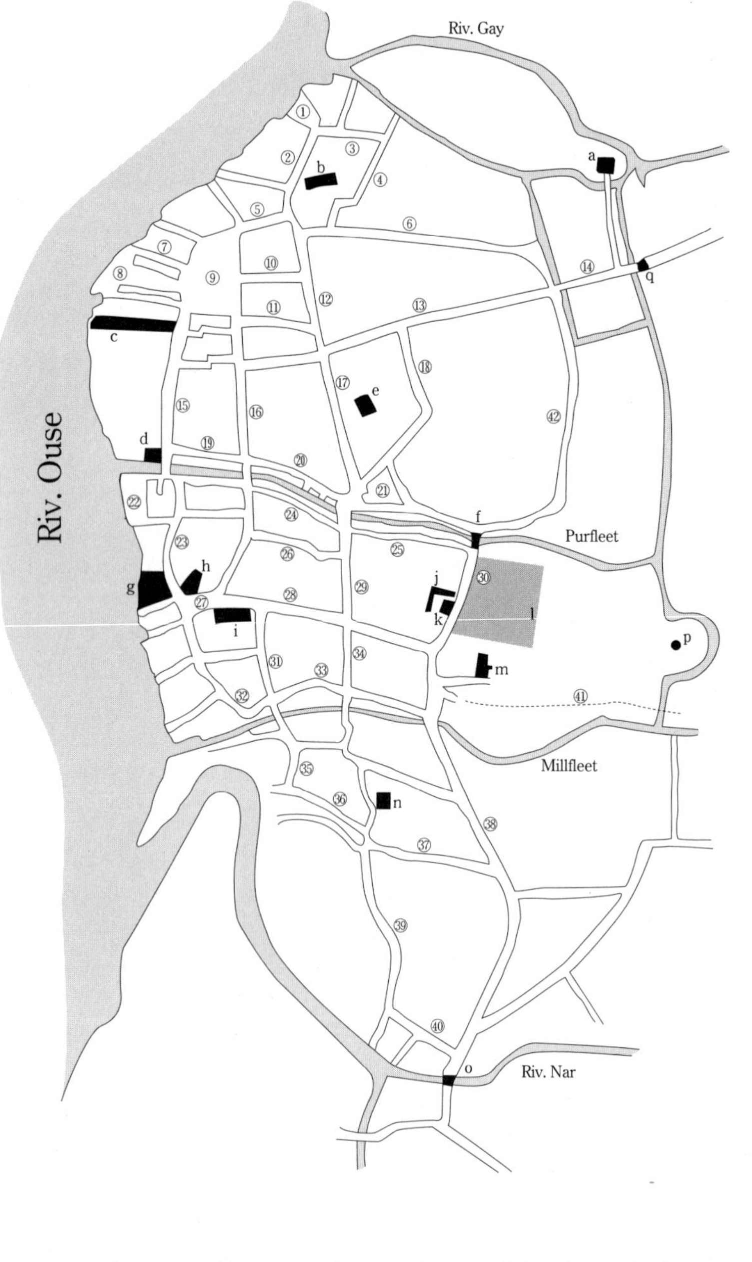

第9章　長期の18世紀イングランドの地方都市行政とコミュニティ　205

(名称の新旧対照表)
新名称（旧名称）
① St. Ann's Fort
② St. Ann's St. (North End St.)
③ North St. (Dog St.)
④ Pilot St. (名称なし)
⑤ St. Nicholas St. (Black Goose St. または Wood Pack St.)
⑥ Austin St. (Hopman's Lane)
⑦ Water Lane (Pudding Lane)
⑧ Common Staithe
⑨ Tuesday Market Place
⑩ Market Lane (Duke's Head Lane)
⑪ Jews Lane (Butcher Lane)
⑫ Chapel St. (Black Horse St.)
⑬ Norfolk St. (Grass Market & Dampgate St.)
⑭ Littleport St.
⑮ King St. (Chequer St.)
⑯ High St.
⑰ Broad St.
⑱ Paradise Lane (Spinner Lane)
⑲ Purfleet St.
⑳ New Conduit St.
㉑ Plain
㉒ King's Staithe Yard
㉓ Queen St. (Three Crown St.)
㉔ Sedgeford Lane
㉕ South Clough Lane
㉖ Union Lane (Mad Lane)
㉗ Saturday Market Place
㉘ St. James St.
㉙ Tower St. (Black Boy St.)
㉚ St. James Rd. (名称なし)
㉛ Church St. (Red Cow St.)
㉜ Nelson St. (Lath St.)
㉝ Stonegate St. (Mill Lane)
㉞ Tower Lane (Codling Lane)
㉟ Bridge St.
㊱ All Saint St.
㊲ Valingers Rd. (未建設)
㊳ London Rd. (未建設)
㊴ Friar's St. (All Saint St.)
㊵ Southgate St. (名称なし)
㊶ New Walk
㊷ Back Road (Blackfriar's Road)

a　Kettlemill
b　St. Nicholas Chapel
c　St. Georges Theatre
d　Custom House
e　Framingham Hospital
f　Baxter's Bridge
g　Thoresby College
h　Town Hall/ Assembly Room
i　St. Margaret Church
j　St. James Almshouse
k　Lancastrian School
l　New Burial Ground
m　St. James Workhouse
n　All Saint Church
o　South Gate
p　Red Mount Chapel
q　East Gate

KLA KL/PC2/2; BL42/1; Plan of King's Lynn 1830 をもとにして作成

会・経済発展を通して増加した交通量や取引量の需要に応えられるものではなかった。新しい道路の建築予定地には、既存の建物はほとんどなかったものの、私有地が散在していた。土地の利用許可や補償をめぐり地主との交渉が行われたが、その交渉はおおむね円滑に進んだ。必要な部分の土地を買い上げたり[34]、コーポレーション所有の別の土地と交換したり、中には地主の方から気前よく寄付するケースも見られた[35]。これらの地主の中で、E. エベラードとM. B. フォルクスは、舗装委員として、または証券引受人や寄付者として、舗装委員会に積極的に関与する人物であった。一方、舗装委員でもなく、証券を引き受けることもせず、また18～19世紀を通して行政やその他主要機関の改良事業にかかわった形跡もないJ. マーシャルやT. ミドルトンのような地主も、舗装委員会への土地の提供・交換を快く受け入れた。それまでは都市行政とはいかなる接点もなかったような人々の中からも都市改良事業に協力するものが現れたことは、これらの事業に関心をもつ人々の層が拡大していったこと示している[36]。もちろん、道路建設用地の確保がすべてうまく進んだわけではない。たとえば、コーポレーションの所有地の旧グレイ修道院領は、ハミルトン氏なる人物にリースされていたが、借地権をめぐって問題が起きた。しかし、いずれも最終的には話し合いがついた[37]。道路建設を請け負ったのは、ノリッジ出身で、ロンドンのサザク地区で舗装業を営むW. ポップジョイであり、自らが800ポンドの舗装委員会証券の引受人であった[38]。彼は1803年に舗装委員会が議会で承認されるやいなや、新道路建築に着手した。土台を作り、従来とは異なる品質の高い舗装を行い、フェンスの設置作業に区切りがついたのは、1814年のことであった。

　一方、委員会は、新道路だけではなく、既存の通りの拡張・修理・再舗装や、公共物の建築・修理にも対応した。交通量や取引増加、交通機関の大型化によるスケールの不適合、そして通りや建物、水道施設などの老朽化、公害など、問題は山積みであった。通りに関しては、ダムゲート・ストリートやハイ・ストリート、ブロード・ストリート、セント・ジェームス・ストリート（図9-1 ⑬、⑯、⑰、㉘）等の主要道路の大規模修理をはじめとし、キング

ス・リンの多くの通りに手が加えられた。前述の新道路建設の際と異なり、大きな道路の大半が町の中心に密集しているため、既存の建物の存在が一番の問題になる。コーポレーションと土地・建物の借受人の間には、リース契約に盛られた内容や補償をめぐり、いくつもの対立が起こった。

　改良のために組まれた予算の少なさも問題であった。道路の状態は測量士や舗装委員の報告だけでなく、住民からの陳情にも基づいて調査され、重要かつ緊急と思われるところから修理が始まる。しかし資金不足のため、最重要道路を除き、舗装の質を落とさざるをえないケースや、中には修理の必要性や正当性が認められながらも、放置されたり計画が縮小されたケースも多い。実際、ひとつの通りを完全に修理しようとすると1,000ポンドを超えてしまうが、この数値は舗装委員会の平均的な年間課税収入に相当する。妥協手段としてしばしばとられたのが、修理のための費用を改善希望者と舗装委員会で分担する方法であった。たとえば、パーフリート橋周辺の通りを拡張・修理するために必要な推定額900ポンドのうち、700ポンドを周辺の住民が、そして残りの200ポンドを舗装委員会が負担した[39]。また、ノース・エンド地区のブラック・グース・ストリート（図9-1 ⑤）も地域の有志から集めた1,000ポンドを準備金とし、それに委員会の資金を加え、修理の実現にこぎつけた[40]。この方法は、資金不足に悩む舗装委員会にとってだけでなく、直接の受益者である住民にとっても有利な方法であったと考えられる。ここには、当時の都市改良事業のもっていた公共的性格と私的性格、公的負担と受益者負担の組み合わせが見られる。18世紀にコーポレーションによって行われていた改良事業は、そのほとんどがコーポレーションの資金により進められたものであった。改良される場所は数少ない公共空間に限られ、資金が不足する事業には基本的に手を着けられることはなかった。しかし19世紀に入り、キングス・リンでは、有志から集められた私的資金と舗装委員会の公的資金と組み合わせることによって、より多くの改良事業を遂行することが可能となったのである。

　一般道路の建築・修理が経済発展に見合ったインフラを提供することであったとするならば、遊歩道の設置の目的は、より洗練された社会生活のための場、

すなわち憩いや社交の場の提供であった。公園や広場を都市空間に求めるのは当時の全国的傾向になりつつあり、その有無は都市の名声や威信にかかわる問題でもあった。キングス・リンでも少なくとも18世紀後半には憩いの場を求める声が強まり、18世紀末には遊歩道（図9-1 ㊶）が作られ始めていた。舗装委員会は、コーポレーションが手がけた遊歩道に大幅に手を加えていったのである。

第4節　舗装委員会と都市問題への対応

　次に、舗装委員会の主な活動の二点目としてあげられる、公害対策と清掃について見てみよう。18世紀の都市では、家畜やモノを通りや広場などの公共の場に放置するのは一般的慣習であった。しかし、人口が増え、取引が増大するとともに交通量も増え、荷馬車も大きくなり、さらに都市空間の密度が高まると、通りに放置されたモノは経済活動や日常生活の大きな妨げとなった。また公共の排水設備やゴミ処理施設も不十分な中、ゴミや生活排水、その異臭は増え続け、改良を求める声がしだいに強くなっていった。公害や衛生問題への対処が都市行政の中心的課題のひとつと考えられるようになり、一般市民の間でもこれらの問題に対する意識が高まってきた結果、どの都市も例外なく、高い請負料で衛生管理や道路・公共物の管理を清掃業者 scavenger に委託していた。

　リンの清掃業者は年間300ポンドの請負料を受け取り、通りにある有害・妨害物や迷惑行為、異臭に委員会と連携しながら対応した。舗装委員会の議事録にはこうした問題への対処の事例がたくさん記録されている。たとえば、J. クロウソンと T. ガネルは歩道に荷車を放置したことで警告を受け[41]、J. ドウディは、歩道に放置していたカートを2週間以内に動かすようにという警告を受けたが無視したために、5シリングの罰金を払うことになった[42]。煙突掃除人の T. ホールは集めてきた灰をゴミ処理場に持っていかずに通りに放置し[43]、T. モリスは家畜の屠殺小屋を住宅地の中に作った[44]。清掃業者はいずれの

ケースでも住民から苦情を受け処理した。そのほか、生活汚物の放置も大きな公害となる。たとえばJ. ラックとJ. フランクリン、寡婦のM. ベインズ、W. ロビンソンはこの件で住民からの苦情を受け、舗装委員会から警告された[45]。W. ハバード一家の大家であるS. ミリングトンも、貸家のトイレのにおいに関する隣人からの文句により、即座に対応するよう委員会からの命令を受けた[46]。

　舗装委員会には、公共施設から生ずる公害に対する苦情も持ち込まれた。雨が降るとあふれ悪臭を発する排水設備や、公共ゴミ置き場がその例である。排水溝は改善・増設によって問題解決したが、ゴミ置き場の問題は簡単に対処できなかった。従来のゴミ置き場は町の比較的中心に位置していたが、人口の増加とともに、生活ゴミの量は処理できる分をはるかに上回るようになった。さらに、19世紀初頭から始まった新しい道路建設は大量の瓦礫を生じさせた。そのためゴミ置き場の移設を余儀なくされたが、候補にあがった土地は町の中心からはずれた場所にあり、運搬の手間と費用をめぐり大きな議論になった。もちろん騒音や異臭、迷惑行為そのものは、この時期に新たに生まれたものではない。しかし、清掃業者を通して舗装委員会にあがってくる公害の改善要求は、それまでと比較にならないほど多くなってきた。これは人口増加や都市化に伴う現象と考えられるが、それに加え、都市住民の公共観や公衆衛生観が変化したり強まったりしたことも反映しているように思われる。

　舗装委員会の三点目の活動として、照明の設置と防犯対策があげられる。19世紀初頭のイギリス都市では、照明はオイル・ランプを用い、年間契約を結んだ照明業者に毎日の点灯・消灯を請け負わせる形をとっていた[47]。インフラ設備の中で照明設備の導入は最も遅れていて、どの町でも街灯の数は不足気味であったといわれる。キングス・リンでも照明の必要性は認識されていたが、舗装委員会の初期プロジェクトの中では重点が置かれておらず、資金不足のため点灯する街灯の数を減らす案すら出されることもあった[48]。しかし、照明に対する市民からの要求は次第に大きくなっていった。住民からの要求を受けたオルダマンで舗装委員のJ. スワットソンは1816年に、町のあらゆる場所で

街灯の数が不足しており、街灯の増設を考えるべきである、との意見書を舗装委員会に提出している[49]。この後、舗装委員会は351個の街灯を420個にまで増設する決定をした[50]。

同様の街灯増設の要求はその後も見られるが、1820年代以降に転換期を迎え、ガス灯の導入が焦点となり始めた。ガス灯がリンに初めて提案されたのは1815年であり、ロンドンのウィートクロフト氏によりなされた。しかし舗装委員会は、自らがガス灯を導入し管理することには非常に消極的であり、「リンで寄付を募り、それを元手に〔民間の──引用者〕ガス会社を設立すること……同時に、もしその会社がガス灯を設置し、その管理も行うならば認可する……舗装委員会からの資金援助はしない……」という決議を行った[51]。その後しばらくガス灯の話題は委員会には現れず、オイル・ランプを使い続けていた。しかし夜間に街灯が点灯しないなど、照明に関する不平は増え続けた。委員会は業者に罰金を課して事態に対応しようとしたが、改善はほとんど見られなかった[52]。再度、ガス灯が議題にのぼったのは1823年12月のことである。前述のウィートクロフト氏は、1815年に舗装委員会が出した条件をすべて満たし、ガス灯導入のための費用の見積もりも示し、リン市内の主要道とマーケット広場すべてにガス灯を導入する提案を出した。その結果、舗装委員会は初めの提案を大きく上回る150個のガス灯を導入し、3年間のうちに設置することを決定した[53]。

照明設備への要求の最大の理由は犯罪対策であった。経済活動や人口の拡大の結果、犯罪が増加したことはよく指摘される。昼夜を問わない市門の開放、取引関係者や旅行者などの訪問客の増加、労働市場を求めての人口の流入などさまざまな要因があげられる。常設店の増加は、商品が常時建物内に存在することを意味したし、また人々がより多くの高価なモノを保有するようになると、それを狙った犯罪も増えた。犯罪の放置は、取引関係者の足を遠のかせ、経済活動の停滞を引き起こす可能性があるだけではない。地域の社交生活の中心地として、都市では舞踏会やコンサートなどさまざまな文化的イベントが開催されるようになったが、犯罪の頻発はこれらを目当てに来る旅行者の訪問を躊躇

させる要因にもなりかねなかった。そのため犯罪を防ぐことは都市にとって不可欠な問題になっていった。1835年以前のイギリス地方都市では警察制度はまだほとんど整備されておらず、無給の治安役を使った中世以来の自警制度しか存在しなかった。キングス・リンでも18世紀からコーポレーションが治安役を任命し、ほとんど無給で治安維持のため奉仕させていたが、満足のいくものではなかった[54]。したがって、1803年に舗装委員会が6人の夜警をそれぞれ年間25ポンドの給料を払って雇うことを決定したのは自然な流れであった。この警備員体制がどの程度犯罪防止に役立っていたか不明だが、夜間の見回りの強化や照明の設置を通じて、犯罪を未然に防ぐことが、舗装委員会の活動のひとつの柱であったことは疑いない[55]。

　以上三点から1830年以前の舗装委員会の活動を分析してきた。この時期のキングス・リン舗装委員会の最大の目的は首都と結ぶ新しい幹線道路ロンドン・ロードを作ることであり、巨額の資金をその事業に割いていた。そして、新道路が完成した1810年代半ば以降は、舗装委員会の活動は縮小し、比較的小規模な修理にたずさわり、犯罪防止や照明等の問題に対応しているだけである。新しい大きな問題に直面した舗装委員会が積極的な資金徴集を始めると同時に、さらに専門的な法定委員会が成立して本格的な活動が再開されるのは、1830年以降のことであった。

第5節　舗装委員会と都市コミュニティ

　舗装委員会の活動内容は前節で明らかになったが、この時期の行政組織全体の中で、舗装委員会はどんな役割をもっていたのであろうか。伝統的な行政機関であるコーポレーションの活動が向けられていたのは、だれよりもまず市民特権をもつフリーメンの利益であった。これに対し、舗装委員会が扱った問題には、特権的な一部の市民だけでなく、非フリーメンの一般住人からの要求が含まれていた。フリーメンの人数はコーポレーション当局によって制限されており、住民全体の数からすると少数派であったにもかかわらず、長い間、支配

的な力を都市社会の中でもち続けていた。しかし18世紀になると、フリーメンと拮抗するか、もしくはそれ以上の経済力や社会的影響力をもつ非フリーメンも多くなり、その発言を無視しておくことはできなくなってきた。その結果、コーポレーションがフリーメンの要求を汲み上げたように、非フリーメンの要求や意見を反映できる行政組織も必要となってきた。その最大の組織がキングス・リンでは舗装委員会であったのだ。

　したがって、舗装委員会の改良事業はコーポレーションの土地や建物に限られず、またフリーメンの要求や利益のみを優先して進められたわけではなかった。道路の修繕・建設も、キングス・リンのフリーメンだけでなく、一般住民、さらにはリンを訪れる小売業者や旅客などの外来者の利便性をも視野に入れて行われた。また、非フリーメンからの要求は、インフラの建築や整備だけでなく、騒音や悪臭の除去にも及んだ。舗装委員会は、騒音や悪臭を訴えるものと訴えられるものの間に入り仲介や規制を行ったが、非フリーメンとフリーメン、あるいはフリーメン同士、非フリーメン同士の係争にも対応することになった。行政当局が対処しなければならない問題は、フリーメンと非フリーメン、ときには都市の住民と非住民の境界さえ越える広がりを持つようになったのである。これらのことは、舗装委員会が、市民特権をもつフリーメンだけのコミュニティには決して含まれることのなかった人々のニーズに応えつつ、またフリーメンを排除することなく、社会全体の必要に応じて活動していったことを意味する。

　新しい人々の要求に応えると同時に、舗装委員会は、新しいタイプの要求にも対応していた。それまでのコーポレーションの活動が限られた財政資金の中で、現状を維持するか、もしくは必要不可欠なものを提供することであったとするならば、舗装委員会は、より良い生活、より快適な生活を追求する都市住民の新しい要求にも応えるものであった。たとえば、18世紀半ば以降、交通量や来訪者の増加、荷馬車の大型化などによって交通渋滞や道路の悪化がはなはだしくなり、従来の狭い通りでの商業活動が滞るという不満がしばしば発せられるようになった。しかしコーポレーションはこの問題に対して、改良の必要

性を認めながらも、商業活動を行う最低限の設備は整っているとして、ときどき舗装を改善する程度の消極的な対応しかとることがなかった。これに対して、舗装委員会は、この状況を大局的にとらえ積極的に改善に取り組んだ。良質の材料を用いて広い道路を建設し、その他の主要道も一斉に舗装し、照明を設置し夜間の移動をしやすくしたのである。

　新しいタイプの要求は、経済的なものだけではなかったことも強調しなければならない。住民は都市生活におけるアメニティの向上を願ったのであり、それは同時に、彼らが自分たちの都市に対して抱く愛着や誇り、あるいはアイデンティティの感覚とも密接に関連していた。住民の要求を受け、キングス・リンがもつ地域の社交の中心地としての機能を自覚していた舗装委員会は、それにかかわる施設・設備にも力をそそいだ。ハイ・ストリートに作られた歩道はウィンドー・ショッピングと人々のおしゃべりのための格好の場であり、緑地を縦に貫く遊歩道は住民の憩いの場になった。この遊歩道の設置当初の評判はわからないが、少なくとも1827年には地方紙の『ノリッジ・マーキュリー』は、「コミュニティのあらゆるクラスの人〔強調点は引用者〕が、町にこのような歩道があることに対し、興味と誇りを持っている。住民の健康と楽しみの両方に、遊歩道は大きな役割を果たしている」と、高く評価している[56]。単なる実用用途だけではなく、幅広い住民の誇りに対応するためにも作られたのであり、都市の改良事業のあり方をはっきりと示すものである。

　便利さの追求も、都市的アメニティやアイデンティティとの関連で議論できる。住民からの要求というよりも、むしろ、舗装委員会のイニシアティブで進められたと思われるが、1809年から始まった通りの命名事業がその良い例である。キングス・リンのすべての通りは、それまでは慣習的な名前か、または住民に馴染み深いパブやインの名で呼ばれることが多く、正式な名称はほとんど存在しなかった。しかし、「町の各場所が共通の名前で呼ばれ、各場所が名前で知られるようになると便利である〔強調点は引用者〕」として、すべての通りが一斉に命名されることになった[57]。同時に、通り名を普及させ、かつ美しく表示するために、「黒い油性インクで、4インチ角のローマ字体の大文字

を用いて白い板に通り名を書き、交差点ごとにはっきり目立つように設置する」ことを決定した⁽⁵⁸⁾。これは利便性と同時に外観の統一性の追求である。都市景観に統一をもたせようとの暗黙の了解は、特に都市エリート間にはそれ以前からあったかもしれないが、公的な統制がとられ、コーポレーションがそのための予算を当てることはそれまでにはなく、非常に新しい事業であった。

　通りの名前の選択にあたり、できるだけ一般的で公共的な名前を用いようとしたことは興味深い。慣習的に呼ばれていたものがそのまま使われた例もあるが、あまりにも庶民的なものは却下された。たとえば犬通り(ドッグ・ストリート)や瘋癲横町(マッド・レーン)は、それぞれノース・ストリートとユニオン・レーン（図9-1　③、㉖）に変更されている。また、特定の現存の人物やプライベートな建物や職業、あるいは近くのパブや宿屋の名前をつけて呼ばれていた通りは、そのほとんどが教会や市場、ワークハウス、波止場などの公共物、または王室のメンバーや歴史上で偉業を遂げた者の名前をつけられることになった。たとえば、肉屋横町(ブッチャー・レーン)は当該区の名をとってジューズ・レーン（図9-1　⑪）、パブがあったスリー・クラウン・ストリートやレッド・カウ・ストリートはクイーン・ストリートとチャーチ・ストリート（図9-1　㉓、㉛）になった。

　命名事業には、舗装委員会や行政当局が、都市の通り、さらには都市そのものをどのようなものとしてとらえ始めたかが示唆されている。それは都市の公共空間の広がりに対応するためのものであった。都市はもはや単なる私的な近隣関係の無秩序な寄せ集めではなく、ひとつのまとまりをもった空間、あらゆる住民が共存する場となった。また同時に、王室や国民的ヒーローにちなんだ名前が採用されることに表れているように、新しい通りの名は都市の境界を越える世界を意識したものでもあった。命名事業は、新しい広がりをもち始めたコミュニティと都市アイデンティティを地理的に表現する試みのひとつであったといえる。

おわりに

　以上の分析から明らかなように、法定委員会としての舗装委員会は、この時期の都市が抱える最も重要な問題に直接的かつ体系的に対処していった。しかしながら、時代に適応せず社会のニーズに応えられないコーポレーションに代わって、実際的で効率的な舗装委員会が都市行政の中心的な位置を占めるようになった、と見ることは必ずしも正当ではない。確かに舗装委員会は、インフラの整備だけでなく、治安や公害などのより包括的な都市問題にも関与するような総合的な事業を行った。しかし、その活動や権限は都市行政のすべてに及んだわけではない。キングス・リンの大半を占める土地や建物を管理することは相変わらずコーポレーションの役割であった。外部から多くの人がキングス・リンに流入し、都市特権をもたない住民の数は増加したとはいえ、フリーメンは存続し、重要な地位を保ち続けていた。このフリーメンとその予備軍である徒弟の統制と保護を行っていたのもコーポレーションであった。インフラ整備の面を見ても、舗装委員会が担当したのは全体的な改良事業の一部に過ぎない。コーポレーションやボランタリ・アソシエーションもそれぞれが独自の事業を進めていたし、また、舗装委員会の事業に、コーポレーションやボランタリ・アソシエーションが協力する場合も少なくなかった。

　従来ながらの統制の多くはコーポレーションの手にまだ委ねられていた。また、コーポレーション自身も変化に適応すべく、少しずつ動いていたことも見逃してはならない。P. J. コーフィールドは、この時期、公共諸施設の整備は個人ではなく共同で責任を負うべきものであるという自覚が社会に出てきたことを指摘しているが[59]、キングス・リン・コーポレーションもその点は意識しており、その新しい役割を果たすようになっていた。しかし結局、法定委員会やボランタリ・アソシエーションという新しい組織とコーポレーションのような伝統的機関を分けたのは、変化に対する適応力、弾力性、効率性といった要素であった。伝統や慣習にしばられることの少ない新しい組織は、都市の抱

える新しい問題により柔軟に対処できたのである。しかしながら、古い組織も役割を縮小したり、問題に対処することを放棄したわけではなかった。新旧どちらの組織もそれぞれのスタンスで都市社会の要求に応えようとしていたのである。

したがって、コーポレーションと法定委員会、ボランタリ・アソシエーションによる行政の役割分担は都市によって異なっていた。キングス・リンでは、伝統的なコーポレーションを中心とする枠組みが大きく崩れることなく、新しい組織と協調しながら変化への対応が進められた。しかし、一方でコーポレーションとその他の行政組織の激しい対立が起こった都市もあれば、あるひとつの行政組織だけしか機能していなかった都市もあった[60]。一般的には、変化が激しい都市ほど弾力性の高い新機構が機能する場が広がり、逆に変化があまり大きくない都市ほど、コーポレーションのような古い枠組みが相対的に大きな役割を保持することができたといえるかもしれない。しかしそのことは、それぞれの都市の社会的安定性とは無関係であった。18世紀の都市行政を概観したR. スウィートも言うように、役割分担には相違があるにせよ、拡大した都市「コミュニティ」に必要とされるものを、いずれかの組織が担うことが重要であった[61]。この時代に都市行政に生じた変化は、古い組織から新しい組織への交代ではなく、二つは並存した。この時代に起こった変化は、二者択一というよりもむしろ、選択肢の拡大、チャンネルの多様化、行政の受け皿の広がりという形をとった。そしてそれは都市「コミュニティ」そのものの広がり、その性格の変化と対応するものであったのだ。

注
（1） 本稿では、市民とは特権市民のことを指す。また市民とフリーメンは同義として使用する。
（2） 小西恵美「都市行政組織の変化と連続——長期の18世紀キングス・リンの事例——」（『比較都市史研究』Vol. 22-2、2003年）。
（3） 同前。

(4)　S. & B. Webb, *English Local Government,* Vols. 1-5, London, 1908. しかし最近の都市史研究はこの問題により柔軟な解釈を加えるようになっている。

(5)　小西、前掲論文。

(6)　Malcolm Falkus, 'Lighting in the Dark Ages of English Economic History: Town Streets before the Industrial Revolution', in D. C. Coleman & A. H. John (eds.), *Trade, Government and Economy in Pre-Industrial England: Essays presented to F. J. Fisher,* London, 1976, pp. 248-73; E. L. Jones & M. E. Falkus, 'Urban Improvement and the English Economy in the Seventeenth and Eighteenth Centuries', in P. Borsey (ed.), *The Eighteenth Century Town: A Reader in English Urban History 1688-1820,* London, 1990, ori. 1979, pp. 116-58; P. Langford, *Public life and the Propertied Englishman 1689-1798,* Oxford, 1991, chapter 4.

(7)　筆者は以前、コーポレーションの活動の詳細分析について論文を書いたが、そこでは評議会と委員会、公開集会の別なく、一括してコーポレーションの活動として論じた。小西恵美「18世紀におけるキングス・リン・コーポレーションの活動」（〔慶應義塾大学〕『三田商学研究』39-4、1996年）。

(8)　ボランタリ・アソシエーションも新しい形態の行政組織であるが、史料の制約と紙面の都合上、本稿では適宜、紹介する程度にとどめる。

(9)　M. Weinbaum, *British Borough Charters 1307-1660,* London, 1943.

(10)　King's Lynn Borough Archive（以下 KLA と略記), KL/C7/12-16 Hall Book. 18世紀のコーポレーションの詳しい活動と会計簿の分析は、小西「18世紀におけるキングス・リン・コーポレーションの活動」を見よ。

(11)　KLA, KL/C9/2-3 Register of Admission of Freemen.

(12)　KLA, KL/C9/24-26 Register of Apprenticeship.

(13)　詳しくは小西「18世紀におけるキングス・リン・コーポレーションの活動」。

(14)　キングス・リン・コーポレーションにおける18世紀前半の財政規模は2,000～2,500ポンドであった。また後半は、大きな事業がない年は3,000～4,500ポンドであったが、年によっては5,000ポンドを大きく超えることもあった。小西「キングス・リン・コーポレーションの活動」表1（36頁）、表2（44頁）を見よ。また、全国178の自治都市における平均支出額は、1840年ですら5,400ポンドでしかなかった。P. J. Corfield, *Impact of English Towns 1700-1800,* Oxford, 1982, p. 156（坂巻清・松塚俊三訳『イギリス都市の衝撃　1700-1800年』三嶺書房、1989年、225頁）。

(15) コーポレーションは水路を建設するためだけでなく、建設計画に反対するためにもその資金を用いる場合もあった。ウーズ川上流地域の人々によるオー・ブリンク水路を作る大計画がその例である。この建設により経済が打撃を受けると判断したキングス・リンは当初建設反対の立場をとっており、1788〜94年にはこれを阻止するための訴訟費用の調達を行っていた。後述するように、長期にわたり話し合いが続けられた結果、19世紀にはキングス・リンも一時この事業を後援したが、その後また反対するようになる。

(16) KLA, KL/C7/14-15. 小西「都市行政組織」表2（53頁）も参照せよ。

(17) 年金債券とコーポレーション債権引受人分析は、小西「都市行政組織」47-51、54-56頁。

(18) KLA, KL/C7/15-16; KL/TC2/1/1-2 General Committee Minutes.

(19) この会員制図書館は1797年に印刷業者や文具商らを中心として有志により作られた。

(20) 従来、図書のほとんどは、コーポレーション財政を使用し、セント・マーガレット教会に保管されていた。有給の司書もコーポレーションにより雇われたが、場所柄も悪く、一般人にはほとんど利用されることはなかった。一般向け図書の一部を移動させることにより、より広い人々へ公開することがひとつの目的でもあった。KLA, KL/TC2/1/1, 12 Aug. 1815.

(21) KLA, KL/TC2/2/1 Public Meeting Minutes.

(22) この集会で、衛生委員会 Board of Health が結成された。

(23) 例外として、収入役2人と会計監査役2人の計4人の男性がいる。

(24) 各都市が文化的多元性に基づき、多様な行政機関（公的なものとそうでないもの）を組み合わせて公式な行政が進めていたという点に注目している研究者もいる。D. Eastwood, *Government and Community in the English Provinces, 1700-1870*, London, 1997, pp. 64-73.

(25) KLA, KL/TC2/2/1, 22 Feb. 1816; 6 Dec. 1816.

(26) Falkus, 'Lighting', p. 264.

(27) Jones & Falkus, 'Urban Improvement', p. 144 (Table 3).

(28) Falkus, 'Lighting', p. 264.

(29) 小西「都市行政組織」。

(30) The Act of Parliament, 43 Geo. 3. for Paving, &c. the Borough of King's Lynn, 1803.

(31) Ibid.

第 9 章　長期の18世紀イングランドの地方都市行政とコミュニティ　219

(32) 1701年に認可された救貧委員会でも市場や公共道路に照明を設置する事業を通して貧民の雇用機会拡大を試みたが、うまくいかなかった。
(33) リバプールのように市内の地所が少数大地主の手にある場合は、例外的に、比較的大きな改良工事を進めることが可能であった。
(34) たとえば M. B. フォルクスの土地は200ポンドで買い上げられた。Ibid., 5 Nov. 1804.
(35) たとえば E. エベラードはキングス・リン市内数カ所に土地を保有していたが、安価で譲ったり寄付を行ったりした。Ibid., 22 July 1803、19 Jan. 1804.
(36) J. マーシャルはキングス・リン内の新しい住宅地開発や別の道路建設に際しても地所の提供をした。
(37) KLA, KL/PC2/1, 22 July 1803.
(38) W. ポップジョイは、舗装委員会証券引受人の中では3番目に高額の証券を引き受けている。小西「都市行政組織」を見よ。
(39) KLA, KL/PC2/1, 3 Jan. 1806.
(40) Ibid., 28 July 1806.
(41) Ibid., 6 May 1811.
(42) Ibid., 4 Oct. 1810.
(43) Ibid., 19 Jan. 1804.
(44) Ibid., 14 Oct. 1803.
(45) Ibid., 25 Apr. 1808; 20 June 1808.
(46) Ibid., 15 July 1811.
(47) 17世紀から18世紀にかけてのイギリス都市照明の一般的傾向については、Falkus, 'Lighting' を見よ。
(48) KLA, KL/PC2/1, 26 Nov. 1810.
(49) Ibid., 20 May 1816.
(50) Ibid., 6 Oct. 1817.
(51) Ibid., 13 Oct. 1815.
(52) Ibid., 16 Dec. 1819; 27 Nov. 1820など。
(53) Ibid., 12 Nov. 1824. 契約で定められた3年間では設置しおわらず、多くのトラブルが起こり、ガス灯業者はかなりの罰金を払うことになったが、その後、1827年に無事に切り替わった。
(54) しかし、タウン・クラークと同様に、治安役には必要経費程度のものがコーポレーション資金から支払われていた。KLA, KL/C39 Borough Chamberlain's

Accounts.
(55) 夜警には給料の他に冬場のコートや特別手当も支給されることがあり、夜警希望者は少なくなかった。しかし老齢者が多いことや仕事のきつさから怠けるものも後をたたず、舗装委員会によって罷免されるものもいた。たとえば Stephen Francis の代わりに George Quiney が任命された。KLA, KL/PC2/1, 30 Nov. 1812 を参照せよ。
(56) *Norwich Mercury*, 14 Apr. 1827.
(57) KLA, KL/PC2/1, 10 March 1809.
(58) その他、ストリートやレーンの別は、初めの一文字は4インチで、そのあとはすべて3インチ角で示すことも付け加えられている。KLA, KL/PC2/1, 10 March 1809; 7 April 1809.
(59) Corfield, *Impact*, p. 158（坂巻他、前掲訳書、227頁）.
(60) Eastwood, *Government and Community*, esp. pp. 69-70.
(61) R. Sweet, *The English Town, 1680-1840: Government, Society and Culture*, London, 1999, p. 75.

第10章　1983年の多民族都市レスター
——エスニシティ・宗教・言語——

佐藤　清隆

はじめに

　「ここレスターでは、共同体レヴェルであなたたちは、経済的繁栄はもちろんのこと、フェスティバルやカーニバルでも名声を得て、特別な都市をつくりあげ、文化的統合がうまくいっていることで評判を得ています。—— 2002年には、どんな宗教共同体でもイギリス人（British）であることの一部なのです」（2002年8月1日（金））。

　この一文は、エリザベス女王がゴールデン・ジュビリー・ツアーの一環としてレスターを訪れた際、ヒンドゥー、ムスリム、シク、ジャイナ教、仏教、バハイ教、ユダヤ教、キリスト教などの、さまざまな宗教的指導者やコミュニティ指導者約200名を目の前にして科学ミュージアム「ナショナル・スペース・センター」で行ったスピーチの一部である[1]。
　このところ、イギリス王室は、エリザベス女王のゴールデン・ジュビリーが始まる前から「多民族・多宗教・多文化国家イギリス」を強く意識しはじめ、これまでとはかなり違った方向性を打ち出しつつあるように思われる。女王は、ゴールデン・ジュビリーの一環として、イギリス国内のイスラミック・センター、ヒンドゥー寺院、ユダヤ教のミュージアムなどを訪問し、今回は、このスピーチに先立ち、初めてレスターのシク寺院「グル・ナーナク・グルドゥ

ワーラー」を訪れている。こうした一連の新しい試みは、この間の国際的・国内的緊張のなかで、強く「多民族・多宗教国家イギリス」を意識せざるをえなくなってきていることの現れであろう。そして、王室側からすれば、国王(女王)の位置づけが「イギリス国教会の擁護者 Defender of the Faith」から「あらゆる宗教の擁護者 Defender of Faiths」へと「変貌」を遂げていく過程の象徴的な出来事のひとつであるということができる。つまり、それは、国家的規模での新たな宗教的統合(国家的統合の一部)の動きなのであり、先に述べた「スペース・センター」での女王のスピーチは、そのための見事な「ショウ」だったのである。また、そこで行われたさまざまな地元の指導者との「昼食会」も「しかり」である。最近できたばかりのこの観光名所「スペース・センター」は、一時ながら、「あらゆる宗教の擁護者」たるエリザベス女王の下にさまざまな宗教的指導者が共に集う調和的な「小宇宙」の世界に変貌した感さえあったのである[2]。

他方、レスター市にとっては、ここ「民族・宗教間の関係がうまくいっている多民族・多宗教都市」として国内外から高い評判が立っているなかで、今回の女王のレスター訪問は、その「評判」をさらに確かなものにする公式の国家的承認の機会となったのである。また、王室のイギリス国教会以外の宗教に対するこうした「寛容」政策は、イギリスに住む、シク教徒を含む、さまざまな宗教(民族)共同体にとっても、かなりの「前進」として高く評価されているのである[3]。

レスターは、イングランドのほぼ中央に位置する中規模の地方都市で、現在約28万の人口を抱える、イギリスの代表的な多民族・多宗教都市のひとつである。19世紀初頭以来、アイルランド・旧ソビエト連邦・東ヨーロッパなどからのホワイト系移民、カリブ海地域やアフリカからのブラック系移民、インド亜大陸や東アフリカからの南アジア系移民が住みつき、現在実にさまざまな民族が暮らしている。また、教会・寺院・モスク・シナゴーグなどの宗教施設や各エスニック・グループのコミュニティ・センターも数多く点在している[4]。

本稿の課題は、こうした多民族・多宗教都市レスターを事例としてとりあげ

ながら、最近の「国家的規模での新たな宗教的統合」の動きの背後にある多民族・多宗教都市の「宗教」事情の一端を、エスニシティや言語との関連で紹介し、こうした問題への注意を喚起することにある。そして、特に本稿では、ほぼ20年前の1983年にレスター市とレスタシャ地方自治体によって実施された、エスニシティに関する「調査報告」[5]に注目し、その一部を紹介することにしたい。その理由のひとつは、エスニシティ・宗教・言語との関連がわかる史料がきわめて少ないなかで、この「調査報告」はその要求に一部応えてくれるところがあるからである。もうひとつは、この「調査」が、現代の多民族・多宗教都市レスターの「原型」がほぼ出来上がった時期に実施されており、そこに現代につながる多民族・多宗教都市レスターの「断面図」の一端を読み取ることができるからである。

　まず第1節では、この「調査」の時代背景や目的・特徴を述べることにしたい。つづいて第2節ではレスター市のエスニシティ・宗教・言語について、第3節ではレスター市の「区」ごとのエスニシティ・宗教・言語の地理的分布状況をみていくことにしたい。そして最後に、この「調査報告」から明らかになったことを簡単にまとめ、その後レスターやイギリスの「宗教」事情を若干補足しながら、今後の研究方向を展望しておきたい。

第1節　1983年のエスニシティに関する「調査」

1　「調査」の時代背景

　まずここでは、この「調査報告」の時代背景について、移民の動向、経済の変化、「暴動」と人種問題、政治（レイシズムを含む）の側面からスケッチしておきたい。

　第一に、多民族都市レスターの移民の動向である。この点については、すでに別稿[6]で述べたことがあるので、ここでは簡単に述べるにとどめたい。現代の多民族都市レスターへ直接つながるという意味では、その始まりは19世紀

初頭ごろからで、アイルランド系、ユダヤ系などのホワイト系移民がレスターに住みつくようになる。しかし、ホワイト系にせよ、ブラック系にせよ、南アジア系にせよ、最も多くレスターに入ってくるのは、1930年代後半から70年代にかけてである。とくに50年代から70年代初頭に急増する。そして、81年には国外で生まれた人々は、ホワイト系、ブラック系、南アジア系の総計で5万人を超えることになる。当時のレスター人口27万6,244人中、ホワイト系移民が約1万人（約4％）、カリブ海地域からのブラック系移民2,550人（1％弱）、南アジア系移民約3万8,500人（約14％）で、合計約5万2,000人（約19％）である。さらに、これにイギリス生まれのエスニック・マイノリティや他の地域からの移民も含めると、20％を優に超えることになる。81年の国勢調査は、こうした移民の急増とホワイト系、ブラック系、南アジア系移民の存在の事実を詳細に明らかにすることになったのである[6]。

　二つ目は、レスター経済の変化である。レスターは第一次世界大戦以来、変化を伴いながらも、「繁栄」をつづけてきたといわれる。特に第二次世界大戦後から74年までは、履物製造業、編み物製造業（靴下・メリアス類など）、機械・電気工学、食品・印刷機・ゴム・プラスチックなどの製造業、サービス産業が数多く存在し、それらが雇用機会を拡大していた。それゆえに、レスターはこの時期海外から多くの移民を吸収できたのである。しかし、1975年以降、急速に景気が後退していき、それは80年代末まで続くことになる。失業率が上がり、工場が閉鎖されたり、空き事務所が増えるようになるのである。81年にはおよそ1万4,000人が失業していたといわれる[7]。

　第三に、「暴動」や人種問題である。レスターでは「繁栄」に支えられて、戦後ブラック系や南アジア系の移民が多く入ってきたが、1975年以降の景気後退のなかで、さまざまな社会問題が噴出し、ロンドンはいうまでもなく、レスターでも81年7月に「暴動」が発生している。また、84年5月の「インペリアル・タイプライター工場」のストライキも人種差別が絡んでいたといわれる。80年代初頭のレスターは、深刻な人種問題を抱えていたのである。[8]。

　第四に、レスターの政治は移民が入ってくる1950年代以降、人種問題によっ

て大きく影響されることになる。第二次世界大戦後、レスターは労働党が支配的になったといわれる。しかし、東アフリカからの南アジア系移民が入ってくる70年代初頭以降は、一時期、レイシズムが強まり、ナショナル・フロント（1966年に結成された極右ミニ政党）が議席を伸ばす。しかし、70年代後半以降は、レイシズム反対キャンペーンが展開され、労働党は再び議席を伸ばすようになる。また、83年には、市議会議員56名中40名が労働党で、そのうち9名が南アジア系の議員であった[9]。

こうした時代背景のもとに実施されたのが、この「調査」だったのである。つづいて、この「調査」の目的と特徴についてみておくことにしたい。

2　「調査」の目的と特徴

この「調査」は、内務省 Home Office や人種平等委員会 Commission for Racial Equality の財政的援助を得て、レスター市 Leicester City Council とレスタシャ地方自治体 Leicestershire County Council が、パイロット調査の後、1983年2月から4月にかけて本調査を実施したものである。ほぼ1万6,700世帯に関して、訪問による約5分から10分のインタビューを行っている。

この「調査」の目的は、第一に、調査主体が、1981年の国勢調査報告によって、ニュー・コモンウェルスなどからの移民が20％以上も占め、レスターが一段と「文化的・民族的多様性」を持つ社会に変わってきていることを認識し、レイシズムをなくし、さまざまなエスニック・マイノリティを含むすべての「市民」に公平なサービス、施設、雇用を提供しようと考えたことである。第二に、しかし、調査主体がこれまでレスターのさまざまなマイノリティ・コミュニティに関して正確な情報を欠いていたこと、そしてエスニシティ問題についての必要な情報を、81年の国勢調査に期待したが、それが果たされなかったことである。そこで、レスター市とレスタシャー地方自治体が共同で、エスニシティ問題に関する「基礎情報」を得るために、この「調査」を実施したのである。したがって、この「調査」は、91年の国勢調査に先駆けた、こうした問題に関する地方自治体レヴェルの本格的な先駆的試みのひとつなのである。

この「調査報告」の内容は、人口・年齢・性との関連で、エスニシティ・宗教・言語・食習慣・雇用状況・世帯・住居など、さまざまな問題に関する「回答」を含んでいる。つまり、単に各エスニック・グループの人口や経済だけでなく、彼らの「文化や生活習慣」までをも対象にしているのである。しかし、この「調査報告」は、全体をホワイト系、南アジア系、西インド系とほぼ三つに分けて整理し、また移民の大多数を占める南アジア系に重点がおかれているために、ホワイト系の移民の動向がわかりづらかったり、キリスト教も「ホスト社会」のそれとホワイト系移民やブラック系移民のそれとの区別がまったくわからないといった問題を含んでいる。こうした点については、他の情報で多少補足しながら、論を進めていくことにしたい。また、本稿では、先に述べた問題関心から特にエスニシティ・宗教・言語に限定してみていくことになる[10]。

　以下、この「調査結果」をもとに1983年という時点での多民族・多宗教都市レスターの「断面図」の一端をみていくことにしよう。

第2節　レスターのエスニシティ・宗教・言語

1　エスニシティ

　この「調査報告」では、1983年のレスター人口は28万6,020人となっている。その内訳は、ホワイト系が21万4,355人で全体の74.9％を占め、南アジア系が6万3,186人で22.1％、西インド系が5,084人で1.8％である。それに中国系が552人（0.2％）、混血が1,387人（0.5％）、その他が1,444人（0.5％）、無回答が12人である[11]。

　エスニック・グループ別の出生地からみていくことにしょう（表10-1）。ホワイト系はイギリス生まれが96％であるが、それ以外にアイルランド共和国や他のヨーロッパ諸国生まれが2.7％を占めている。彼らのうち、アイルランド系やユダヤ系移民はすでに19世紀から入ってきているが、その多くは1930

代後半から60年代にかけてレスターに住むようになる。なお、他のヨーロッパ諸国生まれの多くは、ポーランド・ドイツ・旧ソビエト（エストニア、リトアニア、ラトヴィア、ウクライナなど）・イタリア・ギリシャなどからの移民たちである[12]。

　南アジア系の場合は、インド亜大陸生まれが34.5%、東アフリカ生まれが34.8%を占めているが、他に28.5%とイギリス生まれの第二世代もかなり増えてきている。このように、南アジア系は、その生まれがほぼ三つの地域にまたがっている。もう少し、南アジア系についてみておきたい。インド亜大陸生まれの南アジア系のうち、多くがインド系で31.9%、パキスタンやバングラデシュ生まれはごく少数である。また、東アフリカ生まれの南アジア系は、ケニア、ウガンダ、マラウイ、タンザニア、ザンビアなどで、特にケニアは15%、ウガンダは10.5%も占めている。インド亜大陸生まれの人々は、第二次世界大戦中から入ってくるが、本格化するのは戦後のことで、50、60年代がピークである。これに対して、東アフリカからの南アジア系移民の多くは、アフリカの独立や「アフリカ化」などの影響によって政治的難民として1960年代後半から70年代にかけて入ってくる[13]。

　西インド系（ブラック系）の場合は、カリブ海地域生まれが44.3%、イギリス生まれが51.4%で、後者の方が多い。また西インド系の方が南アジア系よりもイギリス生まれが多い。彼らの方が南アジア系よりも早くにイギリスへ入ってきたからなのであろう。彼らは南アジア系に比べると数は少ないが、その多くは50、60年代に入ってきている[14]。

　つづいて、エスニック・グループ別の年齢である。高齢者は南アジア系や西インド系に比べて、ホワイト系の方が多い。60歳以上はホワイト系が22.8%なのに対して、南アジア系5.4%、西インド系5.9%である。0～19歳は反対にホワイト系が27.5%なのに対し、南アジア系39.7%、西インド系39.3%である。しかし、20～59歳はホワイト系49.5%、南アジア系54.7%、西インド系53.4%で、後者二つが若干多い程度である。この事実は、転入・転出者を考慮しないとすると、10、20年後には、ホワイト系の割合が減り、南アジア系、西インド

表10-1 エスニック・

出生地		ホワイト系		南アジア系	
		人口	%	人口	%
イギリス	グレート・ブリテン	204,345	95.3	17,901	28.3
	北アイルランド	1,462	0.7	138	0.2
	小計	205,807	96.0	18,039	28.5
ヨーロッパ諸国	アイルランド共和国	2,912	1.4	25	—
	他のヨーロッパ諸国	2,805	1.3	31	—
	小計	5,717	2.7	56	0.1
カリブ海地域	西インド諸島、ガイアナ	113	0.1	132	0.2
インド亜大陸	インド	389	0.2	20,166	31.9
	パキスタン	44	—	1,023	1.6
	バングラデシュ	—	—	603	1.0
	小計	433	0.2	21,792	34.5
東アフリカ	ケニヤ	176	0.1	9,509	15.0
	ウガンダ	25	—	6,622	10.5
	マラウイ	50	—	2,567	4.1
	タンザニア	25	—	2,705	4.3
	ザンビア	19	—	559	0.9
	小計	295	0.1	21,962	34.8
他の諸国	他のアフリカ諸国	132	0.1	527	0.8
	その他	1,820	0.8	490	0.8
	小計	1,952	0.9	1,017	1.6
	無回答	38	—	188	0.3
	計	214,355	100.0	63,196	100.0

系が増えていくことを意味しており、これが近い将来レスターがノン・ホワイトがホワイトを超えるイギリス最初の都市になるだろうと予測されている根拠のひとつともなっている[15]。

さらに、エスニック・グループ別の性別についてもみておきたい。全体では、男性13万7,436人（48.4％）、女性14万6,371人（51.6％）で、わずかに女性の方が多い。エスニック・グループ別では、ホワイト系は男性10万1,590人（47.8％）、女性11万1,099人（52.2％）、南アジア系は男性3万1,545人（50.3％）、

グループ別の出生地

グループ				計	
西インド系		その他			
人口	%	人口	%	人口	%
2,610	51.4	1,744	551.4	226,600	79.2
—	—	—	—	1,600	0.6
2,610	51.4	1,744	51.4	228,200	79.8
13	0.3	50	1.5	3,000	1.0
19	0.3	168	4.9	3,023	1.1
32	0.6	218	6.4	6,023	2.1
2,253	44.3	32	0.9	2,530	0.9
—	—	151	4.5	20,706	7.2
—	—	18	0.5	1,086	0.4
—	—	13	0.4	616	0.2
—	—	182	5.4	22,414	8.7
—	—	125	3.7	9,810	3.4
—	—	31	0.9	6,678	2.3
13	0.3	19	0.6	2,649	0.9
—	—	—	—	2,730	1.0
19	0.3	13	0.4	610	0.2
32	0.6	188	5.5	22,477	7.8
44	0.9	157	4.6	860	0.3
113	2.2	860	25.4	3,283	1.2
157	3.1	1,017	30.0	4,143	1.5
—	—	12	0.4	239	0.1
5,084	100.0	3,395	100.0	286,020	100.0

女性3万1,110人（49.7％）、西インド系は男性2,529人（50.1％）、女性2,517人（49.9％）である。わずかながらホワイト系は女性が多く、南アジア系や西インド系は男性が多いという程度で、性別の数にほとんど差がない。これは、もうすでに単身で遠くイギリスへ「出稼ぎ」に来ていた時代がとうに終わっていることを示しているのである[16]。

表10-2 エスニック・グループ別の宗教

宗教	エスニック・グループ								計	
	ホワイト系		南アジア系		西インド系		その他			
	人数	%	人数	%	人数	%	人数	%	人数	%
キリスト教	182,226	85.0	1,004	1.6	3,973	78.1	1,720	50.7	188,923	66.1
ヒンドゥー教	320	0.1	39,228	62.1	44	0.9	151	4.4	39,743	13.9
シク教	151	0.1	10,576	16.7	6	0.1	75	2.2	10,808	3.8
ムスリム	332	0.2	11,614	18.4	107	2.1	383	11.3	12,436	4.3
無宗教	28,784	13.4	482	0.8	703	13.8	721	21.2	30,690	10.7
他の宗教	1,751	0.8	276	0.4	232	4.6	283	8.3	2,542	0.9
無回答	791	0.4	6	0.0	19	0.4	62	1.8	878	0.3
計	214,355	100	63,186	100	5,084	100	3,395	100	286,020	100

2 宗教

つづいて、エスニック・グループ別の宗教についてみていくことにしたい（表10-2）。宗教別では、キリスト教が66.1％と圧倒的に多く、次にヒンドゥー13.9％、ムスリム4.3％、シク3.8％と続く。後者三つの宗教合わせて6万2,987人（22％）である。

ホワイト系の場合は、キリスト教は85.0％、それ以外に数は少ないがヒンドゥー（0.1％）、シク（0.1％）、ムスリム（0.2％）もいる。全体で約800人である。南アジア系の場合は、キリスト教も1.6％存在するが、むしろ多くはヒンドゥー（62.1％）、シク（16.7％）、ムスリム（18.4％）で、全体の97.2％も占めている。西インド系は、キリスト教が1,720人（78.1％）とかなりの比重を占めているが、ヒンドゥー（0.9％）、シク（0.1％）、ムスリム（2.1％）なども存在し、計157人である。西インド系のキリスト教の宗派は、一部イギリス国教会も含まれるが、ほかにメソジスト、バプティスト、ホーリネス、ペンテコスタルズ、セブンス・デイ・アドヴェンチスト、ラスタファリアニズムなどである[17]。

ただし、彼らがどこまで教会や寺院に通う熱心な信者であるかどうかは別途に検討しなければならない問題であろう。しかし、ホワイト系の「ホスト社

表10-3(A) 第一言語

第一言語	人口	%
英語	217,255	76.0
他のヨーロッパ言語	2,479	0.9
グジャラティー語	42,222	14.8
パンジャービー語	11,455	4.0
カッチ語	3,057	1.1
ベンガル語	948	0.3
ヒンディー語	1,080	0.4
ウルドゥー語	1,174	0.4
他の南アジア系言語	345	0.1
その他の言語	2,774	1.0
まだ話せない幼児	3,057	1.1
無回答	174	0.1
計	286,020	100.0

会」のキリスト教以上に、南アジア系、ブラック系、ホワイト系の移民たちの宗教（キリスト教を含む）の方が宗教的共同体としての特徴を強固に維持していることだけは確かなようである。彼らの宗教的伝統は言うまでもなく、彼らが移民であり、エスニック・マイノリティであり、ときには「ディアスポラ」であるゆえに、それがとくに強くなるのであろう。

3 言　語

表10-3(A)は第一言語に関するものである。英語を第一言語とする人々は76.0％と高いが、南アジア系の言語を第一言語とする人々も21.0％存在する。南アジア系言語の割合は、南アジア系人口の22.1％という割合とほぼ一致する。さらに、南アジア系言語のなかでは、グジャラティー語が4万2,222人で14.8％と最も多く、次がパンジャービー語の1万1,455人で4.0％である。また、カッチ語、ベンガル語、ヒンディー語、ウルドゥー語などを第一言語とする人々もいる。なお、他のヨーロッパ系言語には、ポーランド語、ウクライナ語、ドイツ語、イタリア語などさまざまな言語が含まれている[18]。

第一言語を宗教別にみるとどうであろうか（表10-3B）。キリスト教徒は、

表10-3 (B) 宗教

第一言語	キリスト教		ヒンドゥー教	
	人口	%	人口	%
英語	183,626	97.2	835	2.1
他のヨーロッパ系言語	2,078	1.1	163	0.4
グジャラティー語	226	0.1	36,084	90.8
パンジャービー語	56	0.03	948	2.4
カッチ語	88	0.05	13	0.03
ベンガル語	25	0.01	50	0.1
ヒンディー語	95	0.1	866	2.2
ウルドゥー語	6	0.003	6	0.02
その他の言語	1,524	0.8	132	0.3
まだ話せない幼児	1,124	0.6	634	1.6
無回答	75	0.04	12	0.03
計	188,923	100.0	39,743	100.0

表10-3 (C) エスニック・グループ

英会話	ホワイト系		エスニック・南アジア系	
	人口	%	人口	%
話せる	3,264	1.5	44,689	70.7
少し話せる	320	0.1	8,160	12.9
話せない	82	0.04	6,375	10.1
まだ話せない幼児	1,644	0.8	1,230	1.9
第一言語	208,976	97.5	2,642	4.2
無回答	69	0.03	70	0.1
計	214,355	100.0	63,166	100.0

そのほとんどが97.2%と英語を第一言語としている。これに対して、ヒンドゥーは90.8%とそのほとんどがグジャラティー語である。シクはパンジャービー語が88%、英語が5.1%、グジャラティー語が3.0%である。ムスリムの場合は、グジャラティー語が41.6%と一番多く、それにつづいてカッチ語(23.6%)、ウルドゥー語(9.3%)、ベンガル語(6.4%)である。そして、英語

第10章　1983年の多民族都市レスター　233

別による第一言語

宗　教					
シク教		ムスリム		その他	
人口	%	人口	%	人口	%
546	5.1	709	5.7	31,539	92.5
—	—	6	0.05	232	0.7
326	3.0	5,178	41.6	408	1.2
9,572	88.6	716	5.8	163	0.5
—	—	2,930	23.6	26	0.1
—	—	792	6.4	81	0.2
56	0.5	50	0.4	13	0.04
—	—	1,162	9.3	—	—
44	0.4	527	4.2	892	2.6
226	2.1	364	2.9	709	2.1
38	0.4	—	—	49	0.1
10,808	100.0	12,434	100.0	34,112	100.0

別の英語の話せる度合い（1983年）

グループ				計	
西インド系		その他			
人口	%	人口	%	人口	%
94	1.8	1,267	37.3	49,314	17.2
—	—	169	5.0	8,649	3.0
—	—	94	2.8	6,571	2.3
63	1.2	120	3.5	3,057	1.1
4,927	96.9	1,745	51.4	218,290	76.3
—	—	—	—	139	0.0
5,084	100.0	3,395	100.0	286,020	100.0

　を第一言語とする人々も5.1％いる[19]。
　次は、エスニック・グループ別の英語の話せる度合いである（表10-3（C））。ほとんどのホワイト系の場合、英語が第一言語なので、97.5％も占めている。南アジア系の場合は、「話せる」だけをみると、70.7％とホワイト系の場合よりもかなり低く、また「少し話せる」と「話せない」を合わせると23％も占

めている。また、南アジア系の多くは、第一言語と英語とのバイリンガルでもある。しかし、彼らは第一言語と英語だけを話すわけではなく、さらに他の言語を話せる場合も少なくないが、そのことはこの「調査」からはわからない。西インド系の場合は、英語がほとんど第一言語である。96.9％も占めている[20]。

　南アジア系の年齢・性別による英語の話せる度合いをみておこう。男性の年齢別では、0～4歳を除き、年齢が低いほど英語を話せる割合が高く、年齢が高くなればなるほど英語を話せる割合が低くなっている。5～44歳まではほとんどの人が英語を話せるが、45～64歳では63.5％とかなり割合が低くなり、65歳以上はもっと低く22.1％である。女性の年齢別では、男性の場合とほぼ同じ傾向を示している。ただ、男性よりも英語を話せる人が少なく、おまけに早くも30歳代から英語を話せる割合が減少している。30～44歳で62.1％、45～64歳で22.1％、65歳以上は8.6％である。これは、ある年齢に達すると、女性の方が他の共同体メンバーと接触する機会が少なくなるからであろう。こうした点は、カースト・族内婚・宗教的伝統などの影響も大きいと考えられる。また、男女共に、年齢が高くなるにしたがって、英語を話せる割合が減少しているのは、英語を使う機会や英語への適応力が減少しているからであろう。これに対して、子供たちの場合は、家庭では英語以外の第一言語を話していても、学校では英語を第一言語として学習しているのである[21]。つづいて第3節では、エスニシティ、宗教、言語について、「区」ごとの違いに注目しながらみていくことにしたい。

第3節　「区」ごとのエスニシティ、宗教、言語

1　エスニシティ

　最初にレスターの「区」分けについてみておく必要があろう。レスター市は、1982年頃までは16区であったが、この「調査報告」時には、すでに28区に分か

第10章　1983年の多民族都市レスター　235

表10-4　レスター「区」人口とその略記号

No	略記号	区	人口	
			人数	%
1	AB	アビィ	9,560	3.4
2	AY	エイルストン	10,830	3.8
3	BL	ボモント・リーズ	12,456	4.4
4	BE	ベルグレイヴ	12,736	4.5
5	CA	カースル	10,182	3.6
6	CW	チャーンウッド	12,113	4.3
7	CO	コールマン	8,408	3.0
8	CH	クラウン・ヒルズ	9,815	3.5
9	EK	イースト・ナイトン	9,305	3.3
10	EV	エヴィントン	8,924	3.1
11	EM	エーズ・モンセル	10,413	3.7
12	HU	ハンバストン	10,494	3.7
13	LA	ラティマー	7,386	2.6
14	MM	モウメイカ	7,087	2.5
15	NP	ニュー・パークス	11,528	4.1
16	NB	ノース・ブロンストン	8,924	3.1
17	RF	ローリィ・フィールズ	8,974	3.2
18	RM	ラシュ・ミード	12,580	4.4
19	SF	サフロン	10,774	3.8
20	SA	セント・オーガスティンズ	9,516	3.4
21	SH	スピニィ・ヒル	10,307	3.6
22	ST	ストニィゲイト	8,538	3.0
23	TC	サーンコート	10,998	3.9
24	WC	ウェストコッツ	10,731	3.8
25	WP	ウェスタン・パーク	11,665	4.1
26	WH	ウェスト・ハンバストン	8,943	3.2
27	WK	ウェスト・ナイトン	9,746	3.4
28	WY	ウィクリフ	10,874	3.8
		計	283,807	100.0

れている。その28の行政区名と地名については、表10-4と図10-1、それに図10-2を参照されたい[22]。なお、この調査時の「区」分けでいうと、本章以下で頻繁に登場する「ハイフィールズ地域」は、レスターのほぼ中央にある「シティ・センター」の南東に位置し、ほぼウィクリフやスピニィ・ヒルを中心にチャーンウッド、クラウン・ヒルズ、ラティマーなどの一部を含んだ地域を指し、「ベルグレイヴ地域」は、「シティ・センター」の北東部に位置し、ベ

図10-1　レスター

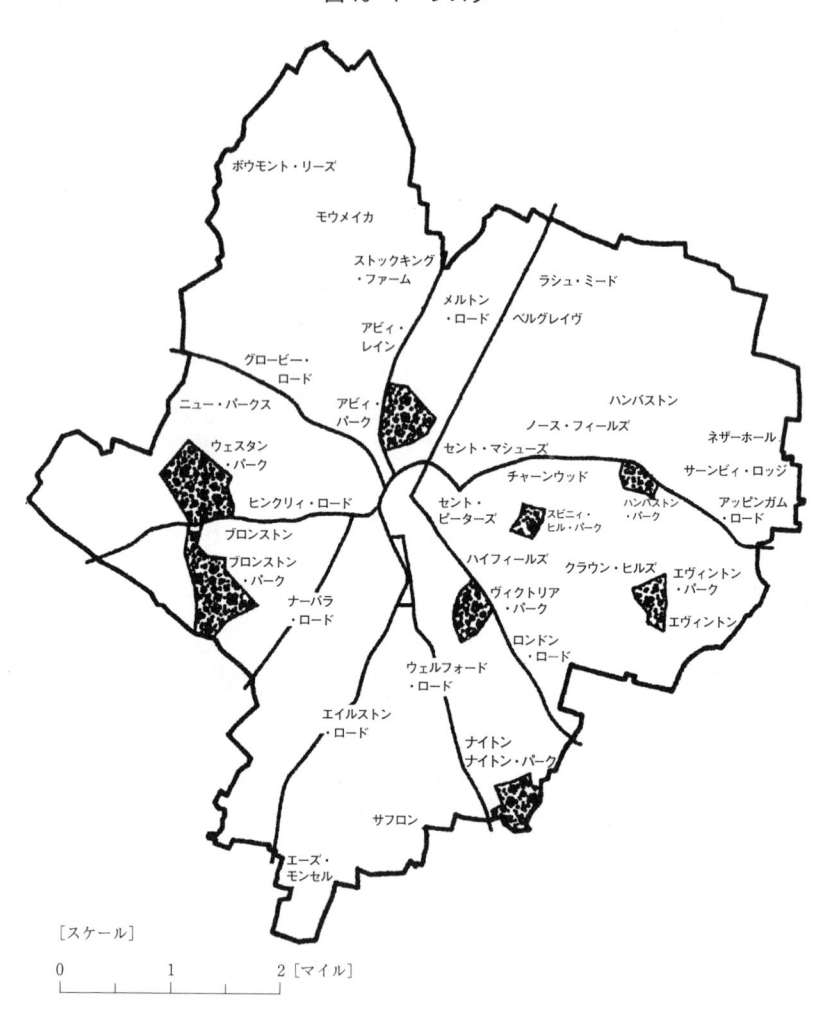

ルグレイヴを中心に、アビィ、ラティマー、ラシュ・ミードなどの一部を含んだ地域を指している。

「区」ごとによるレスター住民の出生地からみていこう（表10-5（A））[23]。ここから明らかになることは、第一に、イギリス生まれが50%未満の区はス

ピニィ・ヒルだけであるが、70％未満の区は八つも存在し、80％以上の区は16あるということである。第二に、アイルランド共和国生まれの人々は、全体として分散・拡散傾向を見せている。ただ、1.5％を超えるのはイギリス生まれが80％を超える区である。

　第三に、インド亜大陸生まれは、20％以上を超えているのがスピニィ・ヒル、クラウン・ヒルズ、ラティマー、10～20％がチャーンウッド、ベルグレイヴ、ラシュ・ミード、ウィクリフ、ストニィゲイトで、九つである。第四に、東アフリカ生まれ（多くはインド系）は20％以上がラティマー、ラシュ・ミード、ベルグレイヴで、10～20％以上がスピニィ・ヒル、アビィ、クラウン・ヒルズ、チャーンウッド、ウィクリフ、ウェスト・ハンバストンで、九つである。インド亜大陸出身者と同じ区や地域に集住している。

　第五に、カリブ海地域出身者が最も多いのは、ウィクリフで5.7％、次がスピニィ・ヒルの2.8％である。1％台がカースル、チャーンウッド、クラウン・ヒルズ、ウェストコッツである。数は少ないが、インド亜大陸や東アフリカ出身者とほぼ同じ区に多く集住する傾向が強い。

　つづいて、エスニック・グループ別である（表10-5(B)）[24]。第一に、ホワイト系が50％未満のところは八つである。表10-5(A)の出生地の場合とほぼ同じである。ただ、その割合は少なくなっている。第二に、南アジア系で、50％を超える区は七つであり、30％以上がウィクリフとストニィゲイトである。第三に、西インド系は、ウィクリフが10.2％、スピニィ・ヒルが5.6％、ほかは2％台で六つである。

　以上からほぼ次の四つのことが指摘できる。第一に、ブラック系が多く住んでいる地域は、通常、ハイフィールズと呼ばれている地域にかなり集中していることである。第二に、これに対して、南アジア系の人々は、これらのハイフィールズ地域以外に、もうひとつ、ベルグレイヴ地域が集住地域になっていることである。さらにもうひとつあげるとすれば、ウェストコッツを中心とする「ナーバラ・ロード地域」である。第三に、ホワイト系の人々は、これらの地域にも住んでいるが、多くはこれら以外の地域に住む傾向が強くなっている。

表10-5(A) 「区」ごとに

区	出生地							
	イギリス		アイルランド共和国		インド亜大陸		東アフリカ	
	人口	%	人口	%	人口	%	人口	%
AB	5,843	61.1	87	0.9	1,637	17.1	1,756	18.4
AY	10,206	94.2	100	0.9	106	1.0	87	0.8
BL	10,788	86.6	100	0.8	268	2.2	703	5.6
BE	7,709	60.5	56	0.4	2,080	16.3	2,604	20.4
CA	8,432	82.8	199	2.0	573	5.6	318	3.1
CW	7,218	59.6	87	0.7	2,317	19.1	2,086	17.2
CO	7,039	83.7	106	1.3	479	5.7	449	5.3
CH	5,069	51.6	125	1.3	2,249	22.9	1,768	18.0
EK	8,452	90.8	75	0.8	199	2.1	112	1.2
EV	8,384	93.9	75	0.8	137	1.5	30	0.3
EM	10,009	96.1	143	1.4	19	0.2	6	0.1
HU	9,935	94.7	174	1.7	93	0.9	94	0.9
LA	3,862	52.3	12	0.2	1,501	20.3	1,943	26.3
MM	6,727	94.9	131	1.8	56	0.8	61	0.9
NP	11,148	96.7	125	1.1	19	0.2	12	0.1
NB	8,682	97.3	56	0.6	37	0.4	—	—
RF	7,960	88.7	62	0.7	454	5.1	311	3.5
RM	7,350	58.4	75	0.6	1,881	15.0	2,865	22.8
SF	10,288	95.5	131	1.2	93	0.9	50	0.5
SA	8,521	89.5	131	1.4	336	3.5	349	3.7
SH	4,690	45.5	118	1.1	3,052	29.6	1,918	18.6
ST	6,171	72.3	56	0.7	1,220	14.3	661	7.7
TC	10,315	93.8	206	1.9	81	0.7	111	1.0
WC	8,534	79.5	75	0.7	703	6.6	1,052	9.8
WP	10,631	91.1	106	0.9	236	2.0	187	1.6
WH	7,104	79.4	131	1.5	524	5.9	910	10.2
WK	8,687	89.1	143	1.5	287	2.9	224	2.3
WY	6,673	61.4	93	0.9	1,582	14.5	1,618	14.9
計	226,427	79.8	2,978	1.0	22,219	7.8	22,285	7.9

　第四に、ハイフィールズから比較的近くにあり、ミドル・クラスの居住区になっているストニィゲイトにもホワイト系だけでなく、南アジア系の一部やブラック系の一部も住みついていることである。これは、ホワイト系以外の人たちのなかにも、ある程度富を蓄えた人たちが登場していることを示唆している。
　以上のことから、D.フィリップスが1970年代後半のレスターに関して指摘し

よるレスター住民の出生地

カリブ海地域		他の地域		無回答		計	
人口	%	人口	%	人口	%	人口	%
25	0.3	187	2.0	25	0.3	9,560	100.0
87	0.8	244	2.3	—	—	10,830	100.0
106	0.9	91	3.9	—	—	12,456	100.0
69	0.5	193	1.5	25	0.2	12,736	100.0
125	1.2	529	5.2	6	0.1	10,182	100.0
149	1.2	212	1.8	44	0.4	12,113	100.0
118	1.4	205	2.4	12	0.1	8,408	100.0
119	1.2	417	4.2	68	0.7	9,815	100.0
19	0.2	442	4.8	6	0.1	9,305	100.0
31	0.3	267	3.0	—	—	8,924	100.0
44	0.4	192	1.8	—	—	10,413	100.0
12	0.1	186	1.8	—	—	10,494	100.0
19	0.3	37	0.5	12	0.2	7,386	100.0
31	0.4	81	1.1	—	—	7,087	100.0
37	0.3	187	1.6	—	—	11,528	100.0
25	0.3	118	1.3	6	0.1	8,924	100.0
19	0.2	162	1.8	6	0.1	8,974	100.0
105	0.8	286	2.3	18	0.1	12,580	100.0
44	0.4	168	1.6	—	—	10,774	100.0
18	0.2	161	1.7	—	—	9,516	100.0
293	2.8	218	2.1	18	0.2	10,307	100.0
81	0.9	349	4.1	—	—	8,538	100.0
12	0.1	273	2.5	—	—	10,998	100.0
112	1.0	255	2.4	—	—	10,731	100.0
63	0.5	442	3.8	—	—	11,665	100.0
75	0.8	168	1.9	31	0.3	8,943	100.0
56	0.6	349	3.6	—	—	9,746	100.0
616	5.7	286	2.6	6	0.1	10,874	100.0
2,510	0.9	6,705	2.5	283	0.1	283,807	100.0

た、居住分布の「集中」(「居住分化」)と「分散」(「拡散」)の傾向が、この時期さらに進んでいることが理解できるのである[25]。

2 宗　　教

つづいて、表10-6から「区」ごとの宗教分布についてみていこう[26]。ま

表10-5 (B) 「区」ごとによるエスニック・グループ

区	エスニック・グループ										計	
	ホワイト系		南アジア系		西インド系		他の地域		無回答			
	人口	%	人口	%	人口	%	人口	%	人口	%	人口	%
AB	4,683	49.0	4,803	50.2	50	0.5	24	0.3	—	—	9,560	100.0
AY	10,394	96.0	180	1.7	175	1.6	81	0.7	—	—	10,830	100.0
BL	10,550	84.7	1,289	10.3	324	2.6	293	2.4	—	—	12,456	100.0
BE	6,004	47.1	6,521	51.2	180	1.4	31	0.2	—	—	12,736	100.0
CA	8,426	82.8	1,140	11.2	199	2.0	411	4.0	6	0.1	10,182	100.0
CW	5,306	43.8	6,365	52.5	330	2.7	112	0.9	—	—	12,113	100.0
CO	6,633	78.9	1,351	16.1	212	2.5	212	2.5	—	—	8,408	100.0
CH	3,357	34.2	6,109	62.2	243	2.5	81	0.8	25	0.3	9,815	100.0
EK	8,862	95.2	386	4.1	19	0.2	38	0.4	—	—	9,305	100.0
EV	8,519	95.5	293	3.3	37	0.4	75	0.8	—	—	8,924	100.0
EM	10,170	97.7	25	0.2	118	1.1	100	1.0	—	—	10,413	100.0
HU	10,177	97.0	268	2.6	25	0.2	24	0.2	—	—	10,494	100.0
LA	2,635	35.7	4,689	63.5	44	0.6	18	0.2	—	—	7,386	100.0
MM	6,756	95.3	156	2.2	38	0.5	137	1.9	—	—	7,087	100.0
NP	11,403	98.9	25	0.2	38	0.3	62	0.5	—	—	11,528	100.0
NB	8,774	98.3	38	0.4	44	0.5	62	0.7	6	0.1	8,924	100.0
RF	7,810	87.0	984	11.0	37	0.4	137	1.5	6	0.1	8,974	100.0
RM	5,474	43.5	6,776	53.9	218	1.7	106	0.8	6	0.1	12,580	100.0
SF	10,464	97.1	162	1.5	49	0.5	99	0.9	—	—	10,774	100.0
SA	8,508	89.4	896	9.4	31	0.3	81	0.9	—	—	9,516	100.0
SH	2,329	22.6	7,312	70.9	573	5.6	87	0.8	6	0.1	10,307	100.0
ST	5,523	64.7	2,678	31.4	187	2.2	150	1.8	—	—	8,538	100.0
TC	10,568	96.1	262	2.4	106	1.0	62	0.6	—	—	10,998	100.0
WC	7,728	72.0	2,573	24.0	187	1.7	243	2.3	—	—	10,731	100.0
WP	10,768	92.3	623	5.3	162	1.4	112	1.0	—	—	11,665	100.0
WH	6,714	75.1	1,943	21.7	162	1.8	118	1.3	6	0.1	8,943	100.0
WK	8,817	90.5	654	6.7	150	1.5	125	1.3	—	—	9,746	100.0
WY	5,337	49.1	4,154	38.2	1,108	10.2	275	2.5	—	—	10,874	100.0
計	212,689	74.9	62,655	22.1	5,046	1.8	3,356	1.2	61	—	283,807	100.0

ずはヒンドゥー教である。多い区からみていくと、35％以上がラティマー、アビィ、ベルグレイヴ、ラシュ・ミード、クラウン・ヒルズ、10～30％台がスピニィ・ヒル、ウィクリフ、ストニィゲイト、ウェストコッツの順になっており、ベルグレイヴ地域がもっとも多く、その次がハイフィールズ地域、そして三番目がナーバラ・ロード地域となっていることがわかる。これは図10-2 (A) をみれば歴然としている。次はシク教徒である。多い区の順にみていくと、15％以上がクラウン・ヒルズ、チャーン・ウッド、5～10％がス

トニィゲイト、ラシュ・ミード、ウェスコッツ、スピニィ・ヒル、そして3〜5％がベルグレイヴ、カースル、ローリィ・フィールズ、アビィとなっており、主にハイフィールズ地域、ラシュ・ミード、ウェストコッツに多いが、全体としてヒンドゥーよりも、分散・拡散傾向を示している（図10-2(B)）。三つ目は、ムスリムである。35％以上を占めているのがスピニィ・ヒル、20％以上がウィクリフ、4〜15％がチャーンウッド、クラウン・ヒルズ、ストニィゲイト、ベルグレイヴ、ウェスト・ハンバストンとなっている。圧倒的にハイフィールズ地域に集住傾向をみせている（図10-2(C)）。1970年代後半にすでにみられた、この地域へのムスリムの集住傾向がさらに強まっていることが、この「調査報告」からも明らかである[27]。

　以上、南アジア系の人々の宗教からは、ほぼ三つのことが確認できる。ひとつは、エスニシティの分布とほぼ同じように、ハイフィールズ地域とベルグレイヴ地域に集住傾向が強いことである。しかし、第二に、同じ南アジア系でも、宗教によって居住区がある程度異なっていることである。特に顕著なのは、ベルグレイヴ地域がヒンドゥー中心なのに対して、ハイフィールズ地域はムスリムの割合だけをみた場合、他の区よりも割合が高いとはいえ、さまざまな宗教の存在する混合地域となっていることである。三つ目は、ストニィゲイトのような富裕区に住む南アジア系宗教の信者が増えつつあることである。

　第四に、最も多い割合を占めているのはキリスト教であるが、彼らはヒンドゥー、シク、ムスリムなどの割合が少ない地域に多いことがわかる（図10-2(D)）。キリスト教については、ひとつ留意しておく必要があろう。キリスト教といっても、さまざまな宗派があり、エスニック色の強い宗派も少なくない。たとえば、アイルランド系のローマ・カトリック教会、ポーランド系のカトリック教会、ブラック系が集う教会などである[28]。これらの点はこの「調査報告」からだけではわからないが、ハイフィールズ地域もその中心のひとつであることは確かである。第五に、無宗教であるが、これもキリスト教とほぼ同じ分布を示している。

表10-6 「区」

区	宗教							
	キリスト教		ヒンドゥー教		シク教		ムスリム	
	人口	%	人口	%	人口	%	人口	%
AB	4,403	46.1	4,204	44.0	361	3.8	174	1.8
AY	9,409	86.9	112	1.0	50	0.5	—	—
BL	8,471	68.0	934	7.5	25	0.2	392	3.1
BE	5,606	44.0	5,325	41.8	585	4.6	542	4.3
CA	6,440	63.2	436	4.3	442	4.3	367	3.6
CW	4,746	39.2	2,765	22.8	1,837	15.2	1,706	14.1
CO	6,010	71.5	710	8.4	536	6.4	56	0.7
CH	3,425	34.9	3,552	36.2	1,526	15.5	878	8.9
EK	7,043	75.7	125	1.3	143	1.5	100	1.1
EV	7,734	86.7	81	0.9	125	1.4	149	1.7
EM	8,750	84.0	—	—	25	0.2	6	0.1
HU	8,545	81.4	187	1.8	6	0.1	56	0.5
LA	2,435	33.0	4,416	59.8	93	1.3	162	2.2
MM	5,848	82.5	81	1.1	19	0.3	62	0.9
NP	10,294	89.3	37	0.3	—	—	19	0.2
NB	7,397	82.9	25	0.3	—	—	50	0.6
RF	7,293	81.3	492	5.5	380	4.2	50	0.6
RM	5,469	43.5	5,200	41.3	1,171	9.3	280	2.2
SF	9,279	86.1	69	0.6	87	0.8	12	0.1
SA	6,938	72.9	741	7.8	181	1.9	12	0.1
SH	2,441	23.7	2,989	29.0	579	5.6	3,706	36.0
ST	4,609	54.0	1,407	16.5	847	9.9	411	4.8
TC	9,273	84.3	62	0.6	25	0.2	187	1.7
WC	5,756	53.6	1,594	14.9	797	7.4	230	2.1
WP	10,178	87.3	386	3.3	87	0.7	87	0.7
WH	5,911	66.1	1,351	15.1	280	3.1	374	4.2
WK	8,289	85.1	305	3.1	262	2.7	37	0.4
WY	5,468	50.3	1,825	16.8	249	2.3	2,217	20.4
計	187,460	66.1	39,411	13.9	10,718	3.8	12,322	4.3

3 言　語

つづいて、「区」ごとの言語をみていくことにしよう。表10-7(A)をみると、第一に、南アジア系の言語を第一言語とする人々の多い区は、スピニィ・

ごとの宗教

他の宗教		無宗教		無回答		計	
人口	%	人口	%	人口	%	人口	%
19	0.2	399	4.2	—	—	9,560	100.0
94	0.9	1,121	11.7	44	0.4	10,830	100.0
336	2.7	2,242	23.5	56	0.4	12,456	100.0
62	0.5	610	6.4	6	0.0	12,736	100.0
81	0.8	2,298	24.0	118	1.2	10,182	100.0
69	0.6	990	10.4	—	—	12,113	100.0
118	1.4	934	9.8	44	0.5	8,408	100.0
43	0.4	367	3.8	24	0.2	9,815	100.0
118	1.3	1,669	17.5	106	1.1	9,305	100.0
181	2.0	629	6.6	25	0.3	8,924	100.0
137	1.3	1,470	15.4	25	0.2	10,413	100.0
56	0.5	1,625	17.0	19	0.2	10,494	100.0
25	0.3	255	2.7	—	—	7,386	100.0
93	1.3	978	10.2	6	0.1	7,087	100.0
69	0.6	1,109	11.6	—	—	11,528	100.0
69	0.8	1,277	13.4	106	1.2	8,924	100.0
93	1.0	648	6.8	18	0.2	8,974	100.0
62	0.5	380	4.0	18	0.1	12,580	100.0
19	0.2	1,302	13.6	6	0.1	10,774	100.0
62	0.7	1,563	16.3	19	0.2	9,516	100.0
56	0.5	486	5.1	50	0.5	10,307	100.0
137	1.6	1,090	11.4	37	0.4	8,538	100.0
31	0.3	1,376	14.4	44	0.4	10,998	100.0
268	2.5	2,049	21.4	37	0.3	10,731	100.0
49	0.4	847	8.9	31	0.3	11,665	100.0
25	0.3	990	10.4	12	0.1	8,943	100.0
19	0.2	785	8.2	50	0.5	9,746	100.0
131	1.2	965	10.1	19	0.2	10,874	100.0
2,522	0.9	30,454	318.6	920	0.3	283,807	100.0

ヒル (68.8%)、ラティマー (63%)、クラウン・ヒルズ (57%)、ラシュ・ミード (52.2%)、チャーンウッド (50.9%)、ベルグレイヴ (49.3%)、アビィ (48.8%) などである。いずれも、南アジア系住民の集住の多い区で使用されている。第二に、英語以外のヨーロッパ言語を第一言語とする人々で、目だっ

図10-2 (A)　ヒンドゥー教徒

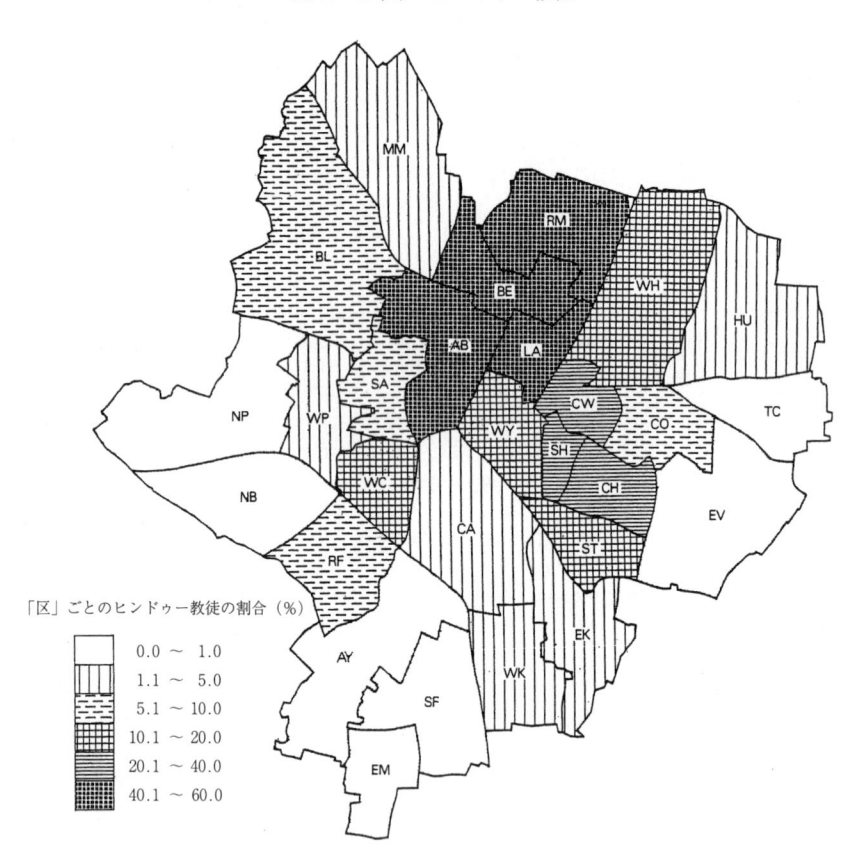

「区」ごとのヒンドゥー教徒の割合（％）

```
0.0 ～  1.0
1.1 ～  5.0
5.1 ～ 10.0
10.1 ～ 20.0
20.1 ～ 40.0
40.1 ～ 60.0
```

ているのはウェスタン・パーク（2.9％）、ウェスタン・ナイトン（2.4％）、ストニィ・ゲイト（2.3％）である。第三に、英語を第一言語とする人々は、南アジア系の言語を第一言語とする人々が少ない区で高い割合を占めている[29]。

表10-7（B）は、南アジア系の言語を第一言語とする人々についてである。グジャラティー語が多い区は、ラティマー（58％）、スピニィ・ヒル（49.2％）、アビィ（43.1％）、ベルグレイヴ（42.9％）、ラシュ・ミード（39.2％）、クラウン・ヒルズ（36.8％）、チャーンウッド（28.2％）、ウィクリフ（20.7％）と、

図 10-2(B)　シク教徒

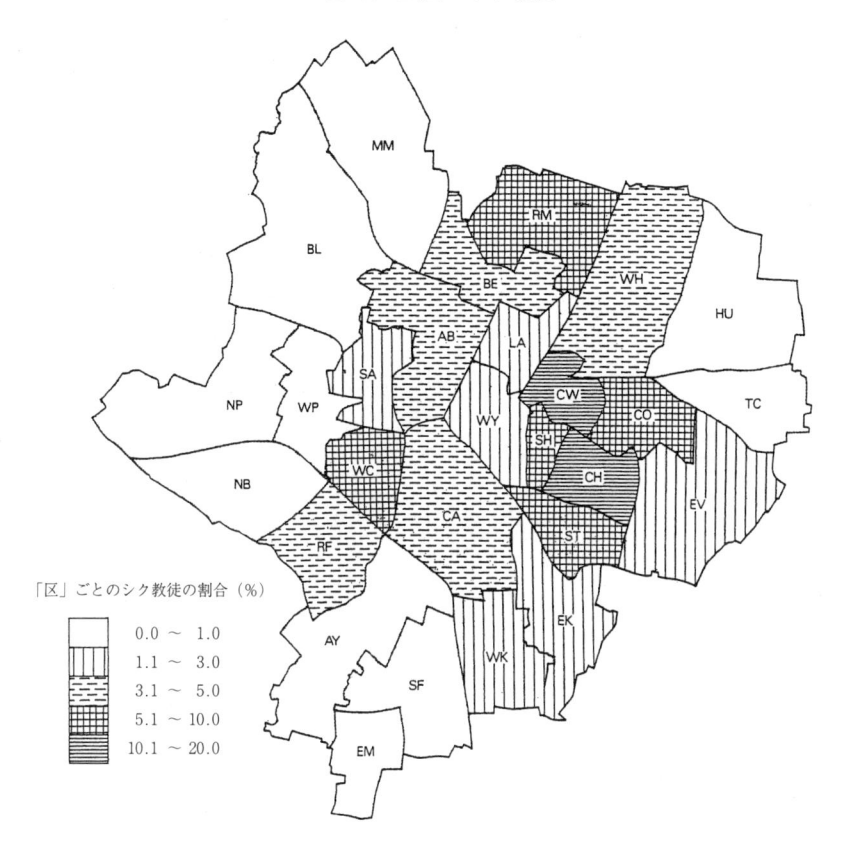

「区」ごとのシク教徒の割合（％）
- 0.0 ～ 1.0
- 1.1 ～ 3.0
- 3.1 ～ 5.0
- 5.1 ～ 10.0
- 10.1 ～ 20.0

分布はほぼベルグレイヴ地域とハイフィールズ地域に多いことがわかる。第二に、パンジャービー語は、チャーンウッド（16.1%）、クラウン・ヒルズ（15.4%）、ラシュ・ミード（11.1%）、ストニィゲイト（9.2%）、スピニィ・ヒル（7.9%）、ベルグレイヴ（14.4%）となっており、全体としてハイフィールズ地域が最も多く、つづいてベルグレイヴ地域の順である(30)。

第三に、カッチ語、ベンガル語、ヒンドゥー語はどうであろうか。いずれも割合は少ないが、カッチ語はハイフィールズ地域に多く、ベンガル語やウルド

図10-2(C) ムスリム

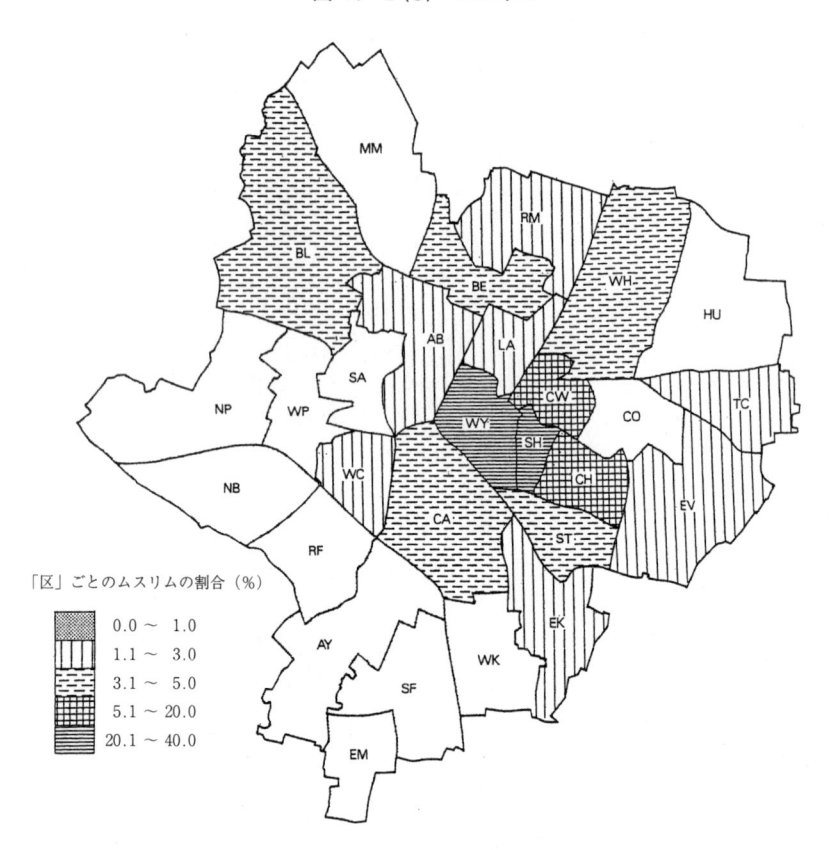

「区」ごとのムスリムの割合（％）
- 0.0 ～ 1.0
- 1.1 ～ 3.0
- 3.1 ～ 5.0
- 5.1 ～ 20.0
- 20.1 ～ 40.0

ゥー語は、ハイフィールズ地域とすぐ近くの富裕区ストニィ・ゲイトに多い。また、ヒンドゥー語は、ハイフィールズ地域とストニィ・ゲイト、それにラシュ・ミードに多いのである。

　さらに、表10-8をみてみよう。英語を第一言語としない人々の英語の話せる度合いである。「少し話せる」と「話せない」を合わせて割合の多い順からみていくと、スピニィ・ヒル（21.3％）、ラティマー（15.1％）、ベルグレイヴ（13.9％）、アビィ（13.7％）、ラシュ・ミード（12.4％）、クラウン・ヒルズ（12.2％）、チャーンウッド（11.2％）、ウィクリフ（11.1％）である。いずれも

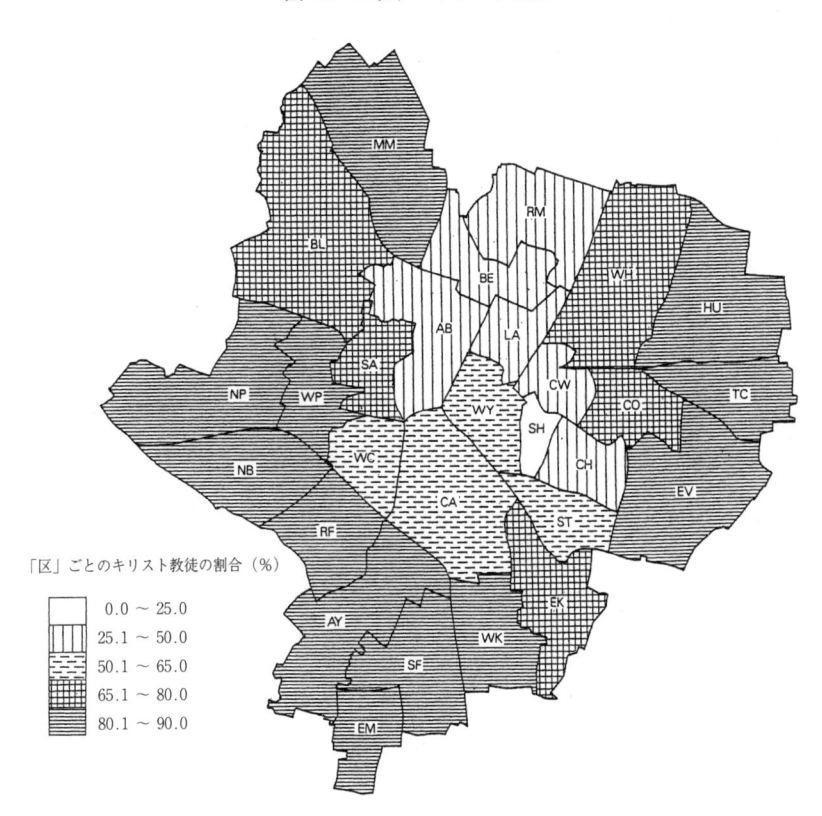

図 10-2 (D)　キリスト教徒

「区」ごとのキリスト教徒の割合（％）
- 0.0 〜 25.0
- 25.1 〜 50.0
- 50.1 〜 65.0
- 65.1 〜 80.0
- 80.1 〜 90.0

ベルグレイブ地域とハイフィールズ地域に多いことがわかる。言語は、南アジア系住民が特定地域へ集住するひとつの要因にもなっていたといえよう[(31)]。

　以上から、言語の場合も、南アジア系住民の居住地域で南アジア系の言語を第一言語とする人々が多く、またそれらの地域では英語が「少し話せる」とか「話せない」人々の割合が10〜20％も占めていることがわかるのである。

　つづいて、ホワイト系が半数を割っていて、とりわけ南アジア系住民の多いベルグレイヴ地域とハイフィールズ地域の言語と宗教の状況を一緒にみておくことにしたい。

表10-7(A) 「区」

区	第一言語							
	英語		他のヨーロッパ系言語		南アジア系言語		他の言語	
	人数	%	人数	%	人数	%	人数	%
AB	4,608	48.2	137	1.4	4,665	48.8	44	0.5
AY	10,337	95.4	125	1.2	131	1.2	75	0.7
BL	10,631	85.3	62	0.5	1,215	9.8	199	1.6
BE	6,147	48.3	75	0.6	6,277	49.3	50	0.4
CA	8,738	85.8	81	0.8	946	9.3	324	3.2
CW	5,736	47.4	37	0.3	6,160	50.9	62	0.5
CO	6,865	81.6	75	0.9	1,276	15.2	87	1.0
CH	3,706	37.8	125	1.3	5,599	57.0	224	2.3
EK	8,682	93.3	106	1.1	286	3.1	131	1.4
EV	8,509	95.3	12	0.1	217	2.4	174	1.9
EM	10,139	97.4	50	0.5	31	0.3	75	0.7
HU	9,952	94.8	112	1.1	249	2.4	37	0.4
LA	2,591	35.1	—	—	4,714	63.8	19	0.3
MM	6,714	94.7	25	0.4	155	2.2	44	0.6
NP	11,324	98.2	81	0.7	24	0.2	62	0.5
NB	8,713	97.6	137	1.5	37	0.4	12	0.1
RF	7,897	88.0	6	0.1	965	10.8	75	0.8
RM	5,650	44.9	44	0.3	6,563	52.2	93	0.7
SF	10,407	96.6	62	0.6	130	1.2	50	0.5
SA	8,482	89.1	31	0.3	847	8.9	75	0.8
SH	2,883	28.0	12	0.1	7,088	68.8	125	1.2
ST	5,593	65.5	199	2.3	2,516	29.5	118	1.4
TC	10,464	95.1	62	0.6	242	2.2	112	1.0
WC	8,016	74.7	100	0.9	2,359	22.0	156	1.5
WP	10,677	91.5	336	2.9	559	4.8	62	0.5
WH	6,944	77.6	44	0.5	1,824	20.4	75	0.8
WK	8,701	89.3	230	2.4	635	6.5	93	1.0
WY	6,476	59.6	93	0.9	4,049	37.2	100	0.9
計	215,582	76.0	2,459	0.9	59,759	21.1	2,753	1.0

4 ベルグレイヴ地域とハイフィールズ地域

　図10-3(A)は、ベルグレイヴ地域の言語と宗教について、さらに「通り」別に示したものである[32]。第一に、全体的にグジャラーティー・ヒンドゥーの割合がどこでもかなりの割合を占めており、特に18、24、26の地区はそ

第10章 1983年の多民族都市レスター 249

ごとの第一言語

まだ話せない幼児		無回答		計	
人数	%	人数	%	人数	%
106	1.1	—	—	9,560	100.0
156	1.4	6	0.1	10,830	100.0
343	2.8	6	0.1	12,456	100.0
187	1.5	—	—	12,736	100.0
81	0.8	12	0.1	10,182	100.0
106	0.9	12	0.1	12,113	100.0
93	1.1	12	0.1	8,408	100.0
143	1.5	18	0.2	9,815	100.0
69	0.7	31	0.3	9,305	100.0
12	0.1	—	—	8,924	100.0
118	1.1	—	—	10,413	100.0
125	1.2	19	0.2	10,494	100.0
50	0.7	12	0.2	7,386	100.0
143	2.0	6	0.1	7,087	100.0
37	0.3	—	—	11,528	100.0
19	0.2	6	0.1	8,924	100.0
25	0.3	6	0.1	8,974	100.0
224	1.8	6	0.1	12,580	100.0
125	1.2	—	—	10,774	100.0
81	0.9	—	—	9,516	100.0
193	1.9	6	0.1	10,307	100.0
106	1.2	6	0.1	8,538	100.0
81	0.7	37	0.3	10,998	100.0
100	0.9	—	—	10,731	100.0
31	0.3	—	—	11,665	100.0
50	0.6	6	0.1	8,943	100.0
75	0.8	12	0.2	9,746	100.0
156	1.4	—	—	10,874	100.0
3,035	1.1	219	0.1	283,807	100.0

の半数以上を占めている。そして、11、13、14、27あたりの地区になると、半数を割っていて若干少なめの傾向がみてとれる。第二にホワイト系である。11、13、14、24、27あたりは、半数に満たないとしても、それに近い割合を占めているが、メルトン・ロード近くの12、18、26はかなり少ない。

　第三に、パンジャービー・シクであるが、11、12、13、18の地区に多く、グ

表10-7(B)「区」

第一言語（南アジア系の

区	グジャラティー		パンジャービー		カッチ		ベンガル	
	人数	%	人数	%	人数	%	人数	%
AB	4,123	43.1	386	4.0	100	1.0	—	—
AY	37	0.3	50	0.5	—	—	—	—
BL	965	7.7	25	0.2	93	0.7	19	0.2
BE	5,468	42.9	561	4.4	174	1.4	—	—
CA	361	3.5	367	3.6	44	0.4	56	0.5
CW	3,419	28.2	1,956	16.1	623	5.1	44	0.4
CO	747	8.9	467	5.6	—	—	—	—
CH	3,612	36.8	1,513	15.4	206	2.1	—	—
EK	100	1.1	122	1.2	6	0.1	31	0.3
EV	56	0.6	87	1.0	—	—	12	0.1
EM	—	—	31	0.3	—	—	—	—
HU	168	1.6	69	0.7	6	0.1	—	—
LA	4,285	58.0	311	4	87	1.2	—	—
MM	112	1.6	12	0.2	6	0.1	—	—
NP	12	0.1	6	0.1	—	—	6	0.1
NB	6	0.1	6	0.1	—	—	—	—
RF	517	5.8	367	4.1	—	—	50	0.6
RM	4,932	39.2	1,395	11.1	87	0.7	12	0.1
SF	56	0.5	62	0.6	—	—	12	0.1
SA	654	6.9	137	1.4	—	—	—	—
SH	5,070	49.2	810	7.9	598	5.8	212	2.1
ST	1,308	15.3	785	9.2	—	—	230	2.7
TC	143	1.3	56	0.5	—	—	—	—
WC	1,538	14.3	654	6.1	62	0.6	12	0.1
WP	361	3.1	149	1.3	12	0.1	—	—
WH	1,246	13.9	367	4.1	168	1.9	—	—
WK	324	3.3	255	2.6	—	—	—	—
WY	2,248	20.7	361	3.3	754	6.9	237	2.2
計	41,868	14.8	11,357	4.0	3,026	1.1	933	0.3

ジャラティー・ヒンドゥーの多い地区には返って少ない。第四に、グジャラティー・ムスリムである。彼らは決して多くはないが、各地区にわずかながら住んでいる。割合としては、12の地区に多い。第五に、他の南アジア系の住民も、ある程度どの地区でも住んでいる。特に12、18の地区に多い。第六に、西インド諸島出身のブラック系の人々である。ごくわずかであるが、11、27などの地

ごとの第一言語

言語)				他の言語		計	
ヒンディー		ウルドゥー					
人数	%	人数	%	人数	%	人数	%
56	0.6	—	—	—	—	4,665	48.8
44	0.4	—	—	—	—	131	1.2
44	0.4	44.0	0.4	25	0.2	1,215	9.8
50	0.4	12.0	0.1	12	0.1	6,277	49.3
75	0.7	37.0	0.4	6	0.1	946	9.3
75	0.6	37.0	0.3	6	0.0	6,160	50.9
6	0.1	6.0	0.1	50	0.6	1,276	15.2
156	1.6	87.0	0.9	25	0.3	5,599	57.0
6	0.1	6.0	0.1	25	0.3	286	3.1
12	0.1	50.0	0.6	—	—	217	2.4
—	—	—	—	—	—	31	0.3
6	0.1	—	—	—	—	249	2.4
31	0.4	—	—	—	—	4,714	63.8
—	—	—	—	25	0.4	155	2.2
—	—	—	—	—	—	24	0.2
25	0.3	—	—	—	—	37	0.4
31	0.3	—	—	—	—	965	10.8
125	1.0	12.0	0.1	—	—	6,563	52.2
—	—	—	—	—	—	130	1.2
56	0.6	—	—	—	—	847	8.9
6	0.1	336.0	3.3	56	0.5	7,088	68.8
75	0.9	112.0	1.3	6	0.1	2,516	29.5
31	0.3	6.0	0.1	6	0.1	242	2.2
87	0.8	—	—	6	0.1	2,359	22.0
—	—	37.0	0.3	—	—	559	4.8
6	0.1	37.0	0.4	—	—	1,824	20.4
31	0.3	—	—	25	0.3	635	6.5
37	0.3	343.0	3.2	69	0.6	4,049	37.2
1,071	0.4	1,162.0	0.4	342	0.1	59,759	21.1

区に住んでいる。このように、ベルグレイヴ地域では、ホワイト系以上にグジャラティー・ヒンドゥーが多く、彼らの支配的な地域になっていることがわかるのである。それ以外では、パンジャービー・シク、それにグジャラティー・ムスリムなどの南アジア系の人々が住んでいる。つまり、この地域は、ほぼホワイト系と南アジア系、とりわけグジャラティー語とパンジャービー語を第一

表10-8 「区」ごとの英語の話せる度合い

区	英語								
	話せる		少し話せる (A)		話せない (B)		(A)+(B)	計	
	人口	%	人口	%	人口	%	%	人口	%
AB	3,538	37.0	729	7.6	579	6.1	13.7	4,846	50.7
AY	280	2.6	19	0.2	6	0.1	0.3	305	2.8
BL	1,121	9.0	181	1.5	100	0.8	2.3	1,402	11.3
BE	4,621	36.3	1,040	8.2	729	5.7	13.9	6,390	50.2
CA	1,040	10.2	206	2.0	44	0.4	2.4	1,290	12.7
CW	4,752	39.2	529	4.4	822	6.8	11.2	6,103	50.4
CO	1,146	13.6	149	1.8	125	1.5	3.3	1,420	16.9
CH	4,727	48.2	766	7.8	436	4.4	12.2	5,929	60.4
EK	511	5.5	19	0.2	19	0.2	0.4	549	5.9
EV	374	4.2	25	0.3	6	0.1	0.4	405	4.5
EM	125	1.2	12	0.1	—	—	0.1	137	1.3
HU	293	2.8	81	0.8	12	0.1	0.9	386	3.7
LA	3,618	49.0	554	7.5	561	7.6	15.1	4,733	64.1
MM	162	2.3	50	0.7	12	0.2	0.9	224	3.2
NP	156	1.4	—	—	—	—	—	156	1.4
NB	156	1.7	—	—	—	—	—	156	1.7
RF	803	8.9	125	1.4	106	1.2	2.6	1,034	11.5
RM	5,113	40.6	984	7.8	573	4.6	12.4	6,670	53.0
SF	206	1.9	12	0.1	12	0.1	0.2	230	2.1
SA	791	8.3	100	1.1	25	0.3	1.4	916	9.6
SH	5,020	48.7	1,158	11.2	1,046	10.1	21.3	7,224	70.1
ST	2,130	24.9	411	4.8	274	3.2	8.0	2,815	33.0
TC	374	3.4	25	0.2	6	0.1	0.3	405	3.7
WC	1,819	17.0	399	3.7	280	2.6	6.3	2,498	23.3
WP	698	6.0	93	0.8	12	0.1	0.9	803	6.9
WH	1,613	18.0	212	2.4	100	1.1	3.5	1,925	21.5
WK	716	7.3	69	0.7	37	0.4	1.1	822	8.4
WY	3,014	27.7	629	5.8	579	5.3	11.1	4,222	38.8
計	48,917	17.2	8,577	3.0	6,501	2.3	5.3	63,995	22.5

言語とする人々の住む地域になっていることがわかるのである。

　1965年から95年までのこのベルグレイヴ地域の歴史を研究したJ. セリガは、65年段階でホワイト系住民中心であったこの「近隣共同体」が、60年代後半〜70年代の東アフリカからのインド系移民の流入によって、どのように「グジャラティー・ヒンドゥーの近隣共同体」へと変容を遂げていったかを丹念に跡づ

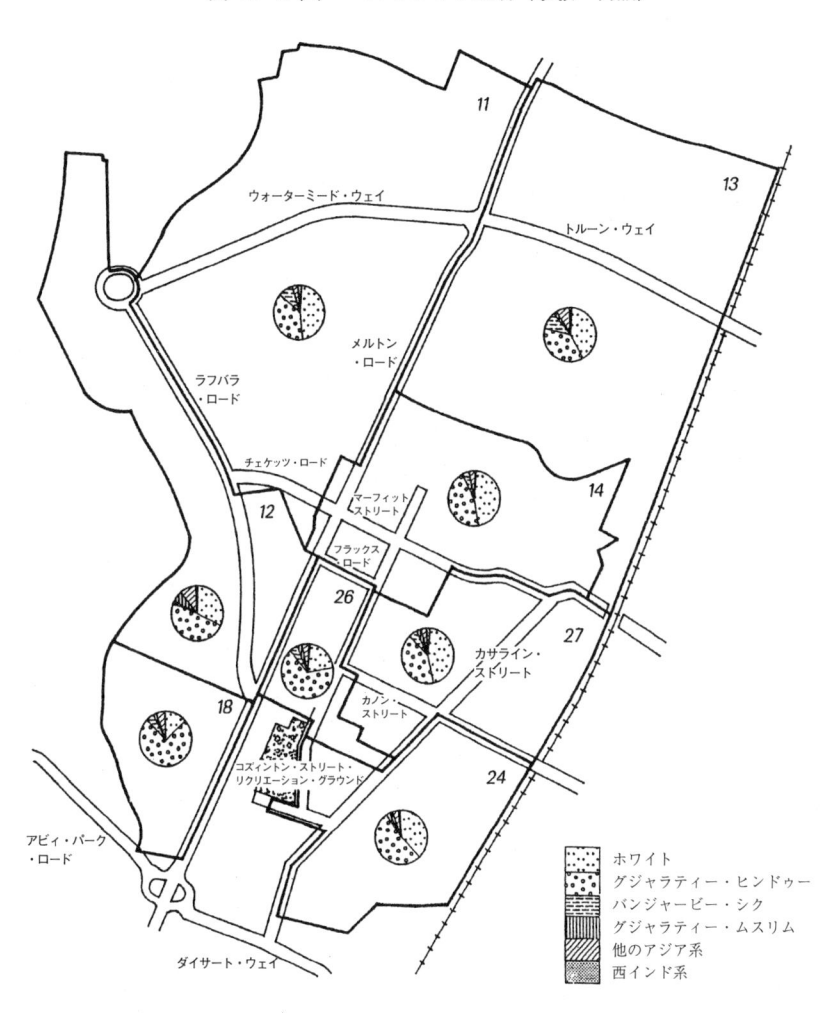

図 10-3 (A) ベルグレイヴ地域（宗教・言語）

凡例:
- ホワイト
- グジャラティー・ヒンドゥー
- パンジャービー・シク
- グジャラティー・ムスリム
- 他のアジア系
- 西インド系

けているが、1983年のこの「調査報告」は、その変容の「過渡的状況」を見事に示しているのである。もう少し言えば、この地域は、もうこの頃にはすでにレスターの代表的な商業地域になり、メルトン・ロードを中心に「ゴールデン・マイル」とも「リトル・ボンベイ」とも呼ばれるようになっていたのであ

254

図10-3(B) ハイフィールズ地域（宗教・言語）

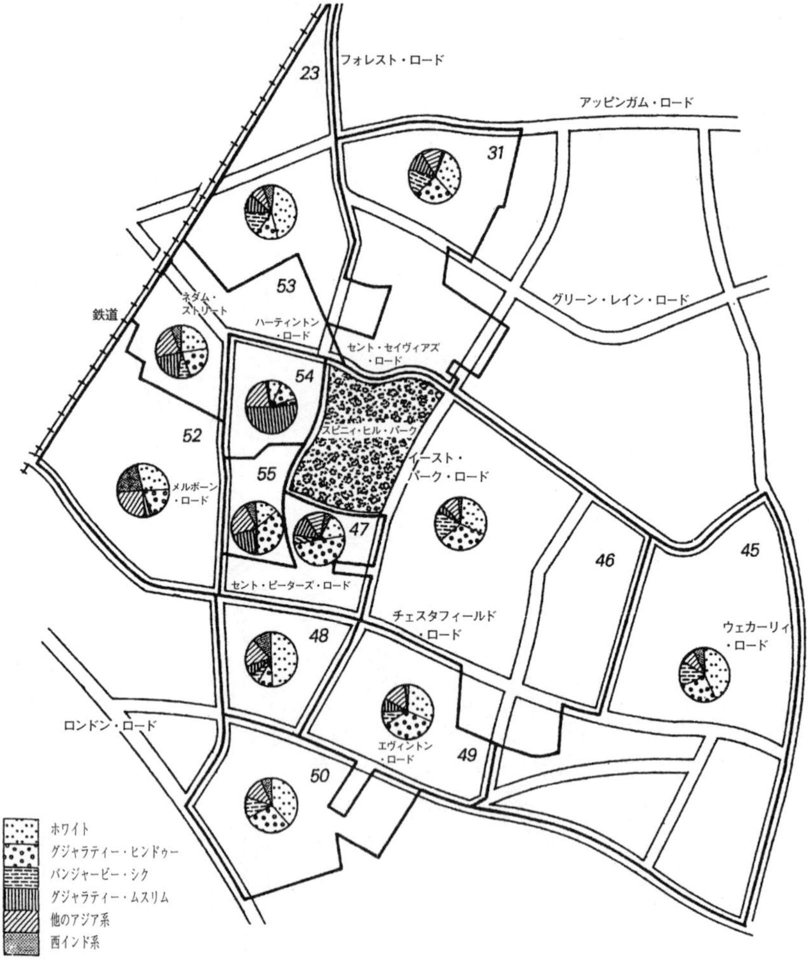

凡例:
- ホワイト
- グジャラティー・ヒンドゥー
- パンジャービー・シク
- グジャラティー・ムスリム
- 他のアジア系
- 西インド系

る(33)。

　次に、ハイフィールズ地域の方をみていこう（図10-3(B)）。この地域は、ベルグレイヴ地域とはかなり違った共同体を形成している。第一に、ホワイト系は48を除いては、どこの地区も半数を大幅に割っている。特に47、54、55に

ついてはかなり少ない。第二に、グジャラティー・ヒンドゥーであるが、45、46、47、49、50、55などに多い。第三に、これに対して、パンジャービー・シクは、スピニィ・ヒル・パークの西側の47、52、54、55の地区にかなり住んでいる。第四に、グジャラティー・ムスリムであるが、45、50を除けば、かなり多い割合を占めている。特に54は半数を超えている。第五に、他のアジア系住民も、割合はそれほど多くないとはいえ、この地域全体にわたって分布している。第六に、西インド出身のブラック系の人々は、特にメルボーン・ロードとセント・ピーターズ・ロードの地区に多い。以上からわかるように、ハイフィールズ地域は、ホワイト系やグジャラティー・ヒンドゥーの割合が多いとはいえ、パンジャービー・シク、グジャラティー・ムスリムや西インド出身のブラック系が多い混合地域になっているのである[34]。それはなぜなのだろうか。その理由のひとつは、この地域が、19世紀以来、現在まで、移民たちがレスターに来た場合、最初に住む地域となっているためである。ホワイト系移民、ブラック系移民、南アジア系移民、「しかり」である。彼らは、近くに駅や「シティ・センター」や工場があり、家賃が安い、この地域に住みついたのである。「ハイフィールズ地域」は、ベルグレイヴ地域とは対照的に、「貧困」と背中合わせの地域でもある。そして、その一部の者たちは、ある程度暮らしに余裕ができると、他の地域へ移っていったのである。この「調査報告」は、1983年段階での、そうした「ハイフィールズ地域」の「流動的・混合的性格」の一端をよく示しているのである[35]。

　このように、レスターは、1983年時点でもうすでにこうした、ヒンドゥー、シク、イスラームなどを信仰する南アジア系の人々がかなり居住するようになっていただけでなく、「ホスト社会」との緊張をはらみながら、「居住分化」と「分散」傾向も着実に進行していたのである。

おわりに

　以下、この「調査報告」のエスニシティ・宗教・言語の分析から明らかにな

ったことを特に南アジア系移民との関連で簡単に整理し、さらにレスターやイギリスの「宗教」事情について多少補足しながら、今後の研究を展望しておきたい。

全体として、1983年の「調査報告」から浮かびあがってくる多民族・多宗教都市レスターのイメージは、エスニシティの面では、ホワイト系を除けば、南アジア系、とりわけインド系（多くはグジャラートとパンジャーブにルーツがあるが、東アフリカから来ている場合も少なくない）の移民が非常に多く、宗教面では、キリスト教を除けば、ヒンドゥー、シク、ムスリムの多い都市ということができる。そして、言語面では、英語以外の言語で第一言語なのは、特にグジャラティー語とパンジャービー語が目立っているのである。

地域的には、移民の流入に伴って、「ホスト社会」と「移民共同体」との「居住分化」やエスニシティ・出身地域・宗教・言語などからくる違いから「移民共同体」間の「居住分化」が起こり、それはとりわけベルグレイヴ地域、ハイフィィルズ地域（それにもうひとつあげれば、ナーバラ・ロード地域）と他の地域との間に顕著に認められるのである。そして、これらの地域は、違いはあれ、「ホワイト系中心の共同体」から「多民族・多宗教共同体」もしくは「移民共同体」へのある「過渡的な段階」を示しているのである。しかし、他方では、その一部の人々が他の富裕な区へ移り住む現象も起こってきているのである。

とはいえ、この「調査報告」は、1983年という時点での静態的な「断面図」を提供してくれているにすぎない。すでに別稿で簡単なスケッチを試みてはいるというものの[36]、この世界がどのように形成され、またこの世界がその後どのように変化していくのか、またレスターがイギリスの他の多民族都市とどのようなところが異なるのかなどについては、今後より立ち入った検討が必要であろう。また、今回は、エスニシティ・宗教・言語に絞り、食習慣・雇用状況・世帯・住居などの問題は対象外としたが、この点の検討も不可欠であろう。

最後に、レスターやイギリスの「宗教」事情についてもう少し触れながら、今後の研究を展望しておきたい。「宗教」は、「ホスト社会」との緊張関係のな

かで、移民たちにとって自分たちのエスニック・マイノリティのアイデンティティを培う上できわめて重要な役割を果たしてきている。レスターでは、移民たちのなかで主要な宗教共同体を構成しているのがヒンドゥー、シク、ムスリムであるが、それらの宗教は彼らの「生活習慣」とも深く結びついている。それゆえに、彼らは移民してきたある段階から、彼らが集う宗教施設を自ら創設し、彼らの宗教的（・民族的）アイデンティティを培ってきている。1970年代末で、ヒンドゥー寺院三つ、シク寺院（グルドゥワーラーと呼ばれる）三つ、モスク四つがすでに存在している。たとえば、ベルグレイヴ地域にあるヒンドゥー寺院「シュリー・サナタン・マンディール」は1971年に、シク寺院のひとつ、「グル・ナーナク・グルドゥワーラー」（女王が訪問した寺院）は1968年頃に、パキスタン系のモスク「イスラミック・センター」は、ハイフィールズ地域にあるスピニィ・ヒルのサザランド・ストリートに1965年にすでに創設されている[37]。

また、彼らの宗教的な祭りも、1980年代に入ると「外」に向かってアピールされるようになっている。ヒンドゥーの代表的な祭りディワーリー（シク教徒もジャイナ教徒も祝う）は1983年には、ベルグレイヴ地域のメルトン・ロードに約6,000もの「ディワーリー・ライト」を伴って祝われるようになっている。また、シク教徒の代表的な祭り、バイサキとグル・ナーナク生誕祭は86年にはパレードが行われるようになっているし、ムスリムたちのラマダーン終了後の祝日エイド・ウイ・アドハも80年代後半には地元新聞でも大きく報道さるようになっている[39]。そして、こうした動きはその後さらに加速化し、2001年段階では、レスターだけで、ヒンドゥー寺院が18、モスクが22、グルドゥワーラーが六つ、ジャイナ教の寺院ひとつを数えるにいたっている[38]。

こうしたレスターの多民族・多宗教都市の発展と「はじめに」のところで述べたレスターの高い「評判」——こうした「評判」がどのようにしてでき上がってきたのかについても検討される必要があるが——の延長線上に、2002年8月1日の女王のレスター訪問があったといえるのである。

しかし、こうした動きは、地域差があるとはいえ、単にレスターだけの特殊

な現象なのではない。たとえば、イングランドとウェールズで、モスクは1972年に79だったのに、99年には584と7倍以上に増えており、またシク・グルドゥワーラーは1972年で40だったのに99年には180と4倍以上に増えている。また、2001年のあるデータでは、ヒンドゥー寺院は126となっているのである(39)。

いまや第二次世界大戦中・以後のブラック系・南アジア系移民の動向を、イギリスにおける「ホスト社会」との関連のなかで彼らの共同体の形成や発展を考えていくことはもちろん、彼らの「宗教」やその共同体の「核」のひとつとなっている宗教施設の建設などにも目を向けて研究を進めていく必要があろう(40)。今回の「調査報告」の紹介は、こうした問題を考えていくためのささやかな「基礎情報」を提供することにあった。今後も、この問題を継続して考えていくことにしたい。

注

（1） *Leicester Mercury*（以下、*LM.* と略記）, Friday, August 2, 2002; この動きはすでにずっと以前から始まっている。たとえば、1993年に女王がレスターを訪れた際に、シク教徒の指導者達に会っている（*LM.*, Saturday, May 25, 2002）し、チャールズ皇太子は1994年に、自分の将来の役割を、「イギリス国教会の擁護者」としての役割よりも「あらゆる宗教の擁護者」としての役割を強く主張していた（*LM.*, Monday, February 11, 2002）。

（2） *LM.*, Saturday, July 20, 2002; *LM.*, Friday, August 2, 2002; *LM.*, Saturday, August 3, 2002.

（3） *LM.*, Monday, February 11, 2002.

（4） 現地調査から。

（5） 1983年の「調査」については、*Survey of Leicester, 1983: Initial Report of Survey* [以下、*Initial Report* と略記] ; *Survey of Leicester, 1983: Ward Tables* [以下、*Ward Tables* と略記] を利用した。

（6） 拙稿「多民族都市レスターの形成と発展——南アジア系移民を中心に——」（〔明治大学〕『駿台史学』118号、2003年3月 [以下、「多民族都市レスター」と略記]）11頁。

（7） D. Nash & D. Reeder (eds.), *Leicester in the Twentieth Century*, Stoud, 1993,

pp. 49-89.
(8) *Ibid.*, pp. pp. 90-120; *LM.*, Saturday, May 25, 2002. 1981年の「暴動」については、別の機会に問題としてみたい。
(9) Nash & Reeder (eds.), *op. cit.*, pp. 90-120.
(10) *Initial Report,* pp. 3, 11, 13. この「調査報告」のキー・ワードである、'White'、'West Indian'、'Asian' については、それぞれ「ホワイト系」、「西インド系」、「南アジア系」と訳した。'Asian' を「南アジア系」と訳したのは、この「報告」の場合、'Asian' はほとんどインド亜大陸もしくはそこに起源を有する人々を指しているからである。また、'West Indian' は、ここでは 'Afro-Caribbean' とほぼ同じ意味で使用されている。
(11) *Initial Report,* p. 18. .
(12) *Initial Report,* p. 20; 佐藤、前掲論文、137-42頁。
(13) *Initial Report,* p. 20; 佐藤、前掲論文、144-46頁。
(14) *Initial Report,* p. 20; 佐藤、前掲論文、142-3頁。
(15) *Initial Report,* pp. 24, 25. なお、スペースの関係上、表の掲載は省略する。
(16) *Initial Report,* p. 50. (15)と同じ理由から、表の掲載は省略する。
(17) *Initial Report,* p. 37; 佐藤、前掲論文、143頁; L. Chessum, *From Immigrants to Ethnic Minority,* Aldershot: Ashgate, 2000, pp. 250-58.
(18) *Initial Report,* p. 38. 佐藤、前掲論文、138-42頁。
(19) *Initial Report,* p. 40.
(20) *Initial Report,* p. 41.
(21) *Initial Report,* p. 42. (15)と同じ理由から、表の掲載は省略する。
(22) *Ward Tables,* p. 10.
(23) *Ward Tables,* p. 11.
(24) *Ward Tables,* p. 12.
(25) D. Phillips, 'The social and spatial segregation of Asians in Leicester' in P. Jackson & S. J. Smith (eds.), *Social Interaction and Ethnic Segregation,* London, 1981, pp. 101-21.
(26) *Ward Tables,* p. 24.
(27) *Ward Tables,* p. 26 [図10-2 (A)]、p. 28 [図10-2 (B)]、p. 27 [図10-2 (C)]、p. 25 [図10-2 (D)]。
(28) 現地調査から。
(29) *Ward Tables,* p. 29.

(30) *Ward Tables*, p. 30.
(31) *Ward Tables*, p. 31.
(32) *Initial Report*, p. 45 [図10-3 (A)].
(33) J. Seliga, 'A neighbourhood transformed: the effect of Indian migration on the Belgrave area of Leicester, 1965-1995', *The Local Historian*, vol. 28, no. 24, 1998.
(34) *Initial Report*, p. 46 [図10-3 (B)].
(35) 佐藤、前掲論文、138, 143, 145, 157頁。なお、「ハイフィールズ地域」の歴史については、オーラル・ヒストリーをベースにした次の文献がある。*Highfields Remembered*, Leicester, 1996がある。
(36) 佐藤、前掲論文。
(37) 佐藤、前掲論文、156-7頁。
(38) 佐藤、前掲論文、159頁。
(39) P. Weller (ed.), *Religions in the UK 2001-3*, The Multi-Faith Centre at the University of Derby and the Inter Faith Network for the United Kingdom, 2001, pp. 36, 37.
(40) この問題と関連した興味深い論考に、R. Bonney, *Understanding and Celebrating Religious Diversity. The Growth of Diversity in Leicester's Places of Religious Worships since 1970*, Centre for the History of Religious and Political Pluralism, University of Leicester, 2003 がある。また、最近2001年の国勢調査が公表されたが、その中には「宗教」のデータも含まれている。単純な比較はできないとしても、別な機会にこの「調査報告」との比較を行ってみたい。

[付記] 本稿は、拙稿「1980年代前半の多民族都市レスター——1983年の『調査報告』の分析から——」（〔埼玉大学〕『社会科学論集』経済学会、第109号、2003年5月）の一部を改稿して利用しているところがあることをお断りしておきたい。

　なお、本稿は、2003年度明治大学国際交流基金事業共同研究・学術調査「多民族都市レスターの歴史と文化」に基づく研究成果の一部である。

第Ⅲ部　その他

第11章　イギリスのミドルクラスモデル
―― R. J. モリスの業績を中心に ――

岩間　俊彦

はじめに

　本稿は、18世紀後半から19世紀半ばにおけるイギリスのミドルクラス研究に重要な貢献をはたしてきたR. J. モリスの議論とそれへの反論を行った18世紀史の研究を主要な対象とし、19世紀におけるイギリスのミドルクラス研究が提起したモデルを検討することを目的とする。

　第二次世界大戦後、労働者階級あるいは民衆運動の研究や支配階級の研究は、工業化の帰結やヴィクトリア時代の社会的安定というテーマを軸に進展してきた[1]。これらの研究の蓄積が始まった時期には、19世紀のミドルクラス研究への関心は相対的に低かった。しかしながら、19世紀におけるミドルクラスへの注目が1970年代より高まりはじめ、当時社会史の一分野として発展してきた都市史と密接な関係をもちながら、学位論文、学術論文、モノグラフといった順番でその成果が生み出されてきた。1980年代以降、言語論的転回の影響を受けて、これまで階級を主たる分析対象としてきた労働史や民衆運動史の研究方法に疑問が提起されたが[2]、ミドルクラス研究は1990年代以降現在にいたるまで活発な状況にある[3]。

　その理由として、第一に、近代イギリスにおけるミドルクラスは多様性こそが主要な特徴のひとつであるという認識が多くの研究者の間で共有されている、という点があげられる。近代イギリスのミドルクラス研究は、研究対象である

ミドルクラスを社会集団の歴史的過程として因果連関的に検討する方法に限定することなく、ミドルクラスを複雑な関係・構造・表象としてとらえてゆく問題意識をもっていた[4]。このような問題意識は階級分析再考の動向とも親和的であった。

　第二に、近代イギリスにおける公共圏の形成やジェンダーのような問題関心に基づく研究が進展するにつれて、それらの問題に関するアクターとしてミドルクラスの重要性が注目されることになった点があげられる[5]。また、ミドルクラスは国家と個人の間に存在するヴォランタリアソシエーション voluntary association（任意の結社活動）の活動にも深くかかわっていたが[6]、この活動は、市民社会やセイフティ・ネットの形成という点から近年多くの注目を集めている[7]。

　日本においても、ミドルクラス研究やヴォランタリアソシエーションに関する研究の紹介や摂取が試みられている[8]。しかしながら、18世紀と19世紀のミドルクラスをめぐる継続と変化の問題や、同時代におけるヴォランタリアソシエーションの評価について、その先駆者であるモリスの議論が十分に紹介・検討されたとはいえない状況にある。そこで、本稿では、まず、モリスの提起したミドルクラスのモデルを検討する。次に、モリスのモデルの修正を試みた18世紀の中間層 the middling sort に関する研究について考察する。最後に、モリスの成果を地域研究の展開と関連させて今後の展望について述べたい。

第1節　R. J. モリスと19世紀のミドルクラス研究

　R. J. モリスの研究は、ある研究者によれば、1970年代の社会史研究の中で最も革新的なもののひとつであった[9]。モリスは19世紀におけるミドルクラス研究の欠如ということに対応して、1960年代よりリーズ Leeds のミドルクラスについて研究を開始し、階級形成を地域社会における社会構造の問題としてとらえ、以下のような革新的方法を試みた。まず、モリスは社会理論、特に社会学や政治学、を自らの研究の分析ツールとして援用した[10]。さらに、

1830年代のリーズの選挙人名簿 poll book と商工人名録 commercial directory をコンピュータデータベース化し、系統的な分析処理を行うための分類コードを開発したうえで、地域社会の権力関係や経済関係を包括的に分析することを試みた[11]。また、現存する一次史料とリーズで発行された地方新聞を系統的に用いることによって、詳細にヴォランタリアソシエーションの種類・組織・特徴を明らかにした。このようなモリスの研究は、その後のミドルクラス研究、広義にとらえれば地域社会の階級研究の指針となった。

たとえば、ミドルクラスの公的領域と私的領域の分化という問題を先駆的に分析したダヴィドフとホールの『家族遺産』は、1780年から1850年におけるミドルクラスの公共生活に関する理解の多くをモリスの業績から援用している[12]。さらに、近年の経済史や経営史の研究は、18世紀後半から19世紀前半における株式会社形態の地方銀行や保険業に関する企業統治の手法や、同時代のマンチェスターのような地方都市の企業者活動と、モリスが明らかにしてきたヴォランタリアソシエーションの統治が、深く関連していたことを明らかにしている[13]。

このように広範な影響を与えているモリスの研究成果は、第一に、19世紀のミドルクラスとイギリス都市の密接な関係を明らかにした点である。彼によれば、当時の都市はミドルクラスの集団的行為が結集する場であり、なおかつ、それらの行為が自立した個人によって秩序だって成立する場であった。モリスは、これらの活動が実現される都市の諸制度の構築を重視し、「ミドルクラスは、彼ら彼女たちが支配する経済的・物質的な構造 structures を通じて、社会的機構 units としての都市をつくりあげた」と主張する[14]。

都市における中産諸階級の経済活動は、工業化が進行し資本の論理が浸透する場であった。工業化の進行は、生産、取引、企業者活動を活発化させた。また、工業化によって、労使関係、市場、そして、信用組織は再構成され、強化された。さらに、同時代の都市における流通業やサーヴィス業の進展は法律・医療・教育に関する専門職の成長や出版等のメディアの発達を促進した。さらに、中産諸階級の資本や資源を基礎にした慈善、教育、文化活動が活発化した。

このような社会的文化的活動は、ヴォランタリアソシエーションに代表される社会組織の自立的な形成をうながし、中産諸階級が社会活動へ積極的に参加することとなった。

都市の政治的活動においても、国会議員選挙、選挙法改正運動や反穀物法運動のような政治結社を基礎とした政治運動、急進主義等の政治的イデオロギーの浸透、そして、地方自治といった領域で、都市における中産諸階級は指導力を発揮し、中核的集団として活動することがますます多くなった。

モリスの第二の成果は、1780年から1850年における都市の制度の一部を形成していたヴォランタリソサエティ voluntary society（任意の団体）とミドルクラスの関係を明らかにしたことである[15]。同時代における地方都市のヴォランタリソサエティは、貧困者の救済、医療、モラルリフォーム、公的秩序の維持、教育、そして、倹約を目的に活動しており、ソサエティの一部は科学や文化の普及や娯楽組織を通じてこれらの目的を実現しようとした[16]。モリスは、リーズのヴォランタリソサエティの分析を手始めに、エディンバラやニューカッスル等々の都市のデータをも分析して、1780年から1850年における都市のヴォランタリソサエティの設立数がそれ以前と比べて急増したことだけでなく、当時のソサエティには三つの特徴があったことを確認した[17]。第一に、多くのヴォランタリソサエティの会員は中産諸階級によって占められていた。その運営には、中産諸階級の上層出身であることが多い都市エリートが、指導力を発揮していた。地主貴族は、ロンドンやエディンバラのヴォランタリソサエティにパトロンとして参加していたが、ソサエティの会員になることはそれほど多くなかった。また、当時、下層の労働者は二つ以上のヴォランタリソサエティに加入することは収入の面から非常に困難であり、ほとんどの労働者は友愛組合にのみ加入していた[18]。第二に、20世紀のヴォランタリソサエティがしばしば政府への圧力団体として機能していたのに対して、1780年から1850年におけるヴォランタリソサエティは、政府の補助や権威に訴えることなく、それらの目的を達成しようとしていた。第三に、これらのソサエティは、都市エリートの指導力のもと、都市の活動に基礎を置いていた[19]。このような特徴

を指摘したうえで、モリスは、出資金・拠出金・寄付を通じて行われるヴォランタリソサエティの活動は、教区会、議会の特別立法による改良委員会、そして都市自治体等の既存の都市における公共制度 public institutions に対して、独自の役割と地位を得ることができた、と主張したのである[20]。

　1780年から1850年におけるヴォランタリソサエティの注目すべき組織的特徴は、出資者民主主義 subscriber democracy（または拠出者民主主義）である。この制度では、ソサエティの規約・役員・会計・その他の重要な議題を決定する総会（annual general meeting や public meeting と呼ばれる）で、すべての出資者は1票の投票権を得ている。この総会において、組織の運営を握る役員たちは、出版された会計報告を含む年次報告書を配布するなどして、説明責任 accountability を果たして出資者の同意を得ていた。通常、ソサエティは、総会によって選出された役員（会長あるいは議長、会計や書記、その他の役員等々にわけられる）が委員会 committee を結成して、運営されていた。このようなヴォランタリソサエティの組織形態は、同時代における道路・運河・その他の公共施設を運営する株式会社の形態がひとつのモデルであったと思われる[21]。さらに、モリスによれば、1780年から1820年にかけて、説明責任を伴うヴォランタリソサエティの活動は、1780年以前のヴォランタリソサエティに比して、ますます開放的となり、組織として透明性 transparent を実現し都市の公共生活において不可欠な存在となっていった[22]。

　このような出資者民主主義は、都市の公共生活において、ヴォランタリソサエティの構成員と労働者出身の非構成員といった差異を明確化し、構成員の公共生活の維持に対する義務感や非構成員に対する指導といった意識を強化した。都市において出資金によって設立された病院・診療所や、貧民（あるいは失業者）の救済のために設立された慈善組織は、その典型的な例である。このようなソサエティの出資者は病院への紹介権や貧民への給付の紹介権を有している場合が多く、ソサエティを介して出資者と紹介者との間にパトロン－クライアント関係が制度化されたとも言える。

　また、ヴォランタリソサエティ内部においても、経済力によって組織内の階

層的秩序が制度化された。たとえば、通常会員とは異なり、寄付や寄贈を行った特別会員には、役員の任命に関する優待や組織の運営に対する特別の権限等のような特権を与えられることが多かった。一般的に、ヴォランタリソサエティにより多くの経済的支援を行っている会員はそのソサエティでの発言力が大きく、また、役員として、組織の運営において指導力を発揮することが多かった。たとえば、職工学校では、下層の中産諸階級や熟練労働者が通常会員の多数を占めていたが、職工学校の資金を支え運営においても指導力を発揮したのは特別会員である上層の中産諸階級であることが多かった。

同時代のイギリス都市で経済的、社会的、文化的問題・課題・欲求が生じた際に、ヴォランタリソサエティは、個別の問題にそくして弾力的に対応する柔軟性を発揮した。参加者の意思によって加入が決定されるヴォランタリソサエティの会員制は当時の都市の流動性に対応し、また、構成員の信頼関係が形成可能な範囲（たとえば、親類、友人、近隣関係）で組織化されたことも、ソサエティの組織化の長所として作用した。また、各々のソサエティが専門化し、課題に対する解決をより円滑に進められる可能性が高かった[23]。

図11-1は、モリスがヴォランタリソサエティの発展を整理したものである。ヴォランタリソサエティは、それ自身が都市社会で自己完結的に終始するものではなかった。同時代のソサエティはお互いの存在を認知していた。ヴォランタリソサエティは、利用しうる資源、知識、価値を動員できる範囲で活動していた。そして、出資者からの資金とさまざまな形での有用な協力者の動向によりつつ、拡大、吸収・合併、もしくは、解散という過程をたどっていた[24]。このような過程の例として、都市における医療や貧困者への慈善に関するヴォランタリソサエティが、病院や診療所、特定の宗派によって支えられた貧困者の救済を行う団体、特定の宗派に基盤をもたない貧困者の救済団体等々の共生によって成り立っていたことがあげられる。1780年から1850年にかけて、各々のヴォランタリソサエティの活動内容、慣習、そして、形式はますます似通ってきた。他方で、都市間のつながりが強化されるにつれて、特定の運動目的のために、全国的な規模でヴォランタリソサエティが展開する傾向が強まった。

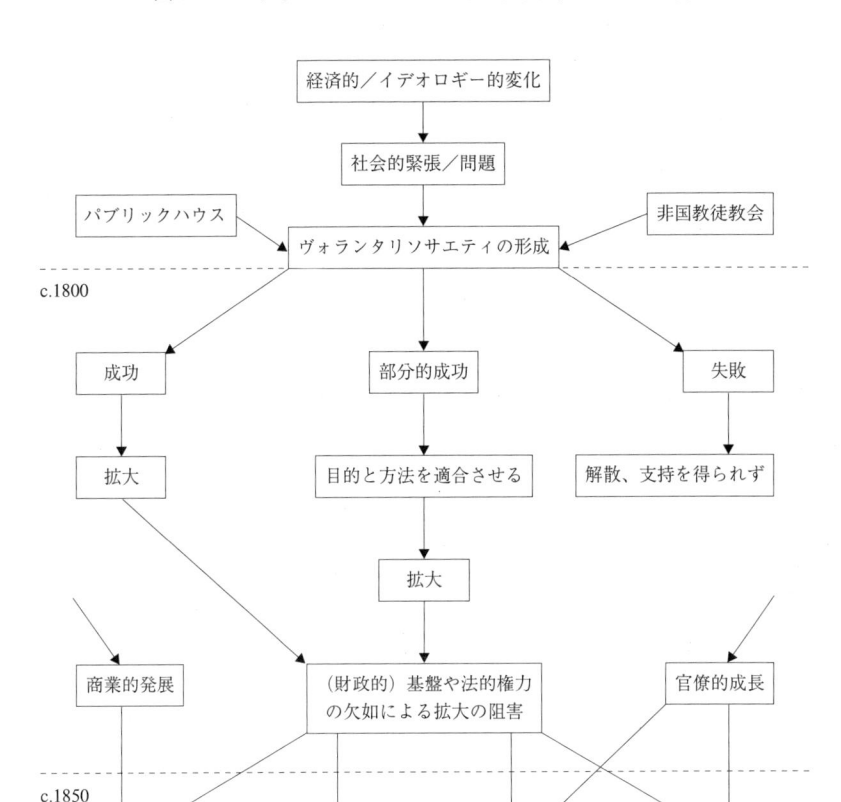

第11章 イギリスのミドルクラスモデル 269

図 11-1 ヴォランタリソサエティの発展（1780〜1850年）[25]

```
                    経済的／イデオロギー的変化
                              ↓
                       社会的緊張／問題
                              ↓
  パブリックハウス  →  ヴォランタリソサエティの形成  ←  非国教徒教会
- - - - - - - - - - - - - - - - - - - - - - - - - - - - - - - - - -
c.1800
         ↓                    ↓                    ↓
       成功               部分的成功               失敗
         ↓                    ↓                    ↓
       拡大            目的と方法を適合させる    解散、支持を得られず
                              ↓
                             拡大

    商業的発展    （財政的）基盤や法的権力    官僚的成長
                  の欠如による拡大の阻害
- - - - - - - - - - - - - - - - - - - - - - - - - - - - - - - - - -
c.1850
     ↓            ↓            ↓            ↓
   商業組織       安定        圧力団体      政府機関
```

注：(1) 示されている時期は、より広い時間の幅を有している。
(2) 本図は、1780〜1850年におけるすべての分野のヴォランタリソサエティに関する分析をもとに作成されている。しかしながら、本図は、ヴォランタリソサエティ形成に関する別の動向についても同様に合致するはずである。例えば、18世紀後半と非常に似通った状況のもと、ヴォランタリソサエティ形成の潮流が、1700〜10年にかけて生み出された。また、政府の権威を有していない首都を支配するという状況から不安定な状態にあった18世紀エディンバラにおけるエリートの対応もあげられよう。さらに、1850年までに、住宅や不定期の労働に関連して生じた新しい社会的緊張は、ヴォランタリソサエティに関する新たな潮流を形作った。しかし、もっと初期の動向とは異なり、政府のソサエティへの不干渉が続いたまま、これらの運動が効果的に作用することはなかった。
(3) ヴォランタリソサエティの形成に関して重要な影響をおよぼしたものとして、モリスは、パブリックハウスや非国教徒教会以外に、道路・運河・その他の公共施設を運営する株式会社をあげている。Morris, 'Voluntary Societies', p. 104.

また、特定の都市におけるヴォランタリソサエティの流行や革新例が、全国的に影響を与えることも多くなっていた[26]。

ヴォランタリソサエティが増加し拡大した1780～1850年には、ソサエティの間でさまざまな対抗関係が生じていたが、特定の都市空間では共生し相互援助の関係を結ぶ傾向が強まった。他方で、都市のヴォランタリソサエティは社会問題に対処しつつ、さまざまなイデオロギーを生み出す源でもあった。モリスによれば、19世紀の第2四半期の都市は「イデオロギーのスーパーマーケット」というような状況にあり、福音主義 evangelicalism、政治経済学 political economy、功利主義 utilitarianism、技術や進歩への信用 a faith of technology and progress、個人への信頼 a belief in individuality、階層秩序の意識や温情主義的責務の意識 a sense of hierarchy and paternalistic responsibility 等々といったイデオロギーが生み出されていた[27]。ヴォランタリソサエティの中心的アクターたる中産諸階級は、このようなイデオロギー上の対立や差異を抱えながらも、多様なヴォランタリソサエティが同じ都市空間で共生するために、彼ら彼女たちの間に集団的信頼を構築する必要があった。そして、このような問題は、ソサエティ間の競争や構成員各自の意見・価値の相違が共存できる仕組みによって、解消される必要があった。たとえば、18世紀後半から19世紀前半にかけて、福音主義はヴォランタリソサエティの活動を促進する一方で、その活動に制限を課す可能性もあった。他方で、19世紀の半ばまでに功利主義に代表されるような合理的思考様式が、多くのヴォランタリソサエティの運営にゆるやかに浸透していった[28]。

さまざまなヴォランタリソサエティが共生するために、19世紀のイギリス都市では、権力を介在にした社会的関係とそれを支える制度・イデオロギーが構築された。このような過程は、モリスによれば、中産諸階級の秩序意識形成と密接に関連していた。第一に、文化・教育に関するヴォランタリソサエティの活動は、他の階級に対して中産諸階級独自の文化的意識と中産諸階級内の社会的紐帯を強化した。第二に、貧民に対する慈善、医療目的、そして、教育活動の普及のような目的で設立されたヴォランタリソサエティは、階級関係も制度

化した。中産諸階級は、労働者へ教育と援助を与え指導力を発揮するために、ヴォランタリソサエティを組織し出資していたのであった。第三に、ヴォランタリソサエティの出資者民主主義によりつつ、中産諸階級内の関係は、上層中産諸階級出身のエリートと下層の中産諸階級とに、所有する資本の質や量といった経済社会的指標によって、階層化された。第四に、ヴォランタリソサエティ内での中産諸階級は、組織の成功を妨げる可能性のあった党派や宗派上の対立を防止することを試みた。特に文化・教育・社会政策に関するヴォランタリソサエティは、すべての宗派・党派の人々によるソサエティの支援や運営を目標にかかげたり、ソサエティ内における政治上宗教上の論争や議題を規則によって禁止したりしていた[29]。

中産諸階級が中心となったヴォランタリソサエティの活動に対抗して、下層中産諸階級や熟練労働者が中心となって、相互改良団体 mutual improvement society のような教育・文化に関するソサエティが、19世紀の第2四半期に設立されることもあったが、それらは、多くの場合、資金繰りや運営に失敗し中産諸階級のソサエティに吸収された[30]。しかしながら、中産諸階級は、ヴォランタリソサエティの活動を通じて、より下層の労働者に対しても指導力を発揮しようとしたが、その試みは完全なものとはならなかった。むしろ、中産諸階級と労働者は、多様なヴォランタリアソシエーションを通じて集団的交渉を行いながら、彼ら彼女たちの階級関係を形成したのである。たとえば、労働者は、組合、友愛組合、あるいはその他の結社活動を、中産諸階級のヴォランタリソサエティと同じく、議長、会議事項、会則、会員制、拠出金を有する団体として組織した。これらの組織により、労働者内の階級関係だけでなく中産諸階級との関係も形成された[31]。このように、18世紀後半から19世紀半ばにおける都市のヴォランタリソサエティから生じた多様な交渉、関係、意識の形成を通じて、階級間と階級内の関係が構築されたのである。

これまで検討してきたモリスの議論は、権力・構造・イデオロギーという観点から、19世紀都市におけるミドルクラスを、特にヴォランタリソサエティの分析を通じて、考察したものといえよう。近年、モリスは、都市統治 urban governance という分析視角を提起し、都市自治体、経済的組織、そして、ヴォランタリソサエティからなる都市の公共制度についての多面的な機能や特徴を、明らかにしようとしている。ここでいう都市統治とは、政治的機構が運営される制度や手続きを指し、この概念は、特定の空間における統治の要素が複雑に結びついた状況を示すものである。このモリスの分析視角は、19世紀の都市は、「規模・密度・多様性」と「権力・制度的要素」から分析すべきであるという彼の問題意識を新たな形で展開したものといえるであろう(32)。

第2節　18世紀と19世紀のミドルクラス研究

　これまで検討してきたモリスのミドルクラス研究に対して、18世紀史の研究者たちはしばしば疑問を抱いてきた。近世イギリスにおける結社活動のモノグラフを出版したピーター・クラークは、ヴォランタリソサエティと都市化に重要な関連があることを、公共領域における社会性 sociability の形成や社会政策という観点から指摘した(33)。また、クラークは、ヴォランタリソサエティの活動がより活発化する18世紀後半以前におけるソサエティの活動が、階級形成に直接かかわるものというよりは、国家の成長に寄与し政府の機能も部分的に肩代わりしている、と主張した。他方で、クラークは、ヴォランタリソサエティを均一的に理解することや、これらの存在と市民社会の形成とを早急に結びつけて性急な一般化を行うことは拒否し、公共生活あるいは地域社会の活動を支える結社活動は多様で、断片的で、多くは急進的でない、と結論づけた。このようなクラークの立場は、ヴォランタリソサエティの多様性を重視するという点でモリスの主張と親和性がある一方で、ソサエティの役割を過小評価している恐れがあるとして、モリスの主張を支持するマーティン・ドーントンから反論をうけている(34)。

　また、クラークは、18世紀から19世紀におけるヴォランタリソサエティの継続性を重視しており、「長い18世紀史」を標榜する研究とも補完的関係にある(35)。クラークは、自身が編集した英国ケンブリッジ都市史第2巻の結論に

第11章 イギリスのミドルクラスモデル 273

おいて、18世紀から19世紀における継続性についていっそう強調し、1830年代の議会や地方自治体の改革に関する衝撃の限定性と、1840年代以降についても都市における既存の制度の持続性を強調する(36)。それゆえ、このようなクラークの立場は、これまで検討してきたモリス等の主張と、18世紀から19世紀にかけてのイギリス都市社会の理解をめぐって緊張関係にあるといえよう(37)。

　地域研究の側からも18世紀の中間層の動向(38)に注目しながら、産業革命がミドルクラスを生み出したという見解へ反論が展開されている(39)。特に、ジョン・スメイルは、地域社会においてのみミドルクラス文化が形成されるという立場をとりつつ、ハリファクスにおける社会的・経済的変化を公共領域・私的領域の活動と有機的に関連づけて、ミドルクラス文化に関する分析を行った。まず、スメイルは、18世紀はじめから18世紀第3四半期の終わりにかけて合理的な資本運営や生産規模の拡大を目指した商人と製造業者の経済活動や、これらの集団を含むハリファクスのエリート層の活発な消費活動が、ハリファクスにおける社会的・経済的変化であることを明らかにした。そして、スメイルは、このような社会集団が中心となり、地域社会における結社活動、係争をめぐる政治的活動、さらに、ミドルクラスの家庭生活や社会生活を通じて、（ジェンダー的差異の強化の一部とも言える）家族主義 domesticity の構築が進行したことを提示したうえで、公と私の領域におけるミドルクラス文化が結晶化 crystallization したことを明らかにした。スメイルの研究は、ミドルクラスが支配階級としてのジェントルマンやより下層の労働者といった他の階級に対して、いかに独自の意識を形成したかという過程を生き生きと描いた。また、都市自治体やギルドといった伝統的な政治・経済制度が存在しないハリファクスのような地域社会で、公的領域における秩序意識として、ミドルクラスの行動様式（スメイルによればミドルクラスの文化）がいかに重要であったかということを示した。さらに、スメイルの研究は、19世紀のミドルクラスにとって重要な要素とされた企業家意識とその活動、結社活動、公的領域と私的領域の分離、家族主義が、18世紀のミドルクラス文化としても重要であったことを実証したことも注目に値する(40)。

しかしながら、スメイルの研究は、ハリファクスにおける中産諸階級のエリートに分析を集中して、企業家意識・結社活動・家族主義といったミドルクラスの特徴の析出を行うことに重点をおいたため、中産諸階級内の社会的関係という問題を軽視する傾向にあった。たとえば、中産諸階級内における製造業者・商人・専門職のような上層の集団と小商人・小製造業者のような下層の集団の間で、複雑な社会関係がいかに構築されていったのかという問題意識は、スメイルの研究の中ではほとんど見いだせない。また、スメイルの研究は、ハリファクスという地域社会の公的領域と私的領域の解釈に際して、ハーバーマスの公共圏の形成に関する議論に大きく依拠している(41)。換言すれば、ハーバーマスの議論をハリファクスという対象において検証したといえよう。それゆえ、ヴォランタリソサエティやそこから生じる社会的関係といったものの多様性に関して積極的に検討する姿勢は、スメイルの研究においてはあまりみられない。このようなスメイルの研究手法をそのまま用いて、1780年以降のハリファクスにおけるヴォランタリソサエティの多面的な発展という新たなダイナミクスとその背景にある制度的要因を十分に評価することは困難であろう(42)。

　結局、地域研究の側からミドルクラスを検討する際には、18世紀と19世紀のコンテクストを慎重に分析する必要があるということになる。その際に、デビット・カナダインの階級に関する理解は、有益な議論を提供してくれる(43)。彼は、階級を二分法によるカテゴリー化（われわれとやつら）、三分法によるカテゴリー化、階層秩序意識、といった社会的表現 social descriptions としてとらえ、これらは相互関係にあると理解する。この社会的表現が実践される政治活動の領域、社会活動や社会関係のあり様、そして、社会活動や社会関係を支える制度的要因について、地域社会を対象に分析してゆく必要がある。このような手法は、18世紀と19世紀のイギリス都市における継続と変化の問題をあらためて照射することになるであろう。

おわりに

　本稿は、イギリスのミドルクラスを検討するために多くの研究者が参照してきたモリスのモデルについて論じてきた。モリスの研究の大きな特徴は、詳細な地域研究によりつつ、これらの研究が明らかにした歴史的事象の個別化と一般化の作業を相互に関連づけながら進めてゆくことにあった。また、モリスが開拓してきたコンピュータデータベースを用いる先駆的な研究手法も、近年他の研究者によってさらなる改良と発展をとげている[44]。

　1970年代から現在まで、モリスのような研究が先駆となり、多くの地域研究がミドルクラスや労働者階級の階級関係やイデオロギーを分析することによって、中産諸階級内の複雑な社会的関係や行動が明らかにされた[45]。第一に、これらの研究は、地域社会におけるミドルクラスの経済的、政治的、社会的地位を検討してきた[46]。ミドルクラスの経済活動は、19世紀の都市経済の中心であった。そのうえ、ヴォランタリソサエティ等の活動を通じて社会的文化的領域でも独自のアイデンティティや活躍の場を広げたミドルクラスは、政治的領域においても重要なアクターとなっていた[47]。

　第二に、都市のミドルクラスは、地域社会での深刻な経済的、政治的、宗教的対立に直面しながらも、ヴォランタリソサエティをはじめとする公共制度での活動を通じて、階級内関係を安定させようとした[48]。換言すれば、ミドルクラスは、彼ら彼女たちの多様な利害や意識を対比しながらそれらを結びつけ、公共生活における社会的安定を試み、そして、社会的関係を再構築していった。都市における地方行政組織やヴォランタリソサエティのような19世紀の都市の公共制度は共存し、また、その役割を分担してきた。これらの都市における組織のつながりは、ミドルクラスの活動を通じてますます強化された。なかでも、19世紀の都市エリートは、都市の制度における社会的権威の形成において重要な役割を担っていた[49]。

　第三に、都市におけるミドルクラスの公共生活は、公的領域と私的領域の分

離や自由主義のようなイデオロギーによって、大きな影響を受けていた。ジョン・シードが指摘したように、イデオロギーは単に社会的実態の空想的反映物ではなく、言語、行為、制度を通じて物質的・社会的に形成されたものである[50]。

19世紀の都市とミドルクラスは、同時代のイギリス政治・経済・社会の統治に関して独自の役割を果たす存在であった。モリスによれば、「19世紀の都市は市場メカニズムの効率性についての限界を点検し、また、商品やサーヴィスの生産や分配の活動を検討する巨大な実験場」であった[51]。地域社会における既存の制度の限界とその克服を体現した場としての19世紀のイギリス都市では、中産諸階級等によって、集団的信頼が経済的、政治的、社会的制度の上に構築された。すなわち、信頼の上に相互依存性を強化するようなソーシャルキャピタル social capital（社会資本）[52]の構築が発展したのが、同時代のイギリス都市であった[53]。それゆえ、イギリス都市におけるミドルクラスの研究は、詳細なデータ分析を提示しつつ、近代社会の制度・構造・行為・イデオロギーに関する議論を、今後も提供しつづけることになるであろう。

注

（1） Miles Taylor, 'The Beginnings of Modern British Social History?', *History Workshop Journal*, 43, 1997. 代表的な著作として George Kitson Clark, *The Making of Victorian England*, London, 1962; Harold Perkin, *The Origins of Modern English Society, 1780-1870*, 2nd ed., London, 2002; E. P. Thompson, *The Making of the English Working Class*, Penguin books ed., Harmondsworth, 1980（市橋秀夫・芳賀健一訳『イングランド労働者階級の形成』青弓社、2003年）をあげておく。

（2） 代表的なものとして Gareth Stedman Jones, *Languages of Class: Studies in English Working-Class History, 1832-1982*, Cambridge, 1983; Patrick Joyce, *Visions of the People: Industrial England and the Question of Class, 1840-1914*, Cambridge, 1991; idem, *Democratic Subjects: the Self and the Social in Nineteenth-century England*, Cambridge, 1994; idem (ed.), *Class*, Oxford, 1995; James Vernon, *Politics and the People: a Study in English Political Culture, c.*

1815-1867, Cambridge, 1993; Dror Wahrman, *Imaging the Middle Class: the Political Representation of Class in Britain, c. 1780-1840*, Cambridge, 1995. 言語論的転回と階級分析の関連で以下も参照せよ。Martin Hewitt, *The Emergence of Stability in the Industrial City: Manchester, 1832-67*, Aldershot, 1996, pp. 1-16; James Thompson, 'After the Fall: Class and Political Language in Britain, 1780-1900', *Historical Journal*, 39, 1996; David Cannadine, *Class in Britain*, New Haven, 1998. 日本では、小田中直樹『歴史学のアポリア――ヨーロッパ近代社会史再読』(山川出版社、2002年)、3章。

(3) Alan Kidd and David Nicholls (eds.), *The Making of the British Middle Class? Studies of Regional and Cultural Diversity since the Eighteenth Century*, Stroud, 1998; Geoffrey Crossick, 'La Bourgeoisie Britannique au XIXe siecle', *Anales. Histoire, Sciences Sociales*, 53, 1998. クロシック教授から、前掲の仏語論文に対応する未刊行の英語論文を提供していただいた。ここで謝意を表したい。包括的な文献目録として、http://homepage3.nifty.com/toshihikoiwama/BibMidldleClassEn.htm (2004年2月14日確認) も参照。

(4) Kidd and Nicholls (eds.), *Making* はこの点を強く意識している。本稿では、モリスによりつつ、ミドルクラス middle class (中産階級または中流階級) を人々に認識される秩序としてとらえている。ミドルクラスの実態は、中産諸階級 (または中流諸階級) middle classes と呼ばれるような、経済的活動・ステイタス (社会的地位)・政治的権利等において、共通の背景を有する社会集団としてとらえている。R. J. Morris, *Class, Sect and Party. The Making of the British Middle Class: Leeds, 1820-1850*, Manchester, 1990, chap. 1; idem (ed.), *Class, Power and Social Structure in British Nineteenth-century Towns*, Leicester, 1986, introduction.

(5) Janet Wolff and John Seed (eds.), *The Culture of Capital: Art, Power and the Nineteenth-century Middle Class*, Manchester, 1988; Alan Kidd and David Nicholls (eds.), *Gender, Civic Culture and Consumerism: Middle Class Identity in Britain, 1800-1940*, Manchester, 1999.

(6) R. J. Morris, 'Voluntary Societies and British Urban Elites 1780-1850: an Analysis', *Historical Journal*, 26, 1983; idem, 'Clubs, Societies and Associations', in F. M. L. Thompson (ed.), *The Cambridge Social History of Britain 1750-1950*, vol. 3, Cambridge, 1990; idem, *Party*.

(7) *Urban History* の25巻3号におけるCivil Societyの特集; John Garrard,

　　　　Democratisation in Britain: Elites, Civil Society and Reform since 1800, Basingstoke, 2002; Jose Harris (ed.), *Civil Society in British History: Ideas, Identities, Institutions*, Oxford, 2003. 日本では、高田実「『福祉国家』の歴史から『福祉の複合体』史へ——個と共同性の関係史を求めて」(社会政策学会編『「福祉国家」の射程』ミネルヴァ書房、2001年) を参照。

（8）　河合康夫「反穀物運動の地域的基盤をめぐって」(秋元英一・廣田功・藤井隆至編『市場と地域』日本経済評論社、1993年)、長谷川貴彦「階級・文化・言語——近代イギリス都市社会史研究から」(『思想』828号、1993年)、同「イギリス産業革命期における都市ミドルクラスの形成——バーミンガム総合病院、1765-1800年」(『史学雑誌』105巻10号、1996年)、同「アソシエーションの社会的起源」(『西洋史論集』4号、2001年)、同「産業革命期のモラル・リフォメーション運動——バーミンガムの日曜学校運動を事例として」(『思想』946号、2003年)、坂下史「国家・中間層・モラル——名誉革命体制成立期のモラル・リフォーム運動から」(『思想』879号、1997年)、同「イギリス近世都市に関する覚え書き——ケンブリッジ都市史・長い18世紀・日本における研究」(『年報都市史研究』8号、2000年)、岩間俊彦「産業革命期リーズの都市エリート、1780-1820——名望家支配からミドルクラス支配へ」(『社会経済史学』63巻4号、1997年)、同「イギリスのミドリングソート研究に関する一考察」(『歴史の理論と教育』104号、1999年)、金澤周作「近代英国におけるフィランスロピー」(京都大学『史林』83巻1号、2000年)、関口尚志・梅津順一・道重一郎編『中産層文化と近代——ダニエル・デフォーの世界から』(日本経済評論社、1999年)、篠塚信義「地域工業化の新たな条件を求めて——工業化がヨーロッパのイギリスで最初に開始されたのはなぜだろうか？」(篠塚信義・石坂昭雄・高橋秀行編著『地域工業化の比較史的研究』北海道大学図書刊行会、2003年)、小関隆編『世紀転換期イギリスの人びと——アソシエイションとシティズンシップ』(人文書院、2000年)。

（9）　Anthony Howe, 'Economic History, Political Economy and Society: Inseparable Interests?', in Pat Hudson (ed.), *Living Economic and Social History*, Glasgow, 2001, pp. 154, 156. ミドルクラスに関するモリスの主要業績はR. J. Morris, 'Organisation and Aims of the Principal Secular Voluntary Organisations of the Leeds Middle Class, 1830-1851', unpublished D. Phil. thesis, University of Oxford, 1970; idem, 'In Search of the Urban Middle Class: Record Linkage and Methodology: Leeds 1832', *Urban History Yearbook*, 1976; idem, 'The Middle Class and the Property Cycle during the Industrial Revolution', in T. C. Smout

第11章 イギリスのミドルクラスモデル　279

(ed.), *The Search for Wealth and Stability*, Basingstoke, 1979; idem, 'Samuel Smiles and the Genesis of Self-Help: the Retreat to a Petit Bourgeois Utopia', *Historical Journal*, 24, 1981; idem, 'The Middle Class and British Towns and Cities of the Industrial Revolution 1780-1870', in Derek Fraser and Anthony Sutcliffe (eds.), *The Pursuit of Urban History*, London, 1983; idem, 'Voluntary Societies'; idem, *Party*; idem, 'Clubs'.

(10) R. J. Morris, *Class and Class Consciousness in the Industrial Revolution, 1780-1850*, Basingstoke, 1979; idem, *Party*, chap. 1; idem, 'Governance: Two Centuries of Urban Growth', in R. J. Morris and R. H. Trainor (eds.), *Urban Governance*, Aldershot, 2000.

(11) Morris, 'Search'; idem, *Party*; idem, 'Computers and the Subversion of British History', *Journal of British Studies*, 34, 1995を参照。

(12) Leonore Davidoff and Catherine Hall, *Family Fortunes: Men and Women of the English Middle Class 1780-1850*, revised ed., London, 2002, esp. chap. 10.

(13) Timothy L. Alborn, *Conceiving Companies: Joint-Stock Politics in Victorian England*, London, 2001; Robin Pearson, 'Shareholder Democracies? English Stock Companies and the Politics of Corporate Governance during the Industrial Revolution', *English Historical Review*, 117, 2002; idem, 'Collective Diversification: Manchester Cotton Merchants and the Insurance Business in the Early Nineteenth Century', *Business History Review*, 65, 1991; Morris, 'Clubs', p. 406.

(14) Morris, 'British Towns', p. 305. 以下の2段落はMorris, 'British Towns'; idem, *Party*, chap. 2-5を参照。

(15) 本稿では、ヴォランタリソサエティ（任意の団体）を組織体としての任意団体、ヴォランタリアソシエーション（任意の結社活動）を特定の問題意識に基づいて行われた結社活動、としてとらえる。モリスによれば、ヴォランタリソサエティは「ひととおりまとまった規約、公表されている目的、そして、形式化された加入によって成り立つ会員制度」によっている。Morris, 'Clubs', p. 395.

(16) モリスは、リーズのエドワード・ベインズ Edward Baines の著作を引用しつつ、職工学校 mechanics institutes、文芸協会 literary societies、巡回図書館 circulating libraries、青少年監視団体 youth's guardian societies、友愛組合 friendly societies、禁酒協会 temperance societies、医療慈善（団体）medical charities、衣服（給付）団体 clothing societies、慈善・地区訪問団体 benevolent

and district societies、労働組合 trade unions、急進主義派討論会 radical discussion societies、非行抑止団体 societies for the suppression of vice、哲学協会 philosophical societies、ブラスバンド brass bands、チェスクラブ chess clubs、園芸協会 gardening societies 等々をあげている。Morris, 'Voluntary Societies', p. 95. 都市におけるさまざまなヴォランタリソサエティについては Morris, *Party*, chap. 7; Peter Clark, *British Clubs and Societies 1580-1800: the Origins of an Associational World*, Oxford, 2000; 岩間「都市エリート」71-77頁、小西恵美「18世紀イギリス都市社会分析のための新視点、『公域』と『都市エリート』——キングス・リンを中心に」(〔慶應義塾大学〕『三田商学研究』42巻4号、1999年)、96-101頁も参照。

(17) Morris, 'Voluntary Societies', p. 96; idem, 'Clubs', p. 395; Clark, *Clubs*, pp. 127-139.

(18) この点は、モリスのリーズのヴォランタリソサエティに関する研究、Graeme Morton, *Unionist Nationalism: Governing Urban Scotland, 1830-1860*, East Lothian, 1999、そして筆者が作成したハリファクスのミドルクラスに関するコンピュータデータベースからも確認されている。また、クラークの研究によっている篠塚「地域工業化」25頁の理解と比較参照せよ。

(19) モリスは、18世紀のヴォランタリソサエティが都市と地方の協力関係によって成り立っていたのに対して、19世紀の都市における同様の組織は主として都市の資源や資本によって成り立っていたことを強調する。たとえば、18世紀の中頃に設立されたリーズ総合病院 Leeds General Infirmary が都市の中産諸階級とリーズ周辺の地主ジェントルマンの協力によっていたのに対して、19世紀のリーズ診療所 Leeds Public Dispensary 等は都市の中産諸階級の支援によって成立していたことをあげている。Morris, 'Governance', p. 5; Morris, 'Clubs', pp. 404-405, 406. この点は長谷川「都市ミドルクラス」と比較検討せよ。

(20) 本稿では、公共制度を知的または物理的空間において経済的、政治的、社会的な資源を調整するシステム、としてとらえている。

(21) Morris, 'Voluntary Societies', pp. 101-102, 104; idem, *Party*, pp. 184-197.

(22) R. J. Morris, 'Civil Society and the Nature of Urbanism: Britain, 1750-1850', *Urban History*, 25, 1998, pp. 297-298.

(23) Morris, 'Voluntary Societies', pp. 112-113; idem, 'Clubs', pp. 414-415, 419.

(24) Morris, 'Voluntary Societies', p. 106.

(25) Morris, 'Voluntary Societies', p. 107から転載・翻訳。注記1と2は前掲の論文

の注記から作成。注記2については、近藤和彦編『長い18世紀のイギリス——その政治社会』(山川出版社、2002年)、1章も参照。

(26) Morris, 'Clubs', pp. 411-414, 419; idem, 'Voluntary Societies', p. 106.

(27) Morris, *Party*, pp. 167, 327.

(28) Morris, *Party*, pp. 249-261; idem, 'Clubs', pp. 415-416. 長谷川「社会的起源」と比較検討せよ。

(29) Morris, 'Voluntary Societies', pp. 112-113; idem, 'Clubs', pp. 413-419; idem, *Party*, chap. 7, 10, 11.

(30) Morris, *Party*, pp. 242, 306-311. 他方で、1850年代以降、熟練労働者や下層中産諸階級は、ヴォランタリソサエティの活動を通じて形成されたミドルクラスの価値観を独自に領有し、自らの結社活動を展開することに成功した。Morris, 'Clubs', pp. 417-418; Robert Q. Gray, *The Labour Aristocracy in Victorian Edinburgh*, Oxford, 1976; Geoffrey Crossick, *An Artisan Elite in Victorian Society: Kentish London 1840-1880*, London, 1978.

(31) Morris, 'Clubs', p. 416.

(32) Morris, 'Governance'; idem, 'Structure, Culture and Society in British Towns', in Martin Daunton (ed.), *The Cambridge Urban History of Britain*, Volume III 1840-1950, Cambridge, 2000, p. 425; John Smith, 'Urban Elite c. 1830-1930 and Urban History', *Urban History*, 27, 2000, p. 275.

(33) Clark, *Clubs*; idem, *Sociability and Urbanity: Clubs and Societies in the Eighteenth-century City*, Leicester, 1986.

(34) Martin Daunton, 'Industrialization and Voluntary Associations in Britain, c. 1750-1850', Additional Related Seminar, Anglo-Japanese Conference, Tohoku University, 8 September 2003 (日英歴史家会議関連セミナー、東北大学、2003年9月8日)。この未刊行原稿の入手と引用を許可してくれたドーントン教授に謝意を表したい。篠塚「地域工業化」18-19頁と比較検討せよ。

(35) Peter Borsay (ed.), *The Eighteenth Century Town: a Reader in English Urban History, 1688-1820*, London, 1990; Frank O'Gorman, *The Long Eighteenth-century: British Political and Social History, 1688-1832*, London, 1997; J. C. D. Clark, *English Society 1660-1832: Religion, Ideology and Politics during the Ancien Regime*, 2nd ed., Cambridge, 2000; P. J. コーフィールド／近藤和彦「ロンドン／都市史／新しい歴史学」(『思想』873号、1997年)、近藤編『長い18世紀』、特に序章、坂下「国家」、同「イギリス近世都市」参照。

(36) Peter Clark (ed.), *The Cambridge Urban History of Britain*, Volume II 1540-1840, Cambridge, 2000, pp. 835-836. cf. Arthur Burns and Joanna Innes (eds.), *Rethinking the Age of Reform: Britain 1780-1850*, Cambridge, 2003, Introduction.

(37) たとえば、英国ケンブリッジ都市史の第2巻 (Clark (ed.), *Urban History*, II) と3巻 (Daunton (ed.), *Urban History*, III) を1840年代において区切るという方針は、18世紀から19世紀の継続面を強調するクラークらのイニシアチブによるものであろう。2003年9月8日の日英歴史家会議関連セミナー (東北大学) にて、ドーントン教授は、この問題に関して、19世紀の都市史の区分として1820年代が都市の規模や制度という点で画期となる可能性を指摘している。モリスもこの緊張関係について言及している。Morris, 'Civil Society', pp. 297-298.

(38) 代表的なものとして、Jonathan Barry and Christopher Brooks (eds.), *The Middling Sort of People: Culture, Society and Politics in England, 1550-1800*, Basingstoke, 1994. (山本正監訳『イギリスのミドリング・ソート——中流層をとおしてみた近世社会』昭和堂、1998年); Jonathan Barry, 'The Making of the Middle Class?', *Past and Present*, 145, 1994; Peter Borsay, *The English Urban Renaissance: Culture and Society in the Provincial Town 1660-1770*, Oxford, 1989; Lee Davison et al. (eds.), *Stilling the Grumbling Hive: the Response to Social and Economic Problems in England, 1689-1750*, Stroud, 1992; Peter Earle, *The Making of the English Middle Class: Business, Society and Family Life in London 1660-1730*, London, 1989; Margaret R. Hunt, *The Middling Sort: Commerce, Gender and the Family in England, 1680-1780*, Berkeley, 1996; Paul Langford, *A Polite and Commercial People: England, 1727-1783*, Oxford, 1989; Neil McKendrick, John Brewer and J. H. Plumb, *The Birth of a Consumer Society: the Commercialization of Eighteenth-century England*, London, 1982; Dror Wahrman, 'National Society, Communal Culture: an Argument about the Recent Historiography of Eighteenth-century Britain', *Social History*, 17, 1992; 関口他編『中産層文化』。

(39) John Smail, *The Origins of Middle Class Culture: Halifax, Yorkshire, 1660-1780*, Ithaca, 1994; David Rollison, *The Local Origins of Modern Society: Gloucestershire, 1500-1800*, London, 1992; Anne Borsay, 'A Middle Class in the Making: the Negotiation of Power and Status at Bath's Early Georgian General Infirmary, c. 1739-65', *Social History*, 24, 1999.

(40) Smail, *Origins*, p. 229. スメイルが19世紀のミドルクラスの特徴として参照した研究は、Morris, *Party*; Davidoff and Hall, *Family Fortunes*; Theodore Koditschek, *Class Formation and Urban Industrial Society: Bradford, 1750-1850*, Cambridge, 1990; John Seed, 'From "Middling Sort" to Middle Class in Late Eighteenth- and Early Nineteenth-century England', in M. L. Bush (ed.), *Social Orders and Social Classes in Europe since 1500*, London, 1992.

(41) Smail, *Origins*, part II; Jürgen Habermas, *The Structural Transformation of the Public Sphere*, trans. by T. Burber and F. Lawrence, Cambridge, Mass., 1989 (細谷貞雄・山田正行訳『第2版 公共性の構造転換——市民社会の一カテゴリーについての探求』未来社、1994年)。

(42) 筆者が分析を進めている1780年から1850年におけるハリファクスのミドルクラスに関する研究によっている。ヴォランタリソサエティの展開は、残存するソサエティの史料とそれらをもとに作成したコンピュータデータベースによっている。
  Toshihiko Iwama, 'The Middle Class in Halifax, 1780-1850', unpublished Ph. D. Thesis., University of Leeds, 2003も参照。

(43) Cannadine, *Class*.

(44) Charles Harvey, Edmund Green and Penelope J. Corfield, *The Westminster Historical Database*, Bristol, 1998; Morton, *Unionist*; Stana Nenadic, 'Record Linkage and the Exploration of Nineteenth Century Social Groups: a Methodological Perspective on the Glasgow Middle Class in 1861', *Urban History Yearbook*, 1987.

(45) Morris (ed.), *Class, Power and Social Structure*, Introduction; Mike Savage, 'Urban History and Social Class: Two Paradigms', *Urban History*, 20, 1993; John Foster, *Class Struggle and the Industrial Revolution: Early Industrial Capitalism in Three English Towns*, London, 1974; Gray, *Labour Aristocracy*; Crossick, *Artisan Elite*; D. S. Gadian, 'Class Consciousness in Oldham and other North-West Industrial Towns 1830-1850', *Historical Journal*, 21, 1978; idem, 'Class Formation and Class Action in North-West Industrial Towns, 1830-50', in Morris (ed.), *Class, Power and Social Structure*; R. A. Sykes, 'Some Aspects of Working-Class Consciousness in Oldham, 1830-1842', *Historical Journal*, 23, 1980; Peter Taylor, *Popular Politics in Early Industrial Britain: Bolton 1825-1850*, Halifax, 1995; Michael Winstanley, 'Oldham Radicalism and the Origins of Popular Liberalism, 1830-52', *Historical Journal*, 36, 1993; Clive

Behagg, *Politics and Production in the Early Nineteenth-century*, London, 1990.

(46) Morris, *Party*; Koditschek, *Class Formation*; John Field, 'Wealth, Styles of Life and Social Tone amongst Portsmouth's Middle Class, 1800-75', in Morris (ed.), *Class, Power and Social Structure*; Stana Nenadic, 'Businessmen, the Urban Middle Classes, and the "Dominance" of Manufacturers in Nineteenth-century Britain', *Economic History Review*, 44, 1991.

(47) V. A. C. Gatrell, 'Incorporation and the Pursuit of Liberal Hegemony in Manchester 1790-1839', in D. Fraser (ed.), *Municipal Reform and the Industrial City*, Leicester, 1982; Anthony Howe, *The Cotton Masters, 1830-1860*, Oxford, 1984; Wolff and Seed (eds.), *Culture of Capital*; Brian Lewis, *The Middlemost and the Milltowns: Bourgeois Culture and Politics in Early Industrial England*, Stanford, 2001.

(48) Morris, *Party*; Philip Hills, 'Division and Cohesion in the Nineteenth-century Middle Class: the Case of Ipswich', *Urban History Yearbook*, 1987; Alan P. White, 'Formation and Development of Middle-Class Urban Culture and Politics', unpublished Ph. D. Thesis, University of Leeds, 1990; Dennis Smith, *Conflict and Compromise: Class Formation in English Society 1830-1914: a Comparative Study of Birmingham and Sheffield*, London, 1982.

(49) John Garrard, *Leadership and Power in Victorian Industrial Towns, 1830-80*, Manchester, 1983; Richard H. Trainor, 'Urban Elites in Victorian Britain', *Urban History Yearbook*, 1985; idem, *Black Country Élites: the Experience of Authority in an Industrial Area 1830-1900*, Oxford, 1993.

(50) John Seed, 'Unitarianism, Political Economy and the Antinomies of Liberal Culture in Manchester, 1830-50', *Social History*, 7, 1982, p. 2; Davidoff and Hall, *Family Fortunes*; John Tosh, *A Man's Place: Masculinity and the Middle-Class Home in Victorian England*, New Haven, 1999; Michael J. Turner, *Reform and Respectability: the Making of a Middle-Class Liberalism in Early 19th-Century Manchester*, Manchester, 1995; Howard M. Wach, 'Civil Society, Moral Identity and the Liberal Public Sphere: Manchester and Boston, 1810-40', *Social History*, 21, 1996.

(51) R. J. Morris, 'Externalities, the Market, Power Structure and the Urban Agenda', *Urban History Yearbook*, 1990, p. 107. これまで、19世紀都市におけるミドルクラス研究はイングランド中・北部の商工業都市を主な研究対象としてき

たが、モリスの提言や分析視角はロンドンやイングランド東・西・南部の都市の分析にも有効であると思われる。

(52) Robert D. Putnam, *Bowling Alone: the Collapse and Revival of American Community*, New York, 2000; idem (ed.), *Democracies in Flux: the Evolution of Social Capital in Contemporary Society*, Oxford, 2002.

(53) Martin Daunton, 'Introduction', in Daunton (ed.), *Urban History*, III, pp. 42-43, 56; idem, 'Voluntary Associations'. 社会資本を把握するための手法として、公共制度の構造・アクター・イデオロギーを詳細に検討する地域研究は、有効な手段のひとつであると思われる。たとえば Richard Rodger, *The Transformation of Edinburgh: Land, Property and Trust in the Nineteenth Century*, Cambridge, 2001.

第12章　イギリス議会囲い込み研究における一視角
　　　──ニースン説の再検討──

武 長 玄次郎

はじめに

　主に18世紀後半から19世紀に行われた、イギリス議会囲い込みの研究にはさまざまな思想や立場からのものがあるが、大体においてはハモンドに代表されるような、小農民の土地喪失など囲い込みがもたらした損害を強調する悲観派 Pessimists と、クラッパムやチェインバースなどから続く、囲い込みによる損害を比較的低く見る一方で、囲い込みのもたらした土地所有の近代化や農業経営の効率化などの利益に焦点を当てる、楽観派 Optimists に大別することができる[1]。

　議会囲い込みの研究が本格的に開始された20世紀初頭から、さかんな議論が行われてきたが、2000年代初頭の現在では、囲い込みの損害に目を向ける悲観論的な研究が多く見られるようである。これは広く見ると、最近のイギリス農村史研究においては村落共同体の実態とその崩壊過程に関心が集まり、一方で議会囲い込みが必ずしも農業生産性の上昇につながらなかったことが明らかになってきたことが背景にあると思われる[2]。

　だが直接的にはターナー、マーティンなど、悲観派に近い主張が1970年代、80年代に現れ、それまで楽観論が優勢だった研究の方向を変化させたためである。そしてその傾向を強く後押ししたのが、ニースンという女性研究者が1993年に出版した『コモナー』という本である。これは議会囲い込みが、いかに村

落共同体と、村落の中で生活してきた人々の生活を破壊したかということを強い説得力を持って主張しており、囲い込み研究全体に大きな影響を与えた。現在でもその影響は続き、彼女に近い立場での研究もいくつか現れている。しかし、ニースンの主張に対しては最近強力な反論が相次いでおり、おそらく両者の間での議論は、これから本格的に展開されると思われる。

本稿の課題は、このような研究の現状を紹介する中で、議会囲い込み研究に関するこれからの展望を見いだそうとするものである。

第1節　ニースンの議会囲い込み論

ニースンの著書の表題は、『コモナー：1700-1820年のイングランドにおける共同権、囲い込み、社会変化』という[3]。コモナーという言葉は日本語に訳しにくい言葉だが、あえて訳せば「共同地で生きる人々」とでもなるだろうか。この本は重富公生などによって日本でも幾度か紹介されており、比較的よく知られていると思われる[4]。彼女の研究は、以下に見るような先行研究から、さまざまな要素を吸収したうえで成立したものである。

まずE. P. トムスンであるが、彼は1960年代から囲い込みに関して共同権 Common Right の研究が十分行われていないことに不満を示しており、共同権が絶対的、排他的所有権の思想が浸透し、囲い込みが行われることで奪われた過程を示した[5]。彼はまた、囲い込みの階級闘争説を常に堅持している。そして民衆自身が固く抱いていた思想として、それに背く行動があった場合には暴動すら辞さない、経済倫理としてのモラル・エコノミー論を唱えていた[6]。

ターナーは、議会での手続きに要する経費や、柵や生け垣、道路や橋の建設費など、囲い込みにかかる費用の負担がそれ以前の研究が想定していたよりもはるかに高く、特に小土地所有者にとってひどく負担になっていたことを示した[7]。さらに、そうした費用負担などのために、議会囲い込みの前後に一方で従来いた小土地所有者が多く消滅し、他方で多くの小土地所有者が新規に参入するという、土地所有者の入れ替わり Turnover が起きていたことを地租査

定簿の分析から見いだした。彼によってチェインバースやテイト、ベレスフォード、ミンゲイなどの研究により否定されていた、囲い込みがもたらした損失に関する議論が再び盛んになった[8]。マーティンは、テイトによる、庶民院での囲い込み法案の取り扱いに不正は少数であったという説に疑問を呈し、関係者がさまざまなルートを利用して議員に対して盛んに働きかけていた姿を明らかにした[9]。

またハンフリーズは、共同地における女性や子供による牛の飼育や落ち穂拾いがもたらした収入は、18世紀後半には同時期における農業労働者の半分に達していたとして、共同地 Commons からの収入が十分意味のあるものであったことを主張した[10]。キングは、主にイースト・アングリアにおける女性による落ち穂拾いの収入が、家計の1割以上に達したと主張している[11]。ハンフリーズとキングの研究は、同時に議会囲い込みによって収入源を喪失したことが、特に女性労働者に対していかに大きな打撃であったかを強調するものとなっている。

こうしたさまざまな研究、特にトムスンとターナーの業績から影響を受けて、ニースンは主にミッドランドのノーサンプトンシャーを事例として議会囲い込みの研究を開始した。そして、『コモナー』においては、まず議会囲い込みが行われる以前における共同権の価値を高く評価している。共同地では家畜の放牧を行い、茸、イチゴやさまざまな木の実を採取したりウサギを捕獲し、食料の一部を確保した。豊かな自然を持つ共同地での遊覧や散策を楽しむこともでき、泥炭や草木などから燃料を取ることもできた。こうした価値は多くの場合には外来者の眼にふれず、共同地は不毛の存在であるとされ、共同権を利用する人々は農業改良の妨害となる怠惰な存在であるとして非難されることがしばしばあった。だが、これは多くの人々が共同権を利用することによって、必ずしも賃金収入に頼らずに生活できたことから生じた誤解である[12]。家畜の放牧頭数は、大体において所有地6〜10エーカーごとに1頭の牛または馬、1エーカーごとに1頭の羊であったが、この数字は必ずしも厳密なものではなく、もっと少ない所有地で放牧する権利を得ることが出来る場合もあった。そのほ

かに豚や鵞鳥なども飼われていた。

　そして、放牧頭数の制限 Stint が守られずに過剰放牧に陥る場合が多かったということが共同地に関してたびたび言われてきたが、このような欠陥を克服する努力がなされていた。そのためには住民のネットワークがよく機能しており、家畜の数を適度に制限し、外部からの家畜の侵入を防ぐために見張りを置いたり巡回を行ったりしており、違反者がいた場合には法的な処罰の対象となって罰金が徴収され、場合によっては四季裁判所に持ち出された。また病気の家畜がいた場合には村落全部の家畜に感染してしまうため、フェンスなどで仕切りを作り、予防措置がとられていた[13]。

　このように共同地にも秩序の維持機能は備わっており、農業生産性は高くなかったかもしれないが、ある程度の効率性を保ってもいた。しかし地主や借地農が地代の上昇や耕地の統合を目指す場合には、このシステムは非常に非効率なものと映るのは確かである。議会囲い込みによって共同地の機能が崩壊したことによって、牧畜は一部の者しか行えなくなり、食料や燃料を得る道もひどく狭められた。この打撃は特に小土地所有者に強く感じられ、囲い込みにかかる費用が支払えないなど理由のために、彼らの多くは教区を離れざるをえなかった。同じ時期の、囲い込みが行われた教区と行われなかった教区とを比較すると、囲い込まれた教区では、小土地所有者の消滅率が2倍以上になった。その代わりに囲い込み後には、新しい村落秩序の中で生活することができる人々が教区に移住し、住民の入れ替わりが激しく進行した[14]。

　このような結果をもたらす議会囲い込みに対して、もちろんそれまで共同権によって生活してきた人々は激しく抵抗した。囲い込み実施の中心である貴族に対し、囲い込みは金がかかり、貧民と救貧税が増加するなどとした手紙を送ることによって説得を行い、あるいは反対派を増やすため、貴族や地主などの有力者の抱き込みをはかったりした。また新聞に投書して反対の意思表示を行った。こうした反対のための手段が成功することもあった。それにもかかわらず囲い込みが実施されると、反対請願を行ったが、囲い込みの推進者が議員が結びついていることが多く、効果は薄かった。そして法案が成立した場合には、

柵の引き倒しなどの暴動に発展することもあった。こうした行動は、場合によっては囲い込みを数年間遅らせる効果はあったようである。そしてこういった抵抗は秩序立って行われ、決して絶望的になって騒動を起こしたわけではなかった[15]。

　ニースンの議論は、ハモンドの主張に類似したところが多い。ハモンドは『村落労働者』で、議会囲い込みは大土地所有者に有利なように実施され、彼らにのみ利益を与える一方で小土地所有者や貧民には破滅的な影響を与える不公平なものであり、結果として彼らは土地を失ってプロレタリアートになったとしており、その際に共同権の喪失を特に強調している[16]。だがもちろん、両者の違いは非常に大きい。ニースンは共同権の価値とその具体的な形態について、ハモンドよりもずっと詳しく調査した。またモラル・エコノミー論の影響を受けたニースンは、ハモンドのように囲い込み反対運動を絶望の中での無秩序な反抗としては描かず、民衆の反対運動の強さや自律性を強調する。さらに、彼女はハモンドの視点にはなかった、村落社会での共同権の運営をめぐる住民同士の緊密なネットワークの実態についても詳しく述べている[17]。地主対農民といった、階級対立の分析を主体としていた以前の農村史の研究者と、ニースンをはじめとする最近の村落社会の研究者とを対比して、「階級から共同体へ from class to community」のパラダイムチェンジが起きたと言う人がいるが[18]これはハモンドとニースンの対比としてもある程度あてはまる。ただしニースンについて言えば、議会囲い込みを推進する地主と共同権を守ろうとする人々との対立、という階級論的な見方も強いため、「階級と共同体 class and community」とした方が妥当だと思われる。

　このようにニースンの研究は評価が高いけれども、もちろん批判の余地はある。たとえばミンゲイは1997年に『イングランドの議会囲い込み：その原因、事象と影響に関する導入 1750-1850年』という本を出した。これは、議会囲い込みに関するさまざまな議論をわかりやすく取り上げた入門書としては最適の本であるが、これまで比較的楽観論に近い立場で研究を行ってきた彼は、ニースンの主張に対していくつか反論を行っている。まずノーサンプトンシ

ャーのように、州面積中で議会囲い込みがなされた面積は53％に達し、およそ20％というイングランド全体の数値よりかなり高く共同地の面積も広いので、かなり特殊な存在であってここでの事例を一般化できないのではないかという。また囲い込みはコスト Cost をもたらしたにせよ、それを上回る利益 Gain をももたらしたという立場からの議論が見られる[19]。

　そして最近、特に2000年以降に賛成、反対を問わずニースンを意識した研究が相次いで生まれている。リンカーンシャーの囲い込みを研究しているラッセルは比較的ニースンに近い立場である。彼によれば1789年以前は地代などの経済的利益のために囲い込みが行われていたが、フランス革命の影響が懸念された1789年以降においては、有力な土地所有者は地代の上昇と、共同地である程度の生活の資が得られるために彼らに服従しない「コモナー」の独立を破壊し、社会の安定をはかるために囲い込みを推進したとする。彼によれば、村落においてマナー領主や有力な土地所有者に従属する一方で、共同権を行使することで賃労働に頼らずに生活することが出来る、半独立の立場にあった。だがこれはイングランドの支配者である土地所有者にとって望ましいことではなく、彼らに近い思想を持つ人々によって共同地の管理がいかに野蛮であるかを強調する文献が相次いで現れることになる。そして議会囲い込みを行う際には、村落社会を大きく変革し、従来のコモナーが賃労働者として土地所有者に頼らざるをえないようにするため、共同権に対する補償はできる限り低く抑えたのであった[20]。

　また、カーターはミドルセックスにおける囲い込みと階級意識の形成について研究している。彼は、コモナーは共同権を利用する一方で一年のうち数カ月を農業による賃労働で生活する二重経済の中にあり、賃労働に頼る必要のない者も多くいたとする。だがロンドン市場からの巨大な農産物の需要がある有力な土地所有者やファーマーにとって、こうした事態は当然好ましいものではない。彼らは議会囲い込みを促進して賃労働者を増やし、効率的な生産を行うために、共同地は怠惰と道徳上の腐敗と結びつき、そこで暮らす人々も貧困と怠惰を生み出しており、囲い込みよる改良が必要であるという宣伝を行った。だ

がこれは、当然共同権を維持することを望んでいる人々との緊張を高め、彼らは反囲い込みの動きに出た。ミドルセックスでは、すでに17世紀から共同地を守ろうという動きがあったという。しかし、議会囲い込みへの抵抗は多くが失敗に終わり、コモナーは1年間のうちのある期間を賃労働者として過ごすのでなく、囲い込みを行ったファーマーに雇用される農業労働者になった。だがこうした経緯の中で彼らの間に階級意識が誕生し、今度は雇い主と賃金の上昇を要求して争うようになった。ナポレオン戦争後の不況の中で、エリートが農業労働者に雇用を見つけることができないと、不穏な情勢が生じた。スウィング暴動の主役となったのは彼らである[21]。このように、囲い込みのもたらした影響をかなり広く考えた研究である。

　そして、共同権の価値について、非常にユニークな研究を行っているのはタンである。タンによれば、開放耕地制度のもとでは、村法の規制のもとで牝牛の飼育は共同で管理され、雄牛の管理も共同で行うために受精が容易であり、飼育費用は非常に安くてすんでいた。だが囲い込み後は自分の土地から飼料を確保しなければならず、牝牛の所有者は自分で雄牛を所有するか、雄牛の所有者と受精の交渉を行って費用を支払わなければならない。そのために飼育費用が囲い込み以前の2倍以上になってしまい、小規模な土地所有者など、所有地が狭く所得の低い人々には牛の飼育は不可能になった。ここから、囲い込みがもたらした損害はこれまで考えられてきたよりもかなり大きかったのではないか、という結論を導き出している[22]。

　一方で、ニースン説への批判を行う、注目すべき研究も相次いで生まれている。ここでは主にチャップマンとショーテイラーという、2人の研究者の主張を見ていきたい。

第2節　チャップマンの非議会囲い込み

　チャップマンはニースンよりも早く、ターナーやマーティンなどと同時期の1970年代から囲い込み研究に従事している。彼の業績は多岐にわたっており、

その中にはターナーが出した、議会囲い込みの件数と面積の集計値を修正したものもある[23]。またターナーとテイトが全国の議会囲い込みについて作成した、州ごとの議会囲い込みの法案や教区の面積、マナー領主名などを記載したリストがあるが、チャップマンはこの修正版を作ろうとしている。これはハンプシャーとウェールズに関してすでに出版され、これを全国に広げるべく現在も継続中である[24]。だがここで主にふれるのは、彼が議会囲い込みの性質や重要性について疑問を呈し、議会囲い込み以外の形態の囲い込みの重要さについて主張した研究についてである。

彼は2002年に10年来の研究協力者である共著者シーリガーと共に『南部イングランドにおける囲い込み、環境と風景』という著書を出版した。これは本文141頁の小著ではあるが、チャップマンが囲い込みに関して長年行ってきた主張が簡潔にまとめられている。そして直接批判の対象としている個所は必ずしも多くないが、ニースン的な囲い込みへの見方とは対立するところが随所に見られる。彼は、まず囲い込みの研究がノーサンプトンシャーやレスターシャー（46.6％、数値はすべてターナーによる）のように、州の全面積に占める議会囲い込みが実施された面積の比率が特に高い、ミッドランドに集中してきたことに不満を述べる。そしてこの本で取り上げる、南部の4州のうち、ドーセット（15％）、ハンプシャー（16.8％）、ウィルトシャー（29.4％）の方が、全イングランドの値である20.9％に近く、こうした地方における囲い込みの方が、イングランド全体を考えればより標準に近いとする[25]。ただし、この本で取り上げられる四つの州のうちのひとつであるサセックスの数字は4.4％で、これは平均よりもかなり数値が低い。

その上で、囲い込みには部分的囲い込み Piecemeal Enclosure、所有地の統合 Unity of Possession、公式の同意 Formal Agreement、議会囲い込み Parliamentary Enclosure の4種類があるとするが、チャップマンは前の二つをまとめて非公式の囲い込み Informal Enclosure と呼ぶため、3種類に分けることになる。そして18世紀から19世紀における、議会囲い込みが盛んであった時期においても、それ以外の手段による囲い込みが広く行われていたと主張

する。複数存在する囲い込みの中でも、議会囲い込みが以前から注目されここに研究が集中するのは、議会制定法に基づいて行われるため、法案 Act や裁定書 Award などの史料が残りやすいためであるとする[26]。

それに対して、公式の同意においては議会の助けを借りずに囲い込みが行われ、関係者の間で書類を作成するためにこのように呼ばれる。場合によっては囲い込み委員 Commissioner や測量士 Surveyor を任命し、裁定書が作られ、教区での手続きは議会囲い込みとあまり変わらないこともある。ただしこの場合には、作られた関係書類が文書館などにおいて現在利用できる形で残る可能性は低いという。また、非公式の囲い込みは、買収や土地所有者間の話し合いによる再配分などで行われる。これは当然ながら史料がさらに残りにくく、関係者の日記や書簡などが発見されることでようやく実態が判明したり、議会囲い込みが行われた場合にそうした土地が旧囲い込み Old Enclosure などとされることでわかる場合も多い。ただし、教会所有地 Glebe Land は、教区委員や教会関係者が土地所有の変化を記録しており、所有権の移動などがあった場合には記録に残る場合が多いという[27]。

そして彼は1700年以降、南部4州において議会囲い込みと公式の同意、非公式の囲い込みの面積や比率を集計し、特に議会囲い込みとそれ以外の囲い込みの比較を行っている。ただし、いずれの囲い込みも豊富な事例が挙げられている一方で、議会囲い込みは法案や裁定書に基づいてある程度正確な数値が把握できるのに対し、公式の同意や非公式の囲い込みでは、推定値が含まれていたり、必ずしも根拠が明らかでない数字も挙げられているのは批判の余地がある。例えば4州のあるものは具体的数字で示され、あるものは州面積のパーセントしか出てこない。また公式の同意と非公式の囲い込みが十分区別されていない場合が多い。ここではおおよそのパーセントの数字を示すと、まずドーセットは、州面積の16.5％が議会囲い込みの行われた面積でおよそ14％がそれ以外での囲い込みが行われた面積、ハンプシャーは、およそ13％が議会囲い込みで、17％がそれ以外となり、サセックスは、議会囲い込みが4.4％でそれ以外が5％以上である。ウィルトシャーは議会囲い込みが30％でそれ以外が11％と、

ここだけは議会囲い込みの方がずっと多くなっている(28)。

このように、南部4州を見る限り、議会囲い込みはそれ以外の方法による囲い込みに比べて必ずしも数値のうえで勝っているわけではない。議会の手続きを必要としないために、議会囲い込みよりも公式の同意は費用がずっと安くすみ、それよりも非公式の囲い込みの方が安くすんだ。そして、ドーセットを除くと議会囲い込みは放牧地で、それ以外の囲い込みが耕地で行われる傾向がある。これは、耕地の分割よりも、共同放牧権など権利の分割が複雑になる放牧地の囲い込みには、議会法が必要であったからであるという。すなわちかなり大きな変化を伴う土地の統合のようなことができるのは議会囲い込みであって、公式の同意などそれ以外の囲い込みの場合は、囲い込み後も土地が細分化されたままであった場合が多いという。ただし、たとえばハンプシャーではひとつの教区で議会囲い込みが何度も行われたり、議会囲い込みが行われたところでその他の囲い込みが行われたりといった事態が見られ、ミッドランドのように1回の議会囲い込みによって教区の姿が完全に変化するのとはかなり違っていたという(29)。

この本の大きな利点は、議会囲い込み以外の囲い込みの重要性という、これまできわめて研究が不十分であったところに注意を喚起し、分析を行ったことである。そして、公式の同意や非公式の囲い込みでは、時には脅迫に傾くことがあったにせよそれは少数の事例で、多くの場合には買収や説得などの手間をかけて行った。ここでは議会囲い込みで見られたように、大土地所有者の力で手続きを進め、数の力で反対意見を抑えてしまうようなことは控えられた。それに議会囲い込みにおいても、ニースンが主張したような大土地所有者が小土地所有者の土地を奪うようなことは多くなかったとしており、議会囲い込みによる村落社会の崩壊には否定的である。また小土地所有者が率先して囲い込みを計画した事例も多くあるという(30)。

こうした階級間の争いの否定という主張は、チェインバース以来多くの研究がある。最近のものではサールがカンブリアについて行った、囲い込みは大土地所有者のイニシアティブというよりも、小作人が放牧地の権利を確実なもの

にするために行い、マナー領主などは後から同意を与えることも多かったという主張に類似している[31]。チャップマンは議会囲い込み以外の囲い込みという新しい視点を加えることで、この問題に改めて光を当てたと言えるであろう。

ただしこの本には欠点もいくつか指摘できる。まず環境と風景という、ほとんどふれていない、主題からはずれている副題をつけている[32]。またミッドランドよりも南部諸州を囲い込みの全国的標準に近いとする、チャップマンの主張が妥当であるかどうかについても、そもそも囲い込みの全国的標準というものがあるかどうかを含めて、疑問を差し挟む余地があるだろう[33]。だが、囲い込みに関して実に多くの示唆を与えてくれる業績であることは間違いない。

第3節　ショーテイラーの共同権研究

ショーテイラーは、1999年に小農民のプロレタリア化に関する博士論文を提出した新進の研究者であり[34]、その後いくつかの論文を発表している。彼はチャップマンとは違って、かなり強くニースンへの批判を意識して研究を進めている。ショーテイラーの研究は、議会囲い込みによってハモンドの言うように「土地を持った労働者が土地のない労働者になった」のか、またはほとんど同じことをニースンが言ったように、「小農民である（農業）労働者が（小農民ではない）農業労働者になった」のかどうかを検証することに重点が置かれている[35]。

そこで、果たして農業労働者の多くが囲い込み以前に共同権を持っており、ある程度自立的な経済を営むことができていたかどうか、ということを中心に分析しようとしている。そのために、場合によっては農業労働者にかなり近い存在であった、農村における手工業者や小商人、小農民などは、若干言及される場合はあっても直接、分析の対象とはしていない。またショーテイラーが強調するのは、プロレタリアート化と貧困化（あるいは悲惨になる）とは違うということで、彼の関心は議会囲い込みによって農業労働者がプロレタリアート化したかどうかの問題に限定されており、その結果貧困化したかどうかという

ことは別問題であるとしている(36)。

　彼はニースンが研究したノーサンプトンシャーをはじめ、バッキンガムシャーやケンブリッジシャー、ハートフォードシャーなどのミッドランドの数州から、いくつかの教区を選んで分析している。共同権のうちで最も価値が高いのは、共同地で牛を放牧する権利であって、もし2頭の牛を放牧したら、その収入は賃労働に頼らずに経済的独立が達成できるほどのものであった。しかし、それができるのは農業労働者の中でごく限られた存在であったという。彼はニースンによる、村落の住民の半分が共同権を行使していたという主張を認めつつも、共同権が土地をもたない労働者にも及んでいたという、彼女の主張は根拠が薄いとしている。そして耕地を所有していた場合以外には、共同権は小屋の所有ないし借用によって利用できることを確認したうえで、いくつかの事例を選んで共同権の分析を行っている。そして史料として主に用いるのは、議会囲い込みが実施された際に、土地所有者が囲い込み委員に対して、自らの所有地やその他の権利について記載して提出する申告書である。また土地所有者の名前を確認するために地租査定簿を参考にし、職業を調べるためには民兵帳簿 Militia List や民兵台帳 Posse Comitatus、遺言状 Wills などを用いている(37)。

　分析を行った結果、土地を持たない労働者の中で、小屋の所有によって共同権を得ていたものは平均で2～3％程度であり、8％という教区があるがこれは特に高い数値である。また小屋を借りることで共同権を得ていたものが平均で15％程度にすぎず、最も高い数値が26％である。そしてあとの80％以上の農業労働者は、まったく共同権を利用できなかったという。そして共同権を持っていたのは有力な土地所有者やファーマーであり、彼らのうち80％から100％が共同権を持っていた。小商人や手工業者もある程度共同権を持っていたものの、この数字は彼らのうちの10数％で、共同権の利用は村落の中でも比較的上層部に集中していたことになる(38)。

　こうしたことは、別のより記述的な史料からも確認することができるという。アーサー・ヤングやその他の農業調査会 Board of Agriculture の調査員たちは、18世紀の終わりから19世紀のはじめにかけてイングランドの全州をまわって各

州における農業の実態を調査した。このときの報告書の中で、共同権を持っている農業労働者の比率と、牛を飼育している農業労働者の比率が記載されている部分を抽出し、分析している。このような州ごとの農業に関する報告書を史料として用いた場合には、印象的に「多い」、「少ない」といった表現しか用いていない場合もあるが、具体的数字を挙げている場合もかなりあるため、そうした事例を分析に用いている。その一方で、たとえばアーサー・ヤングによる有名な「20のうち19の囲い込みは貧しきものを傷つけ」、「持っていた牛を議会に奪われた」という発言は、その妥当性を低く評価されることになる[39]。

そして分析を行った結果、農業労働者の多くは共同権を持っておらず、権利を持っている労働者の数値は多くとも数%であり、0％という事例も多い。これは前に見た、申告書などの史料を用いて出した数値とそれほど変わらない。34％という事例があるが、これはごく例外的なものである。しかし、農業労働者が牛を飼う比率は、事例によってはかなり高い場合があり、中には100％になることもある。これは、ファーマーが権利を持たない農業労働者に対して飼育を許すことがあったり、権利を持たないものが許可なく共同地で飼育を行っている場合があるからである。だが、こうした事例を一般化することはできず、全体としてやはり牛の飼育を行っていた労働者は多くなかったとしている。こうしたことは、教区の面積や地質の違いにかかわらず妥当するという[40]。

このように、ショーテイラーは共同権の実態について精密な調査を行っており、彼の主張に対する信頼性は高いと思われる。彼によれば、農業労働者のほとんどは議会囲い込み以前にすでに共同権を喪失していたためにその恩恵をこうむっておらず、囲い込みが実施されたことで農業労働者が経済的な独立を失い、プロレタリアート化したというのは必ずしも正しくないということになる[41]。確かにニースンは土地のない労働者でも共同権を行使することができたとしており、その実例も挙げられているが、その解釈がどの程度一般化できるかについては疑問を抱く余地がある[42]。議会囲い込みは少なくとも農業労働者に関する限り大きな変化をもたらさなかった、という主張はかなり妥当性を持つかもしれない。また彼は主にミッドランドを研究対象としているが、こ

こでの結論は他地域の囲い込みにもあてはまることを示唆している[43]。

　ただし、ショーテイラーの議論の対象はほぼ農業労働者に限定されており、たとえば議会囲い込みで損害を受けることが最も大きかったと思われる、スコッターについては述べていない。彼は本来権利を持たない者が共同権を不法に利用していた事例はそれほど多くなかったと述べているが、史料から実態を見つけることが難しいこの問題についてはまだ研究する余地があるだろう。また彼は燃料を採取する権利の価値を、農業労働者の賃金の８％程度と算定しており、牛の飼育に比べると高く評価していない。だがこの権利は、共同権の中でもっとも普及し利用者が多かった権利であり、事例によってはもっと価値が高かったことは十分に考えられる。彼もこれらの点については、見直す余地のあることは認めている[44]。

　したがってショーテイラーは村落社会に対する、議会囲い込みの衝撃や影響の強さについて、説得的な全体像を示しているわけではない。またニースンは住民の多くが共同権を持ち、住民同士が緊密なネットワークを結んで共同権の乱用に対する規制を行っていた、と主張するが、これに関しては共同権の利用が一部の人々に限られていた場合には、そうした点を修正するべきかという疑問も生じる。だが、これはショーテイラーの関心を越えている問題かもしれない。

おわりに

　かつてハモンドの『村落労働者』がそうであったように、現在囲い込みを、特にその社会的影響を論じる際にはニースンの『コモナー』は必要不可欠な文献であって、賛成、反対にかかわらず必ずこれに言及する必要があり、この意味でも両者は似ている。そして、ニースン説の強い影響力のもとで、それに対する議論が続く、という状態はしばらく続くと思われる。ニースンは、共同権に裏打ちされた村落共同体と、それが議会囲い込みによって破壊された姿を鋭く描き出しており、その主張は強い説得力を持っている。だがこれを議会囲い

込みに関する一般的な姿として考えることができるかどうかは、彼女に対する批判者が言うように疑問があると言わなければならない。

　チャップマンは議会囲い込み以外の囲い込みという視点から、ショーテイラーは農業労働者の共同権利用という視点からそれぞれニースンの主張に対して疑問を呈している。この二人の批判は角度も対象地域も異なるけれども、結局のところ議会囲い込み以前の村落共同体のありかたはいかなるものであったか、という問題に帰着する。チャップマンは、議会囲い込み以外の囲い込みが、かなり公平に小土地所有者の意向も汲んだ形で行われていたことを主張することで、囲い込み以前の村落では階級や利害の対立がそれほど大きくはなく、囲い込み以後も大きな変化はあり得なかったことを主張している。一方ショーテイラーは、農業労働者が共同権をそれほど利用していなかったと主張することで、小農民などが共同権によって生活を支えていた村落共同体というものは、少なくとも議会囲い込みの時期にはなかったことを示している。もちろん、この方向にのみ傾斜するのも正しいとは言えず、チャップマンやショーテイラーの議論にも多くの批判すべき点があるのは、すでに見た通りである。だが、議会囲い込みは村落社会を徹底的に変革し、小土地所有者の消滅、住民の入れ替わりといった劇的な変化をもたらした、という見方には修正を加える必要があるのは確かであろう[45]。

　いずれにせよ、ニースンによって議論が活発になった問題である、村落共同体における社会関係、階級関係や、特に共同権が各階層によってどの程度利用され、それを調整する秩序形成機能がどの程度備わっていたのか、あるいはそうしたことが議会囲い込み前後にどの程度変化したか、またはしなかったかという問題の解明は、これからも研究を進めるうえで大きな焦点であり、その中でイギリスにおける議会囲い込みの全体像を構築する作業が進んでいくと思われる。

注

（１）　J. L. and B. Hammond, *The Village Labourer*, London, 1911; G. Slater, *The English Peasantry and the Enclosure of Common Fields*, London, 1907; W.

Hasbach (translated by Ruth Kenyon), *A History of the English Agricultural Labourer*, London, 1908; J. H. Clapham, An *Economic History of Modern Britain*, vol. i, Cambridge, 1926; J. D. Chambers, 'Enclosure and Small Landowner', *Economic History Review*, 1st., 10, 1940, pp. 11-27; ハモンドらを古典派、チェインバースなどハモンド批判を行った人々を見直し派、ターナー、ニースンなどの、最近見直し派に批判的な人々を反見直し派と呼ぶこともある；武長玄次郎「イギリス議会囲い込み研究――その歴史と展望――」(〔東北大学〕研究年報『経済学』第60巻第3号)。

(2)　D. Eastwood, *Governing Rural England*, Oxford, 1994; B. Bushway, *By Rite: Custom, Ceremony and Community in England 1700-1820*, London, 1990; R. Allen, *Enclosure and the Yeoman*, Oxford, 1992; J. Neeson, 'English Enclosures and British Peasants: Current Debates about Rural Social Structure in Britain 1750-1870', *Jahrbuch für Wirtschaftsgeschichte*, 2000, pp. 17-31.

(3)　J. Neeson, *Commoners: Common Right, Enclosure and Social Change in England, 1700-1820*, Cambridge, 1993.

(4)　松尾太郎「農村『近代化』過程の対比」(〔法政大学〕『経済志林』第65巻第1号、1997年)；重富公生「共有権とエンクロージャー」(『イギリス議会エンクロージャー研究』勁草書房第3章、1999年)；武長、前掲論文。

(5)　E. P. Thompson, *The Making of the English Working Class*, Harmondsworth, 1963, pp. 240-41; この点、入会権の研究が早くから進んでいた日本とは違う。

(6)　E. P. Thompson, *Customs in Common*, London, 1991, pp. 185-258.

(7)　M. Turner, 'The Cost of Parliamentary Enclosures in Buckinghamshire', *Agricultural History Review*, 21, 1973, pp. 35-46.

(8)　M. W. Beresford, *Time and Place: Collected Essays*, London, 1984; J. Chambers and G. Mingay, *The Agricultural Revolution*, London, 1966; M. Turner, 'Parliamentary Enclosure and Landownership Change in Buckinghamshire', *Economic History Review*, 2nd., 28, 1973, p. 568.

(9)　W. Tate, 'Parliamentary Counter-Petition during the Enclosure of the Eighteenth and Nineteenth Centuries', *English Historical Reveiw*, 59, 1944, p. 398; J. Martin, 'The Small Landowner and Parliamentary Enclosure in Warwickshire', *Economic History Review*, 2nd., 32 , 1979, pp. 328-43.

(10)　J. Humphries, 'Enclosures, Common Rights and Women: The Proletarianization of Families in the Late Eighteenth and Early Nineteenth

Centuries', *Journal of Economic History,* 1, 1990, pp. 17-42.

(11) P. King, 'Gleaners, Famers and the Failure of Legal Sanctions in England 1750-1850', *Past and Present,* 125, 1989, p. 116.

(12) Neeson, *Commoners,* pp. 39, 169-72.

(13) *Ibid.,* pp. 125-35.

(14) *Ibid.,* pp. 236-43.

(15) *Ibid.,* pp. 259-93.

(16) Hammond, *The Village Labourer,* pp. 19-72.

(17) ハモンドとニースンの違いについては、重富公生「イギリス農業革命論の現状——1990年代の成果を中心に」(道重一郎・佐藤弘幸編『イギリス社会の形成史』三嶺書房、2000年) も参照。

(18) D. Eastwood, 'Communities, Protest and Police in early Nineteenth-Century Oxfordshire: The Enclosure of Otmoor Revisited', *Agricultural History Review,* 44, 1996, p. 36.

(19) G. Mingay, *Parliamentary Enclosure in England: An Introduction to its Causes, Incidence and Impact 1750-1850,* London, 1997, pp. 83-100, 151-53; なお、この本の内容全体については重富公生「ミンゲイのエンクロージャー論」(〔神戸大学〕『国民経済雑誌』第179巻第3号、1999年) を参照。

(20) R. C. Russell, 'Parliamentary Enclosure, Common Rights and Social Change: Evidence from the Parts of Lindsey in Lincolnshire', *Journal of Peasant Studies,* 27, 2000, pp. 56-63.

(21) P. Carter, 'Enclosure, Waged Labour and the Formation of Class Consciousness', *Labour History Review,* 66, 2001, pp. 275-77, 282-87.

(22) E. S. Tan, "The Bull is half the Herd': Property Rights and Enclosures in England, 1750-1850', *Explorations in Economic History,* 39, 2002, pp. 475-85.

(23) M. Turner, *English Parliamentary Enclosure: Its Historical Geography and Economic History,* Folkestone, 1980, pp. 181; J. Chapman, 'The Extent and Nature of Parliamentary Enclosure', *Agricultural History Review,* 35, 1987, p. 28; ターナーが、囲い込みが実施された面積をおよそ679万エーカーで全イングランドの20.9%とするのに対し、チャップマンはおよそ725万エーカー、全イングランドの22.3%、ウェールズを含めると842万エーカーで、全面積の24%とする。

(24) W. Tate and M. Turner, *A Domesday of Enclosure Acts and Awards,* Reading, 1978; J. Chapman, *A Guide to Enclosure in Hampshire 1700-1900,* Winchester,

1998; Do, A *Guide to Parliamentary Enclosure in Wales*, Winchester, 2002.

(25) J. Chapman and S. Seeliger, *Enclosure, Environment and Landscape in Southern England*, Charleston, 2002, p. 11.

(26) *Ibid.*, pp. 32-39.

(27) *Ibid.*, pp. 40-46.

(28) *Ibid.*, pp. 66, 88, 109-10, 133.

(29) *Ibid.*, pp. 71, 85-87, 135.

(30) *Ibid.*, pp. 14, 75, 138.

(31) C. Searle, 'Customary Tenants and the Enclosure of the Cumbrian Commons', *Northern History*, 29, 1993, pp. 144-47.

(32) わずかにこの問題に触れている部分では、おそらく現在の環境問題を念頭において、囲い込みが現在の農村の景観を作り上げたことを主張しているが、これは別の本や論文において、まとまった形で取り上げるべき課題であると思う(Chapman and Seeliger, *Enclosure*, pp. 139-41)。

(33) *Ibid.*, p. 141. サセックスの数字が全国平均に比べて低いのは、既述の通りである。ウェストモーランド (20.9%) やノーサンバーランド (18%) など、南部以外にも全国平均に近い州はたくさんある。

(34) L. Shaw-Taylor, 'Proleranianization, Parliamentary Enclosure and the Household Economy of the Labouring Poor: 1750-1850', Unpublished Ph. D. Thesis, University of Cambridge, 1999. この論文の要約は、*Journal of Economic History*, 60, 2000, pp. 508-11.

(35) Hammond, *Village Labourer*, p. 100; Neeson, *Commoners*, pp. 13-14.

(36) Shaw-Taylor, 'Parliamentary Enclosure and the Emergence of an English Agricultural Prolerariat', *Journal of Economic History*, 61, 2001, pp. 641, 659.

(37) Ibid., pp. 644-46.

(38) Ibid., pp. 647-54.

(39) Shaw-Taylor, 'Labourers, Cows, Common Rights and Parliamentary Enclosure: The Evidence of Contemporary Comment 1760-1810', *Past and Present*, 171, 2001, pp. 101, 106.

(40) Ibid., pp. 102, 114.

(41) Ibid., pp. 124-26, Shaw-Taylor 'Parliamentary Enclosure', p. 658; なお、グレゴリー・クラークは、すでに17世紀から貧民は共同権をわずかしか行使できなくなっていたと主張している。G. Clark, 'Common Rights to Land in England,

1475-1839', *Journal of Economic History*, 61, 2001, p. 1009.
(42) Neeson, *Commoners*, pp. 59-61.
(43) Shaw-Taylor, 'Parliamentary Enclosure', p. 657.
(44) Ibid., pp. 640-45.
(45) 武長玄次郎「イギリス議会囲い込み運動における反対運動とその帰結――バッキンガムシャー、プリンシーズ・リズバラ教区の事例」(『社会経済史学』第68巻第3号、2002年)を参照。この論文では、大土地所有者主導によって囲い込みが行われた後も、多くの小土地所有者が存続していた事例を扱った。

第13章　中小エージェンシー・ハウスと
M. ウィルキンスのクラスター

猿渡　啓子

はじめに

　筆者は、別稿(1)で、ウィルキンス M. Wilkins によるフリースタンディング・カンパニーの理論的一般化(2)について検討を行った。東南アジアで活動したエージェンシー・ハウスと呼ばれるイギリス商社がかかわる場合に限れば、ウィルキンスの説明は一面的であった。別稿では、エージェンシー・ハウスがかかわる場合、それが「経営代理」(3)契約に基づいてフリースタンディング・カンパニーに管理サービスを提供したのか、あるいは、市場取引契約に基づいて管理サービスを提供したのか（小池氏の言う「経営請負」）を区別して論じる必要があること、そして、その区別次第で、エージェンシー・ハウスとフリースタンディング・カンパニーの関係は異なる性格のものとなると説明した。以下、経営代理や経営請負という言葉について、小池氏の言う意味で用いる場合は「　」を付けて記すこととする。

　ウィルキンスがエージェンシー・ハウスの管理サービス提供に二つのタイプがあったことを明確に認識できなかった理由のひとつは、彼女が経営代理制度についての専門的な既存研究を利用しなかったことであるが、それらにも問題はある。既存研究の中で古典的あるいは代表的といわれる研究(4)においてさえ、部分的には実証に基づいていないと思われる箇所があるからである。経営代理制度やその担い手であるエージェンシー・ハウスの実証研究は、史料の制

約が理由となってそれほど多いとは言えない。実証研究の対象は、社史が刊行されている等の理由で個別活動状況を知ることができるエージェンシー・ハウスに限られてきた。マーチャント・バンキングの発展という観点から研究を行っているチャップマン S. Chapman(5) がエージェンシー・ハウスの具体的説明を行う際に依拠する史料を見ても、経営代理制度研究者が依拠する文献以上のものはない。エージェンシー・ハウスに関する実証研究は決して多いとは言えない。

したがって、市場取引による契約すなわち「経営請負」か、「経営代理」という特別な形態による契約かの区別に関する議論をするためには、これまでの既存研究に依存するだけでなく新たな実証が必要となる。特に、中小エージェンシー・ハウスについては史料上の制約から従来ほとんど考察がなされなかったため、その実態は不明のままであった。

本稿は、1910年代を対象として、東南アジアのゴム・プランテーション事業における中小エージェンシー・ハウスとプランテーション会社によるグループ（ウィルキンスによれば、貿易商社による「クラスター」）内部の企業間関係が、市場取引に基づく「経営請負」か、「経営代理」という特別な形態による契約かを区別することによって、グループの性格を明らかにすることをねらいとする。その際、イギリスのインベストメント・トラスト会社にも触れる。20世紀初頭からイギリスのインベストメント・トラスト会社は、プランテーション事業への投資を始めたからである。ウィルキンスは、「クラスター」のひとつとしてインベストメント・トラスト会社による「クラスター」を挙げている。

管見の限り、イギリスのインベストメント・トラスト会社に関する既存研究の中にゴム・プランテーション会社への投資についての個別企業の実証研究はないように思われる。少なくとも、エージェンシー・ハウスとの企業間関係という観点からの研究はない。

本稿は、インベストメント・トラスト会社についても、エージェンシー・ハウスについても、新たな事例をこれまで取り上げられてこなかった観点から検討することによって、イギリスによる海外直接投資の投資主体とそのグループ

の性格を明らかにし、ウィルキンスのいう「クラスター」概念を評価することをねらいとする。

第1節　M. ウィルキンスによる「クラスター」

　ウィルキンス[6]は、1870～1914年における「イギリスの海外直接投資のひとつの重要な形態」としての「フリースタンディング・カンパニー」論を発表した。発表後今日まで、フリースタンディング・カンパニー論争は継続している[7]。

　ウィルキンスによるフリースタンディング・カンパニーの定義は、「イギリスにおける事業会社からコントロールされることもなく、また、外国の多国籍企業の事業拡張としての機能を果たすものでもない、法的に別個の単位 legally separate units」[8]である。「イギリスにおける事業会社からコントロールされることもなく」とは、換言すれば、「その経営戦略が、イギリスの同分野の親会社の経営戦略に従属していないし、調整もされていない」[9]ということである。彼女によれば、このような企業は「何千も存在した」[10]。1870年から1914年までの時期については、「たぶん、フリースタンディング・カンパニーは、イギリスによる海外直接投資の最も典型的なものであった」[11]。ウィルキンスは、東南アジアにおけるプランテーション会社も、フリースタンディング・カンパニーであるとみなしている。

　フリースタンディング・カンパニーは、海外の事業投資を管理するために設立されたが、海外投資以前に投資本国において先行する同一分野の事業を持たなかったためノウハウを蓄積できず、したがって、「その本社は、通常、秘書と取締役会（そのメンバーは、イギリスで他の活動に参加していた）から構成され、そのほかはほとんど備わっていなかった」[12]。

　ウィルキンスは、「イギリスの本社が管理機能を自ら発展させたのかどうかが重要な問題であ」[13]って、「少数のフリースタンディング・カンパニーは管理機能を自ら発展させ、それらは成功企業となったが、その他の多くのフリー

スタンディング・カンパニーは、結局、資本以外は提供できない存在であって、それらは短命に終わっている」[14]のだと言う。この議論の問題点を筆者は別稿[15]で指摘したが、ウィルキンスは、「必要とされた諸機能は、クラスター・セットの中の主導的な企業によって引受けられた」[16]と述べて、議論を「クラスター」へと展開する。

ウィルキンスは、「会社はフリースタンディングであったが、いつも完全に独立して事業を行っているとは限らなかった。それらは、クラスターに所属した。諸クラスターは、さまざまな理由や利害グループに基づいており、個人や企業が数多く重なり合うサークルから構成されていた」[17]と言う。単一のフリースタンディング・カンパニーに複数の利害関係グループがかかわっているので、「これらのサービスのクラスターは、フリースタンディング・カンパニーを取り巻き、支援し、明確な中心を持たない」[18]と彼女は説明する。

ウィルキンスは、フリースタンディング・カンパニーがかかわる10タイプの相互関係のある「クラスター」を見いだしている。「すべてのクラスターの共通性は、フリースタンディング・カンパニーへのサービスの提供であり、これは、フリースタンディング・カンパニーの限られた本社機能と企業内"ノウハウ"の欠如のためであった」[19]と説明する。

ウィルキンスが検出した10タイプの「クラスター」は、以下のとおりである。

(1) プロモーターによるクラスター
(2) インベストメント・トラスト会社によるクラスター
(3) 事務弁護士を中心とするクラスター
(4) 会計士を中心とするクラスター
(5) 議員その他の有力者が名誉職的な取締役をしている会社によるクラスター
(6) 所在地の同一性によるクラスター
(7) 鉱山金融商会からの土木技師派遣によって形成されるクラスター
(8) 鉱山業以外の産業のネットワークによるクラスター
(9) 貿易商社によるクラスター

(10) マーチャント・バンクによるクラスター

　上記10タイプの「クラスター」のうち、貿易商社による「クラスター」については、上記別稿で説明したので、ここでは、インベストメント・トラスト会社に関するウィルキンスの説明をみておこう。

　ウィルキンスによれば、「インベストメント・トラストの中には海外に事業を持つ会社があり、フリースタンディング・カンパニーとして分類される要件をもっている。また、いくつかのインベストメント・トラストは、フリースタンディング・カンパニーの株式を優秀な投資とみなした。ときには、インベストメント・トラスト会社は、実際にプロモーター（および引受会社）として行動した；また、ときには、しばしば他のインベストメント・トラスト会社と組んでグループで、単なる株主としてフリースタンディング・カンパニーにかかわった。グループでフリースタンディング・カンパニーへ投資したインベストメント・トラスト会社同士の間でも、インベストメント・トラスト会社とフリースタンディング・カンパニーとの間でも取締役兼任がみられた。投資のパターンは、部分的には、リスク分散のためであると説明でき、また、部分的には、利益のあがる機会を"グループ仲間 friends"と共有したいという願いによって説明できる。このような方法で資本を提供することによって、インベストメント・トラスト会社は、フリースタンディング・カンパニーにとってポートフォリオ投資家になった」[20] と言う。

　彼女は脚注で、「しばしば、投資会社は海外での"事業"を持たなかった。それらの"外国"ポートフォリオ投資は、イギリスにおいてなされた。しかし、ときには、投資会社は海外で事業を行い、海外にエージェントを持って、実際に貸し手のネットワークを管理した。カー Kerr の *Scottish Capital* [21] は至極もっともなことにこのような会社を直接投資家とみなした。金融仲介業者は、直接投資家でありうる；彼らの事業において、彼らの顧客に対してサービスを"生み出している producing"」[22] と書いている。ウィルキンスはまた、「ミッキー Michie の論文を参照すると、ブリティッシュ・アセッツ・トラスト British Assets Trust が、どのようにお金、国際的な投資を"管理した"かが

示されている；この会社の投資はすべてポートフォリオ投資であった；同社は、アメリカではエージェントを持った」(23)と述べる。

そして、ウィルキンスは、このようなインベストメント・トラスト会社による「クラスター」が形成されたと言う。

ウィルキンスがその論文の中で言及しているインベストメント・トラスト会社は、一般に言われるポートフォリオ型投資を行うインベストメント・トラスト会社である。彼女は、インベストメント・トラスト会社は「単なる株主としてフリースタンディング・カンパニーにかかわった」と説明する。この説明には取引にかかわる特別の仲介者の存在に関する記述がないし、この説明は特に限定付きの記述でもない。したがって、ウィルキンスは、インベストメント・トラスト会社の投資を市場取引による証券投資であると考えていると思われる。

東南アジアのゴム・プランテーション事業においても、イギリスのインベストメント・トラスト会社による投資が行われた。プランテーション事業にはエージェンシー・ハウスが深くかかわっていたことから、イギリスのインベストメント・トラスト会社による投資についても、その後の投資管理についても、エージェンシー・ハウスが強く関与した場合があるのではないかと推測される。エージェンシー・ハウスとプランテーション会社の関係は、法的には前者がエージェント、後者がプリンシパルであっても、「経営代理」契約に基づく限り、エージェントがプランテーション会社を支配することが可能であった。他方、エージェンシー・ハウスのインベストメント・トラスト会社に対する関係については、中小エージェンシー・ハウスの場合はこれまで不明であったが、大手エージェンシー・ハウスの場合は支配的な関係が存在した(24)。

したがって、筆者は、ウィルキンスの言う「クラスター」だけではカバーできないものがあると考え、クラスターを二つのタイプに分類する。第一は、ウィルキンスの定義する「クラスター」、つまり、市場取引に基づくと考えられるクラスターである。これを、「W型クラスター cluster defined by Wilkins」と呼ぶ。第二は、エージェンシー・ハウスあるいはインベストメント・トラスト会社が支配的な立場にいるグループである。このグループはエージェン

第13章　中小エージェンシー・ハウスとM. ウィルキンスのクラスター　313

図13-1　二つのクラスター

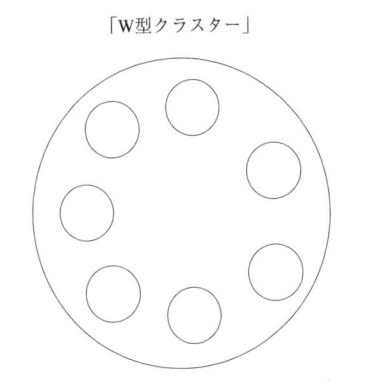

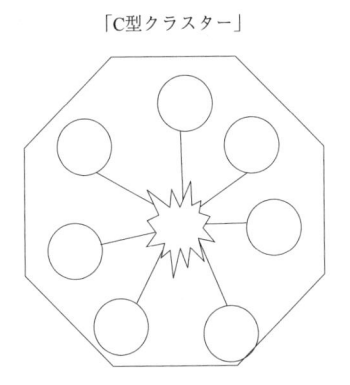

「W型クラスター」　　　　　　　　「C型クラスター」

シー・ハウスないしインベストメント・トラスト会社をグループの支配的な中核とすることから、これを、「C型クラスター cluster with a governing center」と呼び、「W型クラスター」と区別することにする（図13-1参照）。

　東南アジアのゴム・プランテーション事業において、エージェンシー・ハウスによるグループの中にインベストメント・トラスト会社が組み込まれている場合があるという考え方は、「インベストメント・グループ」という概念を提示しイギリスの直接投資のタイプを析出しようとするチャップマンでさえ、触れていない。彼は彼自身の研究の中で、東洋におけるイギリス系エージェンシー・ハウスをインベストメント・グループとみなし言及しているのであるが、彼は彼自身の研究書や論文の中でこの点の記述をすることはなかった。
　次節では、20世紀初頭から第一次大戦までの時期におけるインベストメント・トラスト会社のおおまかな発展をたどり、ゴム・プランテーション事業分野への投資を行ったインベストメント・トラスト会社の一般的特徴を一瞥しておくことにしよう。インベストメント・トラストの発展史に関する研究の中で言われる一般的特徴が、第3節で示す東南アジアのゴム・プランテーション事業に関する事例研究の中でも現れているのか、あるいは別の特徴が現れるのか

が、本稿の大事な論点である。

第2節　インベストメント・トラスト会社

「ベアリング恐慌（1890年）から20世紀に至る10年間には、インベストメント・トラストの発展は緩慢であり、設立会社数は平均して年1社程度であったが、それから第一次大戦まで時期は、イギリスのインベストメント・トラストの第二の大発展期とみることができる」[25]。「キルグス Kilgus は、世紀の変わり目からヨーロッパ大戦までに設立された会社数（真の投資信託とみられるべきもののみ）を25社としてい」た[26]。「投資信託の対外投資はこの時代になってはじまったことではなく、草創当時からの投資信託の特色のひとつであった……が、そのもっとも輝かしい発展の最高潮に達したのはこの時代なのである」[27]。

ロビンソン Robinson [28] は、「事実、イングランド、スコットランドの投資信託は、イギリスから、自治領、植民地、その他資源の開発を必要とする国々への資本輸出上において、最も重要な機関であった」[29] と言う。江口氏はリーフマン Liefmann に依拠しながら、この時代における投資信託の注目すべき現象のひとつとして次の点を上げている。すなわち、「この時代〔20世紀初頭——引用者〕には、投資信託の名を冠しながら、実質は融資会社や引受会社とみなされるべき会社がかなり設立された。すなわち、一定のきわめて限定された参与の目的もしくは融資や引受けの目的に投資信託が利用されるに至ったのである。とりわけ、当時世界的な流行企業であったゴムおよび石油事業ならびに一般の鉱山事業に対する関係においてそうであった。当然の結果として、それらの会社は（投資信託の名を冠していても）、次第に持株会社もしくは引受会社の性質をおびるに至ったのである。がしかし、これらの諸会社は一般に高率の配当を行ない、その寿命もきわめて短命であったといわれている」[30]。

インベストメント・トラスト会社の引受会社化は、ベアリング恐慌直前にも起こっていた[31]。この時期、「投資信託が融資業者 Financier or Financial

CompanyРазвитие発起業者Promoterに利用されて、引受会社化するようになってきた。すなわちこれらの融資業者や発起業者が、自分たちの引受背負込証券を背負込ませる手段に投資信託を利用するようになったのである。ドイツの投資信託研究者ヨルゲンスGoergensは、投資信託が新設企業に対する融資＝引受業務を営んでいたか否かについて、"その活動はほとんど信ぜられぬほど広範にわたっていた"と語っている。またリーフマンも"投資信託は、取引所非上場の危険性多い外国企業の株式の引受、買込、証券担保貸付を行って、売却困難な証券を多数背負込んでいた"、また"会社新設の際の引受けに参加していた投資信託は、当然その損失もまた最大であった"と述べている」(32)と言う。

このように、インベストメント・トラスト会社が引受会社化され、その投資方針がきわめて投機的になった頃、ベアリング恐慌が起こった(33)。以前には投資信託という呼称だけでも一般の信認をうけていたのであるが、「ベアリング恐慌以降、一般公衆の投資信託株に対する心証はすこぶる悪くなってきた」(34)のであった。

この恐慌は、20世紀初期における投資信託発展の教訓となり、「投機的売買と単独引受業務の排除、分散投資の厳守、原価主義の励行、積立金政策の確立など、健実な経営政策をとりうるに至った」(35)と言う。

ベアリング恐慌直前の時期とベアリング恐慌後の時期の両時期にインベストメント・トラストの引受会社化という同一の現象がみられたものの、恐慌の前と後では、単独での証券引受かグループによる証券引受（およびその再引受）かという違いがあった。

「1879年以降、インベストメント・トラストは会社法のもとに株式会社として組織されなくてはならないこととなり、それに伴って、投資対象が公債類から社債、株式などの産業証券に移っていった」(36)が、ベアリング恐慌後の時期には、「それまで投資信託の行っていた引受業務に対する厳しい反省が起こった（引受そのものが悪かったのではなく、単独で実力不相応の引受けをやったり、調査不足の引受けをやったのが悪かった）。そこで、それからはグループ内の会社が共同で、もしくは他の投信会社と共同で、すなわちシンジケート

式に引受け（新証券の共同仕入）を行うようになってきた（また定款上の投資制限の厳格化からも、単独で一証券を引き受けることができなくなった）」[37]のである。

　このようなシンジケート方式による事業運営が始まった理由が、恐慌から得た教訓であり、「単独で実力不相応の引受けをやったり、調査不足の引受けをやったのが悪かった」ということであれば、もし、恐慌前の行動様式を回避する方法としてシンジケート方式以外の方法があるならば、その方法による株式引受の可能性があったのではないかと推測される。たとえば、実績と信用のあるエージェンシー・ハウスがプロモーターとなった場合の株式引受や、エージェンシー・ハウスとインベストメント・トラスト会社が共同で証券を引き受けたりした場合もあったのではないかと考えられる。エージェンシー・ハウスがプロモーターとして会社設立にかかわったことはよく知られている。また、恐慌後にインベストメント・トラスト会社が引受会社として引き受けた株式は、恐慌前の時期のように取引所非上場の危険性多い外国企業の株式の引受や売却困難な投機的な株式ではなく、将来性のある事業分野における会社の社債や株式を選択したのではないかと考えられる。20世紀初頭、ゴム・プランテーション会社の非常に高い配当に刺激されてゴム・プランテーション会社の設立が相次ぎ、ゴム・ブームが到来した。それから第一次大戦後の戦後恐慌まで、そのブームはおおよそ続いたといえる[38]。

第3節　中小エージェンシー・ハウスとクラスター

　エージェンシー・ハウスによる事業管理サービスには二つのタイプがあった。一般的な意味での契約による管理サービスの提供と、経営代理契約に基づく特別の形態の管理サービスの提供である。経営代理制度の本質を論じた小池氏は、前者を「経営請負」、後者を「経営代理」[39]と表現し、両者を区別する。そうしたうえで、「"経営請負"関係もまたひとつの重要な経営委託の一形態である」[40]と説明する。小池氏は、両者を、市場取引か否かという観点からは区

別してはいないものの、それまでの経営代理制度研究で両タイプの経営委託が渾然と議論されてきたことを批判したのであった。「……もちろん、"経営代理"関係の方が、"経営請負"関係に比べて、量的にも圧倒的に広範な経済現象であった……」[41]と小池氏は言う。しかし、管見の限り、両者の広がりに関する実証がこれまで行われてきたようにはみえない。

中小エージェンシー・ハウスについては資料上の制約から従来ほとんど考察がなされなかったため、その実態は不明のままであった。

ここでは、東南アジアにおける中小エージェンシー・ハウスとイギリス系プランテーション会社の取締役兼任に関する分析[42]を利用し、エージェントによる事業会社への管理サービス提供の実態を読み取ることによって、「クラスター」の性格を考えることにしたい。なお、ここで用いる中小エージェンシー・ハウスという用語は、従来、注目され研究対象となった有力な大手エージェンシー・ハウス以外のことであり、その大部分は中小規模であったと考えられる。

筆者が用いた主たる資料は、1910年代からイギリスの投資家向けに出版されている *Rubber Producing Companies*（以下、*RPC* と略記）の1918年度版である。これには東南アジアに所在するイギリス系プランテーション会社が、イギリス登記、現地登記とも網羅されている。そして、一般投資家向け年鑑 *Stock Exchange Official Yearbook*（以下、*SEOY* と略記）およびイギリス企業の取締役、役員の所属が記載されている *Directory of Directors*（以下、*DOD* と略記）を補助資料として利用した。これら3資料を併用することによって、個々のプランテーション会社の設立年、資本金、取締役、役員氏名、関係のあったエージェンシー・ハウス名等の基本的な事柄はほぼ明らかとなる。ただし、イギリス登記の会社が圧倒的に多いものの、現地登記の会社も含まれている。現地登記の会社は、授権資本金、発行資本金がルピー rupee 表示か、ドル表示となっているが、現地登記のほとんどがルピー表示の会社であり、事務所はコロンボ Colombo にあった。そのため、ウィルキンスの言うイギリス登記のフリースタンディング・カンパニーに完全には対応した議論とはならないが、

エージェンシー・ハウスによるプランテーション会社へのサービス提供の実態を説明するためには、これは、とりたてて問題とならないと考える。ちなみに、チャップマンがインドについて検討した1998年の論文で用いた年鑑やセンサス[43]に収録されている企業は、インドの都市で上場されたものであって、ロンドン登記のものは掲載されていなかった。登記場所による分類もなされていないという[44]。

　筆者は、1918年の企業要覧に記載されたいくつかの中小エージェンシー・ハウスに関する投資家向け広告を主たる手掛りとして取締役兼任の実態を明らかにし、それによって個々のグループの性格を検討しようと試みた。ウィルキンスによる議論は1870～1914年を対象としているので、1918年を対象とした本稿での実証はウィルキンスの議論を評価するための材料とすることができると考える。取締役兼任が見られるということは、一般には、企業間に資金上の何らかの連携があること意味する。しかし、今回の検討では、ひとまず取締役兼任に限定し、持株関係については今後の課題としたい。

　RPC, 1918には、エージェンシー・ハウス12社の広告が掲載されている[45]。同12社のうち11社について、その業務内容が記載されていた。うち7社がプランテーション会社に対して経営代理 managing agent と総務 secretary の両方を引き受けている。

　このうち、エージェンシー・ハウスの取締役が明記されているか、あるいは、エージェンシー・ハウスが個人所有であるためにエージェンシー・ハウスとプランテーション会社の間の取締役兼任の有無を明確にできるのは3社のみであった。それらは、インド-マレー・アンド・コロニアル・エージェンシー社 Indo-Malay & Colonial Agency, Ltd.（以下、IM社と略記）、テイラー、ノーブル社 Taylor, Noble & Co.（以下、TN社と略記）、ストレイツ・ラバー・カンパニー・リミテッド・アンド・アライド・カンパニーズ The Straits Rubber Co., Ltd. & Allied Companies（以下、SRACと略記）である。これら3社のうちIM社とTN社についてエージェント業務が記載されており、業務は総務および経営代理となっていた。SRAC社のエージェント業務は、記載されてい

なかった。総務とは、イギリスにおけるプランテーション会社の対株主関係の諸事務を担当する部署である。広告に記載された経営代理 managing agent という表記からは、うえで区別した「経営代理」と「経営請負」のどちらであるかは、判別できない。

しかしながら、取締役兼任の状況を検討することによって、管理サービス業務が「経営代理」なのか「経営請負」なのかを判断する手掛かりが掴めると考える。取締役兼任については、エージェンシー・ハウスとプランテーション会社との間だけでなく、プランテーション会社相互間についても検討することとした。筆者はまた、両タイプの管理サービス業務を判別する作業によって、エージェンシー・ハウスの間にも性格を異にするハウスが存在した可能性を探ることを意図している。

なお、1917/18年段階で取締役を知ることができるエージェンシー・ハウスは、有力なエージェンシー・ハウスとして知られるハリスンズ・アンド・クロスフィールド社 Harrisons & Crosfield, Ltd.（以下、H. & C. 社と略記）とガスリー社 Guthrie & Co. 以外では、これら3社のみである。H. & C. 社は、この時期にすでに公開株式会社となっているため *SEOY* に記載されており、ガスリー社は、非公開株式会社であったが、社史が刊行されているため、取締役が判明している。*SEOY* にエージェンシー・ハウスがほとんど記載されていないのは、「それらが株式会社でないか、そうであっても株式を公開しないためと思われる」(46)。

イギリス系エージェンシー・ハウスとプランテーション会社との関係をエージェント機能から見れば、経営代理、商業代理 commercial agency、総務に要約される。このうち歴史的に最も古く、商社としての本来の業務である商業代理は、エージェンシー・ハウスがプランテーション会社の必要資材を購入する購入代理と、製品の販売を担当する販売代理から成っている。経営代理とは、既述のとおり、現地プランテーションの経営管理全般をエージェンシー・ハウスが受託し管理することである。総務は、イギリスにおけるプランテーション会社の対株主関係の諸事務を担当する。

取締役が二つの会社の取締役を兼任するという場合、資金的な観点からは次の二つの場合が考えられる。すなわち、(1) その取締役（個人あるいはそれによって代表される会社）が二つの会社へ株式投資しているか、(2) 二つの会社の間で株式の持合いがある場合である。いずれの場合も何らかの資金連携があると考えられる。その根拠は、当時、イギリスにおいては、取締役がその会社の一定の株式保有を義務づけられることが一般的であったからである。*SEOY* に拠れば、プランテーション会社の場合、取締役の資格としてほぼ100～200ポンド（額面は2シリング～1ポンド程度）の株式所有が要求されていた[47]。

[事例1] Indo-Malay and Colonial Agency, Ltd.

　IM社は、バーニー F. N. Varney, クロス G. F. Cross, ウィリアムス A. Williams, ハートネット D. P. Hartnett という4名の取締役を持つエージェンシー・ハウスである[48]。同社は、プランテーション会社12社の経営代理と総務を引受けている。12社のうち2社は、*RPC* と *SEOY* に記載されていない。残り10社の取締役を検討した結果、取締役兼任の特徴は、次のとおりである。

　(1) エージェンシー・ハウスの取締役4名はプランテーション会社の取締役を兼任していない。

　(2) プランテーション会社間の取締役兼任については、モーブレイ G. St. Mowbray という人物が10社の取締役を兼任しており、うち9社では取締役会長であった。モーブレイ以外にも2～4社の取締役を兼任している人物がいるが、モーブレイの地位は群を抜いている。

　(3) このグループのプランテーション会社は、プランテーション会社の全取締役13名（モーブレイを含む）のうち1名以外全員が IM 社グループにのみ属していることが判明した。

　DOD, 1918に拠れば、モーブレイはこれらのプランテーション会社以外の、イギリス本国の造船、飛行機製造会社の取締役会長をむしろ主たる役職としている人物である。したがって、このグループの場合、モーブレイが彼自身の事業拡張の一分野としてゴム・プランテーション事業を選択したと考えられる。

また、IM 社とプランテーション会社の間に取締役兼任が見られないことから、IM 社は、プランテーション会社に対して、単なるエージェントとしての役割を担っていたと思われる。つまり、広告に経営代理と記されていた業務内容は、正確には、「経営請負」であった可能性が高い。このように、IM 社がプランテーション会社にとって単なるエージェント、つまり、市場取引によるエージェント関係であったと考えると、IM 社の取締役4名全員が、プランテーション会社の取締役会に入っていないことは当然であると思われる。モーブレイと IM 社の4人のパートナーの関係がどのようなものであったのかは、不明である。

(4) プランテーションの所在地は、東南アジアに分散していた。

(5) この IM 社グループには、インベストメント・トラスト会社3社が存在していることが判明した。1909年に初めて、4社のインベストメント・トラスト会社が設立されたことが *RPC*, 1918に示されている[49]。これらのインベストメント・トラスト会社はプランテーション会社の株式所有と不動産所有を主要業務としている。4社のうち3社が、IM 社のグループに存在した。残りの1社は、ブライト・アンド・ガルブレイス社 Bright & Galbraith, Ltd. というエージェンシー・ハウス[50]のグループに属するラバー・セキュリティーズ社 Rubber Securities, Ltd. というインベストメント・トラスト会社である。同インベストメント・トラストの業務は、ゴム・プランテーションを中心とする不動産に対する貸付、小規模プランテーションの合併とその後の新会社の設立、既存プランテーション会社の再建、ゴム会社の株式あるいは社債の発行引受、プランテーション会社への投資となっていた[51]。

[事例2] Taylor, Noble & Co.

TN 社は、マッキー T. Mackie、ギャロウェイ W. B. Galloway、ミッチェル E. Michell という3名のパートナーによるエージェンシー・ハウスである。このグループは、TN 社が経営代理と総務を引き受けるプランテーション会社10社と、TN 社のコロンボ・エージェントであるルウィス・ブラウン社 Lewis,

Brown & Co.(以下、LB社と略記)が経営代理と総務を行うプランテーション会社12社から構成される。TN社とLB社の間には何らかの連携があると考えられるが、広告からは詳細は不明である。

　TN社とプランテーション会社10社の間の取締役兼任[52]を検討すると、次のような結果が得られた。

　(1) TN社のパートナーの1人T.マッキーは、*RPC*に記載されていない1社を除くプランテーション会社9社全部の取締役となっていた。このことは、TN社グループの場合、IM社に比べてエージェンシー・ハウスとプランテーション会社の結びつきが強いと推測される。ただし、TN社の残るパートナー2名は、TN社のいずれの取締役にもなっていない。また、この2名はTN社グループ以外の他のどのプランテーション会社の取締役をも兼任していないことが*RPC*から判明した。

　(2) プランテーション会社9社の間の取締役兼任状況については、プランテーション会社の取締役22名(マッキーを含む)中、バーゲスP. J. Burgess、ターベットW. G. Tarbet、ライトR. C. Wrightだけがそれぞれプランテーション会社2社の取締役を兼任している。そして、バーゲス、ライト、ウィックウォーV. R. Wickwarは、TN社グループ以外のいくつかのグループのプランテーション会社の取締役をより多く兼任していることがわかった。さらに、マッキーもTN社グループに属さない2社の取締役を引き受けている。

　(3) プランテーションの所在地は、東南アジアに分散していた。

　(4) TN社グループにも、1917年までにインベストメント・トラスト会社ラバー・アンド・ティー・インベスターズ・トラストRubber and Tea Investors Trustが設立されていた。同インベストメント・トラスト会社の取締役は、TN社グループのプランテーション会社の中心的取締役であるバーゲス、ターベット、ライト、ブレアC. Blairであった。ただし、同インベストメント・トラスト会社は、1917年に清算clearanceされた。

　(5) TN社グループとLB社グループの間には、総務会社名と取締役名の中に共通な人物あるいは企業は存在しない。さらに、LB社グループ内において

も、ほとんど取締役兼任が見られないし総務会社も異なる。つまり、LB社グループにおいては、少なくともスターリング会社に対する限り、コロンボ・エージェントであるLB社は、商業代理業務を担当することによってのみプランテーション会社と関係しており、それらのプランテーション会社に対する支配力は相対的に弱いと考えられる。したがって、TN社とLB社というエージェンシー・ハウスのレベルでは両社に何らかの関係があるにもかかわらず、LB社グループは、TN社グループとは別のグループを構成すると推測される。

［事例３］The Straits Rubber Co., Ltd. & Allied Companies

　SRACのグループの場合、広告に、ストレイツ・ラバー・カンパニー・リミテッド・アンド・アライド・カンパニーズ The Straits Rubber Co., Ltd. & Allied Companies となっているように、中心となるのがエージェンシー・ハウスでも総務を専門とする総務会社でもないことが特徴である[53]。広告では、SRACの業務は記載されていない。

　RPCを調べると、このグループのプランテーション会社それぞれに対する総務会社が判明する。各プランテーション会社に対する総務業務は、マグワイア F. E. Maguire またはテイラー P. E. L. Taylor の２名の個人いずれかが引き受けているが、その住所が同一なので、同一事務所を使用していたものと思われる。なお、マグワイアとテイラーは、SRACグループにおいてのみ総務を引き受けている。そして、この２名は、SRACグループのプランテーション会社の取締役にも他のグループのプランテーション会社の取締役にもなっていない。取締役兼任の検討結果は、次のようであった。

　（1）マグワイアとテイラーが総務を担当したプランテーション会社10社（直下で述べるオリエント・トラスト社 The Orient Trust を含む）のうち、詳細不明の１社を除く９社の取締役会長をハミルトン E. L. Hamilton という人物が兼任している。グループ内の３〜４社の取締役を兼任している人物が４名存在する。そのうえ、ハミルトンをはじめこれらの取締役は、SRACグループ以外でも多数のプランテーション会社において取締役となっていた。

(2) SRACグループにも、オリエント・トラストというインベストメント・トラスト会社が存在する。同インベストメント・トラスト会社は、SRACグループのプランテーション会社中7社および他グループのプランテーション会社18社の株式を所有しており、さらに、外国政府公債、鉄道社債等さまざまな証券保有を行っている(54)。

(3) SRACグループのプランテーションは、すべてマレー半島に集中している。

(4) ハミルトンは、同グループ以外のプランテーション会社10社において取締役あるいは取締役会長となっていたのであるが、この10社は大手エージェンシー・ハウス関係のプランテーション会社であった。具体的には、ハミルトンは、大手エージェンシー・ハウスのH. & C. 社が関係するプランテーション会社4社（このうち2社では取締役会長）、同じく有名なエージェンシー・ハウスであるエドワード・バウステッド社 Edward Boustead & Co. が関係するプランテーション会社4社（全社の取締役会長）、その他2社の取締役となっていたのである。

(5) エドワード・バウステッド社が関係するプランテーション会社4社の取締役全員を検討すると、SRACグループのプランテーション会社3社の取締役を兼任していたベネット E. A. Benett とカスバートソン T. Cuthbertson は、エドワード・バウステッド社関係の4社においても取締役として名を連ねていることが明らかとなった。ハミルトンがSRACグループ、H. & C. 社グループ、エドワード・バウステッド社グループという3グループにおいて重要な地位に就いている状態が一時的なものでないことは、1930年段階 *RPC* にも同3グループが継続しており、しかも、ハミルトンがほぼ同様な地位にあったことからも明らかである。

おわりに

以上の検討から、東南アジアのゴム・プランテーション事業における中小

エージェンシー・ハウス、インベストメント・トラスト会社、ゴム・プランテーション会社の「クラスター」について、次のことが明らかとなった。

（1）20世紀初頭には、東南アジアにおけるゴム・プランテーション会社への投資に特化したインベストメント・トラスト会社が設立された（事例1；事例2）。また、別の事例であるが、ラバー・セキュリティーズ社のように、プロモーター機能、引受機能、金融機能を果たしていたインベストメント・トラスト会社もまた存在していた。他方、ゴム・プランテーション会社への投資の他に、外国政府公債や鉄道社債などさまざまな証券保有を行っているインベストメント・トラスト会社が、その投資先のひとつとして東南アジアのゴム・プランテーション会社への投資を行っている事例があった（事例3）。これは、投資分散型のインベストメント・トラスト会社である。このように、20世紀初頭、東南アジアのゴム・プランテーション事業に関係するイギリスのインベストメント・トラスト会社には、特化型と投資分散型という二つのタイプが存在し、特化型の中には、プロモーター機能、引受機能、金融機能を果たすものがあった。

（2）事例1では、プランテーション会社の間での取締役兼任は見られたが、プランテーション会社とエージェンシー・ハウスの間、あるいは、プランテーション会社とインベストメント・トラスト会社、あるいはインベストメント・トラスト会社とエージェンシー・ハウスの間には、取締役兼任は見られなかった。事例1の場合、エージェンシー・ハウス、インベストメント・トラスト会社、プランテーション会社、の三者の間の関係は、どの二者の関係においても対等な関係であったと思われる。つまり、プランテーション会社、エージェンシー・ハウス、インベストメント・トラスト会社の間のどの二者の取引関係も、市場取引、小池氏の表現で言えば「経営請負」であったと思われる。

この事例の場合、エージェンシー・ハウスとインベストメント・トラスト会社がともに、フリースタンディング・カンパニーであるプランテーション会社にそれぞれのサービスを提供した。つまり、事例1は、フリースタンディング・カンパニーであるプランテーション会社の利害、エージェンシー・ハウス

の利害、インベストメント・トラスト会社の利害が関係する「W型クラスター」であったとみなすことができる。これが、ウィルキンスによる10タイプの「クラスター」のいずれに該当するのかを判断するのは難しい。

　また、このグループに含まれていた三つのインベストメント・トラスト会社の業務が株式所有と不動産所有であることから、これらは東南アジアで事業を行っていたインベストメント・トラスト会社であり、ウィルキンスの言うフリースタンディング・カンパニーの定義に当てはまる可能性が高い。

　(3) 事例2では、エージェンシー・ハウスのパートナーがプランテーション会社の取締役を兼任していた。このことから、エージェンシー・ハウスとプランテーション会社の関係が「経営代理」に基づく関係であった可能性が高く、エージェンシー・ハウスを明確な中心とする「C型クラスター」が形成されていたと考えられる。

　事例2では、プランテーション会社の複数の中心的取締役とインベストメント・トラスト会社の取締役が同一人物であった。プランテーション会社とインベストメント・トラスト会社の間の取締役兼任については、プランテーション会社がインベストメント・トラスト会社に取締役を派遣した可能性とその逆の可能性が考えられるが、投資資金の観点から推測して、インベストメント・トラスト会社がその取締役をプランテーション会社に派遣していたと考えるのが妥当であると思われる。

　インベストメント・トラスト会社からプランテーション会社への取締役派遣は、インベストメント・トラスト会社によるプランテーション会社への投資の結果であると考えられる。つまり、インベストメント・トラスト会社がプランテーション会社をモニターしようとして取締役を派遣したと考えられる。インベストメント・トラスト会社がエージェンシー・ハウスの委託によって、プランテーション会社の株式を引き受けたかどうかについては、不明である。

　エージェンシー・ハウスによる「C型クラスター」内におけるインベストメント・トラスト会社の地位がどのようなものであったかは、インベストメント・トラスト会社のモニター機能の強度如何による。しかし、モニター機能が、

どの程度のものであったかについては不明である。同インベストメント・トラスト会社の取締役は、他のグループのプランテーション会社の取締役も兼任しており（第3節事例2の(2)参照）、同インベストメント・トラスト会社は、複数のグループに対して利害を持っていた。

　ちなみに、大手エージェンシー・ハウスのH. & C.グループの中にもインベストメント・トラスト会社が存在したこと、H. & C.とそのインベストメント・トラスト会社の間に取締役兼任がみられたことがすでに明らかにされている[55]。その場合のインベストメント・トラスト会社を、事実上H. & C.の関連引受会社ないし関連金融会社としての性格を持つものであったと筆者は位置づけた[56]。事例2の場合のエージェンシー・ハウスとインベストメント・トラスト会社の間には取締役兼任がないことから、その関係をH. & C.のケースと同様の関係であったと考えるのはむずかしい。

　事例2のTN社のコロンボ・エージェントLB社とプランテーション会社の関係は、市場取引契約、「経営請負」関係であったと考えられることから、LB社グループは「W型クラスター」を形成していたと言える。上記のように、TN社グループをTN社を中心とする「C型クラスター」であるとすれば、LB社の「W型クラスター」は、TN社のエージェントとなることによって、TN社を中心とする「C型クラスター」の外縁部に付加されていたと言える。

　(4) 事例3は、エージェンシー・ハウスが少なくとも表面上は関係していない複数のプランテーション会社によるグループ化であった。プランテーション会社の間で、取締役兼任がみられた。このグループには、プランテーション事業への投資の他に外国政府公債や鉄道社債などさまざまな証券保有を行っているインベストメント・トラスト会社が関係していた。

　事例3では、ハミルトンという人物がほとんどのプランテーション会社の取締役会長となっており、インベストメント・トラスト会社の取締役会長にも就任していた。この場合、ハミルトンがプランテーション会社からインベストメント・トラスト会社へ派遣された可能性はなく、ハミルトンはインベストメント・トラスト会社からプランテーション会社へ派遣されたと考えるのが妥当で

あろう。ハミルトンがプランテーション会社の取締役会長となっていたことから、事例3は、ハミルトンを会長とするインベストメント・トラスト会社が支配するプランテーション会社である可能性が強い。そうであれば、事例3は、ハミルトンを会長とするインベストメント・トラスト会社による「C型クラスター」である。

ハミルトンを会長とするインベストメント・トラスト会社は、別の複数のグループのプランテーション会社にも関係していた。

別のグループとは、大手エージェンシー・ハウスのH. & C. とエドワード・バウステッド社のグループであった。ハミルトンは、これらのグループのプランテーション会社のうち何社かにおいてその取締役会長（あるいは取締役）を兼任していた。これらの大手グループにおいては、エージェンシー・ハウスとプランテーション会社との間に「経営代理」契約によるプランテーション会社支配があったことがすでに明らかになっている[57]ことから、H. & C. とエドワード・バウステッド社は、「経営代理」に基づくタイトな関係の「C型クラスター」を形成していたことになる。

ハミルトンを会長とするインベストメント・トラスト会社による「C型クラスター」は、プランテーション会社レベルでのハミルトンの取締役兼任によって、大手エージェンシー・ハウスの「C型クラスター」と重なり合う部分を持った。

以上のことから、20世紀初頭から第一次大戦までの時期における東南アジアのゴム・プランテーション事業にかかわるエージェンシー・ハウスおよびインベストメント・トラスト会社による「クラスター」について、次のような仮説を立てることができる。

(1) 中小エージェンシー・ハウスの中には、市場取引契約すなわち小池氏の表現で言えば「経営請負」によってのみプランテーション会社と相対するものと、プランテーション会社との関係が「経営代理」契約に基づくものが存在した。前者のタイプの中小エージェンシー・ハウスは「W型クラスター」を形成し、後者のタイプの中小エージェンシー・ハウスは「C型クラスター」を形

成した。

(2) プランテーション事業へ投資したインベストメント・トラスト会社には、投資分散型のものと、プランテーション事業への投資に特化したものが存在した。どちらのタイプのインベストメント・トラスト会社も、「クラスター」を形成した。クラスターの性格は、「W型クラスター」と「C型クラスター」の両方のタイプが存在した。

(3) エージェンシー・ハウスとインベストメント・トラスト会社は、プランテーション事業への資金調達、プランテーション事業の管理、プランテーション生産物の商業取引に関して、互恵的かつ補完的な利害関係を持った。両者の間での互恵的かつ補完的関係には、エージェンシー・ハウスとインベストメント・トラスト会社が共に含まれる「W型クラスター」の内部で持たれる場合と、エージェンシー・ハウスによる「C型クラスター」の内部にインベストメント・トラスト会社が含まれる場合、エージェンシー・ハウスによる「C型クラスター」とインベストメント・トラスト会社による「C型クラスター」が部分的に重複して持たれる場合があった。

(4) エージェンシー・ハウス（大手・中小）による「C型クラスター」の外縁部に、中小エージェンシー・ハウスによる「W型クラスター」が付加される場合があった。

(5) 大手エージェンシー・ハウスによる「C型クラスター」の中には、そのエージェンシー・ハウスの事実上の関連引受会社ないし関連金融会社として位置づけられるインベストメント・トラスト会社が存在した。

注
(1) 猿渡啓子「Mira Wilkinsによるフリースタンディング・カンパニー論の検討」（〔東北大学〕研究年報『経済学』第65巻4号、2004年）。
(2) Mira Wilkins, 'The free-standing company, 1870-1914: an important type of British foreign direct investment', in *Economic History Review*, 2nd ser., XLI (2), 1988; M. Wilkins, and H. Schröter (eds.), *The Free-Standing Company in the World Economy, 1830-1996*, Oxford, 1998, Chap. 1.

(3)　小池賢治『経営代理制度論』アジア経済研究所、1979年。
(4)　V. Anstey, *The economic development of India*, New York, 1977；P. S. Lokanathan, *Industiral Organization in India*, London, 1935；J. J. Puthucheary, *Ownership and Control in the Malayan Economy: A study of the structure of ownership and control and its effects on the development of secondary industries and economic growth in Malaya and Singapore*, Singapore, 1960,；金田近二「インド経営代理制度の概要」(アジア経済研究所・機械工業振興協会『インドの経営代理制度』機械工業振興協会、1959年、第1章所収)；小池賢治、前掲書。
(5)　S. Chapman, *The Rise of Merchant Banking*, London, 1984 (布目真生・荻原登訳『マーチャント・バンキングの興隆』有斐閣、1987年)；S. Chapman, 'British-Based Investment Groups Before 1914', in *Economic History Review*, 2nd ser., XXXVIII, (2) 1985; S. Chapman, 'British Free-Standing Companies and Investment Groups in India and the Far East', in M. Wilkins and H. Schröter (eds.), *The Free-Standing Company in the World Economy, 1830-1996*, Oxford, 1998, Chap. 7.
(6)　Wilkins, op. cit. [1988].
(7)　M. Casson, 'Institutional Diversity in Overseas Enterprise: Explaining the Free-Standing Company', in *Business History*, 36 (4) 1994; M. Casson, 'An Economic Theory of Free-Standing Company', in M. Wilkins and H. Schröter (eds.),*The Free-Standing Company in the World Economy, 1830-1996*, Oxford Univ. Press, 1998, Chap. 3; T. A. B. Corley, 'Free-Standing Companies, their Financing, and Internalisation Theory', in *Business History*, 36 (4) 1994; J.-F. Hennart, 'International Financial Capital Transfers: A Transaction Cost Framework', in *Business History*, 36 (1) 1994; J.-F. Hennart, 'Free-Standing Firms and the Internalisation of Markets for Financial Capital: A Response to Casson', in *Business History*, 36 (4) 1994; R. Greenhill, 'Investment Group, Free-Standing Company or Multinational? Brazilian Warrant, 1909-52', in *Business History*, 37 (1) 1995; S. Chapman, 'British Free-Standing Companies and Investment Groups in India and the Far East', in M. Wilkins and H. Schröter (eds.), *The Free-Standing Company in the World Economy, 1830-1996*, Oxford, 1998, Chap. 7; G. Jones, 'British Overseas Banks as Free-Standing Companies, 1830-1996', in M. Wilkins and H. Schröter (eds.), *The Free-Standing Company in the World Economy, 1830-1996*, Oxford 1998, Chap. 13;

M. Wilkins, 'The Free-Standing Company Revisited', in M. Wilkins and H. Schröter (eds.), *The Free-Standing Company in the World Economy, 1830-1996*, Oxford, 1998, Chap. 1; 西村閑也「国際資本移転と英系海外銀行 1870-1913」（〔法政大学〕『経営志林』第38巻4号、2002年1月）。

(8) Wilkins, op. cit. [1988], pp. 262-3.
(9) Ibid., p. 262.
(10) Ibid., p. 261.
(11) Ibid.
(12) Ibid., p. 264.
(13) Ibid., p. 276.
(14) Ibid.
(15) 猿渡、前掲論文［2004］。
(16) Wilkins, op. cit. [1988], p. 269.
(17) Ibid., p. 265.
(18) Mira Wilkins, 'The Free-Standing Company Revisited', in M. Wilkins and H. Schröter (eds.), *The Free-Standing Company in the World Economy, 1830-1996*, Oxford, 1998, Chap. 1, p. 15.
(19) Wilkins, op. cit. [1988], p. 265.
(20) Ibid., p. 265.
(21) W. G. Kerr, *Scottish Capital on the American Credit Frontier*, Texas State Historical Association, Austin, 1976.
(22) Wilkins, op. cit. [1988], p. 263, fn. 23.
(23) Ibid., p. 263.
(24) 猿渡啓子「マレーシア商品作物栽培業の発展とイギリス商社」（『社会経済史学』第50巻第3号、1984年）。
(25) 江口行雄『投資信託発展史論』ダイヤモンド社、1961年、49頁。
(26) 同前。
(27) 同前、50頁。
(28) L. R. Robinson, *Investment Trust: Organization and Management*, Ronald Press Co., 1926.
(29) 江口、前掲書、51頁。
(30) 同前、51-52頁。
(31) 同前、45頁。

(32) 同前、45-46頁。
(33) 同前、47頁。
(34) 同前。
(35) 同前、48頁。
(36) 同前、40-41頁。
(37) 同前、84頁。
(38) 猿渡、前掲論文〔1984〕、106頁。
(39) 小池、前掲書、8頁。
(40) 同前。
(41) 同前。
(42) 猿渡啓子「イギリス商社と傘下事業会社の取締役兼任——東南アジアの事例」（〔城西大学〕『城西経済学会誌』第21巻2・3号、1985年）。
(43) Chapman, op. cit.〔1998〕, p. 215.
(44) Ibid.
(45) 猿渡、前掲論文、265頁、第1表。
(46) 山田秀雄「マラヤ・ゴム栽培業史覚書」（〔一橋大学〕『経済研究』第26巻3号、1975年）266頁。
(47) たとえば、*SEOY*, 1918, p. 1065.
(48) 猿渡、前掲論文〔1985〕266頁、第2表。
(49) *RPC*, 1918, p. 361.
(50) 猿渡、前掲論文〔1985〕265頁、第1表。
(51) 同前。
(52) 同前、268頁、第3表。
(53) 同前、269頁、第5表。
(54) *RPC*, 1918, p. 352.
(55) 猿渡、前掲論文〔1984〕、108頁。
(56) 同前。
(57) 猿渡啓子「イギリス商社の経営戦略と組織：ガスリー社の事例　1821～1981年」（『経営史学』第17巻4号、1983年）；猿渡啓子「イギリス植民地商社の多角的成長：ハリスンズ・アンド・クロスフィールド社の事例　1844～1982年」（〔一橋大学〕『一橋論叢』第90巻3号、1983年）；猿渡、前掲論文〔1984〕。

第14章　日本における近代的地方行政制度の形成と地域住民組織
　　　──宮城県仙台市を事例として──

　　　　　　　　　　　　　　　　　　　　　　　　　　　　長谷部　　弘

はじめに

　現代日本の地方行政制度の原型は、1889年施行の市制・町村制にさかのぼる。そこで新たに組織された地方行政組織は、全国で1万5,820（1889年12月末現在、町村制施行町村数1万3,338、未施行町村数487、非施行町村数1,995）を数えた。

　しかし、その数字は、前年まで存在していた全国の町村数7万1,134（1888年12月末日現在、町数1万2,316、村数5万8,998）に比べると、実に5分の1にすぎない。もちろん、制度施行直前に明治政府が猛烈な町村合併を進めた結果である。

　当然のことながら、合併によって新たに誕生した全国の新「町」「村」は、その誕生と同時に、旧「町」「村」が幕藩体制下の行政村から継受した内部行政機能および地域住民の共同性を、いったん切断することとなった[1]。地域に生きる人々の生活世界には、生業や居住・生活上の必要からうみだされた固有の共同性が存在しており、総数5分の1への町村合併は、それらと行政機能との結びつきや棲み分けをいったん不可能にしたからである。

　町村合併以前の旧「町」「村」とは、維新以降、政府が近代的な地方行政制度を模索する中で認知し、制度の中に取りこもうとしてきた近世期以来の系譜を持つ地方行政組織のことである。市制・町村制の立案者である山県有朋や大

森鐘一ら行政官僚たちは、これら近世行政村を「自然村」であると考え、近代以前の日本において発達していた自治精神を体現する組織として高く評価した(2)。これらは近世期に全国で7万数千を数え、町村合併をへて市制・町村制下の地方行政組織へと組み込まれた後も、「大字」等の区画名称の背後にあるインフォーマルな、共同性を持つ社会集合体として残存した。また、それらは地域生活のさまざまな局面で地域社会をたばねる「自治村落」として、村落社会や農業の近代化に有効な役割を果たした事実も指摘されている(3)。

　多くの場合近世城下町を母体として近代的都市発展を遂げることになる「都市」地域においても、原則として農村地域の動向とほぼ同様の事態が生じた。ただし、都市地域には農村地域とは異なるさまざまな固有の性格や構造があった。消費生活の場でありながら生産活動の場でもあった農漁村地域とは異なり、「都市」的城下町社会は、武士や町人の集住する消費と居住の社会空間であり、またその空間にはさまざまなかたちで生業としての商人・職人活動も埋め込まれていた。その人口規模は、農村地域の町や村に比べてはるかに大きく、その地域空間や地域生活の構造も大きく異なっていた。さらに、城下町空間の多くを占めていた武家屋敷や旧武士層が、明治維新以降の廃藩置県・地租改正・秩禄処分といった幕藩体制秩序の解体政策によって町人たちとともに「平民」化・同質化されることとなった。したがって、都市地域の近代的地方行政制度の形成は、おのずと農村地域とは異なる独自の論理と歴史を持つこととなったのである。

　しかし、過渡期であるがゆえの資料的制約から、このプロセスの歴史学的研究は決して多くはない。小稿では、このような理解を前提として、明治維新以降、1890年代にかけての時期、都市地域行政の末端制度がどのように形成されていったのか、という問題を、特に都市行政の末端組織の変遷を中心としながら検討してみる。事例としてとりあげるのは、東北地方の中核的な地方都市、宮城県仙台市である。

第1節　明治維新以後の地方行政

　旧幕藩体制の制度的解体は、明治維新直後の版籍奉還（1869年）とその後の廃藩置県（1871年7月）とによって一挙に現実化した。廃藩置県に先立つ1871（明治4）年4月、各地の士族・卒族・平民といった人口の全体を調査するために「戸籍法」（布告170号）が出された。以後、調査を実施するため、「大区」・「小区」といった新たな名称を持つ「区制」が全国的に施行された。

　その「区」の数は1872年には6,748となり、さらに郡区町村編制法によって廃止される1878年には全国各地が907の「大区」と7,699の「小区」に区画化された[4]。ただし、この「区制」は、それまで「地方」行政の末端組織として機能していた旧「町」「村」を代替する制度としては明確に位置づけられておらず、結果として、7万余の旧町村が解体・合併しながら9千たらずの「区」へと整理統合されたような体裁をとったが、その行政的な実態は地方によってさまざまであった。

　この「区制」の実施課程は、政府に没収された幕領および諸藩、またその影響を残した各府県によってまちまちであり、その詳細はいまだ十分あきらかにされてはいない[5]。さらに、イエ・ムラ社会であった農村地域と武士・町人社会であった城下町＝都市地域では「区制」の意味合いも異なっていた。すなわち、旧城下町の居住空間や社会秩序の中心的存在であった旧武家層は、1870年代半ばまでに実施された一連の秩禄処分によって身分的特権を喪失してしまった。そのため、都市の居住空間はもちろん、都市の社会秩序も「四民平等」の秩序へと大きく変化せざるをえず、行政制度としての「区画」もその変化を大きく反映することになったのである。農村地域より旧城下町としての都市地域の方が、よりドラスティックに「近代化」せざるをえなかったといえよう。

　伊達藩の城下町であった仙台では、明治初期における伊達藩政期も含め、大きく三回の区画および末端行政組織の再編成が試みられた。それは〔第一期〕1869（明治2）年4月以降「編舎制度」と「市井制度」が実施された時期、

〔第二期〕1872（明治5）年4月に「区制」が施行され、旧城下町全域に「第一大区」という行政区画が実施された時期、〔第三期〕1876（明治9）11月「区制」区画が大きく再編成されて旧城下全域が「小六区、小七区、小八区」として第二大区の管轄下にはいった時期、である。これらの時期を通じ、旧城下全域は地租改正や秩禄処分が実施され、次第に近代的な「地方都市」行政域へと変貌することになったのであるが、それと同時に、旧「城下町」24町が持っていた地域住民組織機能の復帰と再編が模索されるようになる。その具体的展開は、1878（明治11）年7月以降の「仙台区」期（次節）になってようやく本格化するようになるのだが、本節では、以上の「区制」の施行について以下少々詳しくみることにしよう。

1 〔第一期〕「編舎」制度と「市井」制度

伊達藩は、1869（明治2）年3月、「版籍」の奉還を自発的に出願し、5月には明治政府に「版籍調」を提出し、6月になると版籍奉還が許可された。そのため、すぐさま藩政改革をせざるをえなくなり、7月に入ると藩内に藩政改革要項の伝達と実施とがなされた。そこでは、旧藩主伊達亀三郎が仙台藩知事に任じられ、旧執政職が大参事・小参事と改称されたりしたのだが、結局抜本的な改革は実現できず、大枠で旧藩統治機構をほぼ踏襲するような結果にしかならなかった[6]。

ただし、京都や大阪、そして新たに首都となった東京においては、同年より頻繁に市中規則やその改正が実施され、町名主制度の廃止をはじめとする都市内の行政制度改変が行われ始めていた[7]。そのような主要都市の動きをふまえ、伊達藩でも翌年の1770（明治3）年4月に、旧武士層（士卒）を対象とした新たな城下町の行政制度組織、「編舎」制度が敷かれ、戸籍その他の調査・取り扱いが実施されることとなった。

この制度は、武家屋敷5戸を1舎として伍長をおき、5舎に伍舎長をもってとりまとめ、全体を舎長が差配するという旧武家層の支配秩序を保持したままの住民組織であった[8]。ただしその編成は居住地原則であり、かつての旧藩

時代における武家「五人組」組織が職制に基づく軍事編成組織だったのに比べ大きな変化をみせた。区画設定は、①東一番丁（11組56軒）、②南町通～南光院横丁（6組30軒）、③東二番丁「自五ツ橋通至上定禅寺通」（20組104軒）、④東三番丁「自五ツ橋通至同心町」（16組82軒）、⑤東四番丁「自六道至元寺小路」（10組52軒）、⑥東五番丁「自北目町通至名懸丁」（6組30軒）、⑦南町通「五、六番丁間」・東五番丁「東五、六番丁」（7組35軒）、⑧東六番丁「自荒町通至名懸丁」（11組57軒）、⑨東七番丁（15組80軒）、⑩東七・八番丁（7組34軒）といったように、全体が10の住民地域＝「舎」に分割されたのであった。

　これらの「舎」の区割りは、城の置かれている西部から東部へと下る城下の「番丁」順に行ったもので、たぶんに形式的な区画設定であり、かつ組数、軒数も舎ごとにまちまちであった。しかし、武家屋敷地空間が新たに居住空間として再編成されたことの持つ意味は大きく、従来の城下町空間としての構成原理は、ここで大きく「近代的」な性格を持つ都市空間のそれへと転換しはじめたのである。

　しかしこの最初の「編舎」制は7カ月ほどしか持続せず、短命におわった。同1870年9月10日に明治政府から本格的な藩政改革を命じられたこともあり、11月になると制度・区画の改編がなされたのである。以前は10に区分けされていた「編舎」が、今度は「東方舎」「西方舎」「中通舎」「南方舎」「北方舎」という方角を示す名前をつけた五つの「舎」にまとめ直された。今度は武家屋敷地全体が「番丁」とは異なる地域空間割の原則によって区画化が試みられたのである。

　各舎のとりまとめ役である舎長・伍舎長は、東方舎長（遠藤小三郎、配下に伍舎長五名）、西方舎長（岩淵英喜、伍舎長三名）、中通舎長（遊佐伝三郎、伍舎長四名）、南方舎長（佐藤三太郎、伍舎長三名）、北方舎長（中目寛太夫、伍舎長九名）といったように伊達藩士たちへと任じられた。舎総は藩政改革による新執政役である参事が兼任し、舎制は大属士籍係が兼任する、というように藩の行政職制と絡み合わせられた。

　さらに旧町人町（市井）に関しては、翌年の1871（明治4）年3月頃になっ

てようやく新たな行政制度が敷かれ、全部で27に区分けした「町」を行政的に支配するため、以下のような役人組織がつくられた。

「市長」は清水惣三郎（大町二丁目）と小谷卯兵衛（大町一丁目）の2名、「副市長」は田丸庄三郎（南方）以下中村式治（荒町）、管野正兵衛（駅長兼国分町）、針生彦三郎（北材木町）、針生林吉（河原町）の5名が任じられた。さらにその下に、各町を代表する「町人代」として、桜井伊三郎（大町一丁目）、佐々木重兵衛（大町三・四丁目）、沼田平蔵（南町）、秋山新治（立町）、今野長治（柳町）、佐藤十兵衛（荒町）、渡辺善三郎（国分町）、菅原伊助・菅原平次郎（北材木町）、関口久右衛門（北目町）、池田勘兵衛（二日町）、島田与右衛門（上染師町）、庄子与五右衛門（南染師町）、錦織久吉（田町）、佐々木喜平治（新伝馬町）、菊地十右衛門（穀町）、山崎覚七（南材木町）、岩間彦太郎（河原町）、佐竹清治（宮町）、後藤甚五郎（亀岡町）、飯坂忠治（支倉澱町）、甲田東三郎（北鍛冶町）、若生清三郎（南鍛冶町）、加藤卯太郎（南方門前町）、佐藤栄吉（八幡町）、岩淵善兵衛（中通門前町）、金沢勇七（北方門前町）、永野徳右衛門（肴町）と、27町から28人の役人が任命された[9]。

もともと、旧仙台城下における町人屋敷地は、主要道路の両側に沿って配置されていた[10]。さらにそれらの「町」は24を数え、「町列」と呼ばれる序列原則を持ち、その中でも城下の目抜き通り沿いの「大町三・四・五町目」、「肴町」、「南町」、「立町」、「柳町」、「荒町」の六つの町はひときわ高く格付けされていた。上の役員組織からも明らかなように、新たに設定された「市井」制度は、そのような旧城下の24の「町」を若干の修正を加えて27の町として引き継ぎ、「町列」も考慮しながら組織化されたものであり、その意味では、同年4月以降「戸籍法」に基づく「戸籍区」や1872年1月以降実施される「大区・小区」制度とは性格を異にする旧来型の行政組織だったということができる[11]。

ともかくも、仙台では、1871年4月の「戸籍法」に基づく戸籍編成・人口調査の作業を、新たに「戸籍区」をつくることなく、この旧来型の行政末端組織である編舎制と市井制の行政組織と行政区画によって実施することとなったのである[12]。

「戸籍法」の実施後、7月には「廃藩置県」の詔勅が出され、8月以降各地で藩から県への地方行政制度の引き継ぎが実施されることとなった。これによって、地方行政制度改変の主導権は、名実ともに藩から明治政府へと移ることとなった。仙台藩の場合、同年4月に大参事が太政官に呼び出されて藩状調査を命じられ、さらに7月14日の「廃藩置県」の詔勅に従って仙台藩の廃止が現実のものとなった。新たに仙台県が設置されると同時に、7月下旬に旧藩主伊達宗基（亀三郎）らが仙台を離れて上京し、伊達氏の当該地域の支配は終焉を迎えることとなった。

同年8月には藩から仙台県へと行政の引き継ぎが行われ、11月には仙台県の大参事に塩谷良翰、権参事に遠藤久三郎が新任された。同時に県庁は旧城内から旧藩校の養賢堂へと移された。それと入れ替わりに、青葉山の旧城内には東北地方の治安を維持する東北鎮台が置かれることとなり、白石城に配置されていた静岡兵600人が移ってきた。また同月2日には角田・登米両県が合併され、伊達藩解体後の近代的地方行政組織、仙台県（のちの宮城県）の母体が形成された。そのような動きの中で、旧仙台城下の編舎制度と市井制度もまた、政府の方針に沿った都市域内の行政区へと再編が実施されていくことになる。

2 〔第二期〕「区制」の施行と「第一大区」

翌1872（明治5）年1月8日、仙台県は宮城県と改称され、同年4月には仙台でも区制が実施されることとなった。旧城下武家屋敷地および市井一円を「第一大区」としてまとめ、これを七つの小区に分割して戸長・副戸長をおいたのである。

しかし、この区制は、相変わらず旧城下域内を武家屋敷地と町人屋敷地とに二分した区画設定のうえで実施されものであった。その意味で、従来の編舎制度・市井制度の枠組みを大きく組み替えるものではなかったといわなければならない。

実際の区画は以下のようなものであった。まず編舎制度がとられていた旧武家屋敷地区域であるが、この区域は小一区から小五区まで五つに区画された。

地域割りをおおざっぱにみると、小一区（河原町〜若林〜元茶畑〜連坊小路）、小二区（東一番丁大町以南〜名掛丁以南〜連坊小路以北、小田原）、小三区（東三番町新伝馬丁以北〜東一番丁大町以北〜北十番丁以南）、小四区（二日町通〜西新坂通、坊主町〜半子町〜八幡町〜角五郎〜滝前）、小五区（船丁〜弓ノ町〜石名坂〜上下土樋〜米ヶ袋〜片平丁〜定禅寺横丁〜川内亀岡）とされている。東方舎から北方舎まで五つにわけられていたそれまでの編舎制度下の区割りに近似しているようにみえる。

全体を統括する「触頭」役は遠藤小三郎・東儀平が任じられた。各区の副戸長（3人ずつ）の顔ぶれをみると、編舎制下に各舎の伍舎長を務めた人物が4名副戸長に名を連ねており、旧南方舎・中通舎の伍舎長であった者二人が今度は「小一区」という同一区域内の副戸長を務めている[13]。これらを考えあわせると、ここでの「小区」の区割りは、一定の変更はあったかもしれないが、おおむね編舎制度下の五舎（西方舎、東方舎、中通舎、北方舎、南方舎）の区画を前提とし、「区制」という新たな制度にあわせて名称変更したものと考えてよいであろう。

さらに市井制度がとられていた旧町人屋敷地域も、同月中に「小六区」および「小七区」として「区制」が実施された。各区には一等戸長・二等戸長が置かれ、旧市井の市長と副市長がほぼそのままスライドして任じられた[14]。ここでも従来の市井制度をほぼそのまま引き継いで、新たな「区制」にあわせて名称変更をしたように考えられる。

小一区〜小五区は旧武家屋敷地の区割りであり、また小六区と七区は通り沿いに位置した町人屋敷地の区割りであった。したがって、両者は旧城下町時代の区割り原則にしたがって「区制」を運営することとなったわけであり、その意味で、仙台に「第一大区」という新たな区制が実施されても、その都市空間をみると、武家と町家とが地域的に峻別されたままの近世城下町空間がいまだ再生産され続けていたということになる。当時はまだ秩禄処分が終了していなかったため、旧藩時代の武家制度の名残が消えやらぬ武家屋敷地としての居住空間はそのまま手をつけることはできず、行政制度も改廃することはできなか

ったのである。

　同1872年4月の布告第117号をもって全国各地の庄屋・名主・年寄の役職が廃止された。同時に、それに代替する役職として新たに戸長および副戸長がおかれた。仙台「大区」では、翌1873年の2月になって、一等戸長を「区長」、同二等戸長を「副戸長」、そして、小区の二等戸長を「戸長」、市井一等戸長は「市井戸長」とそれぞれ改称し、この全国的な役職名変更の動きに対応しようとしている。1874年には大・小区画の若干の変更が実施されるとともに、第一大区長として氏家次章、同副区長として多川実知が任じられた。

　この1874年、全国的な「民会」設置の動向と歩みをひとつにして、宮城県では「議事会議規則」が制定され、県会の前身である議事会が毎年4回（2月・5月・8月・11月）開催されることとなった。その議事会では県令・参事が議長となり、正・副区長と戸長、各大区より選出された2名の公選議員が構成員となって議事が運営された。このような「民会」設置の動きの中で、より下位の行政組織である各大区でも区長が議長、議員には副戸長、学区取締、村扱、初納収集人をあてる「区会」の設置が促されていったのである。

3 〔第三期〕第二大区管轄下の「小六区、小七区、小八区」

　1876年8月の金禄公債証書発行条例によって「武士」身分の有償廃絶をめざした秩禄処分が終わった。以後、さまざまな特権をもった社会的身分集団である武士身分は名実ともに消滅し、彼らの居住していた旧城下町の都市社会もまた「四民平等」としての社会空間へと改編されることとなったのである。

　旧城下町仙台でも、その三カ月後の1876（明治9）年11月、大区・小区の大幅な区画制度の改編が実施された。仙台は、もはや旧武家集団の居住地がある市街地として特別扱いされることなく、宮城県下諸郡を編成した諸大区のうち、名取・宮城・黒川の三郡を統括する「第二大区」の一部分として行政区画化され、旧第一大区の旧小一区〜七区は新たに「小六区、小七区、小八区」に編入された。小六区は新河原町から小田原にいたる仙台市街地東南部一帯を区画化したものであり、小七区は米ヶ袋から立町・木町にいたる中央南部一帯を区画

化したものであり、そして小八区は表小路・勾当台通から北三番丁を経て八幡町にいたる中央北部一帯を区画化したものであった。これらの三つの「小区」は、都市生活に直接密着する末端の行政区画であったが、その行政的制度空間はようやく旧城下町の秩序空間の名残を払拭し、南部・中央部・北部の三地域へと三分されたのである。

このような仙台における「区制」の徹底化は、全国的な視点から見ると、生活の共同性とむすびついた旧町村の存在を再確認し、行政の主体として町村を再評価しようとする政策と並行して進められた。

明治政府は、それまで、県より下位の町・村・城下町といった旧来の地方行政制度に替わる新たな全国的な統一的制度形成プランは持ちあわせていなかった[15]。したがって「区制」という新たな地方行政制度も具体的な法制化はなされず、行政的な権限や財政的裏づけの作業は各府県の裁量にまかされたのである。したがって、「区制」が実際の現実的な行政処理を行う制度組織として整備されたか否かは、地方の事情によってさまざまであったようである。

しかし、政府は、従来の町や村を基礎に据えた地方行政組織の制度化へと大きく舵をとることになる。1876（明治9）年10月に出された「各区町村金穀交借共有物取扱土木起功規則」（太政官布告130号）は、そのような政府のそれまで実質的な行政権を与えられていなかった区および旧来の町や村に対し、行政団体としての資格を一定度認め、それを制度化した法令であった[16]。宮城県は、この法令に基づき、早速「大区」の区務を明確化した[17]。ちなみに都市部の仙台市街が含まれた第二大区の区務所は宮城県庁内におかれ、小区18（村187、町137）、戸数2万9,085、人口17万442を管轄するものであった。

第2節　「三新法体制」と仙台区

明治政府は、全国的に近代的で統一的な地方行政組織の制度化をめざし、とりあえず旧幕藩制下の地方末端行政制度の遺産を最大限に生かす方針で、1878年7月に「郡区町村編制法」・「府県会規則」（太政官布告第17号）、ついで「地

方税規則」(布告第19号)を定めた(18)。これら三つの法令によって制度化された府県の地方自治的運営制度とその下部行政組織＝郡区町村を前提として実施された地方行政体制が、「三新法体制」といわれてきたものである。さらに区・町・村の民会を1880(明治13)年4月「区町村会法」(布告第18号)によって制度化した。

　仙台では、1978年7月の「郡区町村編制法」発布に基づいて、従来の「第二大区」下の「小六区・小七区・小八区」が統合され、「仙台区」として独立行政区とされた。区役所は、まず大町3丁目20番地に仮設置され、その後勾当台通19番地県庁構内に移設された。そして同年11月には、区内が5部に区画分割され、さらに部ごとに4ないし6区画分割されてそれぞれ「町場持」4～6人が置かれた。五つの部とその下の22の「町場持」を通じ、布告・布達等の事務取り扱いがもくろまれたのである。

　少々煩雑だが、その区割りをおおざっぱにみると次のようになる。「第一部」が市街地の南部一帯にあたる地域で、それぞれ、(1)河原町～南石切町、(2)三百人町～若林道場、(3)表柴田町～木下～東新丁、(4)上下土樋～荒町～舟丁～猿索丁という四つの町場持がおかれた。「第二部」が大町以南一帯であり、(1)六軒丁～本荒町～米ヶ袋～花壇～川内、(2)追廻～澱橋通～亀岡、(3)大町一丁目～立町～柳町、(4)大町三丁目～材木町～元鍛冶町と四つの町場持がおかれた。「第三部」は市街地の中央から東部一帯であり、(1)田町～北目町～南町、(2)東一番丁～東九番丁～清水小路～北目町、(3)東四番丁～東十番丁～新寺小路～榴ヶ岡～北目町、(4)車町～小田原～北三番町、の四つの町場持ちがおかれた。「第四部」は市街地の中央部から北部一帯をカヴァーし、(1)国分町～東一番丁～定善寺通～勾当台通、(2)大町四丁目～東四番丁、(3)名掛丁～元寺小路～花京院～茂市ヶ坂、(4)大仏前～元寺工事～花京院～中杉山通、(5)北一番丁～北六番丁～光禅寺通、(6)北一番丁～北十番町～北田町、と町持場は一番多い六つがおかれた。「第五部」は市街地の西部一帯に相当し、(1)二日町～北鍛冶町～通町、(2)北一番丁～土樋通～半子町～角五郎、(3)北三番町～北九番町～木町通～神子町、(4)北山町～支倉通～五十人町、と四つの町

場持がおかれた。

　上記からも明らかなように、三新法体制下に都市行政体として設立された「仙台区」では、五つの「部」とその下におかれた22の「町持場」を通して、廃棄された近世城下町的な社会空間秩序を立て直し、新たな地域行政の組織的運営を行おうとしたのである。しかしこのような新たな行政組織は必ずしもうまく機能せず、以後、1890年代末にいたるまで市街地末端行政組織の改編作業が試行錯誤の中で続けられることとなる[19]。

　実際、仙台区は、区内市街地行政をすすめるうえで、市街地事情に即した緻密な町名区画化に腐心せざるをえなかった。三年後の1881年10月24日に区内の市街区分を大幅に改編し、市街地全体の従来の町名を大幅に詳細化し、新弓ノ町から小田原広町にいたるまで140の区画にわけ、新しい町名をつけて公布した[20]。

　1年後の1882年10月、仙台区は行政便宜のため、行政区画を改めて各町組合を設け、組ごとに組長1人を置く「各町組合制」をとることとした。そのうえで、2年半を経た1885年4月1日以降、それまでの各町組合を新区画町ごとの組合に構成して140組とし、同時に「組長設置規則」を改めて、組長は満25歳以上で組内に不動産を所有する者より選挙し、任期を三カ年、組内の布告回達、納税注意、戸籍方ならびに篤行者・貧困者の取り調べ、組内共同の事件に関係させる等、旧五人組的色彩の強い地域住民組織統括機能を持たせようとした。その活動にあてる「筆紙墨料」として、年間1戸当たり10銭の徴収を定めている[21]。

　しかし、このような行政的な論理で新たに区画設定した「町」に、行政機能に加えて居住・社会生活上の共同性機能まで併せもたせようとする「各町組合制」を条文通りに実施させることは大きな困難をともなわざるをえなかった。「市民平等」化した市街地における地域住民の「共同性」は、行政的論理からする新たな区画設定ではすくい取ることのできないものであったからである。実際、翌1886年2月13日には、新区画の町140を直接町組合に編成することを止め、各町の事情に応じていくつかの新区画町の統合再編を行い、56組の町組

合に再編成せざるをえなくなった。さらにこの再編町組合もまた持続せず、1889年の市制施行下で50の「区」の新設が企てられた時点で廃止されることとなるのである。

第3節　仙台市の誕生と区制時代の地域住民組織

　明治期における地方行政制度の近代化・行政組織の試行錯誤的改編は、1889年の市制・町村制の施行をもってほぼ終了した。この年、全国で39カ所に「市」が誕生したが、宮城県の仙台市はそれら39の新制「市」のひとつとしてスタートしたのである。4月1日、「仙台区」の市域と遺産をそのまま踏襲して、市制に基づく新「仙台市」が発足した[22]。

　仙台市は、仙台区時代に制定された「各町組合制」とそのもとで設置された56の「町組」を廃止して、市内全域で土地台帳上226を数えた「字」名の諸町を50の「区」に再編成し、各区に区長をおくこととした。この区制の成り立ちは難産で、1889年6月1日の市会に「区長設置規則」が出されたが廃案となってしまい、市参事会の専決で市制執行の補助機関とするかたちでなんとか実施にこぎつけなければならなかった。

　「規則」の中では、区長の担当事務として、(1)法律規則及諸令達の普及、(2)戸籍に関し市長へ差出書面への署名、(3)戸口調査、(4)不就学児童の勧学、(5)徴兵壮丁の召集、(6)倒死人検査立会、(7)伝染病予防法に対する注意、(8)道路・溝渠等の掃除の督励、(9)徴税礼状配布、(10)諸納税期限励行、(11)篤行奇特者及極貧者の調査報告、(12)区内公共の利害に関する事件の取調、(13)その他市長の指揮命令する事項、の13項目があげられており、この「区」が市の行政補助機能を中心として組み立てられており、居住・社会生活の共同性に関してはかなり副次的な位置づけしかなされていない事実を読み取ることができる。

　ちなみに5月23日の市参事会に出された「区長設置規則議案」の中では以下のような説明がなされている。

「区長ノ職務権限ハ区長設置規則ニ定ムルカ如ク、其責任実ニ重大ナリト雖トモ、各区ノ市役所ヲ距ル僅々数拾町ニ過キサルヲ以テ、特ニ事務所ヲ設置シ或ハ時間ヲ一定シテ職務ニ従事スルコトヲ要セス。常職ノ傍其職ニ従事スルヲ得ヘキナリ。且ツ区長ハ名誉職ナルヲ以テ区内名望之士ヲ挙ケ、其職ニ任用セラルヘキコトハ論ヲ俟タス。自ラ有給吏員トハ其性質ヲ異ニセルカ故ニ其報酬類ハ一カ年僅ニ金弐拾円ヲ起点トシ、其管轄区内ノ戸数ニ応シ以テ差等ヲ立テ其多キモ三拾六円ニ止メントス……」。

このような設置規則を前提として、6月9日の第20回市会において早速この50の区の「区長」選挙が行われた。興味深いことは、50人の区長候補者について、その投票数（総数24）は、二人の事例（常磐町区の内崎作五郎と東三番町の長谷泰之、両者ともに満票）をのぞいて、その多くがほぼ8票：16票という結果になっている事実である。当時の市会は事業家色の強い中心会と旧藩上級士族色の強い同志会とに二分されていたといわれる。おそらく、名誉職的なこの「区長」の選挙においても、両勢力がそれぞれ事前に独自候補者の選定リストを作成し、選挙対策を施していたのであろう。仙台市の地域末端行政を担う区長制も、この時期からすでに仙台市会の政治構造と密接なつながりを持ったものであったことを見てとることができる。

以後、1892年6月に区長50名の定期改選がなされたが、1895年度末の改選時には50区を束ね直して10区に再編し、この10区の区長選挙を行った。さらに1896年度には1897年3月末で区長が廃止され、かわって吏員が配置されることとなった。その理由は「現今ノ如キ少数ノ区画ニテハ到底事務ノ完行ヲ見ルニ難ク之ヲ存知スルモ無益ナレハ」、廃止して市役所の吏員が直接処理した方が財政的に効率的だからだというものであった[23]。

しかしそのような廃止策は不評であり、翌1898年3月には、「区」数を20区に再編統合して再度区長制を敷くこととなった。さらに各区の区長は区内の各町の構成員同士の調整のために「連合戸主会」を組織し、末端行政領域における市政の運営円滑をはかった。

明治維新直後から30年以上にわたって実施されてきた仙台市内「行政区」の

改廃再編作業はここでほぼ終了し、以後周辺地域の合併・行政区の新設以外、区域は固定・維持されることとなった。仙台市の市街地域における地域住民組織は、この20の区を末端行政組織の枠組みとしたうえで、行政機能との接合を持続的に形成していくこととなるのである。

　一連の「区」の改廃統合のプロセスから透けて見えるのは、1870年代末に三新法を立案した官僚松田道之の「行政区画ト住民独立ノ区ト二種ノ性質ヲ有」するような地方行政制度づくりの理念である。それは、末端の行政組織化に際してできるだけ旧来より存続してきた地域住民秩序を利用しようとする試みである。しかし、現実の地方都市仙台における末端行政組織の制度化の歴史は、そのような試みを裏切るものであった。というのも、すでに何度か触れてきたように、旧城下で維持運営されてきた末端行政機能と結びついた旧住民組織は明治初期の旧制度解体政策によって廃絶されてしまったため、新たに同様の末端行政組織を作りあげ、維持運営していくためには、地域的事情に応じた居住・社会生活上の共同性をきめこまかにすくい上げる住民参加型の装置が必要だからであった。

　結果的に、仙台市では、末端の地域住民の生活秩序を行政組織から切り離し、近世期における町人地24町よりはるかに簡素化した末端行政機構を新たに作り上げることになった。それが1898年以降の20区からなる行政区制度であった[24]。結果として人々がもし旧城下時代から継受した地域住民生活秩序を変化の内に保持していたとしても、それは以後、少なくとも末端の行政組織＝「区」とは次元を異にする日常的生活世界においてだけ機能するものとなっていかざるをえなくなったのである。そしてそのような市民生活の《地縁の基層》は、1940年代の総力戦体制期という国家存亡の危機に際してさえ、公会や隣組といった行政的組織の機能とは十分かみ合わなかったし、逆に戦後占領期の町内会・隣組禁止の時期には、ゆるやかに人々の市民生活をつなぐ存在として生き続けることとなったのである。

おわりに

　以上、仙台市の事例によって、近代的地方行政制度形成過程における都市地域の末端行政組織と地域住民組織との関連がどのようなものであったのかという問題を探ってみた。

　そこで明らかとなったのは、まず第一に、明治維新以降の旧城下町を母体とする地方都市市街地では、近代的地方行政制度の形成が武家と町人といった旧社会の身分集団の解体過程と並行して進められたため、農村地域のように旧来の「町」や「村」の存続と復権というプロセスを経なかった、という事実である。仙台市の事例では、近世期の末端行政組織であった旧城下町の丁（武家屋敷地）・町（町人地）は都市空間的にも支配組織の面からも厳格に区別されたものであったが、それらの区別も明治維新以降の藩制改革・版籍奉還・秩禄処分を通じて次第に解体され、平面的な地理空間的地域区分原則による「四民平等」の行政区画化が実現することとなった。それは、旧城下町において伝統的に形成されてきた居住・社会生活の共同性と行政機能とを併せもった末端行政組織の「復権」を可能とするには、あまりにも行政の論理に貫かれすぎた行政組織だったのである。

　第二に、そのため、地方行政制度形成プロセスにおいて、市街地に新たな末端行政組織を制度化していく作業は、大きな困難をともなうものであったという事実である。仙台市の場合、1880年代から1890年代にかけて、「町組合」・「区」などの名称を持つ末端行政組織の制度化が企図された。これは、当初は旧五人組的な行政機能と居住・社会生活の共同性とを兼ねあわせる組織として、1890年代末以降は、むしろ行政機能を中心とした「区」組織として、それぞれ制度化・運営をめざすものであった。そこには、1870年代末に三新法を立案した政府官僚松田道之の「行政区画ト住民独立ノ区ト二種ノ性質ヲ有」する地方行政制度の形成、という考え方がたえず見え隠れしていたといってよい。しかし、そのような目論見は失敗することとなった。その理由のひとつに地方近代

都市においてもまた首都東京と同様にその姿をあらわす近代的都市社会の「均一的空間と重層的空間」(成田龍一)という現象があった。そのような近代的都市空間は複雑であり、必ずしも旧藩時代の城下町に成立していたような住民の居住・社会生活の共同性と一体化した行政組織の実現を可能とはさせなかったからである。

注
(1) このような認識は、大石嘉一郎『近代日本の地方自治』(東京大学出版会、1990年)において明瞭である。大石の認識は、すでに『日本地方財行政史研究序説』以来一貫して主張されてきたものである。大石は、近世の行政村を自立した小農経営によって構成される経済的政治的な「村落共同体」とみなしており、幕末から明治前期にかけて「成長」してきた豪農層(村落指導者＝指導者層)と、「村落共同性」を行政機構の中に否定的に取りこもうとする国家権力との間で「連繋と妥協」がくりひろげられたことを強調する。その結果、「村落共同体」は「自然村」という地方行政制度とは異なる存在として制度の中に取りこまれてしまうものとされるのである。小稿では、近世行政村を自然村や「共同体」とは同一視しないという点で、大石の認識とは、一線を画している。

(2) 山県や大森たちが幕藩体制下の旧「町」「村」を「自然村」とみていたことは、山県有朋の「徴兵制度及自治制度確立ノ沿革」(国家学会創立満三十年記念『明治憲政経済史論』所収、1919年)や彼の下で法制化の実務を担当した大森鐘一の「自治制制定之顛末」(『大森鐘一』所収、1931年、非売品)などにおいて明瞭である。なお、歴史学的にみた場合、近世行政村を「自然村」、すなわち村人の家々が自然発生的に結びついた自治組織としてみることは難しい。近世行政村とは、第一義的に、幕府や藩の支配行政単位として設定された制度・組織にほかならない。村落社会内部で自然発生的な結合をなすのは同族的・家連合的な経済生活・社会生活上の生活組織なのであり、領主によって村落内に行政村組織の延長として制度化された組織は五人組なのである。五人組制度は、相互扶助・連帯責任・命令伝達といった機能を領主によって公的に付与されたものであったから、「自然村」の原理とは異なる村落内制度・組織であった。実際、幕藩体制内部の入り組み支配地域では、幕府が諸大名に「所替え」を指示する際、石高基準であてがわれる領地の帳尻あわせのためにひとつの村がふたつに「分村」され、支配の異なる行政村組織がふたつ、新たにつくりあげられるような事例が少なからず

みられた。これは、近世期の村が「自然村」ではなく、領主支配をうけるための行政制度・組織にほかならないことを示している（長谷部弘『市場経済の形成と地域』第1部第二章参照）。しかし、近世後期になると、家連合を構成する共同機能の構造的解体傾向にともなって、本来同族的＝家連合的関係が有していた共同性が消滅しはじめる。そのような状況下、この共同性を領主支配の行政組織であった「村」が代替するようになる場合が少なからず生起してくる（長谷部弘「近世村落社会の共同性——上田藩上塩尻村五人組組織の事例研究」、日本村落研究学会『村落社会研究』18所収、2003年）。筆者は、幕末期の近世行政村の多くがそのような傾向性を持っていたものと理解しており、ここに、幕藩体制下の行政村が自治機能を持つ「自然村」と誤解されてきた理由があるのではないかと考えている。

（3）　このような意味での自治村落論に関しては、斉藤仁『農業問題の展開と自治村落』（日本経済評論社、1989年）、および大鎌邦雄『行政村の執行体制と集落』（農業総合研究所、1994年）。また坂根嘉弘『分割相続と農村社会』（九州大学出版会、1996年）でも同種の問題意識が共有されている。

（4）　大森鐘一「自治制制定之顛末」（『大森鐘一』291頁）、および亀掛川浩『地方制度小史』34頁。

（5）　大石嘉一郎は、この「戸籍法」に依拠した「戸籍区」と73年以降の「大区」・「小区」制度との間に断絶があるとし、「大区・小区制」の画期的な意義を強調している（前掲大石『近代日本の地方自治』第一章）。しかし、田島昇は福島県の実証的な事例研究によってそのような断絶性の一般化に対する疑義を提示しており（田島昇「大区小区制と区会儀について」、福島近代史研究会『近代史研究』6、1983年）、小稿においても基本的に田島の歴史認識を共有している。

（6）　戦後版『仙台市史』第2巻（仙台市史編纂委員会編、1955年）、第一章。

（7）　参事院編「維新以来町村沿革」（明治史料研究連絡会編『明治史料第三集』所収、1957年）。

（8）　伍舎長は安達顕三（配下に伍長14名）、太斉彦之丞（伍長10名）、別所孫衛（伍長10名）、芳賀幸右衛門（伍長13名）、鹿又軍治（伍長10名）、八谷豊治（伍長13名）、湯目長太郎（伍長11名）、佐々木兵治（伍長14名）らがつとめ、舎長は猪狩章三郎と早川三弥が務めた。いずれも伊達藩士であった。

（9）　明治版『仙台市史』（仙台市役所編、1908年）126頁。なお、これらの役人のほかに、町方警護と思われる「検丁南町国井保太郎密方手先八人」が任じられている。

第14章　日本における近代的地方行政制度の形成と地域住民組織　351

(10)　1893年の「仙台市測量全図」をみても、市街地の主要屋敷建物は主要道路の両側に密集して立ち並んでおり、横丁や通りにはいると広い庭のある屋敷地が立ち並ぶ広い空閑地となってしまう。ここから考えると、明治中期にいたるまで、旧武家地と旧町人屋敷地の名残がみられたらしい。

(11)　「大区」「小区」制とは、政治政府が近世行政村・町とは異なった地方行政制度を試行錯誤する課程で試みられた新たな地方行政の区画名称である。実際は、1871年4月、「戸籍法」(太政官布告第170号)に基づいて全国的に戸籍編成・人口調査を実施するために設定された「区制」がその嚆矢である。そこでは、「戸籍の編製はその住居の地に就て之を収め……故に各地方の便宜に従ひ、予め区画を定め毎区戸長並に副を置き、長並副をして其区内の戸数、人員、生死、出入等を詳にする事を掌らした……但戸長の務は是迄各所に於庄屋、名主、年寄、触頭と唱るもの等に掌らしむるも、又は別人を用ゆるも妨げなし」、とされていた。すなわち、戸籍作成にあたる役職を戸長・副戸長と規定し、旧近世行政村の役人であった名主や庄屋等が兼ねてもよいし、また新たに任じられてもよい、とされていた。条文上は、新たに設定された区画が戸籍区とも行政区とも解釈できる内容になっており、実際の運用は各府県を中心とした地方の裁量にまかされていたのである。

(12)　この時期仙台市街地の戸籍は、まず1871年の太政官布告に基づき仙台県によって士族戸籍30冊、卒戸籍3冊が編成された。その翌年1872年2月に再編された第一大区の小一区から小七区までの戸籍49冊が「調製」され、1874年に改められて36冊、1877年には再度改正された。1878年に独立行政区「仙台区」となって以降は、戸籍が区役所取扱となり、1884年戸籍簿の宗旨削除、1885年戸番制、1888年新戸籍60冊の作成が行われた。この戸籍および戸籍事務は1889年仙台市成立後もそのまま継続され、1898年の民法施行と戸籍法(法律第12号)制定を期に大きく改編された。また1888年戸籍簿は、1903年戸籍改写事業によって新たな戸籍簿が作成されるまで継続使用された(明治版『仙台市史』172〜173頁、戦後版『仙台市史』第2巻、97-99頁)。

(13)　副戸長は、小一区(佐藤三太郎、瀬成田統蔵、遊佐伝三郎)、小二区(作間良伍、横沢直之進、小崎大之進)、小三区(今村胖、佐藤簡、中目寛太夫)、小四区(武市九郎三郎、星健三郎、油井宮人)、小五区(岩淵英喜、遠藤津五郎、別所繁幸)である。佐藤三太郎と遊佐伝三郎はそれぞれ南方舎と中通舎の伍舎長であったことから、この行政の末端制度もまだ従来のように旧武家・町人たちの秩序を引きずりながら維持されていたものであることがわかる(明治版『仙台市史』

127頁)。
(14)　旧市井の場合、戸長・副戸長に相当するのはは一等戸長・二等戸長であり、それぞれ、小六区（中村式治、田丸小三郎）、小七区（清水惣三郎、針生彦三郎）であった（明治版『仙台市史』129頁）。
(15)　前掲、大石嘉一郎『近代日本の地方自治』第一章。
(16)　亀掛川浩『地方制度小史』（勁草書房、1962年）、32頁。
(17)　明治版『仙台市史』130頁および、戦後版『仙台市史』第2巻、42頁。区に区長・戸長・議員・村扱・同雇・土木下係・書記・使夫を置いた。また区長は大区内を総管し、国税・県税・区費の徴収を促し、戸長以下を監視する役目を負った。さらに、戸長は小区内の事務を管し、村扱は村内事務、同雇・土木係は道路橋梁用水管理、を担当した。そして、区惣代計算係が置かれ、区費の収支を担当させた。区長・戸長職は公選であった。
(18)　三新法を立案した松田道之は、三法案を太政官に提出した際の理由書の中で都市と農村の行政と自治の関連について次のように記している。「宜シク我古来ノ慣習ト方今人智ノ程度トヲ斟酌シテ適実ノ制設クヘキナリ依テ前陳ノ主義ニ基キ府県都市ハ行政区画ト住民独立ノ区ト二種ノ性質ヲ有セシメ町村ハ住民独立ノ区タル一種ノ性質ヲ有セシメ都市吏員ハ二種ノ性質ノ事務ヲ兼掌セシメ町村ハ其町内共同ノ公事ヲ行フ者即行事人ヲ以テ其独立ノ公事ヲ掌ルモノトス……」（大森鐘一「自治制制定之顛末」302-303頁）。
(19)　1878年11月1日の区内五カ所に戸長役場を設けたが、翌年1879（明治12）年1月には早々と廃止している。行政事務予算の問題とともに、行政事務が円滑に機能しなかったことも一因であったと考えるべきであろう。
(20)　明治版『仙台市史』139-146頁に区画ごとの町名が掲載されている。戦後版『仙台市史』では、この1882年の町名区分は「分量頗る詳密であったが必ずしも実状に沿わなかったがためであう〔ろ〕う。その後一般に実用されることもなく現今では殆んど忘れられている」、とされ、また当該箇所の注の中で、「明治十四年制定の区分は、単なる日常の便宜によったものであろうと思われる。……なおこの区分は爾後稀にしか使用されていないが、この公布が特に廃止されたと云う事実も見当たらない」とされている（戦後版『仙台市史』第2巻、65頁）。実際、1889年市制施行後の市街地内「字」名は226を数え、1882年区画町名の直接的継続性は必ずしもみられない。
(21)　明治版『仙台市史』146頁および、戦後版『仙台市史』第2巻、146頁の記載による。

(22) 市制施行後、全国の地方都市の中で1889年度中に「市」指定されたのは40都市であったが、実際に施行されたのは39であった。4月1日付施行の都市は、京都、大阪、堺、横浜、神戸、姫路、長崎、新潟、水戸、津、静岡、仙台、盛岡、弘前、山形、米沢、秋田、福井、金沢、富山、高岡、松江、広島、赤間関、和歌山、高知、福岡、久留米、佐賀、熊本、鹿児島の31市、5月1日付で施行されたのは東京、6月1日付で施行されたのが岡山、7月1日付けで施行されたのが甲府と岐阜、10月1日付が名古屋、鳥取、徳島、12月15日付が松山、合計39である（亀掛川浩『明治地方制度成立史』304頁）。

(23) 戦後版『仙台市史』第2巻、181頁。

(24) 市民生活とかかわる行政的施策と地域住民秩序の間に生じた齟齬の事例をあげておこう。仙台市は1895年、市内を10の衛生区にわけて区ごとに衛生組合を組織し、捕縄金を交付して奨励につとめた。しかし、このように行政区とも旧来の地域住民秩序とも区別された衛生組合の組織化は仙台市の行政主導で進められたが、地域住民による積極的な協力が得られず、衛生組合間の調整にあたる連合組織の結成もなかなか成功しなかった。また1900年の汚物掃除法に基づいて五つの掃除区を中心に市内の清掃が定期的に実施されるようになったが、これも地域住民の参加協力がなかなか得られず、行政主導で行われざるをえなかった。これら市民生活に直接かかわる諸事業がなかなか市民協力・参加型にならなかった大きな原因は、すでに述べたような歴史的経過によって「行政区」と地域住民の共同性との間に生じていた「隙間」の存在にほかならなかったのである。

特別寄稿

第15章　経済史と都市史研究をめぐって

ペネロープ　J.　コーフィールド
（小西恵美訳）

第1節　「坂巻さん」との出会い

　15年にもわたる坂巻清教授との交流は私にとって大きな喜びである。彼は非常に明敏かつ誠実な人柄であり、高貴なる日本文化の秀れた素養と豊かな国際性をあわせ持つ人物である。
　世界中のいくつもの都市史国際会議の場で、私は「坂巻さん」（親しみを込めてこのように呼ばせていただく）と比較都市史や経済史について長い議論を交し、それを楽しんできた。私たちは、パネル報告や討論会など、はじめから予定を組んで会う場合もあったが、そうではなく、予期せずして顔を合わせることもあった。坂巻さんと初めて会ったのは私がブタペストの会議に参加した時で、会議の受付の列で最初に出会ったのが彼であった。それ以来、どんなときでも、会うとすぐに私たちは旧友のようにうちとけ、まるであたかも前日に会っていたかのように議論を再開した。これが真の国際的友情の証であり、私にとって最も大事な宝物なのだ。
　私は1992年に日本学術振興会の訪問研究員として初めて日本を訪れ、3カ月間仙台に滞在した。坂巻さんは私に日本を案内してくれた最初の友人であったが、現在に至るまでも、彼にまさるホスト役を私は知らない。坂巻さんは私に美しい仙台の町並みや松島を見せてくれた。そして、彼が貸してくれた自転車

で、私は町の中心部を走りまわった（これは都市史家にとってきわめて重要な体験なのだ）。私たちは一緒に、新しい日本と古くからの日本の両面を学んだのである。あるとき、私たちはオートメーション化された自動車工場を見学したが、これはすばらしい経験であった（それにしても、今の時世、いったいどれほどのイギリス人研究者が、外国からの訪問者をこのような場所に案内しようと考えるだろうか）。また別な折には、私のパートナーのトニーも連れて、仙台北部の山中にある、小さなひなびた温泉を訪ねた。これは思い出に残る小旅行であり、本当に楽しいものであった。私はただちに「温泉」のとりこになり、それ以来、日本を訪問する度に、静寂さと陽気さが混ざり合う、独特な雰囲気をもつ温泉文化を享受している。このすばらしい文化を体験させてくれた坂巻さんに感謝する。

　次に、私の脳裏に即座に思い浮かぶ坂巻さんの人柄は、彼の温かい人間性とユーモアの感覚である。私たちは、日本人とイギリス人が相手国に対してもちあわせる文化的理解や誤解について、しばしば冗談を言い合った。また、私にはすぐに、坂巻さんが歴史研究に価値を見いだし、それに強く傾倒していることがわかった。彼は大学院生や若い研究者に寛大に接し力づける一方で、同時に現代的センスを内に秘めていた。東北大学大学院経済学研究科長兼経済学部長（1999～2001年）や東北大学アドミッションセンター・センター長（2002～3年）という要職をこなした坂巻さんの大学内での行政手腕のすばらしさは、日本の研究者仲間であれば周知のことと思うので、ここでは彼の経歴の国際的な面に限って、私見を述べることにしたい。坂巻さんは、私たちの研究分野の発展に深くかかわっている。彼は、東洋の出版物であれ西洋の出版物であれ、いつでも最新の研究に目を通しており、どんな時にでもこれに関する議論に対し、控えめではあるが確固たる意見を述べる準備ができている。何をおいても、彼はいつも協調的で建設的である。現在、日本でもイギリスでも研究者が多くの困難に直面しているが、このような時期には、坂巻さんのような人物は前進するための貴重な戦力となるにちがいない。彼のような生真面目な楽観主義者を今日ほど必要としている時代は、過去にはなかったであろう。

第15章　経済史と都市史研究をめぐって　359

　第三に、坂巻さんが近世イギリスの経済史と都市史の研究に、長期にわたって貢献してきた点を指摘したい。彼は、新しい証拠を求めて辛抱強く調査を行い、それに申し分のない明晰なアプローチと分析力とを結合させて、古くからの問題に対して新しい知見をもたらすのだ。

　坂巻さんの経済史研究には、ロンドンのギルド史と都市・農村毛織物産業史の両方が含まれるが、そこでは近代的工場制度時代以前の製造業の重要性が強調されている。そして製造業史には、農村だけでなく、都市の製造業者も含まれるべきであると主張する。確かに、都市は商業と金融業の中心地ではあったが、同時に、多かれ少なかれ、どんな個別ケースをとっても（個々のケースごとに程度は異なるが）都市は製造中心地でもあった。工場が出現するよりもずっと以前の時期から、熟練都市職人（および女性職人）は日雇い職人（および女性日雇い職人）をともない、遠隔地市場と近隣都市の消費者の双方へ販売するために、大量に商品を製造していた。

　したがって、坂巻さんの研究は、実り多い示唆に富んだ方法で、都市史と経済史を結合させていると言える。歴史学の分野は専門がさらに細分化するとともに、それぞれのあいだの相互作用も進行しているが、彼の仕事はそのような中で生じたダイナミックな動きを反映しているのである。坂巻さんのさまざまな歴史学への貢献について言及してきたが、ちょうどよい機会なので、ここで、経済史と都市史の分野全体の研究動向を概観しておきたい。

第2節　経済史の発展

　経済史は常に堅固な支持基盤をもったものの、20世紀には経済史研究にとって大成功を収めた時期と相対的な衰退の時期とがあったことが知られている。この分野には、はじめは、伝統的な政治史の狭隘さやそのエリート意識に不満をもつ者たちが惹きつけられた。日本でも、いや世界でも、多くの研究者がこのような気持ちを共有した。その結果、経済史はあっという間に国際規模で支持者を獲得した。私の恩師であり、博士課程時代の指導教授であったロンド

ン・スクール・オブ・エコノミックスのジャック・フィッシャー F. J. Fisher 教授は、1920年代から30年代にかけた創成期の経済史が、すばらしく刺激に富んだ学問であったという思い出話を、われわれの前でよく話してくれたものである。それ以前には専門的な経済史の研究はほとんど行われておらず、どんな研究成果でも重要で独創的に見えたからである。さらに、経済史は議論し結論を導くために、それまでにない正確さと厳密さを要求したし、また初期には社会史とも強く結びついていた。やはりロンドン・スクール・オブ・エコノミックスのトーニー R. H. Towney 教授のような研究者の業績に見られる経済学と情熱の結合は、非常に魅力的であった。確かにトーニー教授自身の主張した史実や数字が厳しく強硬に批判されることもあったが、このような論争の盛んな分野ではそれもことさら驚くに値する事態ではないであろう。

　しかし、このような経済史の拡大の時期は永遠には続かなかった。ふり返ってみると、1970年代初期は経済史の「最盛期」であったことがわかる。その後は相対的には衰退の道をたどり、かなり専門性の高い分野になっていった。これは一部に、計量分析に重点をおいた「新しい経済史」の出現によって、経済史が数学的な訓練を受けた者しか入り込めない、高度に専門化した分野になってしまったことにも原因がある。

　しかしもっと大きな理由として、いくつかの新しい知的な流行の出現があげられる。1960年代後半には新たに都市史の挑戦が始まる一方で、社会史もまた弱体化した経済史から「逃れ」、独立した雑誌や学会を創設していった。しかしこれは歴史研究分野の増殖——もしくは分裂——の始まりにすぎなかった。1980年代と90年代には、文化史、女性史、ジェンダー史、コンピューターを使用した歴史（パソコンが日常的になる少し前まで）、言語と歴史、身体の歴史、男性史、民族史、ポストモダニズム的な議論など、次々に新しい分野が出現した。歴史研究の門戸がさらに拡大するにつれて、これらの新規の専門分野は、この動きに追随する他の分野に合わせて、それと交流しなければならなくなった。

　21世紀に入った現在、経済史は調整期に入り、外部の世界に目を向け始めて

いる。経済史という大きくて重要な分野をとうてい排除することはできないであろうが、学生の中には「経済史」という講座名にいぶかしさを感じる者もいることは確かである。しかしその同じ学生が、「グローバル化」というような講座の中に設置されたより広範囲な授業科目のひとつとしてであれば、喜んで経済史のテーマを勉強するのだ。さらに、大きな大学組織の変化もあった。たとえばイギリスでは、ほとんどすべての専門的な経済史学部が、今日ではその母体の歴史学部に再統合されている。私には、この変化は有益に思われる。学生は歴史学の全体論的プログラムを学ぶことができ、経済史研究者は他の副専門をもつ仲間と交流できるのである。もちろんその逆も成り立つのだ。

さらに注目すべきことは、現在進行中の大きな歴史学的論争の多くが、経済史の中から始まっていることである。しかし、その答えは経済史の中にのみ見つかるものではなく、多面的な分野からの対応によって導き出されるであろう。たとえば、長期経済成長の要因は何であるのか？これらの要因は潜在的に全世界共通のものなのか、それとも西洋にのみ関連することなのだろうか？ または、古典的産業革命は存在したのか？ もしあったとするならば、それはいつ、どこで、なぜ起こったのであろうか？ その結果もたらされたものは何なのか？ かの有名な、18世紀末から19世紀初頭にかけてのイギリスにおける労働者階級の生活水準論争は、長期にわたる論争として典型的なものであるが、ここではパンとチーズの価格変動だけに目を向けるのでなく、社会的文化的要素に対しても配慮した応答が必要となる。

「プロト工業化」論にも多くの論議がみられる。この理論は、古典的マルクス主義者による経済発展段階説が見直される中で提案された。『共産党宣言』の中でマルクスとエンゲルスが予想したように、歴史の進展は、封建的（農村的）な生産様式から資本主義的（都市的・工業的）なものへと、その都度革命を経験しながら移行すると議論されてきた。しかし、マルクス主義に共感する歴史家でさえ、この移行がいつ起きたのかという点に関しては共通する見解をもてなかった。それゆえジュネーブ大学のフランクリン・メンデルス Franklin F. Mendels 教授は、1972年に、この難しい議論に決着をつけるひとつの方法

として、プロト工業化（彼はそれをプロト資本家的と呼んではいたが）と定義される農村工業の中間的段階があったと主張した(1)。この理論はたちまち受け入れられたが、同時に、理論的にも実証的にも根拠が欠けるとして、一部からは強固に拒絶もされた(2)。

ここにいたり、都市史家は経済史の論争に非常に大きく貢献できることが明らかになった。「プロト工業化」論では、「プロト工業化」段階を通して、都市は市場とサービスの中心として重要な役目を果たし、工業は農村に委ねられていたと仮定している。しかしこの見解が非常に一面的であることを示す、都市側の証拠が存在する。工業の中には、都市に立地する方が有益であったものもあるのだ。都市の労賃は高かったかもしれないが、それを埋め合わせるような要素、すなわち市場へのアクセスのしやすさ、消費者の需要動向に関する最新情報の得やすさ、近隣の他の専門的生産者との効率よいつながり、といったものが見られた。たとえば、1590年代から1780年代にかけてのノリッジでは、毛織物産業で成功した織布工は、織る前の紡糸を染色する都市の染色工や、織り上がった布地に光沢のある特徴ある仕上げをほどこす都市の加熱圧縮工に依存していた(3)。

工業化以前のイギリスにおいて、手工業は主にミドリング・ソートの要望に応じていたが、そのために手工業はさまざまな場所で繁栄した。ダニエル・デフォーの有名な『旅行記』（1722年）には、都市工業のたくさんの例が記されている。レスターやノッティンガムの靴下編み、シェフィールドの刃物、コベントリーのリボン、ハリファックスの旧毛織物、マンチェスターのファスチアン織、コルチェスターのベイ織、フロームのメドレー（混合織布）、ソルスベリーのフランネル製品、ノリッジのウーステッド、トーントンのサージなどがそれである(4)。これに加え、ノーザンプトンの製靴業やバーミンガムの銃や金属細工、ロンドンのスピタルフィールド地区の絹にも言及されている。事実、どんな工業においても、都市集中の利益と農村分散の利益が存在し、その間にはいつでも複雑なトレードオフの関係があった。したがって「プロト工業化」は「プロト神話」以上のものではないのだ。

「プロト工業化」論には経済史家だけでは片付けられないような議論がたくさん含まれている。ここで言及すべきことは、坂巻さんが、工場化以前の成長に関連するこれらの複雑な問題を、イギリス毛織物産業研究の中で注目し続けてきたことである。もし農村の「プロト工業」が工業化の第一段階のモデルとして不十分であるのなら、その場合はなぜ工業が発展したのか、それはいつ、どこで、いかにして発展したのかを説明するために、もっと複雑な解釈が必要とされる。ロンドンのギルドとイギリスの農村・都市毛織物工業双方の専門家である坂巻さんにとって、これは実にすばらしい研究テーマとなる。また、これは都市史と経済史が交わる重要な場所に位置する研究でもあるのだ。

第3節　都市史の成長

　都市史が研究上の専門分野として出現したのは1960年代後半から1970年代にかけた時期であり、都市計画の立案者や建築家、都市地理学者、社会学者、美術史家、そして社会史家など、多方面にわたるグループの研究関心との融合の中から生まれた。もちろん、都市の研究それ自体が新しいわけではないが、独立した学会や雑誌、会報が現れ、研究組織としての枠組みが整えられたことにより、学問的に離陸したのである。すでに都市研究に携わってきた者の多くは、自分たちが新しく刺激的な研究分野の一端にいると聞かされて、しばしば驚きの声をあげ、しかし大体は喜んだものであった。

　都市史の進展は、当初から国際的であった。創成期には、強い市民的アイデンティティと、根強い農村崇拝が共存していたイギリス、フランス、アメリカといった高度に都市化した社会において興味が喚起された。しかしその後、日本、オーストラリア、ハンガリー、スウェーデン、イタリアの研究者たちも関心を示すようになり、そして徐々に世界中に広がっていったのだ。

　どんな研究者のコミュニティでも、個性のぶつかりあいや組織運営上の問題が生じるが、イギリスでこの二つの問題をうまく解決したのが、皆にジムとして親しまれていた、レスター大学のダイオス H. J. Dyos 教授であった。彼は

1967年以来、毎年、都市史会議を組織し、また長い間ほとんど独りで『都市史会報 Urban History Newsletter』を編集した（これは、現在の学術雑誌『都市史 Urban History』の前身である）。ダイオス教授は都市史関係者すべてをひとつにまとめる仕事に情熱を燃やした。このプロセスに楽しみを加えようと、初期の都市史会議では、その都度、レスター大学のキャンパス内の彼の部屋に出席者全員が招待され夜会が催された。著名な教授と研究を始めて間もない大学院生がすし詰め状態になり、ベッドや椅子、テーブル、窓枠などの上に座り、数時間の間、話し、笑い、そしてジムのウイスキーを飲み続けた。研究と非公式なソーシャビリティが組み合わさることで、強力なグループ・ダイナミクスが生み出されたのである。

しかし、ジムがいかにすばらしいまとめ役であったとしても、彼ひとりで都市史の趨勢を作り出すことは不可能である。都市史の拡大は、1960年代末から70年代の学界動向によって後押しされ、あおられた。「正統な」政治史の研究を敬遠したいと思う多くの研究者たちは、その代わりに主流の社会経済史を選択することでは満足できなかった。人間の行動を限定的な新古典派的モデルでとらえる新しい計量経済史は、あまりにも技術的で困難な研究分野であった。一方、ほとんどの正統派マルクス主義的経済史は唯物主義を基礎としていたため、社会的かつ文化的要素を過小評価していたようである。

ひとつの都市や都市ネットワークに焦点を当てることによって、都市史家はあらかじめ決まった法則にしたがうことなく、全体論的アプローチを用いることが再び可能になった。社会経済史を政治・行政史と結びつけ、同様に新しい文化史とも結合させたのである。理論や方法論に関しても選択の幅があった。その結果、都市の視点を導入することによって、古くからの論争を活性化することにもなったのである。たとえば、イギリス産業革命初期の生活水準論争では、都市と農村労働者の経験を比較したり、異なるタイプの都市経済の中で生活する労働者を比較するようになった。

都市史の出現は、とりわけその初期のころには、知的に開放的で分析も柔軟な、また個人的には「興奮をさそう」ような、新しい研究領域を生み出した。

「都市」と「小都市」(大きな村と対照的な意味において)の定義をめぐって、論争は激化した。また、16世紀と17世紀イギリスにおける都市「危機」概念についての論争もみられたが、これはこの時期にヨーロッパ全体に及ぶ「一般的危機」があったか否かというマルクス主義者の議論を、都市史の側から論じたものでもあった。これに対する答えは簡単なものではなかったが、この議論はさらに別の研究を促進させることになった。加えて、グローバルな学者間の交流により、このような枠組みにさらに仲間が加わっていった。「権力と知」をテーマにした2002年の第6回国際都市史会議には世界中からの参加者があり、アジア出身の研究者が組織する二つのセッションも開かれた。

　しかし、都市史という分野がその地位を確固とするにつれ、都市史内部にも多様化が進んだことを付け加えなければならない。これはすでに述べてきたような、歴史の専門分野の拡大にともなうものである。その結果、都市史を通して、別の興味の対象をみつけ、そちらに移っていく研究者も現れた。1970年代初頭には、都市史研究は「新参者の衝撃」を与えるものであったが、現在でも同様のインパクトを持ち続けているとは言いがたいところがある。しかし、経済史と同様に、都市史は現在、しっかりと確立した分野となっている。これを示すものとして、2000年にイギリスで、中世初期から現代に至るまでのイギリス都市の衝撃を分析した記念碑的著作となる論文集が発行された。これがレスター大学都市史センターのダイオス教授の後継者であるピーター・クラーク Peter Clark 教授が編集する3巻本『ケンブリッジ都市史 Cambridge Urban History of Britain』である。

　大学の組織のうえでは、都市史の分野はいつでも歴史学部という既存の大学組織内にとどまっていた。この結果、都市史研究者は他の歴史分野の専門家といつでも交流が可能であり、刺激を受け、お互いから得るものも多かった。1970年代には、先を行く経済史学部に続き、漠然と独立した都市史学部を創設しようという話も出ていた。しかし、幸運なことに、そのような組織上の分裂は概して避けられた。都市史の柔軟性と開放性は、それゆえに他の専門分野と相互に交流するのに大いに役立った。たとえば都市史家は、女性の労働や仕事

には都市間だけでなく、都市と農村の間にも体系的な格差があったと示すことによって、18世紀イギリスの女性の役割と地位に関する議論に重大な証拠をもたらしたのである。

　したがって、都市史は狭い専門性をうちこわし歴史を再総合化させるという意味で、刺激的な時代を歴史学に到来させた。ここ日本でも、坂巻さんとその仲間、そして大学院生の研究は賞賛に値する一例となるであろう。都市史は、経済史、社会史、文化史、ジェンダー史などと結びつき、さまざまな方向で相互の連携を生んでいる。多様化の後には、研究テーマがまた新たに統合されることになる。しかし研究が繰り返し明らかにする、都市と農村の特殊性という基本的な区別は、その意義を失うことはないであろう。

第4節　時代が求める人

　以上で概観してきたように、歴史学の研究は、複雑な知的課題を追究しながら、成長・発展――時には衰退も――を経験してきた。これらそれぞれに歴史があり、現代の問題と絡み合っているのである。現存する研究の伝統に頼るだけではなく、時代の変化の中で刷新のための備えを怠らず、最新情報を取り入れていくことが、革新の活力源となりうる。学問には、新しい研究領域と新しいアプローチ、そして新しい論点と新しい議論が必要不可欠である。これが、坂巻さんの貢献における最大の強みのひとつとなる。彼自身の研究や、さまざまな議論への貢献はそのよい例である。そして、非常に重要な点を付け加えるが、坂巻さんはいつでも、学界に入ってくる次世代の研究者を奨励し受け入れる最前線に立っている。

　歴史学は、おそらく他のどの分野よりも、長きにわたる議論に満ちた分野である。セミナーや国際会議での討議や、文書館での作業の合間のちょっとしたコーヒーブレークさえも、アイディアを交換し、磨き、アップデートし、修正し、そして時には断念するのに重要な時間となる。歴史家にとって、こういった知的交流の瞬間は、科学者が実験室で行う作業に値するのだ。坂巻さんはい

つでも礼儀正しく決然とした巧みな論者であり、ひとつの考えや解釈を熱心に、かつ深く追究する。これが、彼のもつもうひとつの大きな強みである。この強みは日英歴史家会議においてもいかんなく発揮されている。この定例の国際会議は昨年で第4回目を迎えたが、日英両国に確固たる伝統を築きつつある。すでに述べたように、もし知的推進力が弱まってしまえば、国際組織間の連係だけでひとつの研究分野を支えることはとうていできないが、間違いなく、その成長を促し衰退を防ぐ枠組みとなりうる。それゆえ、都市史と経済史の国際化に対する坂巻さんの貢献は、日英両国の歴史学の発展に大きく寄与したことは疑いない。

　学問としての歴史は、歳月だけで形成されるものではない。時代の趨勢を体現するのは、人間である。ゆえに、すばらしい日本の地方都市に長く居住している坂巻さんは、グローバル・ヴィレッジの一市民として、そして真の歴史研究者として誰からも敬意を払われている存在なのである。

注

(1) Franklin F. Mendels, 'Proto-Industrialisation: The First Phase of Industrialisation Process', *Journal of Economic History,* 32, 1972, pp. 241-61.

(2) 思慮深い批判として以下を見よ。D. C. Coleman, 'Proto-Industrialisation: A Concept Too Many', *Economic History Review,* 2nd ser., 36, 1983, pp. 435-48; L. A. Clarkson, *Proto-Industrialisation: The First Phase of Industrialisation?,* Hampshire and London 1985, esp. pp. 51-7（鈴木健史訳『プロト工業化』早稲田大学出版部、1993年、75-84頁）。最終的には両者ともこの概念を拒絶している。

(3) P. J. Corfield, 'A Provincial Capital in the Late Seventeenth Century: The Case of Norwich', in P. Clark and P. Slack (eds.), *Crisis and Order in English Towns, 1500-1700: Essays in Urban History,* 1972, pp. 263-310; P. J. Corfield, 'Norwich on the Cusp: From Second City to Regional Capital', in C. Rawcliffe and R. G. Wilson (eds.), *The History of Norwich,* forthcoming, 2004.

(4) D. Defoe, *A Tour thro' the Whole Island of Great Britain* ... (1724; in Frank Cass 1968 edn.), pp. 17(Colchester), 62(Norwich), 189(Salisbury), 221, 226 (Taunton), 280-1 (Frome), 482 (Coventry), 488 (Leicester), 550 (Nottingham), 590 (Sheffield), 605 (Halifax), 675 (Manchester).

第16章　都市史の情景

三好　洋子

　都市史、特にロンドン史への私の関心は学生時代にまでさかのぼる。東京に生まれ、東京で育ち、東京以外の土地の慣習、風土、地形などをほとんど知らない私は大学の卒業論文のテーマに東京の歴史を、しかし西洋史の学生らしく、少しは視野を広げ、ロンドンの歴史を、ひいては中世ロンドンの庶民社会について考えてみたいと思った。幸い、私が大学に入学した年は今井登志喜先生御在職最後の年度にあたり、先生は都市について講義をされておられた。折りあって、今井先生は私に研究テーマを尋ねられた。私は上記のようなことを答えたように記憶している。すると先生は、「それなら、あなたは自分自身でその道の第一人者になるつもりで勉強しなければなりませんよ」といわれた。そのことだけは今も私の耳にはっきり残っている。しかし、わたしはそれ以来、取り付く島もない巨大なロンドン史を遠くに眺めながら、ロンドンをテーマに論文を書くこともなく過ごしてきた。ところが、1960年代後半以降、歴史学界の情況が変化し、都市史研究が内外の歴史学会で急速に活発化した（今井登志喜著／河原温解題『都市発達史研究』新装版、297-311頁、2001年を参照）。筆者もこのような状況の中、少数の友人たちの勉強会に誘われて、最近、ようやくロンドン史の勉強を始めたところである。その勉強会には「イギリス都市・農村共同体研究会」という名称がつけられている。この研究会仲間の仕事のなかでも、私のロンドン史研究にとってとりわけ魅力的な仕事は、坂巻清教授（以下本稿においては、敬称をやめ、日ごろ呼びなれた坂巻さんとおよびする）のご研究である。その坂巻さんはこの三月で御定年御退職を迎えられると

伺っている。これを機に、坂巻さんの御著書について日頃感じていること、考えていることの一端を述べさせて頂きたい。

坂巻さんは、大学卒業以来およそ40年間、一貫して国民経済の形成における都市（中世都市）の役割について考察を深めてこられた。この間、その御研究の一端を、『イギリス・ギルド崩壊史の研究──都市史の底流──』（有斐閣、1987年）として上梓された。まず御高著の「序」に記された御研究の一部を筆者の理解したところにより、御紹介させていただきたい。坂巻さんは、中世末期から近代初頭のイギリス都市の歴史的可能性を問い、都市の商人、手工業者、職人の社会的、経済的活動は、いかなる歴史的展開を切り開いたかという問題を提示され、こうした問題関心のもとに、主としてロンドンのクラフト・ギルドの崩壊を検討された。その際、著者は次の2点を重視したといわれる。

第一は、「国民経済の形成における都市（中世都市）の役割である。従来わが国において、都市はもっぱら否定的に評価されてきた」。しかし著者は本書において、「都市内部にも自らを解体に導く諸契機が存在していたと考えている。同時にクラフト・ギルド自体、社会的・経済的合同や親方層分解の進展によって、さらに制度的・法制的には都市内部における権限関係の変化等によって崩壊していき、新しい諸関係を形成していった」と考えておられる。「つまり、没落衰退した都市をよそに、内的諸契機の展開が進んでギルド崩壊が順調に進展した都市は、農村工業と結合しつつ国民経済の一角を担い、近代社会形成に一定の役割を演じた。とりわけロンドンは都市と農村の結合を全国的規模で実現しつつ、国民経済の中心にたった」と考えられると述べておられる（前掲書、i頁）。

第二は、「社会的な組織体としてのクラフト・ギルドの変遷と展開」についてである。著者はこれを次のように考えておられる。「都市、特にロンドンの商人、手工業者、職人の間では、中世から近代に至るまで、フラタニティないし相互扶助団体が広く形成され、そこから職業的目的をもったクラフト・ギルド、ヨーマン・ギルド、労働組合などが波状的に形成された。これらの諸組織は、当初はその多くが、自発的で非合法的団体として存在していたが、やがて

公認され、公的な制度に転化していくといういわば上昇転化の傾向を示す。クラフト・ギルドについてみれば、最初期には、同職者のフラタニティを母体として、禁圧されつつ形成されたが、やがて市制や王権との結合を深めて行き、16世紀末以後の崩壊期になると、私的団体化するもの、都市機構と一体化するもののほかに、ついには国家的・財政的目的に従属して市民革命によって廃絶される産業独占の組織を生むまでに至るのである」と、著者坂巻さんは述べておられる。そこで坂巻さんは、「本書は、こうした過程をたどる一方、クラフト・ギルドに代る産業労働従事者の新たな自発的組織である労働組合が、クラフト・ギルドとどのような関係のうちに形成されたのか、その断絶と連続をも明らかにするものである」という本書の意図を示されている（前掲書、ii頁）。坂巻さんは、本書の「序」において、イギリス史における自発的結合組織（voluntary association）の意義を重視したG.アンウィンに導かれて本書の構想を起こしたと語られ、クラフト・ギルドも自発的結合組織のひとつと考えておられる（前掲書、ii頁）。自発的結合組織という語を用いて「前述の2点を今一度整理すれば、自発的結合組織であるクラフト・ギルドは、その展開のうちに、16世紀中頃から18世紀後半までの国民経済の重要な担い手（少なくともその重要な一部）を生み出した。しかし、他面、かかる自発的結合組織はその生成の当初から、未熟練者、下層民、外来者をよそ者として排除し、それと表裏の関係において封建権力との結合を深め、上昇転化していった」と考えておられる（前掲書、ii頁）。

以上の意図のもとに著作された坂巻さんのご高著はイギリス・ギルドについての「研究史と前史」につづけて、2章「ロンドン、クラフト・ギルドの成立と展開」において、ロンドンの「クラフト・ギルドは13世紀中ごろから本格的に始まり、都市貴族との争いのうちに形成が進み、1319年の特許状に至ってロンドン市制の一角に位置づけられ、都市制度と結合した。……14世紀中ごろには組織的にも機能的にも成熟し、14世紀末頃から国王より法人化特許状を得て、リヴァリ・カンパニーとして確立する。つまり13世紀中ごろには禁圧されていたクラフト・ギルドが、市制との結合を経て、14世紀末には王権と結合するに

いたる」と述べられる（前掲書、38頁）。ついで著者はフラタニティとクラフト・ギルドの関係について問い、クラフト・ギルドは、フラタニティとのどのような関係の中から発生してくるのか、またフラタニティはクラフト・ギルドが都市制度や王権と結合する中でどのような地位を占めたかという問題を提起される。第二にクラフト・ギルドは都市政府や王権との結合を強める中で、その組織構造や裁判権などの権限、あるいは営業規制内容等々をどのように変化させたかという問題を問う。さらに、ロンドンにおいては、クラフト・ギルドが、都市貴族層の支配を明確に断ち切ることがなかったがゆえに、クラフト・ギルドにもある種の限界が残ったのではないかという疑問を提起する（前掲書、38、39頁）。ここに提起された問題は、いずれも非常に興味深い問題であり、ロンドン史研究者にとっては避けて通れぬ重要問題であろう。

　本書では、3章「16世紀のリヴァリ・カンパニー――序に変えて――」以下、著者本来の課題、つまり御著書の表題にうたってあるギルドの崩壊史の御論稿に入るのである。ここでは、4章「ロンドン小間物商カンパニーの研究――商業的カンパニーの崩壊――」、5章「ロンドン織布工カンパニーの研究――手工業的カンパニーの変容――」、6章「リヴァリ・カンパニーの崩壊と小親方のギルド復活運動」までの4章が、本書の表題『イギリス・ギルド崩壊史の研究』が示す本書の核心部分であろう。特に4、5、6章において、著者は未刊行史資料を十分に用いて論述を進められる。7章「イギリス絶対王政末期におけるギルドの変容」および8章、「イギリス都市と国民経済の形成」の2章ではそれまでのロンドン中心の御論考からやや離れ、イギリス絶対王政期の地方都市、ヨーク、ブリストル、ノリッジ、ニューカースル、ソールズベリなど、いずれも興味深い地方都市のギルドの変容について考察を進める。次いで著者は補論として、「16・17世紀前半ロンドンの市制と支配者」という1章を提示し、そこで著者は「市政機関とその基盤」において、市政機関としては主として、執行機関である市参事会 Court of Aldermen、立法機能を中心とする市議会 Court of Common Council、主要役人の選出団体たるコモンホールの三機関があったことを述べる。またロンドンにギルド組織があったことはよく知られ

ているが、「ギルド組織それ自体が市制の構成単位となることはなく」、「市制の基本単位は区であったこと」、あるいはロンドンの「裁判機構」について、さらに71人に及ぶ「都市役人」の職名とその職掌、および彼らの社会的出自、16、7世紀における役職の変化等について述べる。市政機関について知ることは初学者にとってそれほど容易なことではない。私のような中途入門者を含めた初学者に対する著者の心遣いが感じられる。

最終章はギルドの終末として、9章「18世紀ロンドンの職人組合——ギルドと労働組合の間——」が収められている。いずれの御論考もロンドンに関する該博な知識に加えて、綿密な資料操作の賜物であり、特に、すでに述べたように、4、5、6の諸章は著者ご自身が未刊行資料から起こされた解読資料によるものである。多種類の未刊行資料に基づいて研究を進めることは容易なことではない。御著書に収載された論文にはちょっとした叙述にも厚みがあり、読者に深い感銘を与える。その理由は著者坂巻さんが御論考の作成に際して、できる限り原資料にあたられ、厳正な資料批判の末、勘案熟慮し、以上の御論考を作成されたその御苦労の賜物ではないであろうか（本書収載の論文作成の際に使用された未刊行資料の詳細は同書巻末1頁参照）。著者がどれほどのご苦労の末に本書を完成されたかは御著書に収載された御論考の並べ方からも容易に拝察される。

坂巻さんの御著書は主としてロンドン関係の御論稿を収めるという形を取っているためか、ロンドン以外のイギリス中世都市については、7章「イギリス絶対王政末期におけるギルドの変容」、および8章「イギリス都市と国民経済の形成」の2章にまとめられたような形になっている。この2章の内容もまた非常に興味深い。おそらく、多くの読者も筆者と同じ思いを抱かれていることと思う。

さいわい坂巻さんは上記の御著書を刊行された後もすでにいくつかの御論考を発表されている。たとえば、「中世末期ロンドンの教区フラタニティ」（比較都市史研究会編『都市と共同体』上、名著出版、1991年）を、さらに、研究対象地域をロンドン以外の地域にも拡大され、北部ヨークシャについて「18世紀

末ヨークシャーの梳毛工業——原料着服と工場制度の成立をめぐって——」（〔東北大学〕『経済学』55巻2号、1993年）、および「産業革命期ヨークシャー紡毛工業におけるクロス・ホール制と小織元の慣習」（〔東北大学〕『経済学』56巻2号、1994年）、さらに「18世紀末ヨークシャー織布工の『労働のリズム』——C. アシュワースの日記の分析——」（〔東北大学〕『経済学』「56巻3号、1995年）あるいは「18世紀イングランド西部のジェントルマン織元と織布工のモラル・エコノミー」など北部ヨークシャやイングランド西部の織元についても研究の手を伸ばされている。さらに、坂巻さんは最近のロンドン史研究の動向を『社会経済史学の課題と展望』（「ロンドン史」、社会経済史学会編、2002年）にも寄稿されていることを申し添えて、本書の続編が出版される日の遠からぬことをねがうものである。

　坂巻さんの御仕事について日頃感じていることの一端を申し上げたくて筆を執ったものの、筆者の稚拙な筆力に加えて、不十分な学識では坂巻さんの学問について十分に語ることは非常に難しいことであった。その点はお許しいただきたい。

　都市史を語るにあたって、ここでぜひ述べておきたいことがある。同じ「イギリス都市・農村共同体研究会」の仲間であった慶應義塾大学教授、故酒田利夫さんのことである。このささやかな勉強会誕生の産婆役を務められたのは酒田さんであった（イギリス都市・農村共同体研究会編『巨大都市ロンドンの勃興』刀水書房、1999年の「あとがき」にはこの研究会の成立事情が記されている）。酒田さんは坂巻清さんと親しい友人で、大変な勉強家であり、また事務能力にも非常に恵まれた方であった。お人柄もご立派で、もし御健在ならば、当然本書の1章を酒田さんの蘊蓄を傾けた文章で飾ることができたはずであった。ところが、酒田さんは2002年10月、ロンドン史関係、およびイギリス中・近世の都市史関係の翻訳書2冊、論文集3冊などを私たちに残して、闘病の末ついに、不帰の客となられた。酒田さんのこれからのご活躍を当然のことと期待していた研究会一同にとってはあまりにも悲しい衝撃であった。酒田さん御自身にとっても、ようやく研究条件が整備されてきたときのこの衝撃はどんな

にか無念だったことであろう。私たちとしては酒田さんのご冥福を祈り、彼の果たせなかった課題の一片なりとも明らかにしたいと考えている。

あとがき

　「まえがき」で言及されていることと一部重複するが、論文集『イギリス都市史研究——都市と地域』が刊行に至った経緯をやや詳細に記すと、次のようである。日本におけるイギリス都市史研究の推進母体であった「イギリス都市・農村共同体研究会」を編者とする『巨大都市ロンドンの勃興』（刀水書院）が刊行されたのは、1999年4月のことであった。同書は日本におけるロンドン史研究を集大成する一定の役割を果たし、研究動向に多くの影響を与えることになった。その後、「イギリス都市・農村共同体研究会」には本国イギリスで教育を受けた気鋭の研究者も加わり、研究のパースペクティヴや史料操作の面で大きな発展がみられた。新たなイギリス都市史研究を生み出す基盤が、同研究会に漸次形成されていったのである。研究会会員の誰しもが、『巨大都市ロンドンの勃興』の続編となる著作の出版を強く希求したことは想像に難くない。折しもこのとき、創設以来研究会の中心メンバーとして活躍されてきた坂巻清東北大学教授が、2004年3月31日をもって同大学を定年退官することが明らかになった。勤務先である東北大学経済学部においても、坂巻教授を日頃から敬愛してやまない同僚教授や院生諸君の間から、同大学の「経済史・経営史研究会」を中心にして坂巻教授の退官を記念する論文集の刊行を望む声が沸きあがった。こうして、「イギリス都市・農村共同体研究会」と東北大学関係者との間に暗黙の合意が形成され、イギリス都市史に関する論文集を共同で刊行する機運が高まっていったのである。

　このような背景をもとにして、2002年6月1日に、「イギリス都市・農村共同体研究会」が東北大学関係者も交えた合同の研究会として、専修大学神田校舎で開催された。研究会終了後、『巨大都市ロンドンの勃興』の続編たる性格

をもち、同時に坂巻教授の退官を記念する意味合いもこめた論文集の刊行が話し合われた。ところが当の坂巻教授は、「慎み深い」ご性格のゆえにか、みずからの退官記念的性格を含むような書物の刊行をあくまで固辞された。しかし、「都市史研究発展の一里塚として！」という周囲からの説得に応じられ、ついには刊行に同意された。坂巻教授ご自身のご論稿が本書に収められ、編者名を「イギリス都市・農村共同体研究会／東北大学経済史・経営史研究会」と銘打っているのは、このような刊行のいきさつによるものである。長文の編者名の不自然さを、読者諸氏は諒とされたい。翌年、2003年度社会経済史学会全国大会前日の5月30日に開かれた「イギリス都市・農村共同体研究会」において、寄稿する執筆者が一堂に会し執筆内容に関する研究報告会を大々的に行い、刊行の準備が着々と整えられていった。

　　　　　　　＊　　　　＊　　　　＊

　ところで、坂巻清教授が東京大学文学部助手から東北大学経済学部助教授に招聘されたのは、1971年4月のことであった。したがって坂巻教授の東北大学在職年数は実に33年に及び、現在の川内キャンパス移転前の旧片平キャンパスを知る、数少ない「宿老」的な教官の1人となっている。着任当初は学部および大学院ともに産業史を担当されたが、1997年に実施された大学院重点化政策による現代応用経済科学専攻設置にともない同専攻に移籍され、大学院では地域産業史、学部では経済史を担当された（教授のご研究の特色やお人柄については、本書に収録されているP. J. コーフィールド教授や三好洋子教授のご論稿が詳しいので、併せてご参照をお願いしたい）。また、坂巻教授は大学院において熱心に後進の研究指導にあたられた。本書に収録された坂巻門下生の論文の表題からうかがわれるように、研究のトピックはロンドンに関係した都市史研究が多かったように思われる。坂巻教授の、やや頑固なところがあるが、みずからを飾らない誠実な人柄は、同僚教授をはじめとして院生の間で絶大な信頼をかち得ていたのである。

坂巻教授は、東北大学大学院経済学研究科長兼学部長を1999年から2001年まで、そして2002年度に東北大学アドミッション・センター長の要職を勤められた。相手に対する気遣いと細心周密な性格からする大学行政家としての手腕は、立証済みである。特に、歴史家としての資質を髣髴させる資料の管理能力には、瞠目させられるものがあったと記憶している。坂巻教授のこの種の能力が遺憾なく発揮された事例として特筆しなければならないのは、2002年10月の社会経済史学会東北部会の立ち上げである。学問的後進地帯としての東北地方の停滞を打破し、経済史研究の隆盛をめざす試みはようやく途についたばかりではあるが、今後は、われわれ後進が坂巻教授の掲げられた「法灯」を継承していかなければならないと考えている。仄聞するところによれば、現在、坂巻教授はライフ・ワークとなるイギリス繊維産業史に関するご研究を纏められ、刊行準備中とのことである。大学教授の研究に定年はない。実際、坂巻教授は還暦をすぎても研究意欲が衰えるどころか壮年の闘志をもって、ますますご研究に磨きをかけられているご様子である。東北大学退官後の2004年4月からは、立正大学文学部教授として懐かしい東京の地で研究・教育にあたられる。新天地でのご活躍を期待したい。

　末尾になりましたが、デフレの最中、年々書籍売上高が落ち込むという「出版不況」のもと、本書のように採算性の薄い学術書の刊行を快くお引受くださった日本経済評論社栗原哲也社長のいつもながらのご英断、および編集の任にあたられた出版部の谷口京延氏に対して御礼を申し上げたい。

東北大学経済史・経営史研究会　鈴　木　俊　夫

【執筆者紹介】

坂巻　清（さかまき・きよし）
1941年生　東北大学大学院経済学研究科教授

菅原秀二（すがわら・しゅうじ）
1957年生　札幌学院大学人文学部教授

中野　忠（なかの・ただし）
1943年生　早稲田大学社会科学部教授

伊藤修一（いとう・しゅういち）
1972年生　東北大学大学院経済学研究科博士課程

丸藤准二（がんどう・じゅんじ）
1957年生　東北大学大学院経済学研究科博士課程（宮城県貞山高等学校教諭）

鈴木俊夫（すずき・としお）
1948年生　東北大学大学院経済学研究科教授

唐澤達之（からさわ・たつゆき）
1962年生　高崎経済大学経済学部助教授

川名　洋（かわな・よう）
1967年生　東北大学大学院経済学研究科助教授

小西恵美（こにし・えみ）
　　　　　専修大学経済学部専任講師

佐藤清隆（さとう・きよたか）
1952年生　明治大学文学部教授

岩間俊彦（いわま・としひこ）
1969年生　東京都立大学経済学部専任講師

武長玄次郎（たけなが・げんじろう）
1969年生　東北大学大学院経済学研究科研究生

猿渡啓子（さるわたり・けいこ）
　　　　　東北大学大学院経済学研究科教授

長谷部弘（はせべ・ひろし）
1955年生　東北大学大学院経済学研究科教授

ペネロープ　J．　コーフィールド
　　　　　ロンドン大学ロイヤルホロウェイ校教授

三好洋子（みよし・ようこ）
　　　　　元聖心女子大学教授

イギリス都市史研究——都市と地域——

2004年3月18日　　第1刷発行　　　　定価（本体6,300円＋税）

編　者　イギリス都市・農村共同体研究会
　　　　東北大学経済史・経営史研究会

発行者　　　　栗　原　哲　也

発行所　株式会社　日本経済評論社

〒101-0051　東京都千代田区神田神保町3-2
電話　03-3230-1661　FAX　03-3265-2993
E-mail: nikkeihy@js7.so-net.ne.jp
URL: http://www.nikkeihyo.co.jp/
印刷＊文昇堂・製本＊美行製本
装幀＊渡辺美知子

乱丁本落丁本はお取替えいたします。　　　　Printed in Japan
© IGIRISU TOSHI NOSON KYODOTAI KENKYUKAI &　　ISBN4-8188-1573-X
TOHOKU DAIGAKU KEIZAISHI KEIEISHI KENKYUKAI,
2004

R〈日本複写権センター委託出版物〉
本書の全部または一部を無断で複写複製（コピー）することは，著作権法上での例外
を除き，禁じられています。本書からの複写を希望される場合は，日本複写権センター
（03-3401-2382）にご連絡ください。

鈴木俊夫著
金融恐慌とイギリス銀行業
——ガーニィ商会の経営破綻——
A5判　五六〇〇円

イングランド銀行に次ぐ巨大金融機関ガーニィ商会の創業から崩壊までをヴィクトリア朝「バブル期」を背景に描く。19世紀の事件、恐慌は今日にいかなる教訓を与えるのか。

関口尚志・梅津順一・道重一郎編
中産層文化と近代
——ダニエル・デフォーの世界から——
A5判　三三〇〇円

近代イギリスにおけるロンドン市民層の職業、生活、家庭、消費、社会生活等の分析から中産層を解明する。米、独、スウェーデンとも比較する。

大倉正雄著
イギリス財政思想史
——重商主義期の戦争・国家・経済——
A5判　六八〇〇円

17、8世紀の財政論は政府の推進した財政政策とどのような関りを持ち、政策展開にいかなる影響を及ぼしたか。これまでの研究を超えて新しい視野を広げる意欲作。

H・ケルブレ著／雨宮・金子・永岑・古内訳
ひとつのヨーロッパへの道
——その社会的考察——
A5判　三八〇〇円

生活の質や就業構造、教育や福祉などの社会的側面の同質性が増してきたことがEU統合へと至る大きな要因となったと、平均的なヨーロッパ人の視点から考察した書。

E・M・ベル著／平弘明・松本茂訳／中島明子解説
英国住宅物語
——ナショナルトラストの創始者オクタヴィア・ヒル伝——
四六判　二八〇〇円

ナショナル・トラストの創始者ヒルは、ヴィクトリア期ロンドンの最貧窮層の住宅問題に取り組み、その後の住宅政策に大きな影響を与えた。彼女が目指したものは何か。

（価格は税抜）　**日本経済評論社**